奋进新时代
看十年巨变

首都大学生社会实践优秀论文集

江 燕　主编

北京航空航天大学出版社
BEIHANG UNIVERSITY PRESS

图书在版编目（CIP）数据

奋进新时代·看十年巨变：首都大学生社会实践优
秀论文集／江燕主编． －－北京：北京航空航天大学出
版社，2024.11

ISBN 978-7-5124-4240-5

Ⅰ.①奋… Ⅱ.①江… Ⅲ.①大学生—社会实践—北
京—文集 Ⅳ.①G642.45-53

中国国家版本馆 CIP 数据核字（2023）第 225087 号

奋进新时代·看十年巨变——首都大学生社会实践优秀论文集

责任编辑：李　帆
责任印制：秦　赟
出版发行：北京航空航天大学出版社
地　　址：北京市海淀区学院路 37 号（100191）
电　　话：010-82317023（编辑部）　　　010-82317024（发行部）
　　　　　　010-82316936（邮购部）
网　　址：http://www.buaapress.com.cn
读者信箱：bhxszx@163.com
印　　刷：北京九州迅驰传媒文化有限公司
开　　本：710 毫米×1000 毫米　1/16
印　　张：19.5
字　　数：439 千字
版　　次：2024 年 11 月第 1 版
印　　次：2024 年 11 月第 1 次印刷
定　　价：98.00 元

目　　录

北京市新能源与生态环境融合发展的调查与研究

江　燕　杜宇茜①

【摘　要】 新能源作为中国加快培育和发展的战略性新兴产业之一，将为产业发展和生态保护提供新的目标和方法，是近年尤其"十四五"以来的热门话题。利用新能源的特性实现与环境的融合发展，达到改善环境、节约能源、发展经济等目的，是我们孜孜不倦的追求。北京作为全国的政治、经济和文化中心，是新能源应用的前锋，本文通过调查与研究近年来新能源与生态环境的融合发展，分析北京地区新能源应用的效果与不足，寻找可靠的新能源保护环境之路。

【关键词】 新能源；生态保护；融合发展之路

习近平总书记高度重视可再生能源发展，指出要把促进新能源和清洁能源发展放在更加突出的位置。而北京作为首都，由于其地理位置及经济环境等多方面因素，新能源发展受到局限。因此，对北京地区新能源与生态环境融合发展的研究就非常必要。本次关于北京市新能源运用与环境保护的问卷调查通过线上与线下两种方式进行，共发出问卷 424 份，回收问卷 424 份，回收率 100%；有效问卷 424 份，有效率100%。本次调查中，主要采访了北京市各年龄段、各知识水平人们。调查主要针对其对三个方面内容的认识，即对新能源的了解，对新能源的接受程度和近几年来新能源的应用对北京环境的影响。

一、北京市新能源应用发展现状

（一）北京市新能源应用

1. 北京冬奥为"绿色"新能源带来新高潮

（1）新能源车

2022 年北京冬奥完美落下帷幕，"碳中和"的实现向全世界展现了"绿色"中国。为了给冬奥参与者提供便捷舒适的交通出行体验，北京冬奥组委安排了各类车辆

---

① 本课题指导教师：江燕（北京工商大学马克思主义学院）；课题组组长：杜宇茜（数管 211）；课题组成员：陈紫嫣、蒋依霖、方莹莹、李佳琪、韩可祎（数管 211）。

共 4090 辆，并实现小客车全面"绿色化"，所有小客车使用新能源与清洁能源。其间使用的新能源汽车实现减排约 1.1 万吨二氧化碳，相当于 5 万余亩森林一年的碳汇蓄积量。

（2）氢能火炬

2022 年北京冬季奥运会以"绿色冬奥、科技冬奥"为主题，尤其是开幕式上点燃的氢能火炬，更是彰显了科技与绿色，首次实现了冬奥会历史上火炬的零碳排放。这次火炬采用氢气作为燃料，是世界首套高压储氢火炬。科研人员作出了大胆的创新，利用航天的设计理念，以中国航天专有的技术，在为火炬腾出空间保证有足够的燃料储存量的同时确保了氢能火炬燃烧时的安全可靠，使火炬不惧严寒、无畏风雨，还保证了火焰流动飘逸的美感。

2. 新能源在北京市公共交通方面的应用

（1）新能源公交车

北京市是新能源汽车示范推广的城市之一。而公交车作为北京市居民所热衷的公共交通工具之一，应用新能源能够推动城市交通绿色发展。在"十三五"期间，北京市每年淘汰的老旧公交车全部更新为新能源车，截至 2021 年底，北京市运营的公交车辆共 32896 辆，而 21018 辆为清洁能源和新能源公交车，占比达 91.06%，其中拥有氢燃料的公交车 217 辆。

（2）氢燃料电池列车

北京市地铁网线几乎可以通过地铁路线到达北京每一个地方。如今北京轨道交通已经开通 27 条线，总运营里程 830 余千米。早在 2019 年，北京地铁全年客运量已位居世界第一，达到 39.6 亿人次。待到在建的地铁线路全部完工后，北京城市轨道交通运营里程将超过 880 千米。

（二）北京市新能源应用对生态环境的影响

1. 在源头上减少对环境的污染

我们在调查中发现，空气污染、噪声、光污染是北京市居民认为北京目前面临的最大的生态环境问题，且大部分调查对象相信新能源的应用能有效改善环境，42.92% 的调查对象认为应用新能源有助于缓解资源能源压力。自 2018 年北京科学技术委员会印发《北京市推广应用新能源汽车管理办法》起，北京市空气质量较之前几年有了显著的提高，且逐年稳步改善。如图 1 所示，在 2014 年至 2018 年间，北京市空气质量指数（AQI）在轻度污染至严重污染等级都占有一定的比例，而在 2018 年之后，重度污染与中度污染的比例下降而空气质量指数为优的比例大幅上升，不可否认新能源产品在减少环境污染方面的贡献。

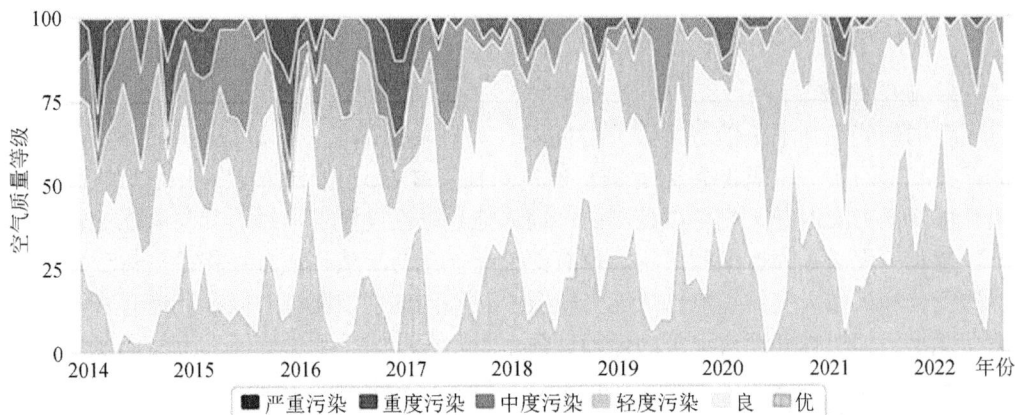

图1 北京空气质量指数（AQI）等级月变化趋势

（图片来源：http：//www.aqistudy.cn/historydata/monthdata.php？city＝%E5%8C%97%E4%BA%AC）

2. 促进未来可持续发展

我国地大物博，但人口数量也无比庞大，人均资源明显不足，许多重要资源人均占有量远低于世界平均水平。能源是经济社会发展的基础和动力源泉，对国家繁荣发展、人民生活改善和社会长治久安至关重要。初步估算，截至2018年，我国风电、太阳能发电、核电、生物质发电以及地热等新能源发电累计发电量约为4万亿千瓦时，相当于替代12亿吨标准煤，减少排放二氧化碳31亿吨、二氧化硫1200万吨、氮氧化物1000万吨，对减少温室气体排放、降低大气污染发挥了巨大作用。

（三）北京市居民对新能源的了解及接受程度

为了更加真实地反映北京市居民对于北京市新能源应用的了解程度以及接受度，我们通过线上与线下两种方式发放问卷，对北京市居民进行相关调查。通过调查，我们发现北京市居民对新能源应用认识较多的还是新能源汽车和太阳能充电宝这类更加贴近生活的产品。而关于北京市新能源推广普及程度调查显示，34.67%的人认为推广效果一般，14.39%的人认为没有推广，也有3.07%的人不知道中国近几年的任何能源政策，可见新能源概念的普及与推广依然有不足。

此外，在调查中我们了解到，大部分人都能在出行、生活用电和公共发电领域明确感受到新能源的实际应用，并相信传统能源与新能源将并行发展，63.21%的人会选择购买新能源产品，可见北京市民对新能源的运用总体持支持相信态度。

二、新能源与生态环境融合发展中的不足

近年来，我国新能源行业飞速发展，新能源技术不断进步。然而，在新能源发展的道路上，我国仍面临着种种困境和问题。

（一）新能源技术在发展中的问题

1. 新能源技术落后

我国新能源技术仍然有多方面的问题，如转换效率低下、难以量化、稳定性差、储存技术落后等。以风能发电为例，通过对比新能源发电和煤炭等火力发电可以知道，煤炭火力发电是人们可以控制的；而风能这类新能源发电时，其与电能的转换量难以量化，无法人为控制和决定。也有部分新能源与自然环境息息相关，对于自然环境的变化和极端天气的影响抵抗能力较弱。且不同的清洁能源对储存环境有着不同的储存要求，如机械储能对地势的依赖性强、投资风险大，化学储能的生命周期短、使用效率较低等。提高我国能源储存技术水平目前已经成为新能源与生态环境融合发展道路上的重要任务。

2. 新能源多处于生存环境较差的地方，难以开发运用

北京作为一个经济、政治、文化发达的城市，能运用的可再生能源并不多，像主要的能源如风能等，在北京则没有开发条件。而通常情况下，风资源条件较好的地方有地形开阔的特点，要想开发风电，人们就必须花费较高的成本去进行环境、设备等建设。这又是我国新能源发展的一道难关。

（二）新能源行业在融合发展中的问题

1. 复合型人才的缺少

我国新能源产业在不断进步，相关专业人才的缺口却不断扩大，这给行业发展带来了很大压力。一方面，人才培养方式比较有限，在学科交叉、跨领域培养上还未形成体系；另一方面，由于此前燃料电池行业前景不明朗，在随后的十余年中，大量高学历人才毕业后涌入其他行业。直至近几年，受国家政策和政府扶持的影响，能源行业涌现大批新企业，重新激活了这个行业。但这些企业一般缺乏技术沉淀，他们快速发展需要招聘大量专业技术人才，这在一定程度上也促使行业人才紧缺的状况进一步加剧。

2. 新能源行业对政策的依赖度较高

一方面，我国的新能源产业体系还不够健全，一些公众对新能源产品的认可度也不高。新能源行业发展初期，技术处于起步阶段，各方面设施都不完善，因此新能源产品的成本较高，国家为鼓励新能源发展，对新能源产品采取补贴政策，补贴力度较大。根据调研了解到的情况，目前新能源行业在初期投资额中大约有80%来自国家补贴，只有20%的资金是自身筹集，随着行业发展，更多的生产商进入行业，国家的财政压力加大；另一方面，新能源行业对政策的依赖性这么高，会影响企业提高自身核心竞争力的积极性。

三、针对新能源与环境融合发展的建议

（一）新能源技术改善与创新

1. 加强技术创新，促进新能源开发和使用效率的提高

我们都知道新能源汽车运行时无尾气排放，绿色环保，但极少有人知道新能源车的电池造成的污染可能远大于燃油车的尾气污染。尾气污染可以人为控制，但新能源电池的回收成本高、难度大。这就是新能源有关使用率与回收率的重要问题。对此，政府应加大在能源领域的研发投入力度，根据需求选择技术，使技术创新步入良性发展轨道，从而提高新能源开发和使用效率。

2. 增加新能源供应量，减少对煤炭、石油的依赖

《"十四五"可再生能源发展规划》指出，要提升可再生能源产业链供应链现代化水平。有关方面应贯彻落实节约优先、立足国内、多元发展、保护环境，努力构筑稳定、经济、清洁的能源体系，以能源的可持续发展支持我国社会经济的可持续发展。只有节流与开源并举，有效开发利用新能源，增加新能源供应量，降低对煤炭、石油的依赖，才能从根本上缓解能源供给压力，保障能源安全，不断开发新能源，完成能源的有序转型和有效替代，实现对能源资源的有效控制。

（二）新能源产业的发展与改善

1. 注重对创新型人才的培养

我国应该重视对专业人才的培养，这在任何行业中都非常重要，尤其在新能源这样早有概念而起步艰难，需要高水平、专业化人才作为支撑的领域。在我国高校教育中，新能源专业发展时间较短，培养目标及课程设置还不够完善，且新能源专业本身是多学科交叉的专业，因此教学内容综合性和复杂性比较明显。为了培养更多的高素质人才，可以采取校企合作的方式，努力提高设备制造和技术开发的水平，助力我国新能源提高其市场竞争力。

2. 转变职能，打破利益格局，鼓励多种资本运营

政府要逐渐从"管理"角色向"服务"角色转变，做到"宏观管理、微观放权、行业自律"，逐步实现对能源的有效管理。成立相关部门，实现政府管理层面的集中管理，使其职能更明确清晰，以便实施国家能源战略，开展能源变革，确保能源安全，实现能源有效储备。充分发挥市场和民营资本的作用，促进能源领域效率的进一步提高，促进新能源在我国的普及、发展和壮大。

随着社会经济发展，我国对环保和新能源开发愈加重视，而随之而来的问题更不容忽视，相信新能源与生态环境的融合发展是一条可行的道路，问题终会得到解决。迎难而上，美好的愿景就在前方。

参考文献

［1］汽车与配件. "冬奥会"绿色出行：新能源车使用比例创新高，占比达85% ［EB/OL］. （2022 – 02 – 07）. https：//www. sohu. com/a/521081920_236016.

［2］央视新闻. 首次使用氢能、抗10级强风……揭秘冬奥会火炬"飞扬"背后高科技 ［EB/OL］. （2022 – 02 – 13）. https：//baijiahao. baidu. com/s? id = 1724624545045348580&wfr = spider&for = pc.

［3］人民网. 北京清洁能源和新能源公交车占比超九成 ［EB/OL］. （2022 – 07 – 22）. https：// bj. people. com. cn/n2/2022/0702/c233088 – 40021296. html.

［4］王晓晔. 大力开发利用新能源是实现经济可持续发展的重要途径 ［J］. 宿州教育学院学报，2005（5）：32 – 34.

［5］姚劲. 中国新能源产业发展存在的问题及对策 ［J］. 科技创新与应用，2019（30）：114 – 115.

［6］熊盈盈. 生态学视野下的新能源开发利用与环境保护 ［J］. 产业与科技论坛，2019，18（15）：10 – 11.

［7］夏丽娟，苏艳萍，王垂涨. 碳达峰碳中和背景下新能源发电环境保护问题探析 ［J］. 低碳世界，2021，11（6）：125 – 126.

附录：

北京市新能源与生态环境融合发展的调查问卷

1. 您的性别是

   A. 男　　　　　　　　B. 女

2. 您的年龄是

   A. 18 岁及以下　　B. 18 ~ 45 岁　　　　C. 45 ~ 69 岁　　　　D. 69 岁及以上

3. 您了解新能源的途径有（多选）

   A. 传统媒体　　　　B. 自媒体　　　　　C. 课堂　　　　　　D. 亲友

   E. 生活中的观察

4. 您所了解的新能源产品有（多选）

   A. 新能源汽车　　　B. 东奥氢能火炬　　C. 超级电容器　　　D. 太阳能充电宝

   E. 燃料电池　　　　F. 猎鹰九号

5. 您听过的中国近几年的能源政策战略有（多选）

   A. "四个革命，一个合作"　　　　　B. 光伏计划

   C. 能源生产和消费革命战略　　　　　D. "一带一路"倡议

   E. 新电改　　　　　　　　　　　　　F. 太阳能屋顶计划

   G. 以上都没有

6. 除了太阳能，您认为您周围哪种新能源最为普及？

    A. 核能   B. 风能   C. 水能   D. 生物能

    E. 地热能   F. 其他

7. 您认为新能源的使用与节能环保有什么必然联系？

    A. 有助于缓解资源能源压力   B. 有助于推动经济发展

    C. 有助于降低个人消费成本   D. 提高环境质量

针对北京地区：

8. 您认为您身边的新能源使用广泛吗？

    A. 不太了解   B. 很少   C. 比较广泛   D. 广泛

9. 您认为近年来北京的新能源应用对生态环境有什么影响？

    A. 没注意过   B. 没什么影响

    C. 有影响，但是不大   D. 有较明显的影响

    E. 能很快、很好地解决生态环境问题

10. 您有在北京看到过对新能源进行推广吗？

    A. 没关注过，不知道   B. 没有推广

    C. 一般   D. 推广了但是没有效果

    E. 推广了并且影响很好

11. 您认为北京目前面临最大的生态环境问题是什么？

    A. 资源短缺   B. 噪声、光污染   C. 空气污染   D. 水资源污染

    E. 垃圾处理问题

12. 近 5 年中，您有明确地感受到新能源在哪些实际生活方面产生了应用吗？

    A. 汽车、公交出行方面   B. 灯光等生活用电方面

    C. 公共发电系统   D. 特殊领域，如军事、航空航天等

    E. 没有特别观察过，不清楚

13. 您认为北京新能源发展的趋势是

    A. 很快代替传统能源   B. 与传统能源并行发展

    C. 最终将代替传统能源   D. 不会有很大发展空间

对新能源的态度：

14. 您最关心的新能源问题是

    A. 价格   B. 安全性   C. 普及性   D. 环保性

    E. 使用便捷度

15. 您会主动购买新能源汽车或其他产品吗？

    A. 不会，不了解   B. 不会，认为性能不好

    C. 会，信任性价比   D. 会，为保护环境献力

中国饮食文化近十年发展变化的实践及经验

——以休闲食品为例

王鲁娜　张茸茸[①]

【摘　要】随着国家经济的繁荣发展，人们越来越追求生活品质的提升，我国的饮食文化也不断改良创新。整体上，我国的饮食朝着更均衡、更多元、更方便、更安全的方向发展。其中，休闲食品市场迅速发展，在中国食品市场的地位日益重要。由于对绿色环保的日益重视，休闲食品的外包装不断变迁，塑料包装逐渐退出人们的视野，包装的设计也更加丰富和个性化。但近年来休闲食品在商品价格方面涨幅较大，这对休闲食品的生产规模、消费群体、安全营养和销售方式产生了影响。而这些变化对消费者也产生了影响。比如，消费行为网络化，消费主动性增强，冲动式购买大量增加；消费行为个性体验化；消费方式便捷化，支付方式和物流速度都有较大提升；消费要求严格化，消费者对健康要求更高。本文通过对休闲食品发展变化的调研分析，透视饮食文化的变化。

【关键词】饮食文化变化；休闲食品；食品消费

近十年来，随着国家经济的繁荣发展，人民追求生活品质的提升，国民精神文化生活愈加丰富。民以食为天，饮食文化是中国文化中不可或缺的组成部分，"吃得好"也是经济实力进步最直观的体现。中国地大物博，饮食文化源远流长。区别于其他国家，中国的饮食文化有许多鲜明的特点，如顺应时令、食药结合、讲究色香味俱全等。随着经济的发展进步，中国的饮食文化也发生了改变。人们的目光不再局限于吃"饱"，而是追求吃"好"。随着国民消费水平的提升，除了一日三餐之外，满足人民休闲生活需求的休闲食品行业飞速发展，顺应市场不断进行创新，逐渐融入大众生活。

本次调查以网络问卷调查为主，辅以参考媒体报道及相关文献等形式。调查问卷主要通过在社交平台发布问卷链接的方式填写并回收。共发出调查问卷100份，收回100份，回收率达100%；有效问卷100份，有效率达100%。问卷内容主要涉及4个

---

① 本课题指导教师：王鲁娜（北京工商大学马克思主义学院）；课题组组长：张茸茸（食安201）；课题组成员：石雨薇（食科201）、赵宇飞（食科201）、刘佳丽（食科202）、王雪儿（食科201）、吴世翔（食科202）。

部分的内容，即人员基础信息、近年来食品文化和休闲食品的变化、休闲食品的发展变化对人的影响以及对未来食品行业发展的愿景。本次调查报告填写人群主要以18～25岁的学生群体为主，占78%；26～40岁的人群占7%；其余年龄段人群占15%；其中女性占63%，男性占37%。参加问卷调查的人群分布在中国各地，其中居住地为北京的占比最大，占到了46%，其他省市的群体共占54%。

一、近十年饮食文化的变化

（一）食品消费结构的变化——更均衡

我国人均粮食消费量不断下降，除了我国人口的不断增加，更主要原因是我国国民食品消费结构发生了变化。随着我国经济的不断发展，人民生活水平的不断提升，我国国民的膳食结构更加趋于合理。粮食谷物的消费占比有所下降，瓜果类、肉类和乳类等食品消费占比有所提升，可以看出人们开始注重膳食结构的均衡。

（二）"一方水土养一方人"已成为历史——更多元

近年来，我国食品行业的变化从单一走向多元化，消费者可选择的品种越来越多，"一方水土养一方人"应该说已成为历史。随着科技的发展，交通的便捷，人们可以享受全国各地的食品。此外，多元化也包括产品形态的多元化。比如，随着羊奶行业的发展，羊乳品的产品形态发生变化，从单一走向多元，创新出更多的产品形式，满足了消费者日益丰富与多元的消费需求，为品牌的发展提供了更多的机会。

（三）从"出门吃饭"到在线订餐时代——更方便

一是外卖行业的发展。随着科技的发展，手机上网更加便捷，推动了外卖订餐App的发展。有的网络订餐平台在重要时间节点的单日订餐量已突破9000万单。现在的外卖已成为我们日常生活中最为常见的一环。

二是预制菜成为新趋势。近几年大热的螺蛳粉是广西特色传统小吃。回看其走红的过程，最初以螺蛳粉为话题的短视频内容建立了产品认知和品牌印象，让一些从未见过螺蛳粉的用户对其产生了兴趣。直播带货的展示和引导，为感兴趣的消费者提供了购买尝试的渠道。最终把"短视频＋直播电商"的营销模式发展成了爆款食品诞生的典型路径。"兴趣电商"的传播形式，让不被人们熟知的国货食品，获得了更多的曝光，也让更多人拥有了全新的消费体验。

（四）最严格的标准——更安全

党中央、国务院历来高度重视食品安全工作。党的十八大以来，我国全面落实总书记提出"四个最严"的要求，食品安全治理新政不断推出。党的十九大报告明确提出："实施食品安全战略，让人民吃得放心。"党的二十大报告提出"推进健康中国建设"。

多年来，在相关各方的共同努力下，我国已经形成由国家食品安全法律、行政规章、地方性法规、食品安全标准及其他各种规范性文件共同组成的相互联系、相互呼应的食品安全法律制度体系。

二、近十年休闲食品产业的变化

（一）休闲食品的变迁

1. 食品包装有较大改良

2010年至今，我国休闲食品包装处于不断的变化之中，休闲食品的包装形态也不断进行革新变化，包装形式逐渐倾向于环保和吸引消费者。根据调研结果，近十年来包装是影响消费者购买时的重要因素之一，有76%的受访者认为休闲食品在包装方面有大的进步。

一是包装材料更能满足消费需要。由于国家对环保严格的要求，限制生产过程中对塑料的使用，许多休闲产品换上了非塑的环保包装。以奶茶包装为例，近十年来奶茶包装由塑料杯逐渐向如纸杯等的可降解环保包装转变，降低了对环境的破坏。休闲食品包装材料的转变是环保理念发展和消费水平提升的反映，且包装材料的发展与变化可以更好地适应消费者的需求。以休闲食品"辣条"为例，早期某品牌"辣条"存在食用过程漏油、气味外溢等问题。如今，该品牌"辣条"通过更新铝箔袋为包装改善了漏油、跑味的弊端，使其更干净、简洁，包装材质的改良是"辣条"走出人们心中的"不卫生产品"的重要因素，"辣条"一举成为"网红食品"之一。

二是包装设计更加突出产品、新颖时尚。休闲食品的包装在很大程度上影响人们的购买欲望，如今采用了更加风趣、娱乐性强、诙谐的设计，并配以鲜明的色彩吸引消费者的目光。比如，"辣条"早期的包装简陋，难以引人注意。近年来，其包装设计干净、简约、大方，将"非油炸""0反式脂肪酸"等工艺宣传在包装的醒目位置，巧妙利用网络用语，采用炫彩的包装设计，赋予产品较强的个性，让人们在对食品安全更为放心的同时，在味觉和视觉上得到双重的满足感。

2. 休闲口感更加丰富多样

食品的口感是引导消费者重复购买的重要因素，根据问卷数据，13%的调查对象认为，休闲食品在口感方面有很大进步，51%的调查对象认为休闲食品口感有所进步（见图1）。以现制茶饮行业为例，近十年来，奶茶的口感和口味获得了极大改良。现今各种品牌的奶茶店和产品琳琅满目，同时现制茶饮生产商在不断提高现制茶饮的品牌质量，提供风格各异的口味和配料，为不同需求口味的消费者提供更多选择。

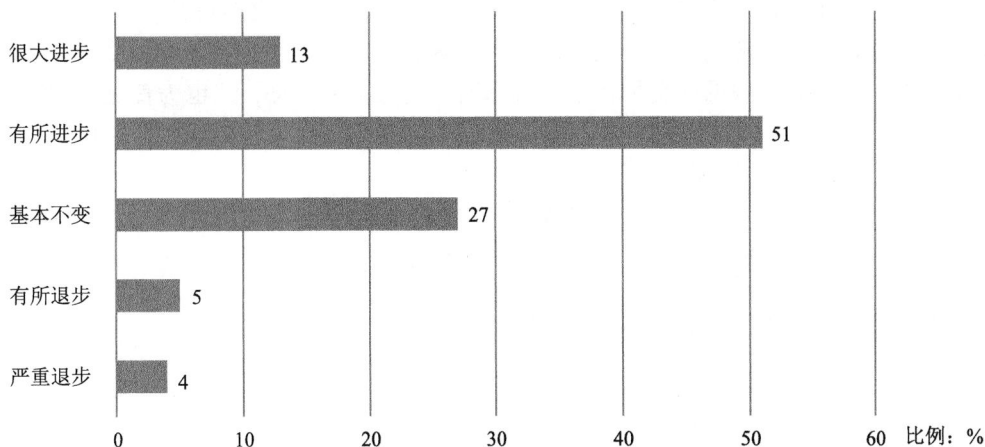

图 1　关于近十年来休闲食品口感的变化调查统计

（二）休闲食品产商和消费群体

1. 休闲食品的生产规模逐年上升

随着我国经济的不断发展，人们对休闲食品的需求量不断增加。商务部流通产业促进中心于 2018 年 12 月发布的《消费升级背景下零食行业发展报告》显示，我国的休闲零食市场规模已达数千亿。以本次调研的奶茶举例，茶饮行业是休闲食品市场的一部分，国内现制茶饮的市场规模逐渐扩大。调查结果显示，98% 的受访者认为这样的休闲食品文化变迁可以反映社会的变迁，近十年来休闲食品产业的大幅增长展示出了我国经济实力的不断攀升。

2. 休闲食品的安全和营养更被注重

从食品的安全方面来看，约一半的受访者认为近十年来在食品安全方面我国有所提升。随着时代的发展，我国越来越重视食品安全问题，相继出台了《"十三五"国家食品安全规划》《食品安全标准与监测评估"十三五"规划（2016—2020 年)》《食品安全标准与监测评估"十四五"规划》等政策。而从食品的营养方面来看，"低糖、低盐、低碳水化合物"的休闲食品成为越来越多人的选择。例如，"辣条"作为我国早期兴起的休闲食品之一，其生产环境差、食用添加剂不合理用量、不规范添加等问题引起了广泛的关注。在经过了近十年的行业整改之后，相关政策有效约束了"辣条"中食品添加剂的用量以及生产的环境卫生。据中国食品科技学会名誉理事长孟素荷介绍，新的调味面制品行业标准中，食品添加剂的使用品种的数量减少七成以上，含盐量下降了 17.7%，含油量则下降了 10%。

3. 休闲食品的销售方式更加创新

调查显示，70.5% 的受访者认为近十年来休闲食品的营销策略提升最大，仅次于食品的销售价格变动。随着 21 世纪物联网潮流袭来，越来越多的品牌选择在电商平台上销售休闲食品。休闲食品的销售方式正在转向全渠道时代，无人店、精准营销、大数据、个性化推荐等不断涌现，为休闲食品的销路提供了更多可能。在关于"您主要是从何种渠道了解到饮食文化发展相关内容的"的问题中，76.9%的受访者倾向于从微博、抖音等互联网社交平台中了解休闲食品的相关信息，这也为食品厂家提供了更广阔的竞争平台。在关于"您平常都通过什么渠道购买休闲食品"的问题中，77.6%的受访者选择网上购物，为各种渠道之首。

由此可见，互联网的应用和智能数据等的推广，也便利了休闲食品的销售。除此之外，外卖电商平台的蓬勃发展，也为休闲食品提供了更加广阔的空间。

三、时代变化对消费者消费行为的影响

（一）消费行为网络化

随着互联网的普及应用，商品销售方式、营销策略、技术创新等均发生了翻天覆地的变化，这些变化潜移默化地影响着消费者，消费者的思想观念和消费方式等行为也随之发生了较大的改变。

本次调查显示，当今网络时代有 77.55% 的消费者选择网上购物的方式购买休闲食品，63.27% 的消费者选择在附近的商场购买休闲食品，51.02% 的消费者选择在小卖部购买休闲食品，还有其他一些消费者选择特别的零食售卖店、大型连锁商场等（图 2）。统计可知，网上购物成为消费者的首选，对消费者的日常影响也最明显。

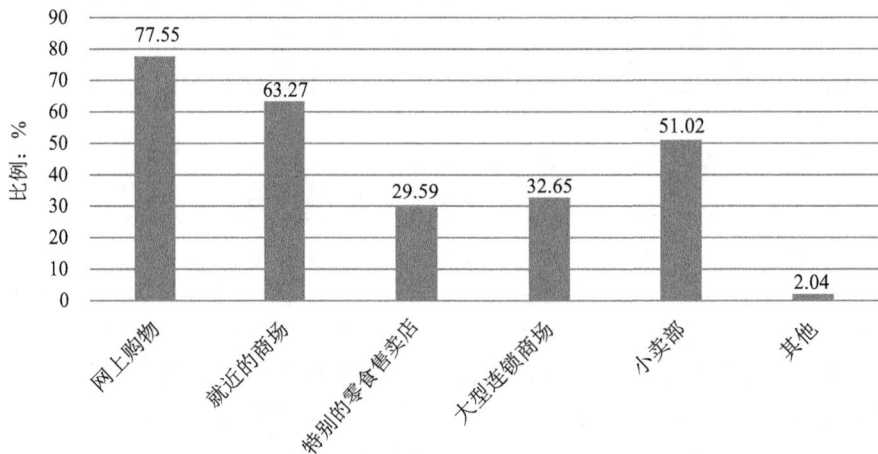

图 2　购买休闲食品的渠道调查统计

一是消费主动性增强。在互联网迅猛发展的今天，网上购物成为消费者的首选。相较于传统的购物方式，如今商品信息在互联网的各大网站一应俱全，为消费者选择商品提供了广阔的平台，消费主动性极大增强。

二是冲动式购买大量增加。冲动式购买是消费者的一种突然购买行为，在网络时代这种行为尤为明显。以休闲食品为例，随着生产工序日益精准化和专业化，休闲食

品式样越来越多，对消费者具有极大的吸引力，使消费者购买行为表现出极强的冲动性。

（二）消费行为个性体验化

人们的消费观念发生了很大变化，开始讲究时尚、品位，个性化、体验消费意识逐渐增强。消费者已经不仅仅满足于购买生活必需品，而对于产品在使用价值、个性化体验等方面提出了更高的要求。

以休闲食品为例。通过调查近十年休闲食品对消费者产生影响的变化因素可知，价钱因素占81.91%，口味因素占67.02%，质量因素占59.57%，包装因素占31%，等等（图3）。除大家一直很关注的价钱因素以外，消费者对口味、包装、质量等因素更加看重，更好地反映了消费者消费行为的个性化特征。

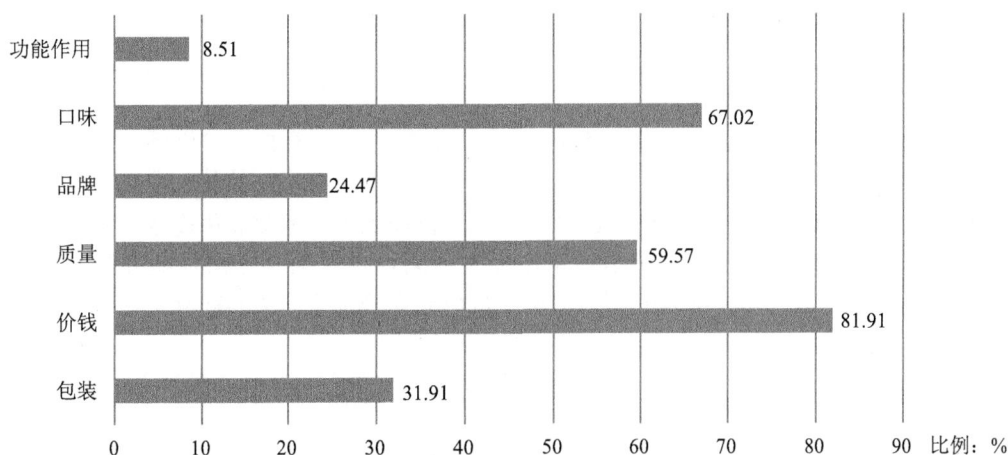

图3　对消费者产生变化的影响因素统计

（三）消费方式便捷化

网络即时性、便利性的特征，对人们的消费方式产生了重要影响，消费者足不出户即可购买自己想要的商品。一是支付方式的便捷化。人脸识别、系统自动结算账单等支付方式，改变了超市结算大量排队拥挤不堪的状况，同时省去整个支付环节，给予消费者便利。二是物流速度有质的提升。购物平台与商超相结合提供"一小时达"等服务，通过快速的物流、线上购物的优惠等激发消费者的购物欲望。

四、对饮食文化发展的建议和展望

近年来，我国休闲食品行业快速发展，但随着消费升级，休闲食品行业市场仍具有较大的优化和改进空间。

（一）更加关注食品安全

2021年最新修订的《中华人民共和国食品安全法》第三章第二十六条明确了食品安全标准的内容；第九章第一百四十八条规定：消费者因不符合食品安全标准的食品受到损害的，可以向经营者要求赔偿损失，也可以向生产者要求赔偿损失。不仅对不良商家起到震慑作用，同时对整个食品行业也起到一定的保障作用。

（二）适当调整商品价格

本次调查结果显示，价格变动是影响消费者购买行为的主要因素。产品定价应符合市场定位和消费者的购买能力。2022年7月，《明码标价和禁止价格欺诈规定》实施，要求经营者以显著方式明码标价。对于价格定位过高或虚假宣传的产品和品牌应加以处罚，同时保障消费者的权益。

（三）提高食品营养与健康

可多研发提高食品的健康性的产品，如"0蔗糖"饮料在保证口感不变的情况下减少能量的摄入；在休闲食品中应以具有抗氧化、抗菌、抗炎功效的红曲替代人工调配的色素；亦可以对高白鲑、凹目白鲑鱼鱼排进行深加工，有效利用冷水鱼高白鲑和凹目白鲑，提高鱼体的利用率，增加鱼体加工的附加值，为企业增加额外的经济效益，减少资源浪费，同时制成的休闲食品中蛋白质含量丰富，氨基酸种类齐全，并且钙磷含量较高，有利于人体对钙的吸收，营养价值丰富。

（四）开发创新特色食品

中国地区间跨度较大，不同地区的饮食习惯及饮食文化具有较大的差异。网络的快速发展加强了地区之间的联系，地方特色食品逐渐走向全国。例如，广西柳州的螺蛳粉，在网络的助推下变成了"明星"产品。特色食品的发展带动了当地饮食文化和经济的发展，让特色食品"走出去"，获得更大的市场。在宣传和发展时，可以适当加以改善以适应更多消费者的个性化需求，并且可以在食品的包装或原材料上体现地区的特色，来宣传和发扬地区文化。

（五）更多展现中华文化

中华文化源远流长，许多传说、民间故事代代相传，可通过食品映射出文化的传承。如中国传统食物月饼，不断改良和创新，产生了如流心月饼、冰皮月饼等新型食品，相关文化传播得更远，也吸引了更多的人。类似这样的食品可以很好地传播和弘扬中国文化。可以对更多的传统食物进行加工，使其不再局限于特定的时间或地点食用，在包装或产品样式上体现中国的文化。

参考文献

［1］毛昶．网络语言在休闲食品包装设计中的运用研究［J］．食品安全导刊，2021（25）：146 - 147.

［2］党鹏．从"重口味"到"健康味"行业新标准推动辣条升级［N］．中国经营报，2022 - 07 - 25（D03）.

［3］杨杰．鱼骨营养成分分析及鱼骨休闲食品的研制［D］．石河子：石河子大学，2018.

［4］王先庆，雷韶辉．新零售环境下人工智能对消费及购物体验的影响研究基于商业零售变革和人货场体系重构视角［J］．商业经济研究，2018（17）：5 - 8.

［5］房晶，黄昕．全渠道背景下新零售的消费驱动与演化路径［J］．商业经济研究，2019（12）：12 - 15.

［6］杜睿云，蒋侃．新零售内涵发展动因与关键问题［J］．价格理论与实践，2017（2）：139 - 141.

十年来我国非物质文化传承与发展的成就与经验

赵春丽　田　芮①

【摘　要】十八大以来，我国非物质文化遗产保护与传承取得显著成就，但仍面临着发展不充分与客观需求之间的矛盾。我们要继续加大传承和保护非物质文化遗产力度，让它一直传承下去。十年来，我国非物质文化取得了不少成就，我们也从中积累了许多经验。本文总结了党的十八大以来我国非物质文化遗产传承与发展的成就与经验。

【关键词】非物质文化遗产；保护与传承；传承与发展；非遗文化；非遗传承

在党中央、国务院的领导下，我国非物质文化遗产保护与传承事业取得了显著成就。"十四五"时期是我国开启全面建设社会主义现代化国家新征程、向第二个百年奋斗目标进军的第一个五年，也是全面提高我国非物质文化遗产保护与传承能力和水平的重要时期。一方面，社会经济的高质量发展为非遗保护传承提供了良好的基础条件，人民对美好生活的需要也对非遗保护提出了更高的要求；另一方面，社会快速发展，非遗传承发展环境发生重大变化，非遗保护传承的难度也随之增加。2020 年 10 月，习近平总书记在考察广东潮州时指出，要加强非物质文化遗产保护和传承，积极培养传承人，让非物质文化遗产绽放出更加迷人的光彩。十年来，我国非遗取得了显著成就，也积累了许多经验。当代青年应主动肩负起非遗传承与发展的历史责任。

本次调研以网上问卷调查形式开展。调查问卷经小组成员通过朋友圈、微信群等渠道填写并回收问卷。发出调查问卷共计 201 份，回收 201 份，有效份数 201 份。

一、非物质文化传承发展十年来的巨大成就

在问卷中，超过一半的受访者都认可非物质文化遗产发展现状。同时，不少国外友人也热衷于中国非物质文化。可见，十年来，我国非遗取得了显著进展。

（一）非遗文化走出国门，展现我国的文化实力

从问卷调查中我们发现，69.65% 人都肯定非物质文化遗产走出国门展现我国文化软实力。丝绸之路是非物质文化遗产的载体，是文化走出国门的桥梁。丝绸之路沿

---

①　本课题指导教师：赵春丽（北京工商大学马克思主义学院）；课题组组长：田芮；课题组成员：黄倩华（化妆品 212）、孙晓灿（化妆品 211）、张运运（化妆品 211）。

线蕴含的非遗，不但在中华文化中占据着极为重要的地位，也是人类非遗宝库中的奇葩。2022 年的冬奥会上，京剧脸谱被作为"中国礼物"赠送外国元首，受到国际奥委会主席的夸赞，新加坡总统为脸谱点睛。非遗文化是连接两国关系的纽带。2022 年 1 月 14 日，由中央美术学院、佛罗伦萨美术学院、网易《梦幻西游》共同联合主办的"匠心传承，筑梦非遗"中意传统文化交流暨中国传统文化佛罗伦萨作品展如期举行。作品展出期间泰山皮影戏国家级非遗传承人范维国大师于现场进行精彩纷呈的皮影戏表演和制作皮影现场教学；中央美术学院姚璐教授、程可槑教授和张兆弓老师与佛罗伦萨美院老师教授进行学术交流探讨，增进了西方对中国传统艺术的了解，促进了中意两国传统文化交流。由此可见，现今的非遗以不同方式走出了国门，展现我国的文化实力。

（二）非遗文化带动乡村振兴

超过一半的人都认为非遗发展带动了乡村振兴。2021 年，习近平总书记到西宁市青海圣源地毯集团有限公司考察调研。在生产车间，习近平总书记了解了加牙藏毯手工编织技艺，对企业带动当地群众就业增收表示肯定。刘兰芳是庆阳香包的非遗代表性传承人，她把传统的香包挂件设计成拖鞋、抱枕、丝巾等日常用品，累计带动了 2 万名妇女学习刺绣，实现增收。如今，越来越多的年轻人留在故乡，为当地发展注入活力。带着新思路、新想法的他们正在摸索出一条以非遗传承保护，促进乡村振兴的好路子，让非遗在产业融合中焕发持久生命力。

（三）大力发展传承人，提升专业素养

近十年来，我国经济的快速发展提高了人们对非遗的认知水平。但是由于我国非遗传承与保护起步晚，导致非遗文化"后继无人"的难题影响至今。

自 2003 年以来，各类非遗文件的颁布，为传承人习习非遗文化提供了坚实的基础。《中国非物质文化遗产传承人研修培训计划实施方案（2021—2025）》指出，要加强对非遗项目的扶持，尤其注重学生工作的开展。

1. 非遗传承人年轻化

文化部在 2012 年公布的第四批国家级非遗项目代表性传承人共 498 名，累计前几批共 1986 人。在这一批次传承人名单中，出现了 10 多位年龄为 45 岁以下的传承人，他们是传承人团队中年轻的队员。自此，非遗传承人年轻化趋势明显上升。文化部在 2018 年公布的第五批国家级非遗项目代表性传承人中 59 岁以下的共有 451 人，与上一批次相比，本批次的"年轻化"趋势更加显著。

2. 收徒仪式"各地开花"，传承人专业素养逐渐提高

十年来，由于非遗文化传承问题迫在眉睫，各地非遗传承人都在广泛收徒。"王羲之传说"非遗传承人杨乃浚等陆续举办收徒仪式。这些收徒仪式，不仅提高了传承人的专业素养，还带动了当地工艺业的发展，为我国经济社会创新发展提供了助力。

（四）非遗文化成为地区名片，吸引游客前来观赏

随着非遗文化传承与保护意识的深入人心，以及各地政府为响应国家政策开展丰富多彩的非遗主题宣展、教育等活动，越来越多人愿意为非遗文化"买单"。人们踊跃加入各类非遗机构，积极前往非遗文化产地学习非遗技艺。

1. 非遗文化景点取代传统景点成为地区名片——以广佛地区为例

政府对当地非遗文化旅游业的大力宣传和人们对"非遗旅游"的大力追捧，使非遗文化景点"火爆"了起来。有"南海第一龙"之称的永庆坊非遗街区、广州酒家等非遗文化景点逐渐成为广佛地区的新名片，助力广佛地区非遗文化的传承与发展。

同时，从图1可以看到，粤菜这个非遗体验活动最吸引大众。

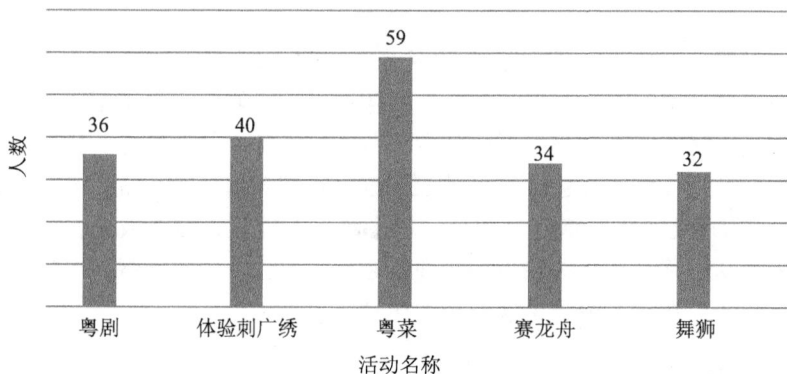

图1　受访者喜爱的广佛地区非遗体验活动

由于粤菜这一非遗受到众多人的追捧，1935年开设第一家店铺的中华老字号——广州酒家，凭借粤菜厨艺荣获"广佛必吃酒家榜"的冠军，成为广佛地区的特色名片内容之一。

2. 非遗文化景点取代传统景点成为地区名片——以贵州丹寨万达小镇为例

作为闻名全国的非遗代表乡镇——丹寨县，全县拥有的非物质文化遗产多达145项。"非遗进景区"主题活动与丹寨文旅局联合开展，在丹寨万达小镇携手打造贵州非遗文化特色旅游景区。小镇利用"非遗＋旅游"理念，打破传统非遗文化展示模式，利用"场外＋室内"的形式，将观展过程与旅程结合，搭建非遗文化驿站。每个驿站内含一到两个丹寨县最具代表性的非遗项目，带给人们新鲜的观光体验，使该小镇成为名副其实的"贵州名片"。

（五）非遗文化搭上互联网快车，助力提高认知度

文化和旅游部抓住互联网发展的机遇，通过"线上＋线下"的模式，大力发展非遗数字博物馆。

除此之外，随着直播行业的迅速发展，非遗工作者利用"直播＋电商"的形式

向大众宣传并售卖非遗产品。让大众更好地了解我国非遗的"美",并拓展其产业链,为非遗工作者提供更好的物质保障。

1. 非遗文化与数字博物馆相结合——以晋中国家级文化生态保护区非遗数字博物馆为例

为储存非遗各类数据并为共享非遗文化提供平台,以及给大众提供足不出户就能观赏非遗文化的体验,文化和旅游部等有关部门利用多媒体展示技术,于2012年设立晋中非遗数字博物馆。而在设立后的10年间,收录的国家级项目有41项,省级项目有186项,市级项目有400余项,在中国非遗文化重点保护区中占突出地位。

2. 非遗文化与直播电商业相结合

由于"直播带货"潮流的兴起,非遗不再只能活在非遗传承人手中,每个人都能通过网络购物平台购买非遗产品,拉近了非遗文化与大众的距离,给非遗文化带来更高的经济价值。与此同时,各地非遗保护单位与微博、小红书等App联合举办"非遗购物节",呼吁非遗工作者及其保护单位在讨论页上写下自己工作过程中的感想,也鼓励百姓写下自己身边的非遗故事。

(六)国家助力保护非遗文化

在2000年《云南省民族民间传统文化保护条例》颁布后,当地非遗保护效果极佳。为响应联合国教科文组织(UNESCO)对传承和保护非遗的呼吁,我国在2004年加入《保护非物质文化遗产国际公约》,并从2006年开始将每年6月的第二个星期六设立为"文化和自然遗产日"。2011年,我国颁布《中华人民共和国非物质文化遗产法》,通过立法,我国非遗能够得到更好的保护与传承。截至2024年,我国累计共有43项非物质文化遗产纳入UNESCO非遗名录,我国也成为全世界拥有非物质文化遗产最多的国家。同时,国家为了更好地保护非遗文化,设立了非遗保护单位。

二、非物质文化传承发展十年来的宝贵经验

十年来,我国在非遗传承上取得的成就和进步的根本原因在于,我国上下五千年文明孕育出了品类丰富、内涵深厚的非遗元素。在保护非遗的战役中全民族参与,经过艰辛探索,积累了宝贵经验。

(一)坚持国家引导

必须坚持国家引导。十年来,国家颁布了一系列非遗保护政策和法律法规,成立专门的非遗保护机构为其提供坚强的法律保障。我国非遗的传承与发展取得成功,关键是我们既坚持国家引导,又因地制宜将国家政策贯彻落实。同时,多地将非遗和旅游业相结合作为各省规划的一部分,赋予非遗勃勃生机。

(二)鼓励社会参与

必须鼓励社会力量参与保护非遗文化,以人的活动为主要传播途径,是非遗的基

本特征。社区和街道人们的积极参与，是非遗传承和发展的可靠动力来源。企业助力非遗产品化；手工艺者自发在社交媒体宣传非遗技艺；非遗爱好者或穿汉服或学古琴……人们都在努力用自己的方式传承非遗，社会力量的加入也给非遗带来了新生命力。当代青年都十分支持非遗技艺的传承，更多的人想要通过购买非遗产品、穿汉服、制作短视频的方式为非遗的传承与发展贡献一份力量。

（三）坚持非遗与市场经济结合

必须坚持非遗和市场经济相结合。瑰丽的非遗不应埋没于博物馆不见天日。十年来，非遗与市场经济相结合，将非遗产品推广出去，让我们璀璨的文化被人认可。因此，应促进非遗商业化，助力非遗传承与发展，让市场为其提供驱动力。

（四）坚持守正创新

必须坚持守正创新。不断改进非遗工艺设计、传播手段等，为其走向市场提供基础。十年来，我们推进非遗设计的创新及其创意整合，将非遗结合现代审美推出新样式或将非遗元素融入产品，创新推动非遗和市场相结合，使非遗展现出了更加旺盛的生命力。

三、非物质文化传承发展十年来的问题及建议

（一）非遗发展的问题

近十年来，我国非遗在取得成就时也暴露出一些问题。在本次问卷调查中，有80%的调查对象不知道"文化和自然遗产日"，64%的调查对象认为未来非遗发展的道路还很漫长。对问卷进一步分析，我们发现调查对象普遍认为非遗与日常生活融合仍需加强。目前非遗现状是国家已明确非遗名录，但由于宣传不到位导致大众的保护意识淡薄，甚至让很多非遗文化被其他国家抢先申遗。此外，非遗融合不足导致年轻的非遗传承人兴趣不高，现有的非遗传承人挣不到钱。

（二）非遗发展的建议

1. 大力宣传非遗

抓住当今机遇，搭上互联网快车，非遗才能越走越远。非遗是最古老也是最鲜活的文化，是民族文化自信的源泉，更是社会主义核心价值体系的重要文化根基和资源。保护及传承非遗是我们每一个人义不容辞的责任与使命。

2. 加强非遗与旅游业、产业化的融合

非遗不能只活在名录中，我们还要让昔日鲜活的文化重新焕发光彩。要加强非遗与其他形式的融合，积极探索其长效保护路径。文化是旅游的核心，旅游是文化的载体，"文化＋旅游"的模式既有利于营销又有利于非遗活化。非遗不仅有普遍价值还有独特的民族色彩，一味地追求经济而过度开发只会让非遗失去其民族独立性。在文

旅发展道路上，平衡保护和开发是一个长久命题。

由于非遗是植根于民族土壤的活态文化，是发展着的行为和生活方式。因而，非遗不能脱离生产生活而独立存在，它存在于特定群体的生活中。这样的特性注定非遗发展离不开产业化的路线。非遗产业既能走高端、神秘化路线又能走产业链、大众化路线。这两种路线的统一形式就是非遗传承人与企业合作，传承人负责技艺，企业负责宣传与销售。高端化路线注重极高的审美价值，产业链路线的受众者则更多。在非遗产业化路线上，要不断注入活力，创新其内涵与功能。

非物质文化一直都在传承与发展，在见证了十年来的非遗之路后，我们对其充满了无限的期待与憧憬。我们定当贯彻落实习近平总书记关于非遗保护重要指示精神，坚决维护我国的非遗文化，树立非遗文化自信。

参考文献

［1］蓝峰. 呼和浩特市人大常委会执法检查组关于检查《中华人民共和国非物质文化遗产法》和《内蒙古自治区非物质文化遗产保护条例》贯彻实施情况的报告［N］. 呼和浩特日报（汉），2021 – 08 – 05（007）.

［2］屈菡. 第四批498名国家级非遗传承人呈现年轻化趋势［J］. 原生态民族文化学刊，2012，4（4）：102.

［3］施榆蓉. 非物质文化遗产保护与传承的重要性［EB/OL］.（2013 – 07 – 20）. https：//m. ishare. iask. sina. com. cn/zhizhu/37660758. html？zzType = hotRecommend.

青山绿水之治，碧水蓝天之享

——北京市永定河十年生态环境治理调研

张宏伟　陈子芃[①]

【摘　要】本文以我国过去十年生态治理过程中的典范工程"北京市永定河"为例，通过网络调查了解关于永定河生态环境治理的现状、以北京市居民为主的群众对于永定河现存问题和过去十年治理成就的认知，以及对于永定河未来治理方向与举措的意见建议。希望通过此次调查能够为国家进一步推进永定河以及周边区域的生态环境治理提供现实依据和有益参考。

【关键词】永定河；北京地区；十年；生态环境治理

本次调研通过发放网络问卷调查（两天内回收完成）、进行线上访谈以及参考相关治理政策文件和最新媒体资料的方式进行。共发放调查问卷 775 份，回收 775 份，回收率达 100%；有效问卷 775 份，有效率达 100%；其中 76% 的受访者为北京当地居民，且经问卷数据分析发现，受访群众年龄层与职业领域分布广泛，在一定程度上提高了调查问卷的真实性与可参考性。

一、北京市永定河十年治理成就与治理经验总结

（一）重视防洪功能，保证城市段防洪安全

为有效解决永定河仍然存在防洪薄弱环节的部分河段所出现的问题，保证城市段防洪安全，永定河治理工程在保护生态的原则上重视防洪功能，对永定河北京市平原区超高不足河段堤防进行加高加宽，并实施维修堤顶路等措施，以提高防洪工程的生态景观效果。在治理过程中，按照 20 年一遇的防洪标准建立永兴河滞洪工程，以保障北京新机场防洪安全。

（二）改善河流水质，保障河流的优质水源

为了解决过去出现的水资源量衰减及水资源超载严重的问题，在永定河治理上，根据流域水资源的承载能力、优化水资源的配置，完善北京市中心城区的再生水利用

---

① 本课题指导教师：张宏伟（北京工商大学马克思主义学院）；课题组组长：陈子芃（注会 203）；课题组成员：王莺澈（注会 203）、王巳希（注会 203）、李佳营（注会 203）、闫茹钰（注会 203）。

功能以补充生态用水，减少城市及周边地下水超采区开采量，采取水资源监测网站、数据中心、远程监视等技术打造了"数字永定河"，建设了水资源监控体系，综合性地对永定河的水量、水质等进行实时监控、预测评价和调度决策。这些举措有效地改善了河流水量、水质、水生态，保障了永定河的优质水资源。

（三）修复河道生态，形成自然和谐的景观

在永定河治理过程中，坚持党的十八届五中全会提出的"创新、协调、绿色、开放、共享"的新发展理念，统筹山水林田湖草系统治理，在考虑永定河的河道景观环境和群众需求的基础上，提出了堤内生态修复工程、堤防生态修复工程，兼顾了生态修复、美化河道景观、强化水土保持等功能。同时，北京市开展湿地保护、建立沿河湿地和郊野公园，以恢复植被和鸟类栖息地，达到自然和谐目标。

（四）贯彻环保理念，保护河流的生态环境

为了能够在治理永定河的同时落实京津冀协同发展的要求，在生态功能方面发挥其涵养水源、水土保持、提高植被覆盖率等重要作用，北京市按照"节水优先，量水而行"的基本原则，在治理过程中全面贯彻节约环保的理念，强化节水功能，优化用水结构，治理城市污水，建设清洁小流域，减渗工程尽量达到土方平衡，注重生态修复和堤防绿化以融合河流周边环境。同时采取修筑永定河河道休闲步行道等措施，以创造良好的居民居住环境。在治理过程中坚持保护河流及周围环境的生态多样化和全面贯彻环保理念，使得永定河的治理成果更具持续性。

（五）发展河流文化，促进河道的综合功能

永定河的治理以"促进流域经济社会发展、产业结构转型升级以及区域生态文明建设"为指导思想，在相关城市段的治理建设中，充分重视防洪功能，修复河流的生态环境，创造良好的周边环境，促进了城市区域的经济发展，发扬厚重的河流文化，突出河道的综合功能，有利于提升城市形象。休闲河道、生态堤防等功能融合有利于形成生态和谐的景观，河道周围的滨水景观带建设、鸟类栖息地恢复、配套基础设施建设等措施有利于发展河流的休闲娱乐、文化教育等功能，进一步地提升河道的综合功能。

二、北京市永定河所存生态问题与原因分析

（一）永定河生态环境治理所存问题

1. 永定河上游截流，常处于干涸状态

永定河上游流经山西省，所处地区为黄土广泛覆盖的山区高原，其气候类型为温

带大陆性的季风气候，气候多变，风沙较多。资料显示，山西省太阳辐射量大，导致河流蒸发量大，且煤炭开采量大，工业发展导致植被覆盖稀少，加剧河水蒸发，导致永定河上游断流。如图 1 所示调查问卷结果显示，有多数人表示所在地植被覆盖率等级为中等。上游截流导致下游河流径流量变少，常处于干涸状态。

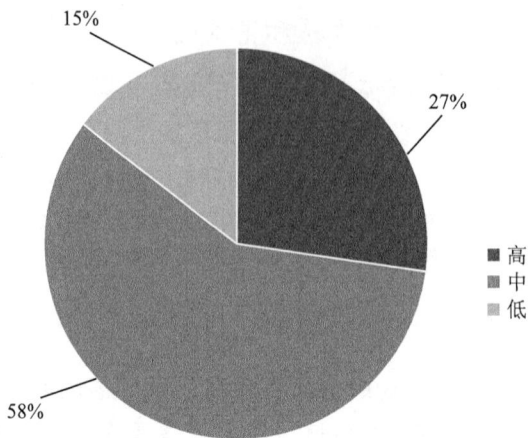

图1　关于居民居住地植被覆盖率的调查

2. 水资源过度开发，流域生态退化

永定河主要流经黄土高原和华北平原地区，该地人口众多，生产生活用水量大，对永定河水资源进行过度开发导致流域生态环境退化。首先，河流水量被大量开发之后，蒸发旺盛，气候更加干旱，大陆性增强；荒漠化加剧，下游生态环境趋向恶化。河水的减少对气候的调节作用减弱，导致气候更加干旱，生态环境逐渐恶化。天津滨海新区北塘镇永定河入海口处，由于河流水量被过度开发，导致海水倒灌以及土壤盐碱化，对沿岸居民的生产生活造成了一定的消极影响，入海水量减少，入海的营养盐类减少，渔业减产。

3. 大风鼓动河床风沙，漫天黄沙席卷市民

永定河上游流经黄土高原，河水含沙量大，有"小黄河""浑河"之称。河水在流动过程中，沿途泥沙不断沉积，导致下游段永定河成为地上河。图 2 是关于居民对永定河流域生态退化的表现认识的调查，北京地处永定河下游，常年遭受沙尘暴的侵袭，每当春季气温回升，漫漫黄沙就会在北京城内肆虐，超大的风力和极低的能见度不仅影响居民正常出行，大风的破坏力也对居民的生命安全造成了一定的威胁。然而这一切的根源都在于对永定河流域的生态环境质量不够重视，上游滥砍滥伐导致植被覆盖率低，水土流失量大，流失的水土到下游京津地区同样缺乏植被保护，从而成为威胁市民生活的风沙狂魔。

泥沙淤积，河床升高，湖泊萎缩 ▬▬▬▬▬▬▬▬▬ 654

土地沙漠化严重，风沙漫天 ▬▬▬▬▬▬▬▬▬ 677

地下水超采，渗漏加剧，地表径流少 ▬▬▬▬▬▬▬ 515

河道内沟壑遍布，河床裸露，水土流失严重 ▬▬▬▬▬▬▬ 553

偶尔生物多样性减少 ▬▬▬▬▬▬▬▬▬▬ 691

滥砍滥伐导致的植被日渐稀少，森林生态系统崩溃 ▬▬▬▬▬ 425

▬ 人数

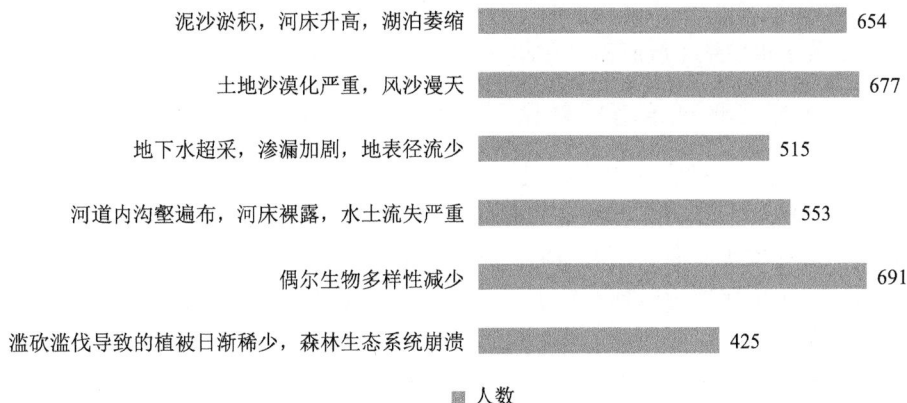

图2　关于居民对永定河流域生态退化的表现认识的调查

4. 沿线经济增长速度快，人口压力大，河流污染严重

永定河是贯穿京津冀晋蒙的重要水源涵养区、生态屏障和生态廊道，也是京津冀协同发展的生态大动脉，流经地区为我国经济发达区域，农业、工业及其他产业不仅对水资源有较大的需求量，且污水排放量也不容小觑。调查问卷结果显示，有超过80%的被调查者表示曾向河流中排放生产生活污水（图3）。生产生活污水源源不断地流入永定河，导致河内重金属含量增大，河流生态系统被破坏，生物多样性减少，污染过后的河水也会对居民生活和经济生产造成恶劣影响。

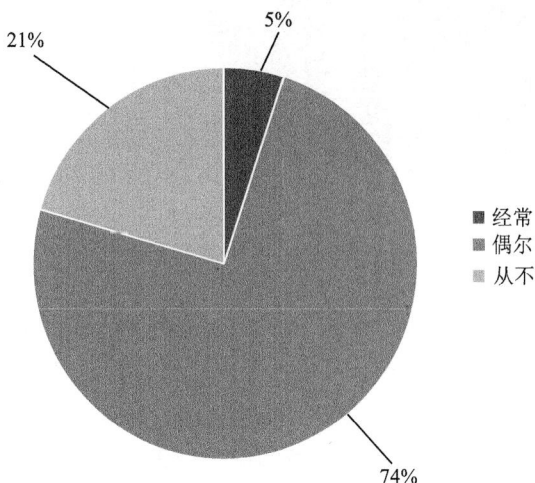

5%

21%

74%

■ 经常
■ 偶尔
▨ 从不

图3　曾向河流中排放污水的频次调查

5. 人造河流计划效果甚微，且耗资巨大

北京市在永定河中下游，处境比较尴尬，无法改变上游过分用水的现实，却要承受断流之痛。北京市政府决定通过人造河流的方式使永定河"起死回生"，但此项人造

河流计划耗资巨大，项目实施初期两岸土地价格已出现飙升现象，房价水涨船高。此项目对技术的要求也导致了政府需要在此方面投入大量的资金。

（二）永定河环境治理问题原因分析

1. 生态原因：植被稀疏无法防风固沙涵养水源

植被防风固沙主要表现在林带对风的阻挡、摩擦作用，改变了风的流动方向，减小其动能，使林带背风面的风力减弱。乔木、灌木、草的根系可以固着土壤颗粒。由于常年断水，永定河植被遭到严重破坏，盗采沙石现象严重，河道内的扬沙已经成为北京市的沙源之一。

调查问卷数据显示，50%以上的北京本地填写者认为永定河是因沿岸植被稀疏（图4），水土流失严重，这同时也是风沙侵城原因之一。

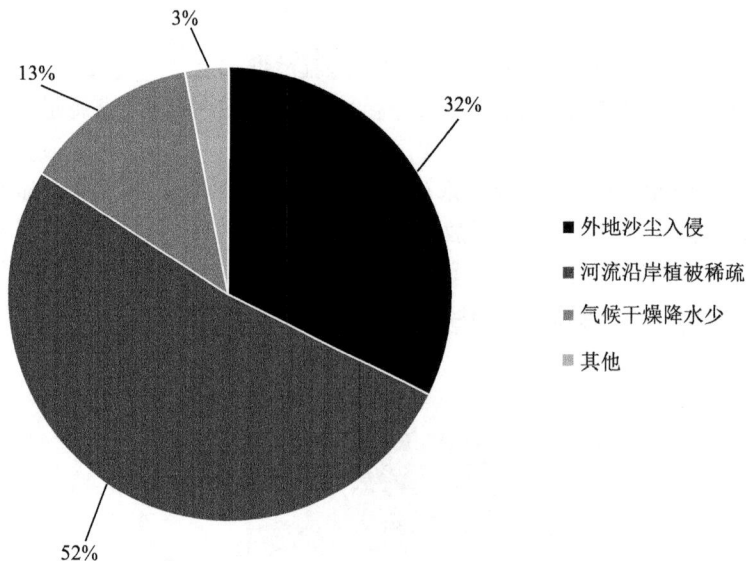

图4 针对黄沙天气成因的调查

2. 政策原因：国家原先对生态治理的重视程度较低，采取的相关措施、颁布的相关政策较少

在新中国成立初期，国家在生态环境保护上存在着一定的规划与政策缺失的问题。在永定河治理上，引黄河水济永定河的设想自20世纪80年代就已经被提出，但一直未有进展。直至党的十八大以后，国家相关政策措施颁布与实施较之前大幅增加。2015年，《京津冀协同发展规划纲要》明确提出推进"六河五湖"综合治理与生态修复，永定河即"六河"之一。随后，2016年2月，国家发改委同水利部、国家林业局以及北京、天津、河北、山西四省市启动了《永定河综合治理与生态修复总体方案》编制工作，编制完成后12月正式对外公布。近十年来，国家已先后对包含《中华人民共和国环境保护法》水污染防治法，环境影响评价法在内的多部法律

完成制修订。

3. 经济原因：改革开放以来经济飞速发展，导致环境过度污染

1980 年代以后，由于工农业用水量剧增，水体污染严重，永定河生态系统退化严重，主要河段年均干涸 121 天，年均断流 316 天，主要污染物 COD、氨氮年入河量分别超过纳污能力的 1.5 倍和 7.6 倍。

4. 社会原因：居民原先保护生态的意识普遍较低

以最耳熟能详的"绿水青山就是金山银山"为例，2017 年 10 月 18 日，习近平总书记在党的十九大报告中强调，坚持人与自然和谐共生。必须树立和践行绿水青山就是金山银山的理念，坚持节约资源和保护环境的基本国策。也是在当年及随后的近几年，我国对生态保护标语的宣传力度大大加强，从图 5 中数据也可看出，人们对环保标语知情程度逐渐提高，环保的意识也随之加强。

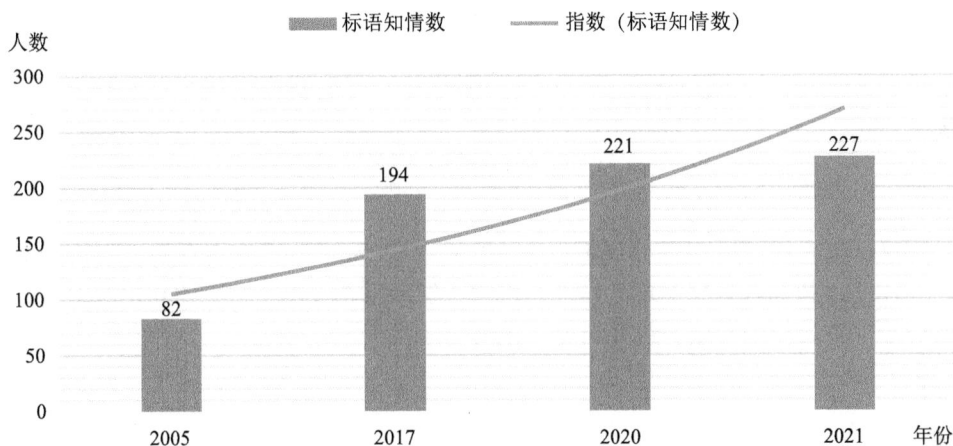

图 5　针对环保标语知情程度的问卷调查

5. 科技原因：相关生态保护技术尚未成熟，环境治理效率较低

过去，我国生态保护技术不多，应用于永定河的有防洪灌溉、放淤等，科技逐步发展但因历史原因政府未能及时进行治理。生态保护技术近几年才逐步成熟，能够结合河道特点进行合理布局，以安全为主构造防洪安全保障体系；采取因地制宜、技术创新等手段，实现防洪与景观的统一；同时注重水循环利用，充分发挥水资源的生态效益。相较之下，此前治理效率较低。

三、北京市永定河生态环境治理措施建议

（一）生态上，提高山峡段水源涵养功能，稳定生态格局

永定河治理应注重生态的保护和修复，稳定生态格局。在问卷的辅证下（图6），本小组的建议是通过边坡和滩地生态修复，河底子槽种植水生植物，保留或营造坑

塘、湖泊、湿地、溪流、林地等多种形态，创造生物多样性环境，增强河道水源涵养功能，从而达到有水则清、无水则绿的效果。

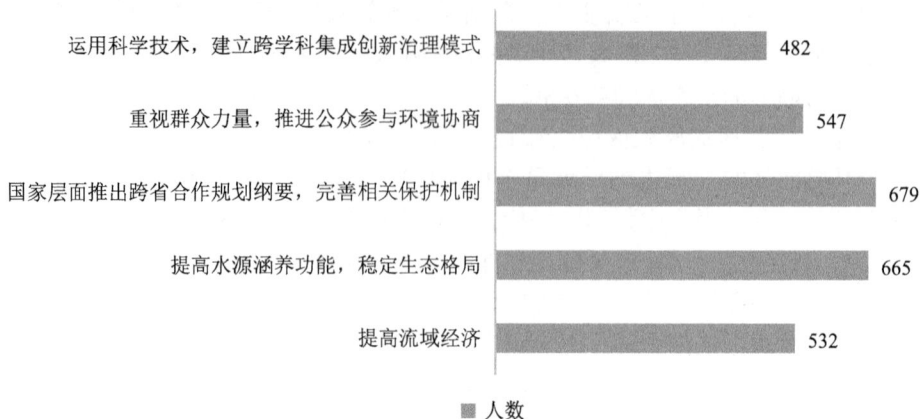

图6　关于永定河治理措施建议调查统计

（二）政策上，国家层面推出跨省合作规划纲要，完善相关保护机制

建议从国家层面组织推动以河流生态治理为目标的跨省合作方案，打破地域限制，一体谋划和部署流域治理。另外，由国家发展改革委牵头成立永定河综合治理与生态修复部省协调领导组，统筹研究协调解决重大问题。

（三）经济上，以旅游市场为支撑，提高流域经济

近年来，流域常住人口规模增速高于京津冀晋各自增速，人均可支配收入等指标持续攀升，地区经济可持续发展焕发活力，成为"绿水青山就是金山银山"理念的优秀实践样本。我们未来应该侧重于发展文旅康养产业。永定河流域旅游资源覆盖京津冀晋旅游核心区域，以自然和人文地景资源为主，包括文化遗址、自然生态、都市休闲和滨海休闲娱乐四大类，在当今大环境下，我们应把握"十四五"期间文旅产业新政策、新机遇，打造沿线度假村及户外营地等特色旅游线路，打造都市亲水旅游产品，打造数字文化平台和沉浸式体验项目。

（四）社会上，推进公众参与环境协商，重视群众力量

水资源是河流健康的关键性控制因素，因其属于公共资源，因而公众参与是实现河流水资源可持续利用的重要方面。所以我们建议要加强对公众参与环境治理的管理、指导和引导。一方面，公众参与水资源管理使决策者在作出决策前，不得需要考虑不同利益群体的利益，防止管理者为追求最大的经济效益而不惜牺牲社会效益和环境效益，增强管理决策的科学性，使水资源得到最优配置；另一方面，公众参与水资源管理的过程中会自然地了解到水资源面临的严峻形势，增强节水意识，自觉参与水

资源保护、生态环境保护。

（五）科技上，建立跨学科集成创新治理模式

永定河流域存在问题错综复杂，需要跨学科集成创新治理模式和建设管理体制机制。本研究秉持着尊重自然、顺应自然的原则，提出"人工引导、自然发育"的解决思路，借助现有科技水平，开展实地勘察、数值模拟、物理模型试验与生态补水过程全要素监测等方面的系统研究，推动河道地貌形态和生态环境的自然恢复。

参考文献

［1］李红有．历史上永定河开发治理分析［J］．北京水务，2005（6）：56-57.
［2］国家发展改革委．永定河综合治理与生态修复总体方案［EB/OL］．（2017-04-24）．ht-tps：//www. ndrc. gov. cn/fzggw/jgsj/njs/sjgt/201704/P020191101564948961022. pdf.
［3］西宁市生态环境局．一文读懂：习近平总书记提出的"绿水青山就是金山银山"精神实质、实现途径［EB/OL］．（2017-11-24）［2022-7-11］. https：//shj. xining. gov. cn/ztzl/zxzt/jgdjdflz/201711/t20171124_28674. html#：~：text=. html.

附录：

问卷调查

1. 您的年龄（单选）
   A. 18 岁以下　　　　B. 19～28 岁　　　　C. 29～40 岁　　　　D. 41～55 岁
   E. 55 岁及以上
2. 您是否为北京当地居民？（单选）
   A. 是　　　　　　　B. 否
3. 您的职业（单选）
   A. 专业人士（如教师、医生、律师等）
   B. 服务业人员（餐饮服务员、司机、售货员等）
   C. 自由职业者（如作家、艺术家、摄影师、导游等）
   D. 工人（如工厂工人、建筑工人、城市环卫工人等）
   E. 公司职员
   F. 事业单位/公务员/政府工作人员
   G. 学生
   H. 家庭主妇
   I. 其他（商人）

4. 您认为永定河多年来的水质变化（单选）

    A. 变好   B. 变坏   C. 没有变化

5. 您是否去过房山长阳滨水森林公园、石景山首钢遗址公园、大兴永定河滨水郊野森林公园、丰台区北天堂滨水郊野森林公园等游玩（位于永定河畔)？您的印象如何？（多选）

    A. 没有去游玩过，没兴趣   B. 没有去游玩过但听说过，并打算以后去

    C. 了解到很多知识   D. 环境优美

    E. 以后还会多次去游玩   F. 其他

6. 您是否去过永定河河道休闲步行道？（单选）

    A. 经常去   B. 偶尔去   C. 没去过

7. 您认为现在的永定河是否有利于提升永定河周围城市形象？（单选）

    A. 是   B. 否   C. 不确定

8. 请问您所在地区植被覆盖面积广吗？（单选）

    A. 高   B. 中   C. 低

9. 请问您眼中永定河流域生态退化的表现主要有哪些？（多选）

    A. 滥砍滥伐导致的植被日渐稀少，森林生态系统崩溃

    B. 偶尔生物多样性减少

    C. 河道内沟壑遍布，河床裸露，水土流失严重

    D. 地下水超采，渗漏加剧，地表径流少

    E. 土地沙漠化严重，风沙漫天

    F. 泥沙淤积，河床升高，湖泊萎缩

10. 请问您曾经向河流中排放过污水吗？（单选）

    A. 经常   B. 偶尔   C. 从不

11. 您认为黄沙天气成因是什么？（多选）

    A. 外地沙尘入侵   B. 河流沿岸植被稀疏

    C. 气候干燥降水少   D. 其他

12. 您是从何时开始经常见到或听到环保标语？（单选）

    A. 2005 年   B. 2017 年   C. 2020 年   D. 2021 年

13. 您认为下列哪些措施能有效治理永定河？（多选）

    A. 提高流域经济

    B. 提高水源涵养功能，稳定生态格局

    C. 国家层面推出跨省合作规划纲要，完善相关保护机制

    D. 重视群众力量，推进公众参与环境协商

    E. 运用科学技术，建立跨学科集成创新治理模式

14. 您怎样评价永定河治理的相关政策？（单选）

    A. 很合理，继续坚持   B. 政策到位，实施有待加强

    C. 政策和实施都到位   D. 不太了解

15. 您对经济发展和永定河河流治理之间的关系看法？（单选）

    A. 先治理后发展   B. 先发展后治理

    C. 共同发展

16. 您认为永定河河流环境治理工作面临的问题是（多选）

    A. 公民环保意识有待提高，未能呼吁群众

    B. 忽视经济发展的带动作用

    C. 监督制约体系不完善

    D. 相关法律法规不健全

    E. 其他

党的十八大以来首都文化中心建设视野下故宫的创新性保护和创造性发展

【摘 要】本调研聚焦近十年故宫这一重要文化遗产的创新性保护和创造性发展，反映党的十八大以来首都文化中心的建设思路和建设成果，并对如何进一步弘扬中华优秀传统文化、增强文化软实力、建设社会主义文化强国作了思考。

【关键词】首都；文化中心；故宫

党的十八大以来，我国深入推进文化建设，加快文化产业发展。北京作为首都和历史文化名城，更是把文化建设放在全局工作的突出位置，将文化中心作为城市发展的战略定位之一，努力在文化建设上服务全国、引领全国，为中华民族伟大复兴提供坚强文化支撑。

作为北京标志性历史文化建筑的故宫，近年来在文物保护与利用、数字化建设、文创产品开发等方面引领创新。通过调研和分析故宫文化的创新性保护和创造性发展的历程和举措，对于了解传统文化的传承与发展、文化产业的创新与创造以及社会主义文化强国的建设都具有现实意义和启发价值。

一、党的十八大以来故宫的保护与发展

故宫是首都亮眼的文化名片，是中华优秀传统文化的珍贵结晶，更是世界文明史上的璀璨瑰宝，它汇集了中国几千年的建筑精髓，是举世瞩目的古代文化艺术博物馆。

2020年《北京市推进全国文化中心建设中长期规划（2019年—2035年）》提出，北京将在2035年"全面建成中国特色社会主义先进文化之都，全国文化中心功能更加系统完善，文化建设对首都经济社会发展的驱动力更加强劲，大国之都文化国际影响力显著提升，成为文化自信与多元包容魅力的世界历史文化名城"。故宫处于中轴线核心地位，在首都文化中心建设中发挥着引领首都传统文化产业高质量创新发展、打造当代中国传统文化品牌、增强国民文化自信、提升中国文化软实力和国际影响力

① 本课题指导教师：朱倩（北京工商大学马克思主义学院）；课题组组长：战可盈（财务202）；课题组成员：刘依源（财务202）、苏蕊（财务202）、王思羽（财务202）、任梦情（财务202）。

等重要作用，在深化首都文化中心建设、加快推进首都建成世界历史文化名城这一战略目标中占据重要地位。

习近平总书记指出，北京是世界历史著名古都，丰富的历史文化遗产是一张金名片，传承保护好这份宝贵的历史文化遗产是首都的职责。在这一思想的指导下，故宫采取了一系列具体举措，以"平安故宫、学术故宫、数字故宫、活力故宫"建设为支撑，促进博物馆事业高质量发展，稳步推动故宫在新时代的保护与发展，助力首都文化中心建设。

在文化遗产保护与传承方面，故宫深入落实"保护为主、抢救第一、合理利用、加强管理"的文物保护工作方针，切实履行文化使命，引领推进全国文化遗产保护利用工作落实。近十年来，故宫不断强化文化保护和管理能力。2013 年，故宫启动"平安故宫"工程，对存在重点安全隐患的领域展开专项治理，并为故宫文物提供系统性安全保护。2016 年，故宫成立国内各方配备最优的文物保护科技部，加强多门类文物修复，标志着故宫在文物科技保护水平方面进一步提升，向世界一流博物馆又迈出了积极有力的一步。

在学术研究方面，故宫致力于打造集故宫文化遗产发展、保护、传承与创新于一体的"学术故宫"。2012 年单霁翔院长倡导打造"故宫研究所"和"故宫学院"学术平台，筑牢故宫文化学术研究阵地。2021 年王旭东院长提出故宫学术研究应从故宫文物及古建筑的价值升华到中华传统文化积淀。十年来，故宫始终以学术建设为中心，不断推进学术研究，增强院内外学术交流，营造开放包容的学术环境，凝聚文化认同，促进中华民族伟大复兴。

在信息化建设方面，数字化转型为故宫的发展与保护带来了新思路。故宫推进多版本网站建设，满足不同受众需要；拓展新浪、微信公众号等社交网站，扩大故宫的影响力。2015 年起，故宫深化智能移动建设，开发"每日故宫"App，拓宽营销渠道；同年，故宫端门数字馆开馆运行，以数字沙盘、虚拟现实剧场为观众带来非凡的文化体验。目前，数字故宫社区已具备了公众教育、资讯传播等八人功能，并将扩展延伸，为用户提供社区化一体式优质服务，开启博物馆与互联网融合新局面。

在文化创新和对外宣传方面，故宫以建立"活力故宫"为根本，积极探索故宫文化传播新途径，致力把中国故事讲给社会公众、讲给世界听，在促进故宫文物"活起来"的同时，推动故宫文化"走出去"。故宫不断丰富文化产品多样性，满足群众日益增长的精神文化需要，创造性地将"文物"转化"文创"，推出故宫口红等产品，实现了故宫元素和流行文化碰撞，在带来经济效益的同时发挥了博物院的文化传播作用，是故宫文化创新的一次成功探索。

故宫是中国的，更是世界的。故宫积极拓展对外交流平台，促进国际文化交流互鉴。2016 年的"盛世繁华——紫禁城清代宫廷生活艺术展"缔结中智友好合作的纽带；2021 年，举办"中巴文化交流史与文物保护线上论坛"庆祝中巴建交 70 周年；

2022 年，为纪念中日邦交正常化 50 周年，在日本东京举办"故宫的世界"特别数字展；同年举办"四季礼赞——中国故宫摄影与日本插花艺术展"，拓展中日交流合作。十年里，故宫作为向世界弘扬故宫文化的窗口，通过举办国际论坛、中外交流平台，向成为文明互鉴的中华会客厅的目标持续奋进。

二、党的十八大以来故宫保护与发展成效的认知调研

通过发放问卷与单独访谈的形式，我们对大众对故宫保护发展成效的认知情况展开了调研。

（一）调研的基本情况

本次调研共收回有效问卷 240 份。调研人群涉及各年龄层：18～34 岁青壮年占51.67%，18 岁以下青少年占 11.25%，35～60 岁中老年人占 37.08%。受访者学历分布：大学本科（专科）57.08%，研究生及研究生以上 32.91%，高中及高中以下学历 10%。其中京籍人员占 24.17%，非京籍人员占 75.83%。

（二）对故宫保护与发展成效的认知调研

1. 了解故宫的渠道

调研可知，通过线上线下两种途径了解故宫的人数分布比较均衡（见图 1 和图 2），说明故宫线上线下多渠道宣传是有效的。

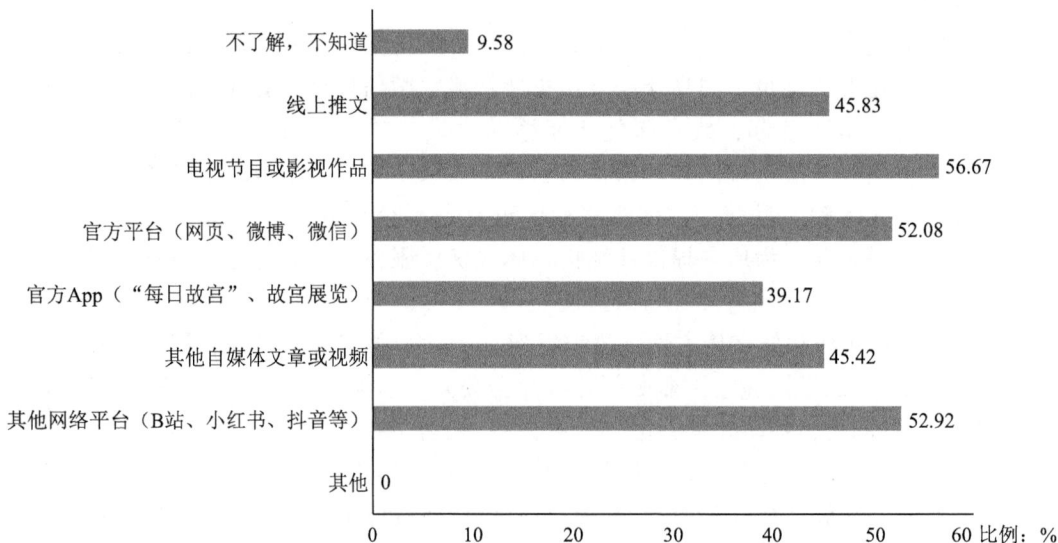

图 1 了解故宫的线上渠道

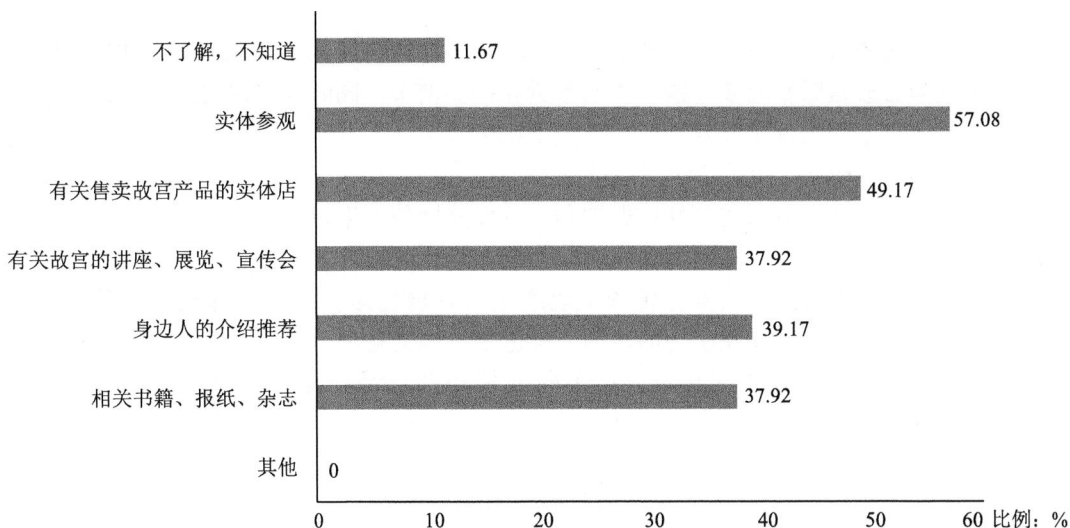

图2 了解故宫的线下渠道

渠道	比例
不了解，不知道	11.67
实体参观	57.08
有关售卖故宫产品的实体店	49.17
有关故宫的讲座、展览、宣传会	37.92
身边人的介绍推荐	39.17
相关书籍、报纸、杂志	37.92
其他	0

比例：%

图2 了解故宫的线下渠道

2. 体验的服务与产品

调研可知，58.75%的人"购买文创产品"，47.92%的人"观看故宫出品的相关综艺、纪录片"（见图3），说明人们对这两种文化产品与服务更感兴趣。通过对数据的交叉分析可见，受众群体以青年为主，这也符合故宫近年来对其文创产品受众人群定位。

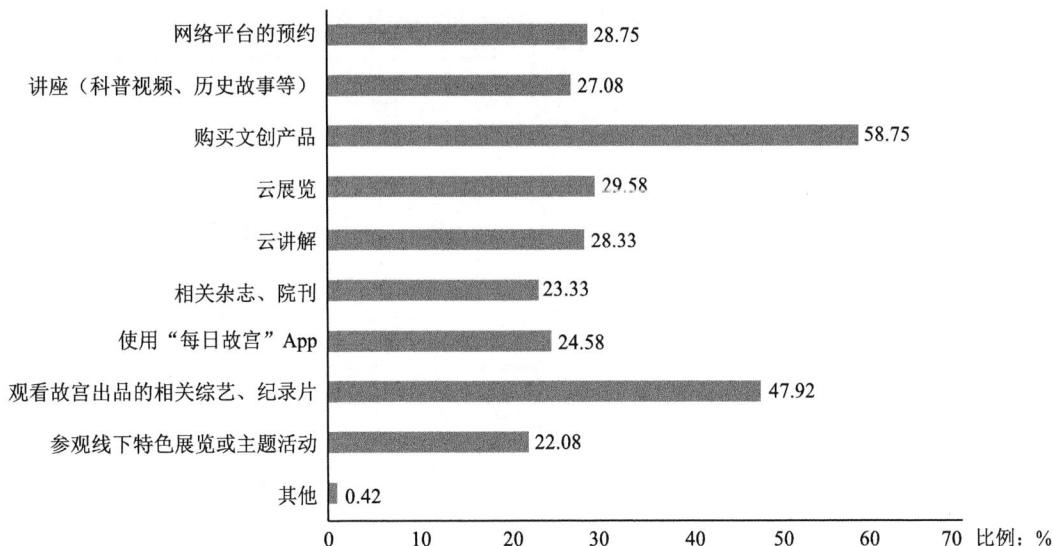

活动	比例
网络平台的预约	28.75
讲座（科普视频、历史故事等）	27.08
购买文创产品	58.75
云展览	29.58
云讲解	28.33
相关杂志、院刊	23.33
使用"每日故宫"App	24.58
观看故宫出品的相关综艺、纪录片	47.92
参观线下特色展览或主题活动	22.08
其他	0.42

比例：%

图3 大众参与过的故宫活动

3. 对故宫认知态度的变化

故宫是重要传统文化遗产。调研结果显示，97.08%的人表示对故宫更加喜爱，具体表现为去故宫频率更多，购买文创数量和种类增多，同时也更加关注中华传统文化。可见故宫十年来保护和发展工作产生了积极效果。

4. 对故宫保护与发展效果的认识与建议

通过调研可知，故宫的创新性保护和创造性发展的效果得到高度认可，大众愿意多方面了解、支持故宫，也更加关注中华传统文化。大家普遍认为故宫是展示首都文化中心形象的重要窗口，为其他传统文化产业（如博物馆）的发展起到了示范引领作用，落实了首都建设文化中心的规划，推进了全国文化中心建设。此外，人们对故宫进一步的文化建设提出了建议，如不断创新相关产品与服务、加大宣传力度等（见图4和图5）。

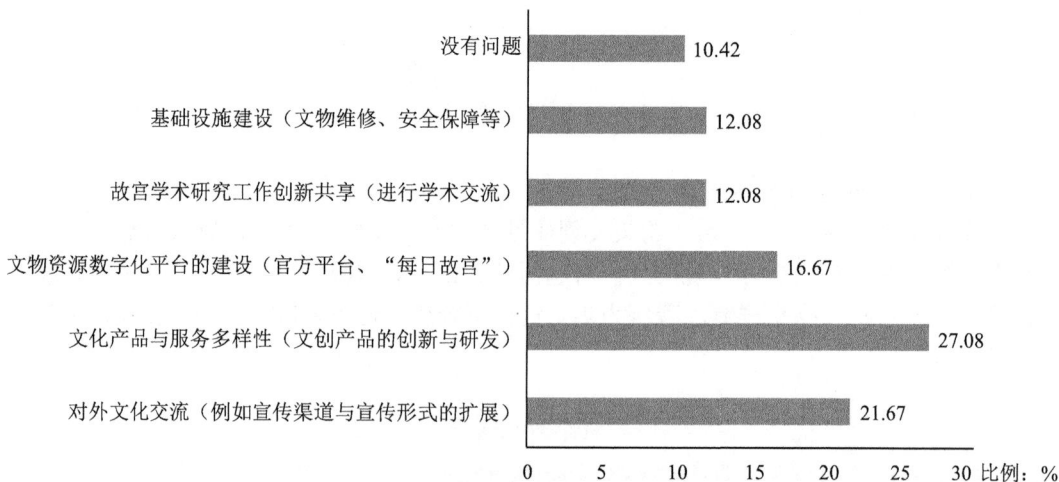

图4　大众认为故宫有待改进的方面

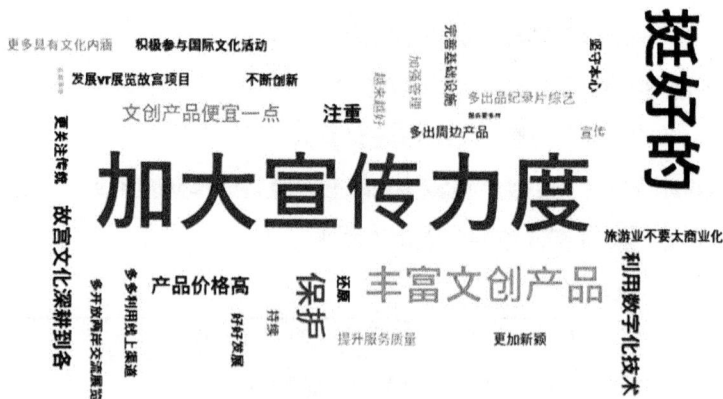

图5　大众对故宫的建议

5. 故宫的文化影响力

故宫数字化发展扩大了国际影响力。海外媒体聚焦故宫文化创新，报道 1.5 万篇，报道媒体覆盖近 70 个国家，在社交平台上有超 7.5 万次互动量。根据《2019 年度全国博物馆（展览）海外影响力评估报告》，故宫以 78.11 的影响力指数，高居中国博物馆海外影响力榜首。由此观之，故宫已经当之无愧地成为一张响亮的中国名片。

从对外国友人的访谈中我们了解到，很多外国友人对于故宫只有初步了解，对于故宫文化乃至对中华传统文化了解甚微，但通过接触故宫文创开始对故宫文化产生兴趣，愿意进一步了解中国传统文化。

三、故宫的保护与发展：优势、挑战与建议

（一）特点与优势

通过文献和认知两方面的调研，我们比较全面地了解了党的十八大以来故宫的创造性保护和创新性发展的相关举措与实践效果。故宫守正创新，在首都文化中心的战略规划与建设中凸显出自身特点与优势。

在文化保护方面，故宫凸显了全面化特点。故宫严格按照《故宫保护总体规划》制定相关措施并不断完善保护体系，向世界展现真实完整的故宫风貌。通过实行文物分级分类策略，成立专门研究小组，保护修缮管理馆藏文物及古建筑。故宫的保护系统在十年里越发完善，成为国内外博物馆典范，为世界文化遗产的保护与修缮提供了新思路。

在文化传播方面，故宫凸显了数字化特点。一是满足以年轻人为主的消费群体的需求，以文创 IP 产业链的创新形式将文化资源优势转化成产业 IP 供应链发展优势，赋予文创产品实用性兼艺术性，实现故宫文化展示和体验的同步创新；二是以多种媒介准确把握故宫文化形象，将数字资源水平和公共服务效能充分结合，实现了文物数字化成果的开放共享。

（二）挑战与建议

调研可知，故宫的文化建设有待加强。一是故宫对文物的研究和阐释方面有待提高，部分国民对故宫的文化价值和内涵认知不足，认为故宫只是旅游景点。二是故宫线下开放面积受限和线上数字信息更新滞后。三是国际影响力不足。

针对这些问题，我们提出以下建议：首先，故宫应实时更新、丰富讲解词，培训高素质讲解员，更好为游客服务。其次，线下完善游览制度，合理开放和管理部分展区，提高空间利用率。线上广纳数据采集分析人才，增强藏品信息的完整性。再次，持续推进外网宣传建设，通过在 YouTube 等平台发布优质内容，推广故宫形象、普及故宫文化。最后，积极与世界级博物馆互动交流，通过开展、参与国际项目，建立故宫公共关系网，推进故宫国际化发展进程。

四、故宫保护与发展对首都文化中心建设的启示

科学保护是传统文化继承发展的重要基础。党的十八大以来故宫发展与保护以保护与抢救为首要方针，对首都文化中心建设具有重要启示。建设可持续发展的首都文化中心，应以优秀文化的科学保护为主，建立体系化、制度化保护管控机制，以点到面，建立健全首都文化中心体系，为全国优秀传统文化事业和产业发展保驾护航。

学术研究是传统文化守正创新的思想源泉。故宫通过学术研究形成体系化的"故宫学"。首都应汇集学术研究成果，搭建相关体系化学术平台，形成长效机制，多方并举，促进首都文化中心建设，推动全国传统文化产业学术体系化发展。

宣传推广是传统文化创造转化的强大助力。党的十八大以来故宫不断创新探索出一套数字化、通俗化、多元化的文化推广体系，扩大了故宫文化影响力。对于首都文化中心建设，应充分把握数字化发展契机，创新大众喜闻乐见的宣传推广形式。线上线下双轨并行，交错互补，促进传统文化推广，推进首都文化中心建设，为我国传统文化产业高质量发展助力。

文化是富民强国之本。中华优秀传统文化是中华民族的根和魂，我们要坚定文化自信，推动中华优秀传统文化创新性保护、创造性发展，守正创新，发展社会主义先进文化，不断铸就中华文化新辉煌，建设社会主义文化强国。

参考文献

［1］北京市推进全国文化中心建设领导小组．北京市推进全国文化中心建设中长期规划（2019 年—2035 年）．［Z］．2020 – 04 – 09.

［2］李建盛．以习近平首都建设思想为指导推进全国文化中心建设［J］．前线，2018（4）：16 – 19.

［3］段颖．保护为主 合理利用 丰富全社会历史文化滋养［J］．党建，2022（2）：26 – 28.

［4］文物交流智库．全国博物馆（展览）2019 年度海外影响力评估报告［R］．2020 – 05 – 18.

附录：

2022 年故宫公共服务与相关产品大众认可度调研

第一部分　基本信息

1. 您的年龄

○18 岁以下

○18 ~ 34 岁

○35 ~ 45 岁

○45 岁以上

2. 您的性别
   ○男
   ○女
3. 您的学历
   ○高中及以下
   ○专科
   ○本科
   ○研究生
   ○研究生以上
4. 您所在的城市

第二部分　了解渠道

5. 您了解故宫的线上渠道是什么？［多选］
   □不了解，不知道
   □线上推文
   □电视节目或影视作品
   □官方平台（网页、微博、微信）
   □官方 App（"每日故宫"、故宫展览）
   □其他自媒体文章或视频
   □其他网络平台（B 站、小红书、抖音等）
   □其他
6. 您了解故宫的线下渠道是什么？［多选］
   □不了解，不知道
   □实体参观
   □有关售卖故宫产品的实体店
   □有关故宫的讲座、展览、宣传会
   □身边人的介绍推荐
   □相关书籍、报纸、杂志
   □其他

第三部分　体验过的服务与产品

7. 您实际体验过故宫哪些产品和服务？［多选］
   □网络平台的预约
   □讲座（科普视频、历史故事等）
   □购买文创产品
   □云展览

☐云讲解

☐相关杂志、院刊

☐使用"每日故宫"App

☐观看故宫出品的相关综艺、纪录片

☐参观线下特色展览或主题活动

☐其他

第四部分　态度改变

8. 通过故宫近年来提供这些途径与平台，您是否更了解更喜爱？

○是

○否

原因是

_____

依赖于第8题第2个选项

9. 具体体现为 ［多选］

☐去故宫的频率更多

☐购买文创产品的数量种类增多

☐更加关注传统文化

☐其他

依赖于第8题第1个选项

第五部分　意见与措施

10. 您认为故宫在针对"创新性保护和创造性发展"中有哪些需要改进？

○没有问题

○基础设施建设（文物维修、安全保障等）

○故宫学术研究工作创新共享（进行学术交流）

○文物资源数字化平台的建设（官方平台、"每日故宫"）

○文化产品与服务多样性（文创产品的创新与研发）

○对外文化交流（如宣传渠道与宣传形式的扩展）

11. 您觉得故宫的改造与发展对北京建设文化中心起到了什么作用？［多选］

☐展示文化中心形象的重要窗口

☐给其他传统文化产业（如博物馆）起到示范引领的作用

☐明确首都文化中心的战略定位，强化全国文化中心核心功能

☐落实了北京建设文化中心规划，推进全国文化中心建设

☐营造首都文化氛围，增强大众对传统文化的了解与认可程度

☐其他

12. 您对故宫发展的建议

_____

关于党的十八大以来北京市铁路的发展
以及北京丰台站情况的调研

魏海香　谢　凡①

【摘　要】铁路是国民经济的大动脉，在促进社会进步、服务经济建设中起重要作用。如今，铁路运输已经进入了发展的新时代，并为祖国的复兴注入强劲动力。本文首先概述北京铁路发展的优势及其必要性；其次通过时间顺序介绍北京火车站的推陈出新来讨论北京铁路的发展通过实地调研的方式介绍党的十八大以来北京铁路的新突破——北京丰台站；最后通过线上问卷线下采访的方式分析人们对于铁路的了解程度，并以此为北京铁路的发展提出一些新的建议，为新时代北京铁路的建设建言献策。

【关键词】铁路；北京地区；北京丰台站；党的十八大

一、北京铁路的优势

关于货运和客运，我国采取铁路运输、水路运输、公路运输、民航运输、管道运输等多种不同的运输方法，因地制宜地使用最适合的运输方法。而铁路运输是其中的重要组成部分，其广泛性是其他运输所不能比拟的。相比于水路运输和民航运输，我国具有比较完备的铁路网，铁路运输可以到达全国各地，受地理环境和基础设施建设的制约较小。而对比同样四通八达的公路，铁路具有更加强大的运输能力以及更加低廉的运输成本。同样的，对比管道运输，铁路可以运输各个种类截然不同的货物，还有着更加迅捷的运输速度。除此之外，铁路运输的准时性和可预测性也是不容忽视的。因此，继续发展铁路运输的重要性是不言而喻的。

二、"北京第一"的更迭

（一）1959 年——北京站

北京站新站于 1959 年初开始建造，在党中央的领导下于同年 9 月建成，是当时

---

① 本课题指导教师：魏海香（北京工商大学马克思主义学院）；课题组组长：谢凡（电气 202）；课题组成员：刘骐志（电子 202）、彭含（电气 202）、许资大（电子 202）、田立伟（电气 202）。

北京的第一大站，它不仅将京包、京沪京山等几大干线连为整体，还打通了新中国与邻邦的联系。它不仅是首都和人民铁路的重要窗口，也是连接首都人民与全国人民乃至世界人民的纽带。直到1996年北京西站建成为止，它都是规模最大、设备最先进的火车站。近40年来，它都是北京的门面所在，代表着首都的形象，更代表着新中国的形象。

（二）1996年——北京西站

1996年，北京第一大站属于北京西站，它是改革开放以来北京兴建的第一座特等站，曾是亚洲规模最大的现代化铁道客运站之一，是"八五"计划的重点工程，它改变了北京站一家独大的格局，缓解了北京站的客运压力，使北京火车站向多元化发展，为北京后续发展注入了强劲的动力。它是京九铁路的龙头工程，对庆祝香港回归具有特殊的纪念意义。

（三）2008年——北京南站

2008年，北京南站取代北京西站成为北京第一大站，它是中国首座高标准现代化的大型综合交通枢纽，也曾是亚洲最大的火车站，在奥运年建成，体现了"绿色、科技、人文"北京奥运三大理念，它的建成攻克了多项世界级技术难题，向世界展现了中国力量。

（四）2020年——北京丰台站

党的十八大以后，北京第一大站再次进行了更迭，北京丰台站代替北京南站屹立于亚洲之巅。北京丰台站于2022年6月通车运营，它是中国国内首个普速、高速双层车场站型布置的大型现代化铁路车站，重点围绕以下几个方面进行建设。

1. 丰台站，京味的火车站

北京丰台站积极地将文化融入建筑，不仅像它的"前辈"一样从中国文化中汲取灵感，将中国古代建筑的三段式与现代设计手法相结合，更强调北京的地方文化，将北京钟鼓楼以及北京传统建筑风格融入车站，这为之后全国的车站建设提供了良好的先例。

2. 丰台站，创新的火车站

北京丰台站始终坚持创新是发展的第一动力的原则，深知只有将全新的技术融入车站才能给予一座车站新的活力。因此，北京丰台站首次采用了站—桥连接过渡区关键技术、新型抗震滑移缝等全新的科技，展现了北京丰台站的创新能力。

3. 丰台站，绿色的火车站

北京丰台站始终坚持绿色发展的理念，不仅在光伏发电设施、空气内循环设施等多个设施进行节能减排，还在候车室中竭力融入绿色元素，实施绿色科技，供应绿色能源，打造绿色低碳的现代建筑。

4. 丰台站，协调的火车站

北京丰台站的主体结构为地上四层、地下三层的车站，将高速场站台、普速场站台、地铁站台、停车场分层设置，在有限的空间中实现了多种交通方式一站融合。作为个体又与北京站、北京北站、北京西站、北京南站等深度融合，优化首都交通运输结构，完善首都综合交通体系。它的协调发展理念尤为突出，是未来铁路发展的大势所趋。

三、北京铁路问卷调研数据分析

本次问卷调研总共收回调查问卷 1175 份。问卷涉及答卷人个人基础信息、铁路乘车信息、对北京铁路及新北京丰台站的了解程度和对未来铁路发展的意见和建议等多方面内容，并为北京铁路接下来的发展提供建议。

（一）受访人员基础信息

在此次问卷中，受访人员居住地、年龄、收入水平、职业分布较广（见图 1—图 4），可以鲜明地体现大多数人的现状，方便寻找问题的共性和个性。

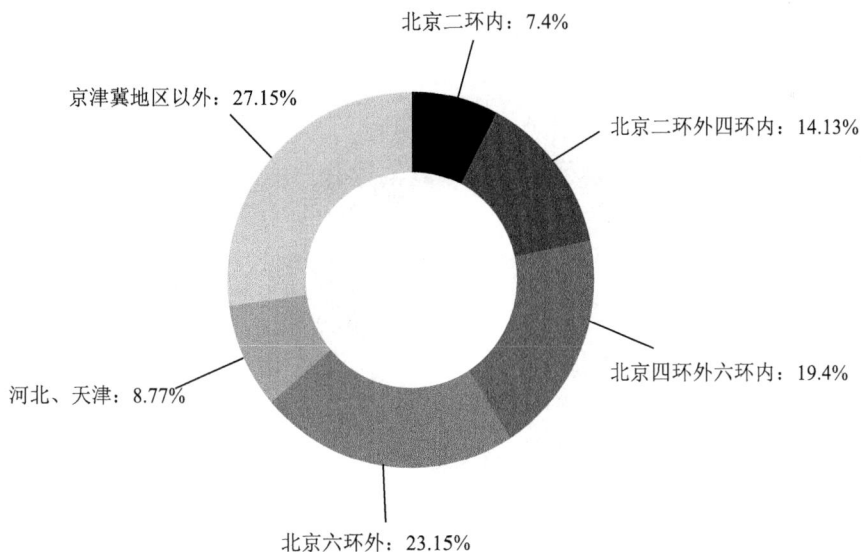

北京二环内：7.4%

京津冀地区以外：27.15%

北京二环外四环内：14.13%

北京四环外六环内：19.4%

河北、天津：8.77%

北京六环外：23.15%

图 1　居住地分布

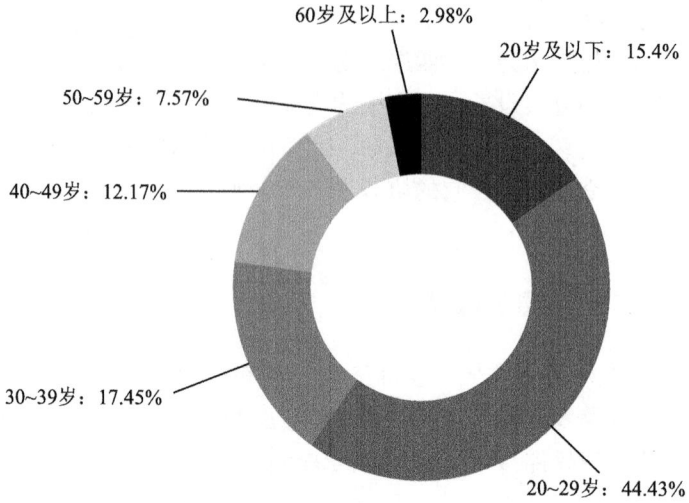

图 2　年龄分布

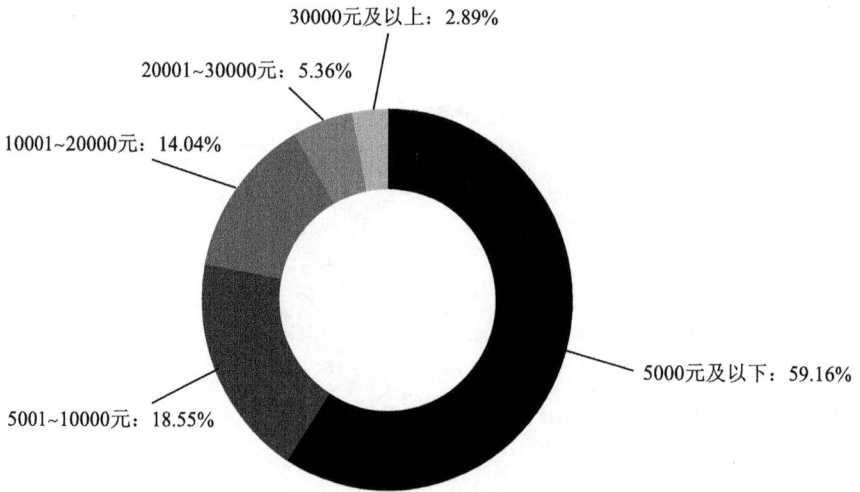

图 3　收入水平分布

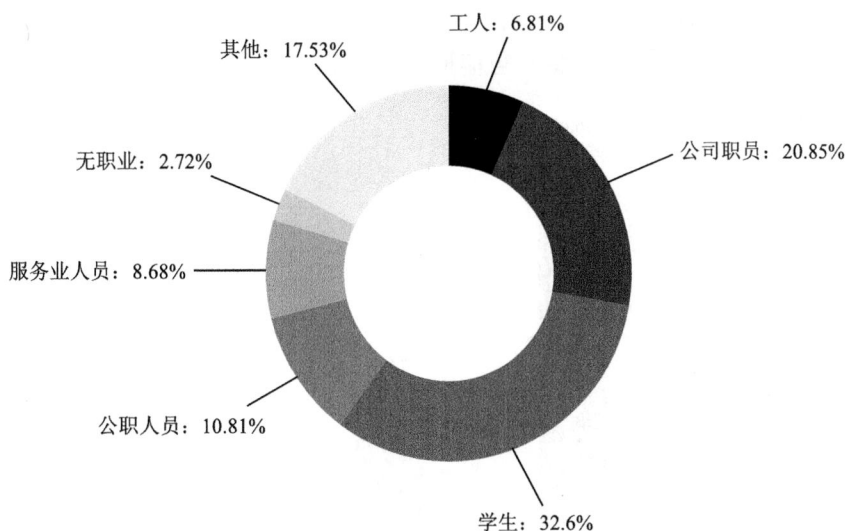

图 4 职业分布

（二）对铁路出行的依赖程度

关于铁路出行的普及性，我们可以在问卷的第六题中得知，依靠铁路运输进行远途出行占总数的 47.4%，是选择数第二的自驾或顺风车（14.89%）的三倍以上（见图 5），不难看出，铁路出行依然是远途出行最主要的手段，它的发展很有必要。

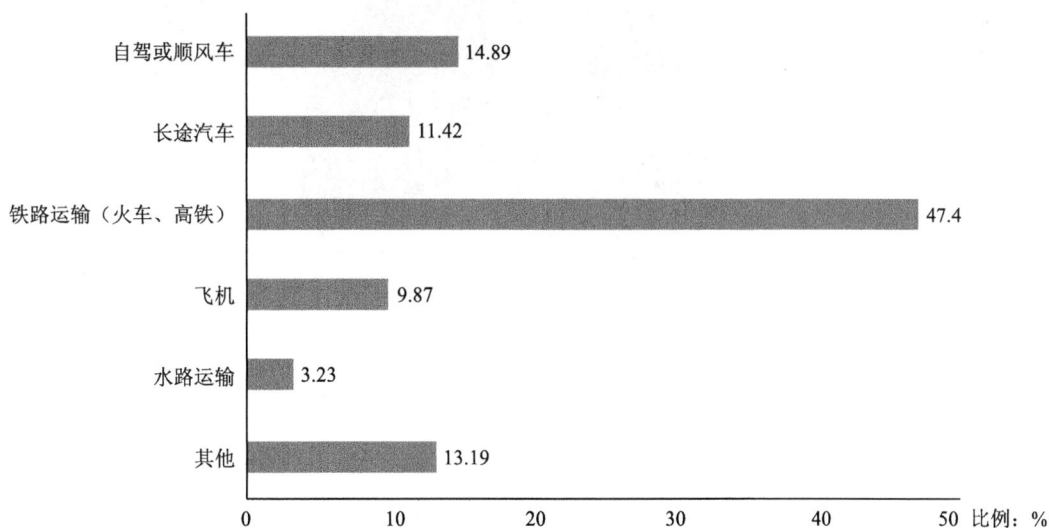

图 5 主要远途出行方式

关于铁路出行的频率，人们出行并不频繁，每年在 5 次以下的占总数的 56.43%，在 5~10 次的也有 24.6%（见图 6）。人们出行的主要目的是返校回家（31.32%）和旅游休闲（22.3%）也印证了这一点（见图 7）。

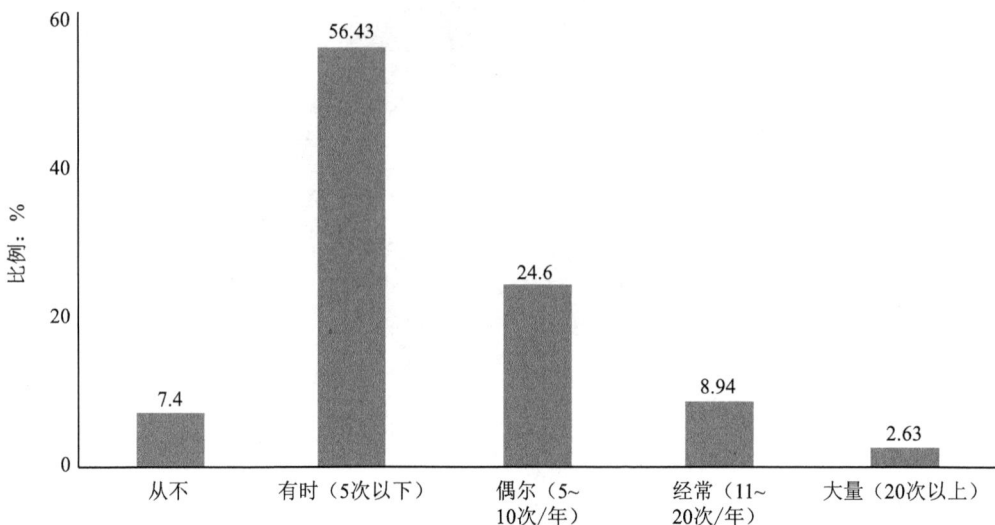

图 6　出行乘坐铁路频率

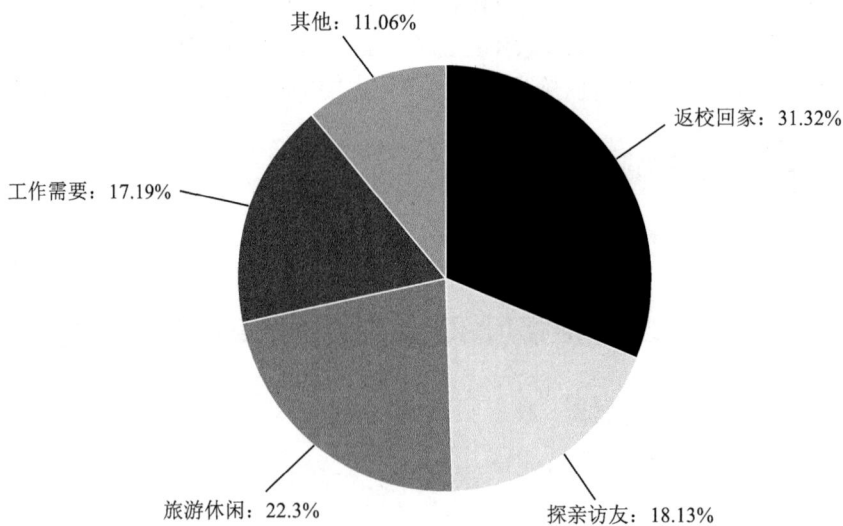

图 7　出行主要目的

关于铁路出行乘车的种类，人们大多乘坐速度最快的，以字母 G 为开头的高速动车组列车（52.68%），而速度较快的特别快速旅客列车、快速旅客列车、直达特别快速旅客列车、普通动车组列车也非常吸引人们，均在总数的 20% 以上（见图 8）。

而普通旅客列车及普通旅客快车却并不受大家的喜爱，仅仅占9.11%，其中还不妨有快车无法到达及快车买不到票的原因。我们可以得知，现在的铁路出行，速度是人们选择列车的主要原因，因此现在的铁路出行时间是逐渐缩短的。

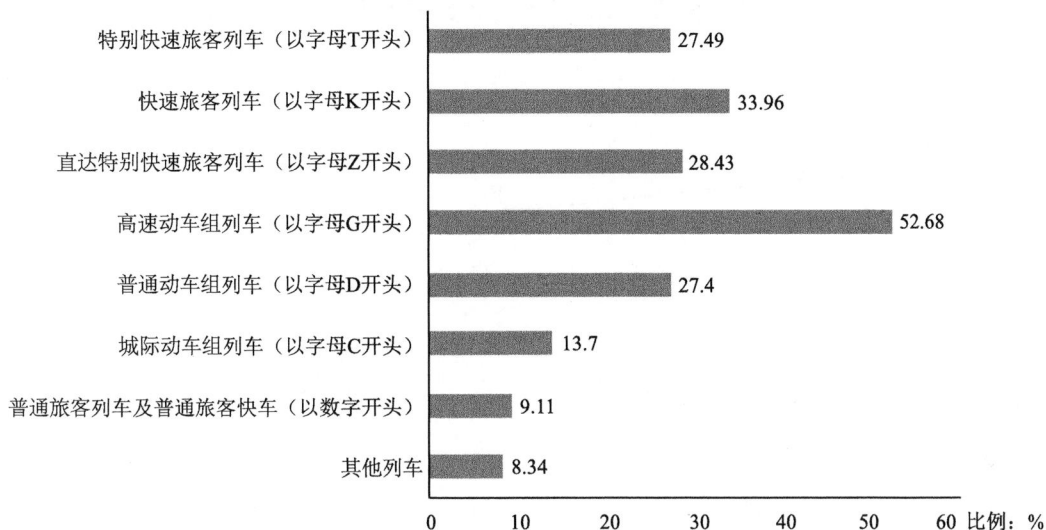

图8 乘坐列车种类（多选）

关于铁路出行的花费的调查（见图9），我们从中不难发现铁路出行的成本是相当低廉的，是非常契合大部分人们的可支配收入水平的，铁路出行是适合大多数人们的远途出行方式。

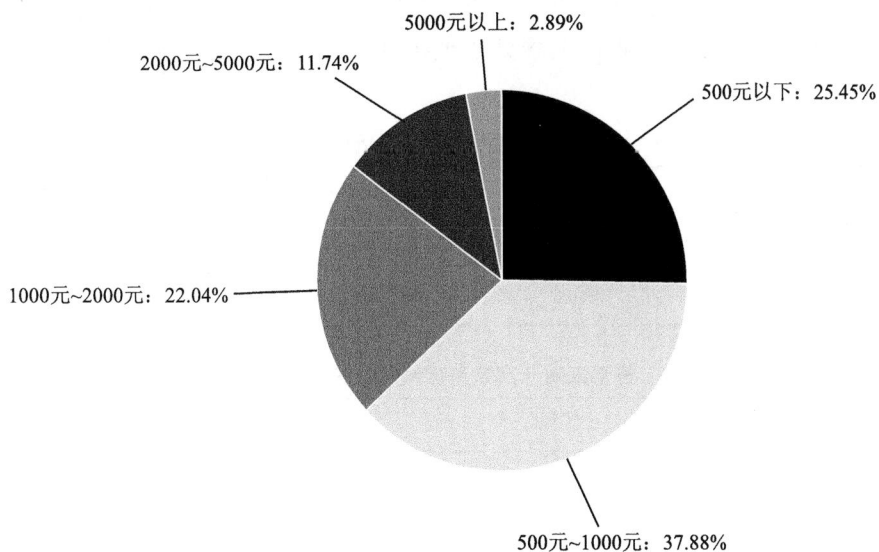

图9 每年铁路出行花费

47

关于铁路出行的时间，有55%的人选择在春运期间出行，有54%的人们选择在其他法定节假日出行，而在更加广泛的其他时间，有意愿出行的人们只占总人数的42%（见图10）。由此可见，铁路运输是有较为明显的淡旺季的，时间不同，对运输能力的需求也不同。铁路运输需要采取季节性措施来促进资源合理分配。

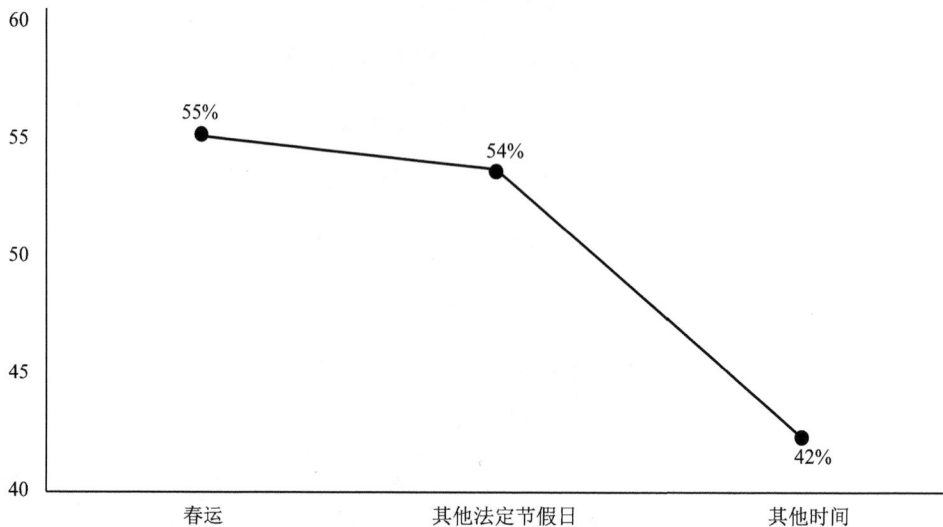

图10　主要出行时间（多选）

（三）对北京铁路及北京丰台站的了解程度

根据受访人员关于铁路各个问题的了解程度（见表1—表5）我们可以发现，人们对于北京铁路的了解程度大多处于模棱两可的状态，完全不了解的乘客依然很多。

表1　答卷人对所到车站发展历程的了解程度

了解程度	非常了解	略有涉及	不清楚
比例（%）	16.60	49.02	34.38
人数	195	576	404

表2　答卷人对北京铁路建设地理优势的了解程度

了解程度	非常了解	略有涉及	不清楚
比例（%）	18.30	46.72	34.98
人数	215	549	411

表3 答卷人对北京铁路建设目标的了解程度

了解程度	非常了解	略有涉及	不清楚
比例（%）	20.34	47.15	32.51
人数	239	554	382

表4 答卷人对铁路建设意义的了解程度

了解程度	非常了解	略有涉及	不清楚
比例（%）	26.55	50.38	23.06
人数	312	592	271

表5 答卷人对近年来北京市火车站发展与变化的了解程度

了解程度	非常了解	略有涉及	不清楚
比例（%）	26.21	47.32	26.47
人数	308	556	311

人们对于北京火车站的认知与体验依然停留在以北京站（27.06%）、北京西站（33.62%）、北京南站（32.51%）为主的状态，而对其他的小站或者新站了解明显不足（见图11）。多方面原因导致北京铁路的发展无法实时带给乘客全新的体验，也造成了资源的浪费。

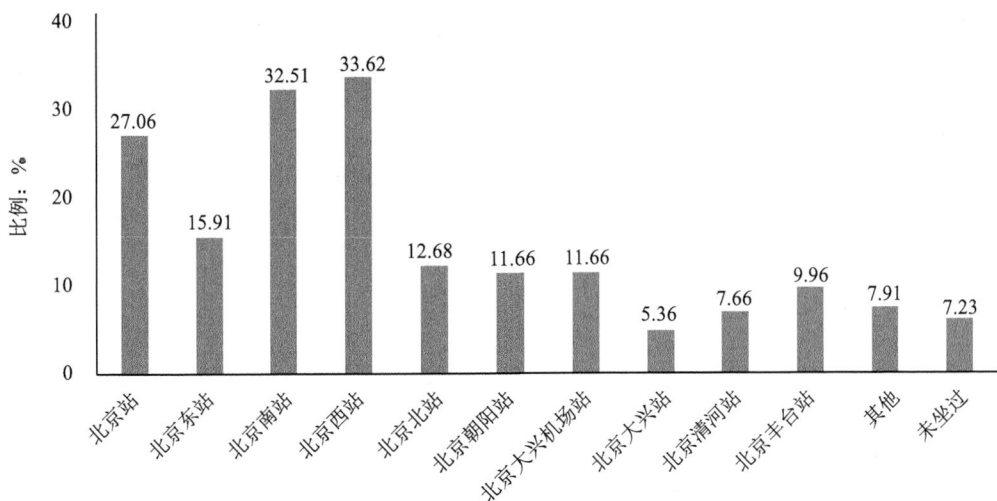

图11 乘坐列车常用火车站（多选）

（四）铁路的未来发展方向

铁路的未来是怎么样的？对于这个问题，有 58.98% 的受访人员认为铁路的发展未来可期，有很大的发展前景。除此之外，有 34.64% 的受访人员认为铁路的发展趋于完善，但仍有一定的发展空间。铁路的发展是大势所趋，是人心所向，具有历史必然性。结合问卷分析的结论以及我们对丰台站的调查，我们提出如下建议。

1. 加强文化建设，一座城市，一种车站

火车站作为一座城市的门面所在，应当能够凸显本座城市的特点，我们应当建设具有城市风格的火车站，让火车站不再千篇一律。铁路一直在发展，但人们对于铁路文化、发展程度的了解不到位。我们应当在车站大力宣传铁路文化，让铁路不再只是一种出行方式。

2. 提高特殊时间发车频率，让春运不再一票难求

春运不只是一种现象，更是一种文化。中国铁路运输季节性尤为突出，在春运期间往往出现一票难求、有家不能回的现象。春运的火车上往往挤得水泄不通，这不仅降低了乘客的出行体验，还具有安全隐患。因此应当增加特殊时期的发车频次，让每个人都能轻松买到回家的票。

3. 扩大建设规模，增加公益线路，降低高速铁路的票价

现在的铁路网已经趋于完善，但是还有不少地区未能通车，因此，相关部门应当继续加紧支线的建设，让乘客可以沿着铁路去全国各地。高速铁路减少了人们出行的时间花费，但价格令人望而生畏，因而应当继续完善高速铁路的技术，降低发车成本，让人们买到更实惠的高铁票。

4. 实现各个车站火车与其他交通方式的不出站换乘

现在的换乘往往需要长时间的步行，丰台站的建设向我们展示了不出站换乘是可能的，因此应对各个地区的不同交通方式进行统筹规划，提升乘客的换乘体验。

5. 完善沿途信号，实现全程零断网

在信息化时代，网络是不可或缺的，但是铁路出行往往出现信号不良的情况，降低了人们的出行体验，我们应当继续进行科技创新，早日实现列车全程零断网。

参考文献

[1] 央广网.15 家铁路局将集体变身集团公司：名称变更已获核准 [OL].（2017 - 11 - 07）. https：//baijiahao. baidu. com/s? id = 1583372645686762055&wfr = spicler&for = pc.

[2] 北京市文物局. 北京市文物局关于公布北京市第一批革命文物名录的通知 [EB/OL].（2021 - 03 - 27）. https：//wwj. beijing. gov. cn/bjww/362679/362680/482911/1095984/inclex. htm.

[3] 文旅中国. 最美北京网红打卡地 | 长城脚下的百年车站——延庆青龙桥火车站 [EB/OL].（2022 - 01 - 22）. https：//baijiahao. baidu. com/s? id = 1689565478966116705&wfr = spider&for = pc.

[4] 中国网文化. 北京站成全国重点文物保护单位，见证百年历史变化 [EB/OL].（2019 - 10 - 12）. https：//baijiahao. baidu. com/s? id = 1647176738066177722&wfr = spider&for = pc.

［5］ 中国新闻网 . 北京站、北京西站天桥旧貌换新颜扮靓 "京城门户" ［EB/OL］. （2018 – 05 –
　　27）. https：//baijiahao. baidu. com/s？id = 16014369390297260208&wfr = spider&for = pc.

［6］ 金磊 . 跨世纪的规划设计精品——北京西站 ［J］. 工程质量管理与监测，1996 （3）：5 – 7.

附录：

关于党的十八大以来北京市铁路建设与发展的调研

　　您好！我们是北京工商大学暑期社会实践调研小组。感谢您参与这次 "关于党的十八大以来北京市铁路建设与发展的调研"，您的参与就是对我们最大的支持。本次调研实行匿名制，只用于统计分析，请您放心填写。真诚感谢您的支持与合作！

问卷说明：

　　1. 请在您所要选择的选项的题号处圈选。

　　2. 如无特殊说明，每一个问题只选择一个答案。

　　3. 填写问卷时，请独自作答。

甄别问卷

1. 答题代码

| 00000 – 无 | 10000 – 谢凡 | 20000 – 彭含 | 30000 – 许资大 |
| 40000 – 田立伟 | 50000 – 刘骐志 | | |

2. 您的年龄是（　　　　）

A. 20 岁及以下　　　B. 20 ~ 29 岁　　　C. 30 ~ 39 岁　　　D. 40 ~ 49 岁

E. 50 ~ 59 岁　　　F. 60 岁及以上

3. 您的居住地是（　　　　）

A. 北京二环内　　　　　　　　B. 北京二环外四环内

C. 北京四环外六环内　　　　　D. 北京六环外

E. 河北或天津　　　　　　　　F. 京津冀地区以外

4. 您的职业是（　　　　）

A. 工人　　　　B. 公司职员　　　C. 学生　　　　D. 公职人员

E. 服务业人员　　F. 无职业　　　　G. 其他

5. 您的收入水平是（　　　　）

A. 5000 元及以下　　　　　　　B. 5001 ~ 10000 元

C. 10001 ~ 20000 元　　　　　D. 20001 ~ 30000 元

E. 30000 元及以上

主体问卷

6. 您主要的远途出行方式是（　　　）
  A. 自驾或顺风车   B. 长途汽车
  C. 铁路运输（火车、高铁）   D. 飞机
  E. 水路运输   F. 其他

7. 您出行乘坐铁路的频率是（　　　）
  A. 从不   B. 有时（5 次以下/年）
  C. 偶尔（5~10 次/年）   D. 经常（11~20 次/年）
  E. 大量（20 次以上/年）

8. 您出行的主要目的是（　　　）
  A. 返校回家   B. 探亲访友   C. 旅游休闲   D. 工作需要
  E. 其他

9. 您乘坐列车的种类主要是（　　　）（限选 3 项及以下）
  A. 特别快速旅客列车（以字母 T 开头）
  B. 快速旅客列车（以字母 K 开头）
  C. 直达特别快速旅客列车（以字母 Z 开头）
  D. 高速动车组列车（以字母 G 开头）
  E. 普通动车组列车（以字母 D 开头）
  F. 城际动车组列车（以字母 C 开头）
  E. 普通旅客列车及普通旅客快车（以数字开头）
  F. 其他列车

10. 您每年铁路出行的花费是（　　　）
  A. 500 元以下   B. 500~1000 元
  C. 1000~2000 元   D. 2000~5000 元
  E. 5000 元以上

11. 您较常在北京的哪一个火车站乘坐列车（　　　）（限选 3 项及以下）
  A. 北京站   B. 北京东站   C. 北京南站   D. 北京西站
  E. 北京北站   F. 北京朝阳站   G. 北京大兴机场站   H. 北京大兴站
  I. 北京清河站   J. 北京丰台站   K. 其他   L. 未坐过

12. 您主要出行的时间（　　　）（限选 3 项及以下）
  A. 春运   B. 其他法定节假日
  C. 其他时间

13. 您了解所到车站的发展历程（如建成时间、所设车次等）吗?
  A. 非常了解   B. 略有涉及   C. 不清楚

14. 您了解北京铁路建设的地理优势吗？
    A. 非常了解　　　　B. 略有涉及　　　　C. 不清楚
15. 您了解中国铁路建设的目标吗？
    A. 非常了解　　　　B. 略有涉及　　　　C. 不清楚
16. 您了解铁路建设的意义吗？
    A. 非常了解　　　　B. 略有涉及　　　　C. 不清楚
17. 您感受到近年来北京市火车站的发展与变化了吗？
    A. 非常了解　　　　B. 略有涉及　　　　C. 不清楚
18. 您知道亚洲最大的火车站是下列哪个火车站吗？
    A. 北京南站　　　　B. 北京丰台站　　　　C. 南京南站　　　　D. 杭州东站
    E. 广州南站　　　　F. 不知道
19. 您在北京丰台站坐过车吗？
    A. 坐过　　　　　　B. 没坐过
20. 北京丰台站的哪一点最令您印象深刻？（选择19A）
    A. 换乘便捷　　　　　　　　　　B. 环境优美
    C. 治安管理好，井然有序　　　　D. 众多高科技应用
    E. 其他
21. 您认为铁路运输发展前景如何？
    A. 未来可期，有很大的发展前景
    B. 趋于完善，有一定的发展前景
    C. 江郎才尽，没有继续发展前景
22. 您认为之后的火车站应该向哪方面发展？（多选）
    A. 扩大建设规模，提高火车站的普及
    B. 与科技紧密结合，让换乘变得更加方便
    C. 重点建设车站及周边环境，给乘客舒适的换乘体验
    D. 加强文化建设，将各地文化特色与车站建设相结合
    E. 其他，如_____
23. 您认为之后的列车应该向哪方面发展？（多选）
    A. 缩短发车间隔，让抢票不再困难
    B. 继续提速，进一步缩短乘车时间
    C. 利用科技降低发车成本，让人们买到更便宜的火车票
    D. 将中华文化融入列车，让乘客感受文化熏陶
    E. 其他，如_____
24. 您认为之后的铁路网应该向哪方面发展？（多选）
    A. 完善各个分支，实现县县相同
    B. 拓宽现有路径，缓解春运时一票难求的局面
    C. 统筹兼顾各个地区交通网，实现列车汽车地铁一步换乘

D. 完善沿途信号，实现乘车零断网，改善乘车体验

E. 丰富沿途景观，将观景与赶路有机结合

F. 其他，如_____

25. 您对目前北京铁路的看法和建议

_____

党的十八大以来北京市基层治理创新的调研报告

——以北京市 12345 市民服务热线改革为例

张彦琛　　张佳佳①

【摘　要】基层治理是党和国家治理的"神经末梢"，基层治理水平关乎国家发展、社会安定与人民幸福，基层治理绩效可以反映社会民生现状，人民的权利是否得到真正的保障，人民的生活是否得到一定的改善。北京市 12345 市民服务热线"接诉即办"形成了全方位投诉渠道、健全的回访机制、高效性的问题解决方式，一方面让人民的难题有处可寻；另一方面也推动了政府办事效率的显著提高，为完善超大城市的基层治理工作提供了鲜活的样板。然而该机制也面临着诸如市民不合理诉求过多、基层工作人员工作量过大以及缺乏问题处理结果的社会公示等问题，这为北京市 12345 市民服务热线的更好开展带来了不可回避的问题。

【关键词】基层治理；北京市 12345 市民服务热线；社会治理

作为国家治理的基石，基层治理是国家治理体系和治理能力建设的重要组成部分，更是整个社会治理的核心。党的十八大以来，我国不断完善社会治理体系，推动社会治理重心向基层下移，基层治理的创新举措取得了一系列卓越成果。在这个过程中，基层治理能力和治理水平也不断提升。

基层治理是社会建设的重大任务，随着我国社会加速转型，各种矛盾不断凸显，使得基层治理面临的形势更加复杂严峻，推动基层社会治理的创新与改革成了亟待解决的课题和任务。矛盾纠纷难以化解、提供服务能力有所欠缺、基层社会治理人员建设难度加大等突出问题为基层治理带来了巨大的挑战。

为进一步贯彻"全心全意为人民服务"的根本宗旨，更好地提供便民利民服务，提升基层治理效能，北京市推出了 12345 市民服务热线。对于北京市市民拨打热线所求助的各类问题，相关政府以及各基层部门负责工作人员真正做到了"民有所呼，我有所应"。作为市民与党委政府之间的"连心桥"，12345 市民服务热线在完善基层治理方面发挥了不可替代的重要作用。"接诉即办"等一系列实践活动也生动形象地说明：超大城市治理的过程，就是为百姓而"接"，为民心而"办"的过程。

为了加深群众对北京市 12345 市民服务热线的了解，更好地认识基层治理创新所

---

① 本课题指导教师：张彦琛（北京工商大学马克思主义学院）；课题组组长：张佳佳（新传 211）；课题组成员：史骐玮（新传 211）、周佳欣（新传 211）、桑萌（新传 211）。

取得的优异成绩，我们围绕北京市基层服务热线的创新之处、对完善基层治理所发挥的作用以及其不足之处进行了调查。本次调查主要采取随机问卷调查以及对相关街道办事处部门负责人员、北京市当地若干名群众进行简略的访谈的形式。调查问卷由小组成员在朋友圈分享或者转发至校园以及部分北京当地社区群组让北京当地群众进行填写，共发出调查问卷130份，回收130份，回收率达100%；有效问卷130份，有效率达100%。调研人群各年龄段皆有涉及，以18~25岁和45岁及以上两个年龄段为主，分别占比39.23%和30.77%；其中男性人群总占比23.85%，女性人群总占比76.15%，调研人群以女性为主。

一、基层服务热线12345的创新之处

（一）全方位的投诉渠道，涉及广

北京市居民可以通过多渠道拨打和反馈信息，"12345"平台由呼叫服务中心、网信受理中心、短信服务平台组成。呼叫服务中心通过电话热线办理，网站、微信、移动App、微博、邮件、传真等都可以发送到网络受理中心进行处理，在没有网络的情况下也可以发送短信到短信服务平台。这种多渠道、全方位的市民反馈机制是北京市从来没有过的。"12345"设立之后，居民们那些不知道如何解决、去哪解决的问题都可以通过拨打"12345"进行询问，在专业人员的协助下解决问题。而且"12345"涉及的业务范围十分广泛，上至国家政策，下至民治民生，只需要一个电话就能清晰了解。

"12345"从根本上便捷了人们的生活，提供了一个市民与政府沟通的渠道和桥梁。对于市民来说，可以更快、更方便地反馈问题、提出意见；对于政府来说，可以听到最真实、最基层的群众声音，在收到建议后能够以最快的速度进行整改。尤其是众多的反馈渠道让每一个人都能够选择一种最适合自己的发表意见、寻求帮助的方式。据调查，93%的人都了解或知晓"12345"，说明多渠道的推广和宣传让绝大部分人都了解到这个平台。超大的覆盖面让很多之前无法解决、无处解决的问题都有处可寻、有人可依。

（二）回访机制健全

在北京市以往的市民热线中，都没有设置市民投诉回访和满意度调查的环节。自"12345"成立以来，相关部门设置了诉件的电话回访机制，在市民投诉、有关部门进行处理之后，问题所归属地的"12345"分部会进行调查和咨询问题是否解决、态度是否良好，并予以记录，而且必须投诉人同意结案才算结束了整个事件。回访机制的创新也推动了市民对于"12345"热线的信赖和推崇。

回访机制的建立意味着相关部门在接受着政府和市民们的监督，也是政府对于群众事件的重视。不论大事小情都让市民们觉得一定会得到解决和反馈，不仅增加了市民对政府的支持和信任，也让政府直接倾听到了群众的声音，对于群众诉求有了更好

的了解，在一些问题上可以更快更好地进行解决和改善。通过回访既得到了市民的肯定，也显著提高了相关部门对事件的重视度，明显推动了相关人员落实解决的进程，使政府和市民们双方受益、互利共赢。

（三）事件解决高效性——"接诉即办"

"12345"解决投诉的过程强调速度，"接诉即办"即在接到诉求后立刻办理解决，每个投诉件也都有一定的时间限制，有关部门必须在时限内给出解决方法进行协调，这是对市民重视程度的体现。解决的高效性也让市民能很快地得到答复。在以往的市民热线中，许多人都感觉投诉之后杳无音讯，得不到回应且解决不了问题，"12345"所强调的"接诉即办"则强有力地保证了解决问题的速度和力度。

事件的高效解决让市民们感受到了保障和踏实，高效是"12345"的特点，让市民的问题能够在第一时间内得到解决，这不仅提高了市民对政府办事效率的信任度，也为市民提出自己的部分诉求提供了有效途径，"12345"的快速高效是政府对于市民诉求的最好保障。

二、基层服务热线 12345 的发展成就

近年来，北京市 12345 市民服务热线紧跟国家政策，打造"受理—交办—督办—反馈—考核—回访"的工作闭环，不断创新、发展、完善，注重中心整合资源，建立了一套完整的群众诉求"接诉即办"工作机制，提供"7×24 小时"人工服务，实现政务服务便民热线"一号通"。运用数据挖掘分析技术，形成常态化数据分析报告，有效辅助政府决策，确保企业群众诉求有效解决，筑牢民意连心桥。

热线服务工作成效显著。全市 333 个街道乡镇纳入"接诉即办"直派体系，开通了直达街乡镇的诉求直通车，提升了响应速度和解决效率。数据显示，推行"接诉即办"以来，各区解决率从 40.1% 上升到 53.8%，满意率从 61.2% 上升到 72.9%。这条热线打通了市委、市政府与群众的沟通桥梁，将群众诉求及办理"三率"情况，通过市民热线服务中心日报、周报、月报，第一时间报送市委、市政府，反馈至区委区政府和各有关单位，为决策提供了数据支撑。16 区派驻人员在 12345 市民服务热线集中办公，对直派各街乡镇的工单进行审核、与区级平台互动对接、对疑难复杂诉求快速响应，确保群众诉求派发准确、流转顺畅、处理迅速。

从 2018 年启动"街乡吹哨、部门报到"改革，增强街乡"吹哨"能力，到此后"接诉即办"将"哨子"交给市民群众，政府部门"首接负责"……经过几年实践探索，以 12345 市民服务热线为代表，北京逐步构建起一套有特色的简约高效的基层治理体制。这些成就的实现离不开对基层治理政策核心的把握。党的十八大以来，我国十分注重完善社会治理体系，更注重从基层治理抓起，北京市紧跟中央脚步，坚持"推动社会治理重心下移，不断提升基层治理水平"的原则，以政策创制引领社区发展。

新时代，我们党强调构建基层社会治理新格局，即推动社会治理和服务重心下

移、资源下沉，提高城乡社区精准化精细化服务管理能力。推进审批权限和公共服务事项向基层延伸，构建网格化管理、精细化服务、信息化支撑、开放共享的基层管理服务平台，推动就业社保、养老托育、扶残助残、医疗卫生、家政服务、物流商超、治安执法、纠纷调处、心理援助等便民利民服务场景有机集成和精准对接。完善城市社区居委会职能，督促业委会和物业服务企业履行职责，改进社区物业服务管理，构建专职化、专业化的城乡社区工作者队伍。

一个国家治理体系和治理能力的现代化水平很大程度上体现在基层，"十四五"时期，要在加强基层基础工作、提高基层治理能力上下更大功夫。北京市12345市民服务热线的发展所取得的成就体现了构建基层社会治理新格局的要求，通过不断的反思与创新，连接起政府与人民的桥梁，坚守了"为人民服务"的根本宗旨。同时坚持因地制宜，突出特色，积极探索社区治理方式创新，总结出"1＋N"基层工作方法，对社区进行有效的管理、为居民提供优质的服务，切实推进基层社会治理共建共治共享。

当然，北京市12345市民服务热线的成就也离不开对人民主体地位的准确理解，明确居民是社区的主体，依法有序组织居民群众参与社区治理，是构建基层社会治理新格局的题中之义。为此，热线也进行了多次的修正创新，全方位拓展投诉渠道、健全反馈机制、增强业务解决的高效性，实现人人参与、人人尽力、人人共享。北京市12345市民服务热线的成功案例启示我们，在社区治理中一定要发挥群众主体作用，这有助于增强决策的科学性和有效性，从而更好地解决人民群众的问题。

三、基层服务热线12345存在的缺陷和不足

（一）缺少"筛选不合理投诉"的环节

1. "不合理诉求"影响工作效率

北京市某镇调查显示，12345市民服务热线的部分专职工作人员反映，他们的工作压力较大。这种压力主要来自北京市政务服务管理局对乡镇有关方面的考核。相关部门每月会对工单响应率和群众满意率分布进行排名，排名靠后的会被纪委组织约谈，同时被扣发奖金。在排名中竞争最大、悬殊最突出的指标是"群众满意率"，这是拉开排名差距的关键。

但是通过调查发现，总有部分人将政府提供的"公共服务"的职能扩大理解为可以为自己所用的"私人服务"。他们放弃了在生活中本应自己处理问题的自我责任，在行动中出现"坐等政府解决"的倾向。

在此过程中，一旦政府拒绝为这类人提供"私人服务"时，便会收到一份刺眼的"不满意"答复。这种满意度会直接影响工作人员绩效，长此以往，不仅解决不了实际问题，还会打击工作人员对待工作的积极性，为他们造成麻烦，从而降低工作效率。

2. 日均受理事件较多，设置筛选机制有利于工作人员集中精力于更要紧的事

资料显示，2023 年 1 月 1 日 0 时至 2023 年 12 月 31 日 24 时，12345 热线共受理群众反映 2143.8 万件，日均达到 5.87 万件。其中，受理诉求 1089.4 万件，直接答复 1054.4 万件。2023 年诉求解决率、群众满意率分别达到 95.5% 和 96.1%。

由此可以看出，北京市 12345 市民服务热线每天的工作量较大，这无疑是一项浩大的工程。如果增设筛选机制，过滤掉一些不合理的诉求，将有利于相关人员将精力与时间放到更要紧、更需要解决的事情，从而提高工作效率与工作质量。

（二）缺少群众反映问题处理结果的社会公示

根据网上调查问卷的数据，48% 的人希望北京市 12345 市民服务热线可以定期向公众公布群众反映问题的处理情况与结果，具体如图 1 所示。

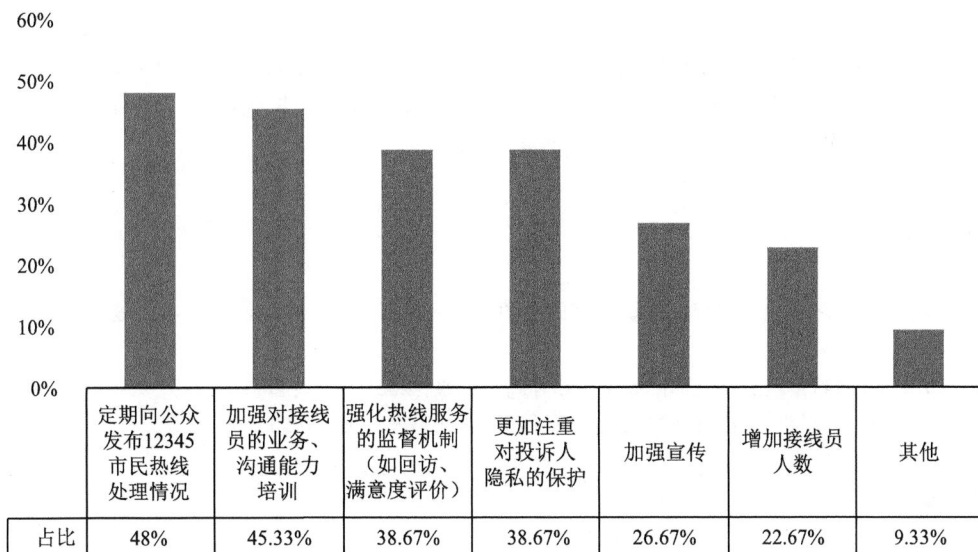

	定期向公众发布12345市民热线处理情况	加强对接线员的业务、沟通能力培训	强化热线服务的监督机制（如回访、满意度评价）	更加注重对投诉人隐私的保护	加强宣传	增加接线员人数	其他
占比	48%	45.33%	38.67%	38.67%	26.67%	22.67%	9.33%

图 1　受访市民对北京市 12345 市民服务热线建议示意图

缺少向群众反映问题处理结果的社会公示这一过程可能造成基层部门和群众之间的信息不对称，部分群众对于可以反馈何种问题的界定比较模糊，且群众难以监督问题的受理过程及相应的处理结果，这在一定程度上为问题的解决造成了不便。

资料显示，部分其他地区的政府服务热线会对求助、投诉和建议等问题进行归纳和整理，定期将处理结果向社会公示，并适当分享一些典型事件。而北京市 12345 市民服务热线目前仅仅公布了受理案件的笼统数目以及满意度等数据，缺少对具体案例的公示环节。

社会公示环节的优势：一是公开性，向公众表明"办实事"的决心，同时有助于更好地打造"阳光政府"；二是科学性，公示能够更好地表达与接受民众的意愿和需求，决策的推出与施行可以更加精准、"对症下药"；三是民主性，受理过程及结

果将由民众参与监督管理，并为民众所认可。由此看来，秉承着公开透明、科学民主的原则的社会公示这一环节是不可或缺的。加强北京市 12345 市民服务热线群众反映问题结果处理的社会公示将提升民众参与度与满意度。

四、总结

自北京市 12345 市民服务热线进行"接诉即办"改革以来，北京市越来越多的基层干部把"办公桌"搬到了广大群众的身边，倾听民意，面对面地切实解决群众的问题，征求来自群众的真切意见。12345 市民服务热线以一个小点串起了一条连接基层政府与群众的长线，在深刻落实人民当家作主方面发挥了重要作用。北京市 12345 市民服务热线改革在为提升基层治理水平带来新的机遇的同时，也面临着许多新的挑战，只有解决好出现的问题才能够让 12345 市民服务热线更好地服务人民，为基层群众增添福祉。

通过本次调查，我们更好地认识了北京市在基层治理方面所付出的巨大努力，以北京市 12345 市民服务热线改革撬动基层政务改革，由创新带来的众多成果不断地呈现在群众的面前，民生也随之不断地改善。

参考文献

[1] 马军卫. 加强地方新型智库建设面临的制约与缓解探析 [J]. 中共济南市委党校学报，2018 (6)：40 – 44.

[2] 郭煦. 超大城市基层治理体制如何构建 [J]. 小康，2021 (34)：58 – 61.

[3] 王沛. 推进基层社会治理共建共治共享 [J]. 浙江人大，2022 (5)：69.

附录：

北京市 12345 市民服务热线调查

1. 您的性别 [单选题]*
   ○男
   ○女
2. 您的年龄 [单选题]*
   ○18 岁及以下
   ○18 ~ 25 岁
   ○25 ~ 35 岁
   ○35 ~ 45 岁
   ○45 岁及以上

3. 您是否是北京当地居民？［单选题］*

　　○是（请跳至第 5 题）

　　○否（请跳至第 10 题）

4. 您是否了解北京市 12345 市民服务热线的用途？［单选题］*

　　○了解

　　○听说过

　　○不了解

5. 您是否拨打过北京 12345 市民服务热线？［单选题］*

　　○是

　　○否

6. 您拨打 12345 市民服务热线是为了：［多选题］

　　□咨询信息（如咨询相关政策、天气情况等）

　　□投诉检举（如违建、非法经营、环境污染、噪声扰民等）

　　□反映情况（如交通事故、公共设施损坏、安全隐患、突发情况等）

　　□政策建议

　　□其他_____*

　　*填写完该题，请跳至第 8 题。

7. 请问您在"12345"进行反馈的一些问题，是否得到了及时的解决？对结果是否满意？［单选题］*

　　○得到了解决但不满意

　　○未得到解决且不满意

　　○得到了解决并且满意

　　○虽然未及时得到解决，但是正在努力整改

8. 您认为哪些措施更能进一步发挥 12345 市民服务热线的作用？［多选题］*

　　□加强宣传

　　□增加接线员人数

　　□加强对接线员业务、沟通能力的培训

　　□强化热线服务的监督机制（如回访、满意度评价等）

　　□定期向公众公布 12345 市民服务热线处理情况

　　□更加注重对投诉人隐私的保护

　　□其他_____

9. 您是否需要当地相关部门提供解决群众日常诉求的服务？［单选题］*

　　○是

　　○否

新能源汽车发展的十年巨变调研

郭紫岳 艾悦佳 陈诗钰 齐 钰 于 强[①]

【摘 要】新能源汽车产业近年来呈现出积极的发展态势。本文基于新能源汽车的概况与发展前景，从国家政策角度出发，深入探讨国家政策在刺激消费、优化供给、推动绿色发展方面的突出贡献。笔者通过综合分析部分消费者相关问卷答题情况得出结论：新能源汽车发展应重点关注购车补贴、电池质量、充电设施等方面因素，最后笔者基于此提出了几点建议。

【关键词】新能源汽车；十年巨变；政策支持

2012—2022 年，在中国共产党的领导下，我国生态文明建设成果斐然。绿色经济应运而生，新能源汽车发展如火如荼。新能源汽车产业在这十年间随着政策支持、技术进步、消费观念的变化，发展变化日新月异。因此，通过社会实践探讨新能源汽车产业十年发展变化，分析原因并提出未来发展建议对促进新能源汽车产业未来发展具有重要意义。本次调查以线上问卷调查、线下实际采访、查阅文献资料等查询的方式开展。

一、新能源汽车的概况与发展意义

（一）新能源汽车的概况

我国新能源汽车的历史可以追溯到 20 世纪八九十年代，我国第一辆氢能汽车诞生，奠定了能源环保领域的基础。目前，新能源汽车的销售额日益增加，越来越多群众关注并购买新能源汽车。新能源汽车产业的蓬勃发展已经成为加速我国生态保护进程和经济优化转型的新生力量。

（二）新能源汽车的发展意义

1. 促进绿色可持续发展战略的践行

推动新能源汽车行业的发展能有效减少碳排放，促进高质量实现"十四五"规划中的"碳中和"与"碳达峰"目标。新能源汽车多样化的燃料类型，有益于多种

---

① 本课题指导教师：于强；课题组成员：郭紫岳、艾悦佳、陈诗钰、齐钰。

能源的配置和使用；新能源汽车多样化的产品电池，减少了对不可再生能源的消耗，促进了绿色可持续发展。

2. 加速经济高质量发展进程

新能源汽车产品结合了智能化的科学成果，在促进能源结构转型的同时，提升了产品的安全性能与使用感受。新能源汽车与数字技术的紧密结合，对于加速经济高质量发展，实现我国实现数字产业化、产业数字化转型有着正向的推动作用。

3. 提高人们生活幸福感和获得感

日益丰富的新能源汽车市场涌现出愈来愈多的自主品牌和新潮样式，消费者除了获得其便利度、舒适度和智能化模式的幸福感之外，还可以获得身为公民对生态环境作出贡献的责任感与自豪感。

二、新能源汽车的十年巨变及其原因

（一）十年巨变

在 2012—2021 年，新能源汽车产业生产量和销售数量发生了翻天覆地的变化。生产量与销售量协同增长，供需基本平衡（见图 1）。

图 1　2011—2021 年新能源汽车生产量和销售量情况
（因统计数据为年度数据，2022 年暂未统计）

2014 年是新能源汽车销售量和生产量增长的爆发元年。新能源汽车行业在经历 2013 年的整体复苏后，2014 年迎来政策执行期，国家发改委等四部委相继出台了包括新能源汽车补贴、新能源汽车推广应用城市名单等一系列政策。于是在 2014—2015 年新能源汽车生产量和销售量都迎来了翻倍式增长，其中 2014 年增长率达到峰值。2016—2018 年，生产量与销售量增长率放缓。2019 年，新能源汽车市场呈现多级缓慢增长状态，增长放缓的主要原因包括国家对新能源汽车动力电池补贴降低。2020年，"双积分政策"引导并倒逼整个汽车行业转型，生产量与销售量有所增长，但是仍然存在许多挑战：芯片短缺、原材料价格持续高位等。

2021年，随着新能源汽车快速发展和市场爆发，生产量与销售量均正向增长并刷新了历史纪录。在这十年间，新能源汽车从兴起到爆发的发展可谓令人瞠目结舌。在越来越注重环保和资源节约的当下，其未来发展更是势不可挡。

（二）原因

1. 刺激消费

（1）实行汽车购置补贴政策

2009—2013年，财务部发布了《关于开展节能与新能源汽车示范推广应用的意见，正式启动了新能源时代汽车补贴政策。2013—2022年，相关部委不断调整和完善补贴政策，提高了对高质量产品的补贴水平。

（2）新能源汽车购车贷款提高

2017年11月10日，中国人民银行和中国银保监会联合发布了《关于调整汽车贷款有关政策的通知》，自2018年1月1日起，上调新能源汽车的贷款比例，自用新能源汽车贷款最高发放比例为85%，商用新能源汽车贷款最高发放比例为75%，比传统动力汽车贷款最高发放比例多了5%。

（3）完善基础设施的政策推动

2015年，国务院办公厅印发了《关于加快电动汽车充电基础设施建设的指导意见》，要优化充电桩布局，提高充电设备安全与质量。各区域充电桩的增加，提高了新能源汽车的销售量和生产积极性，促进了新能源汽车的高速发展。

2. 优化供给

（1）开展燃料电池汽车示范应用

2020年五部委发布《关于开展燃料电池汽车示范应用的通知》，其指出要采取以奖代补的方式，鼓励人才引进团队建设、实现核心技术产业化等措施。中央有关部门进一步调整了补贴方式、落实了燃料电池汽车的示范应用，推动燃料电池汽车的宣传推广。

（2）乘用车企业平均燃料消耗量与新能源汽车积分并行管理办法

工信部、财政部等部门制定了《乘用车企业平均燃料消耗量与新能源汽车积分并行管理办法》。通过推行积分并行管理，让正负积分相互抵偿，促进了新能源汽车的生产与消费，严格管控了负积分企业。

3. 推动绿色发展

（1）实行低碳政策绿色出行

一直以来我国对减少碳排放、发展绿色经济尤为重视，新能源汽车的生产消费高度契合了国家的绿色新发展理念，对于节能减排、实现"双碳"目标有着积极的作用。

（2）能源政策促进可再生能源发展

《中国的能源政策（2012）》白皮书强调大力发展新能源和可再生能源，深化能源体制改革等核心政策。新能源汽车多样化的产品电池，能够大大减少石油等不可再生资源的消耗，促进绿色发展。

三、新能源汽车问卷调查数据分析

本次调查共计收回202份有效问卷。本次问卷调查的目的在于通过收集广大群众对新能源汽车的了解和看法，结合近十年新能源汽车的背景和发展现状，提出新能源汽车的未来发展建议。

（一）问卷填写者基础信息

本次问卷调查的填写者年龄段主要为18～30岁的青壮年以及30～45岁的中年人（见图2）。

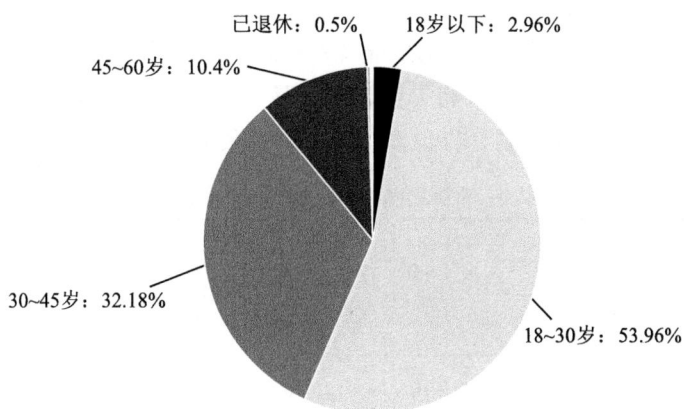

图2 问卷填写者的年龄段

（二）大众对新能源汽车的了解渠道

新能源汽车行业发展备受关注，大众了解渠道多样化。问卷数据显示：通过"社交媒体平台"和"宣传单、广告"了解新能源汽车人数的占比分别为70.30%和54.95%，均超过了50%（见图3）。因此，这两个了解渠道是做好宣传的主要途径，尤其是社交媒体平台。

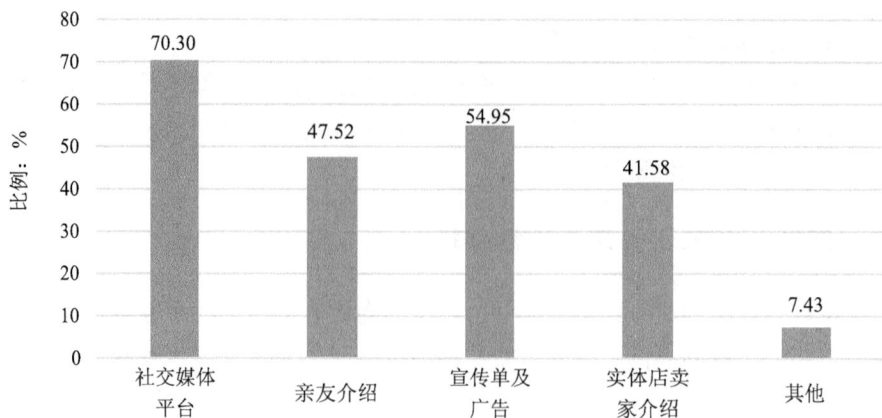

图3 大众对新能源汽车资讯的了解渠道

（三）消费者购车因素的综合分析

1. 国家政策与汽车消费

本次调查数据表明：调查对象对新能源汽车政策的关注程度总体偏低，大多数都认为"购车补贴"会促使消费者购买新能源汽车（见表1）。由此得出：国家要加大政策宣传力度，在"购车补贴"方面多下功夫，刺激消费。

表1 新能源汽车国家政策与汽车消费

		Q9 - 您是否关注国家有关新能源汽车的政策？			总计
		B. 偶尔关注	A. 经常关注	C. 完全不关注	
Q10 - 2. B. 国家对购买新能源汽车的消费者提供购车补贴 - 您认为哪些政策会促使您购买新能源汽车？	未选	26.0(21.667%)	10.0(13.514%)	3.0(37.5%)	39
	选	94.0(78.333%)	64.0(86.486%)	5.0(62.5%)	163
总计		120	74	8	202

2. 未购买与购车风险

本次调查数据显示：电池安全隐患问题和充电设施不完善是未购买者认为新能源汽车存在的主要风险，分别占比73.94%和71.83%（见图4）。因此，未来新能源汽车应高度重视电池质量维护以及充电设施监测等问题。

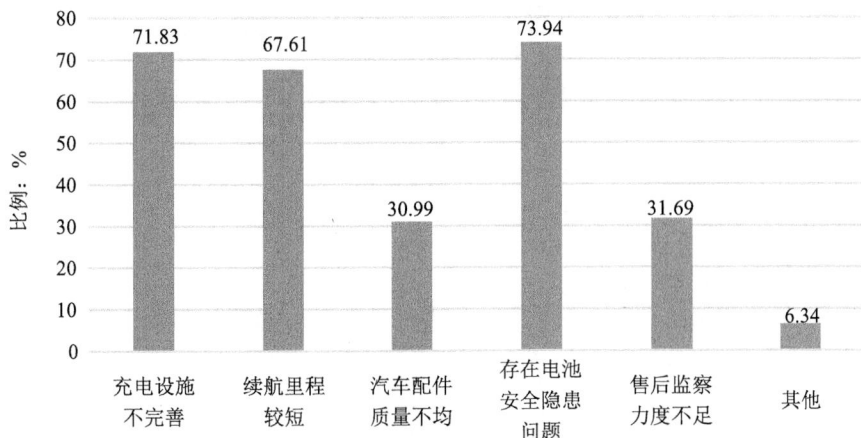

图 4　新能源汽车未购买者与购车风险的交叉分析

（四）购买者认为新能源汽车存在的问题

本次调查数据表明：78.33%的已购买汽车的受访消费者认为"续航里程较短"，其次为"充电设施不完善"和"续航里程较短"。由此得出，新能源汽车发展首先要重点关注续航里程问题（见图 5）。

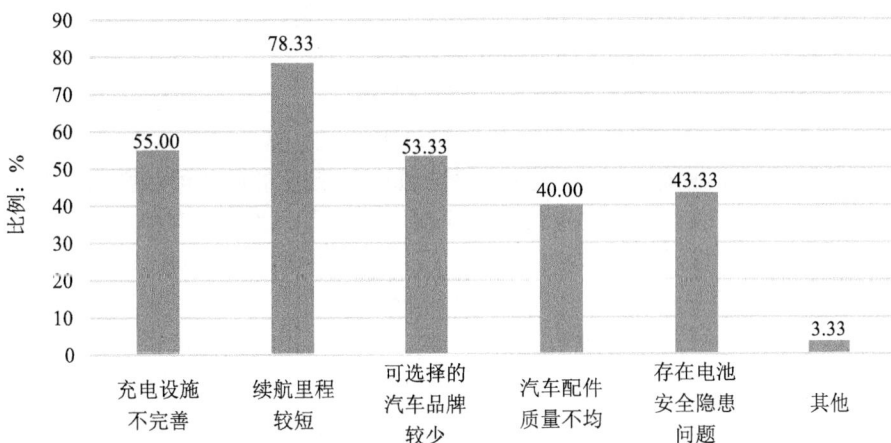

图 5　已购买新能源汽车的消费者认为其发展存在的问题

（五）大众对新能源汽车发展的态度

表 2 显示：在大众对新能源汽车发展的看好程度方面，约 76.7%的调查对象选择了 4~5 分，平均分为 4 分。可见大众对新能源汽车发展较为满意，但仍有期盼。

表2　大众对新能源汽车发展的看好程度

分数	1分	2分	3分	4分	5分
比例（%）	1.49	1.49	20.30	48.51	28.22
人数	3	3	41	98	57

四、未来发展建议

结合问卷分析的结论以及小组实地调研，对于如何促进新能源汽车未来的发展，我们提出如下建议。

（一）巩固补贴政策，完善基础设施

政策的巩固对推动新能源汽车发展至关重要。调查结果显示，分别有80.69%和61.39%的调查对象表示国家对购买新能源汽车的消费者提供购车补贴和降低新能源汽车购置税使他们更愿意购买新能源汽车，有71.78%的调查对象表示国家完善新能源汽车的充电设施吸引他们购买新能源汽车。因此，补贴政策的推行、基础设施的再普及与新能源汽车的发展联系密切。

1. 平衡调控生产者和消费者双方的补贴投入

我国的新能源汽车补贴，大多数由汽车企业获得并使用。为刺激新能源汽车消费，笔者建议在促进新能源汽车高质量生产的同时，对汽车产品的供求进行数据预估，在适当标准下为新能源汽车的消费者提供补贴。

2. 补贴退坡要有稳定性，继续优化双积分政策

2022年12月31日新能源汽车购置补贴政策终止，这说明新能源汽车市场相对稳定，可以暂缓国家政策扶持，但是补贴政策如此高频度的调整可能影响新能源汽车产品的生产与消费。因此，补贴退坡后的问题就成为重中之重。笔者建议应当继续优化双积分政策，其重点是进一步提高比例，合理放宽积分交易，同时适当扩大范围。

3. 合理规划充电桩应用，加快落实充电桩普及

合理规划充电桩分布，有效利用城区内剩余小规模地块进行建设。在一些重点区域按照"相对靠近重点停靠区域"和"充电便捷高效"原则建设公用充电设施，形成引导示范效应。明确对充电服务费和停车费减免标准，确保新能源汽车配套设施有序、快速、安全、高效运行。

（二）加强技术研发，优化使用感受

1. 增加续航里程，提高智能化程度

我国新能源汽车现存最主要的问题是续航能力较差。针对此问题，笔者建议尽可能地提高电池的能量密度，追求能量密度解决里程问题；外观设计采用空气动力学，达到更好的效果；合理利用能量，将汽车行驶的机械能转化为电能存储进蓄电池等储能系统中，实现制动能量回收。

2. 降低使用风险，保障用户安全

目前，我国新能源汽车使用的电池主要是磷酸铁锂和三元锂电池，具有安全隐患。为保障用户安全，厂家应提高电池材料的热稳定性，从而提高电池组件的导热性能与安全性，还可以通过改良锂电池制造工艺和提高电池管理系统（BMS）水平来降低电池风险。

参考文献

[1] 中华人民共和国国家发展和改革委员会. 关于印发《推动重点消费品更新升级 畅通资源循环利用实施方案（2019—2020 年)》的通知 [EB/OL]. (2019 - 06 - 03). https：//www. ndrc. gov. cn/fgsj/tjsj/cyfz/201906/W020190910697122857504. pdf.

[2] 中华人民共和国财政部. 关于开展燃料电池汽车示范应用的通知 [EB/OL]. (2020 - 09 - 16). http：//www. gov. cn/zhengce/zhengcek/2020 - 10/22/content_5553246. htm.

[3] 中华人民共和国工业和信息化部. 乘用车企业平均燃料消耗量与新能源汽车积分并行管理办法 [EB/OL]. (2020 - 06 - 29). https：//www. miit. gov. cn/n1146295/n1652858/n1652930/n3757018/c5400701/part/5400713. pdf

[4] 袁博. 碳中和目标下新能源汽车技术发展趋势 [J]. 汽车文摘. 2022（5）：57 - 62

[5] 刘根. 新能源汽车爆发式增长 促碳排放线性下降 [N/OL] 科技日报, 2021 - 12 - 07 (8).

附录：

有关新能源汽车的问卷调查

Q1. 您的性别是 [单选题]

    A. 男   B. 女

Q2. 您的年龄是 [单选题]

    A. 18 岁以下   B. 18 ~ 30 岁   C. 30 ~ 45 岁   D. 45 ~ 60 岁

    E. 已退休

Q3. 您的职业是 [单选题]

    A. 学生   B. 公务员

    C. 企业高管   D. 工人

    E. 新能源汽车行业的从业者   F. 其他

Q4. 您的年薪资水平是 [单选题]

    A. 15 万以下   B. 15 万 ~ 30 万   C. 30 万 ~ 50 万   D. 50 万 ~ 100 万

    E. 100 万及以上

Q5. 您所居住的城市是？[填空题]

Q6. 您从哪些途径了解新能源汽车？［多选题］

    A. 社交媒体平台   B. 亲友介绍

    C. 宣传单及广告   D. 实体店卖家介绍

    E. 其他

Q7. 您了解的新能源汽车品牌是［多选题］

    A. 国内本省品牌   B. 国内外省品牌

    C. 国外品牌

Q8. 您看好新能源汽车的发展吗？［打分题］（填 1~5 数字打分）

Q9. 您是否关注国家有关新能源汽车的政策？［单选题］

    A. 经常关注   B. 偶尔关注   C. 完全不关注

Q10. 您认为哪些政策会促使您购买新能源汽车？［多选题］

    A. 国家降低新能源汽车购置税

    B. 国家对购买新能源汽车的消费者提供购车补贴

    C. 国家完善新能源汽车的充电设施

    D. 国家加强对新能源汽车的售后监察力度

Q11. 您是否已经购买新能源汽车？［单选题］

    A. 是   B. 否

Q12. （Q11 选是）您购买的新能源汽车的价位是？［单选题］

    A. 10 万以下   B. 10 万~20 万   C. 20 万~30 万   D. 30 万~40 万

    E. 40 万以上

Q13. （Q11 选是）是什么因素让您考虑购买新能源汽车？［多选题］

    A. 低碳环保的理念   B. 新能源汽车出行不受限制

    C. 保养及维修费用相对较低   D. 国家政策的支持

    E. 汽车设备智能化水平高   F. 其他

Q14. （Q11 选是）您购买时最注重新能源汽车的哪些配置？［多选题］

    A. 安全性   B. 智能化程度   C. 乘坐舒适度   D. 操纵灵敏度

    E. 续航里程   F. 其他

Q15. （Q11 选是）您认为新能源汽车发展存在哪些问题？［多选题］

    A. 充电设施不完善   B. 续航里程较短

    C. 可选择的汽车品牌较少   D. 汽车配件质量不均

    E. 存在电池安全隐患问题   F. 其他

Q16. （Q11 选否）您未购买新能源汽车的原因是什么？［多选题］

    A. 预算不足

    B. 新兴汽车有购车风险

    C. 与同价位燃油车相比吸引力较低

    D. 配置仍有不足

E. 车型美观度不足

F. 其他

Q17. （Q16 若选 D）您认为新能源汽车的哪些配置不足？［多选题］

    A. 安全性   B. 智能化程度   C. 乘坐舒适度   D. 操纵灵敏度

    E. 续航里程   F. 其他

Q18. 您认为新能源汽车有哪些购车风险？［多选题］

    A. 充电设施不完善   B. 续航里程较短

    C. 汽车配件质量不均   D. 存在电池安全隐患问题

    E. 售后监察力度不足   F. 其他

新时代数字化战略下国家文旅产业发展趋势探究

——以北京市延庆区为例

赵慧杰　陈景昀　袁艺嘉　于海婧　刘钇君　闫晓鹏①

【摘　要】在以习近平同志为核心的党中央坚强领导下，中国特色社会主义进入新时代，十年成就和变革使北京延庆焕然一新。延庆区旅游产业在数字技术的支持下快速发展并转型升级。本研究结合延庆文旅当前发展的情况与挑战探究新时代数字化战略下国家文旅产业发展趋势，旨在为延庆文旅产业发展提供参考。

【关键词】新时代；延庆区；数字文旅

一、十年来延庆区数字文旅产业发展背景与历程

（一）大有可为——"十二五"时期延庆数字文旅概况

跨入新世纪第二个十年，北京迈入建设中国特色世界城市新发展阶段，延庆旅游产业改革处于一个大有可为的重要战略时期。2010—2014年，全区年游客接待量由1465万人次增长到1971万人次；截至2014年底，旅游业综合收入占第三产业73.1%，产业活力显著提高。

随着"互联网＋旅游"的热潮，延庆大力推动文化与旅游产业相互融合，将长城文化等融入旅游业，实现线上线下双向发展。2014年延庆区以美丽延庆官方新媒体信息推广平台，开启数字旅游产业的新篇章。

（二）繁荣向好——"十三五"时期延庆数字文旅概况

承接"十二五"时期旅游业发展的良好态势，延庆政府抓住党的十九大对建设数字中国提出的重要部署这一契机，大力构建冰雪体育旅游数字化服务平台。

延庆区以长城文化带建设为重要载体，结合数字技术挖掘长城文化新内涵。推出长城文旅体验项目，把三维动画技术和现代科技的导航地图应用于长城文化遗产领

---

① 本课题指导教师：赵慧杰（北京工商大学马克思主义学院）；课题组组长：陈景昀（经济201）；课题组成员：袁艺嘉（经济201）、于海婧（经济201）、刘钇君（经济201）、闫晓鹏（经济201）。

域；基于 VR 技术推出线上长城博物馆，向游客生动展现历史文化景象。

不仅如此，延庆区积极探索"互联网＋旅游"模式，进行全域旅游创建：2019
年北京世园会官方搭建智慧世园文旅平台"Expo 2019"，为游客提供游园信息和服
务；探索"旅游＋农业"模式，深入挖掘世园会的旅游功能，建设园艺产业园带动
区域乡村振兴。

（三）未来可期——"十四五"时期延庆数字文旅规划

"十四五"时期是北京加速建设文化名城和一流旅游城市的关键时期。延庆
区在以长城文化带建设为引领的基础上，通过推进新一代智能化技术在文化场馆
的应用，推动新业务和新载体在文化服务领域的应用，促进文化机构数字化转型
升级。同时，延庆区大力发展云展览等服务内容，以数字化等技术展示延庆独特
风貌。

此外，延庆区积极发挥"金名片"带动作用，将多种特色地区文化与城市品牌
建设融合。冬奥会延庆赛区实现科技服务冬奥和智慧城市建设，极大带动了延庆区全
域旅游，打响了"冬奥冰雪"文旅特色品牌，揭示着数字文旅的应用已经成为参与
进延庆区建设的重要力量。

二、延庆区数字文旅问卷调研数据分析

调研共计收回调查问卷132份。通过了解延庆区数字文旅的基本项目、宣传渠道
等，统计调查对象对延庆区数字文旅相关方面的了解程度、满意度，探索延庆区文旅
日后发展的优势、阻力与建议等问题。

（一）调查对象认知情况分析

1. 认知程度

调查数据显示，对延庆区数字文旅"大致了解"和"有听说过"的人数总
占比达到60.61%，还有33.33%人群表示没有了解过。此外，29 岁以下年龄段
人群对于延庆区数字文旅更为了解。由此可见，延庆区数字文旅受众者大多为年
轻人。

2. 了解程度

在对延庆区数字文旅有一定了解的调查对象中，在曾了解或体验的延庆数字文旅
项目中，"三名片"占比较高，其中冬奥赛区得到了近83%的人群的关注（见图1）。
由此可见，冬奥会的成功举办提高了人们对延庆区数字化文旅的关注度，增加了延庆
数字化文旅的品牌效应。

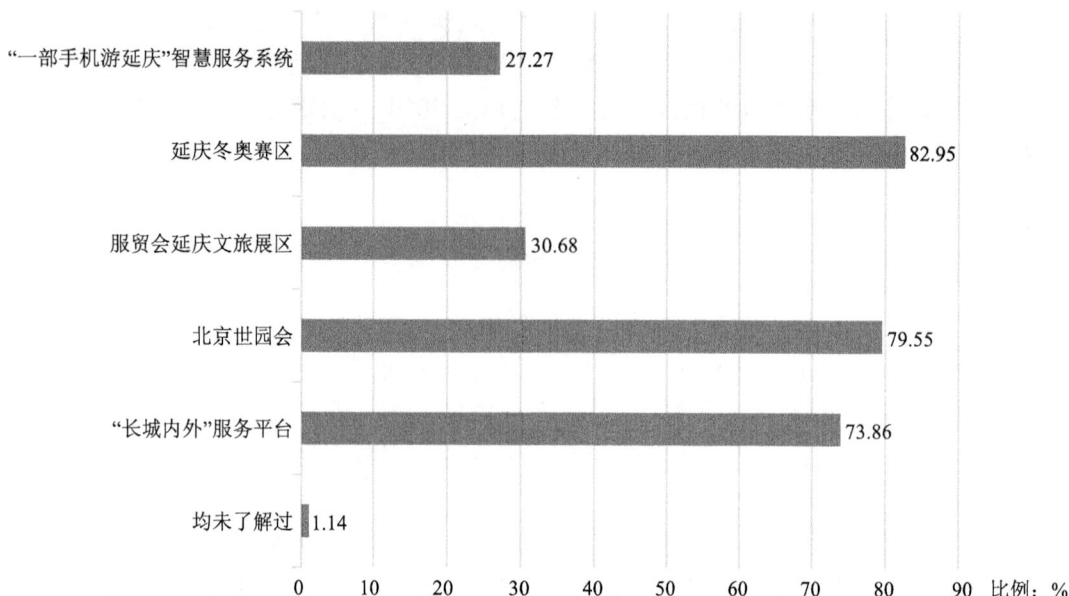

图1　人们对延庆区数字文旅项目关注度

3. 了解渠道

人们对延庆数字文旅的了解大多是通过官方、短视频平台实现的（见图2），这也顺应了当今数字新媒体应用平台的全球化热潮。由此可见，延庆数字文旅在媒体平台的引流工作宣传效果显著。

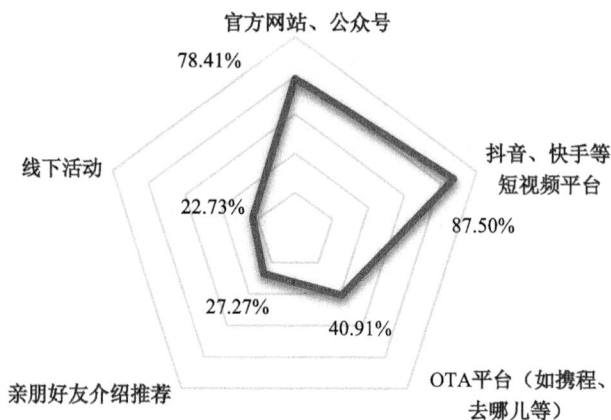

图2　群众对延庆区数字文旅了解渠道（可多选）

（二）潜在群体分析

1. 意愿态度

通过调查可知，45%左右的调查对象认为，线上游览模式是有一定的吸引力，和认为吸引力较弱的占比相近。同时有 82% 左右的人表示"如果有机会愿意去了解"（见图 3）。由此可见，延庆区的数字文旅可以进一步增大受众用户面积，运用创新手段推进营销工作。

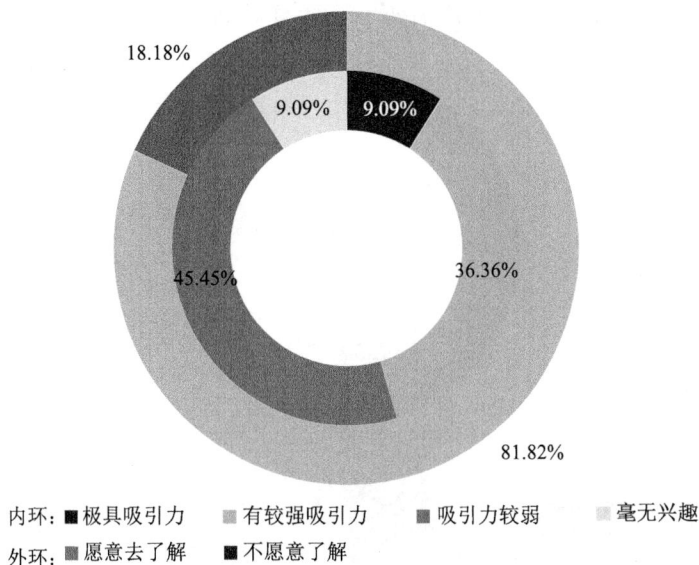

内环：■极具吸引力 　有较强吸引力 　吸引力较弱 　毫无兴趣

外环：■愿意去了解 　■不愿意了解

图 3　群众对延庆区数字文旅了解意愿双环图

（外环：群众对延庆区数字化文旅建设的了解意愿；内环：群众对延庆区数字化文旅建设了解程度）

2. 意愿项目

问卷中"如果有机会，您愿意体验延庆区以下哪些数字文旅项目"中，"三名片"更受欢迎，冬奥赛区占比高达 70.45%（见图 4）。由此可见，对于潜在群体来说，可以着重从这三个项目宣传入手，以喜闻乐见的方式来符合大众口味的需求。

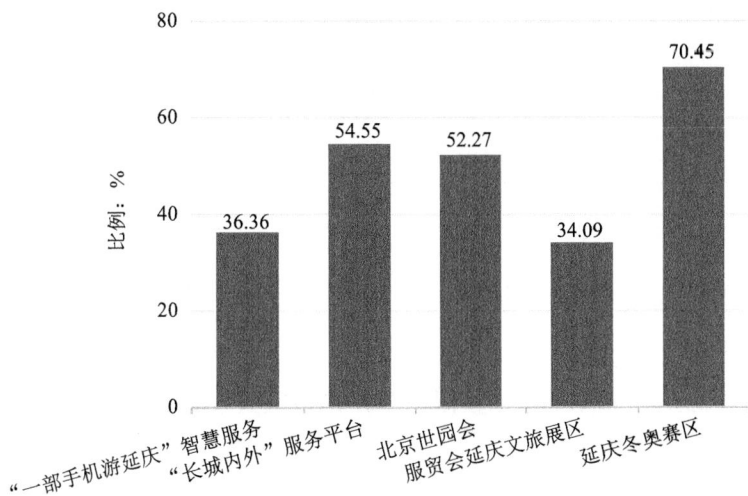

图 4　群众对延庆区数字文旅体验项目的意愿程度（可多选）

(三) 大众对文旅数字化转型的看法分析

1. 线上观览体验感

调查数据显示，近62%的人认为线上观览是一种较为新鲜的模式且具有较强的吸引力 (见图5)。由此可见，大众对于线上模式具有一定包容性，并表现出愿意接受与尝试的态度。

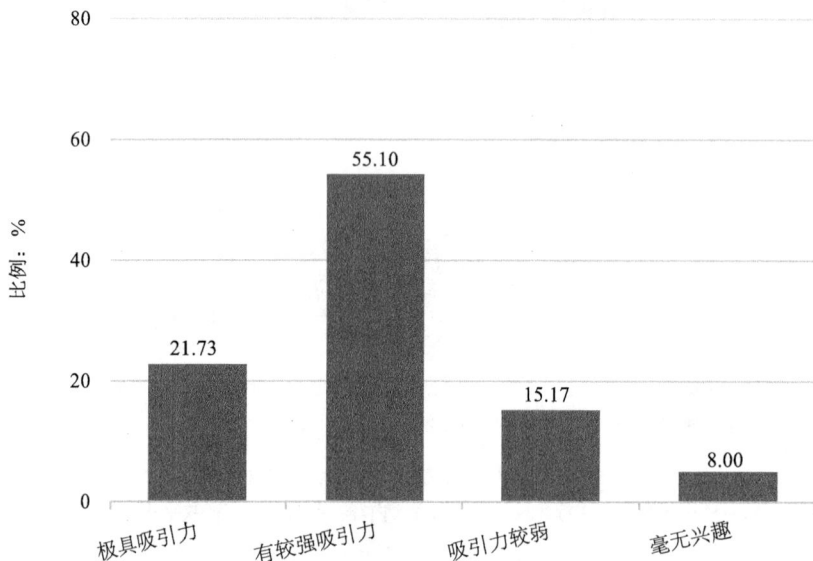

图5 群众对延庆数字文旅项目线上观览体验感

2. 总体满意度评分

大众评分集中于3~5分，4分占比较高，达到了36.36%，3分和5分占比相近 (见表1)。由此可见，大众对于延庆区数字文旅的发展评分处于中等偏上。

表1 群众对延庆地区数字文旅发展评分

分数	1分	2分	3分	4分	5分
比例（%）	2.27	9.09	26.52	36.36	25.76
人数	3	12	35	48	34

(四) 延庆区数字文旅的评价分析

1. 延庆区数字文旅优势明显

调查结果显示，"能够突破时空限制"是延庆区数字文旅最显著的优点。相对较少的则为"能够降低文旅费用"和"能够增强游客体验感" (见图6)。由此可见，延庆区在数字文旅的发展日后可以着重关注如何在保证质量的前提下降低费用，并通过更多的创新手段来加大宣传力度，增强用户体验感。

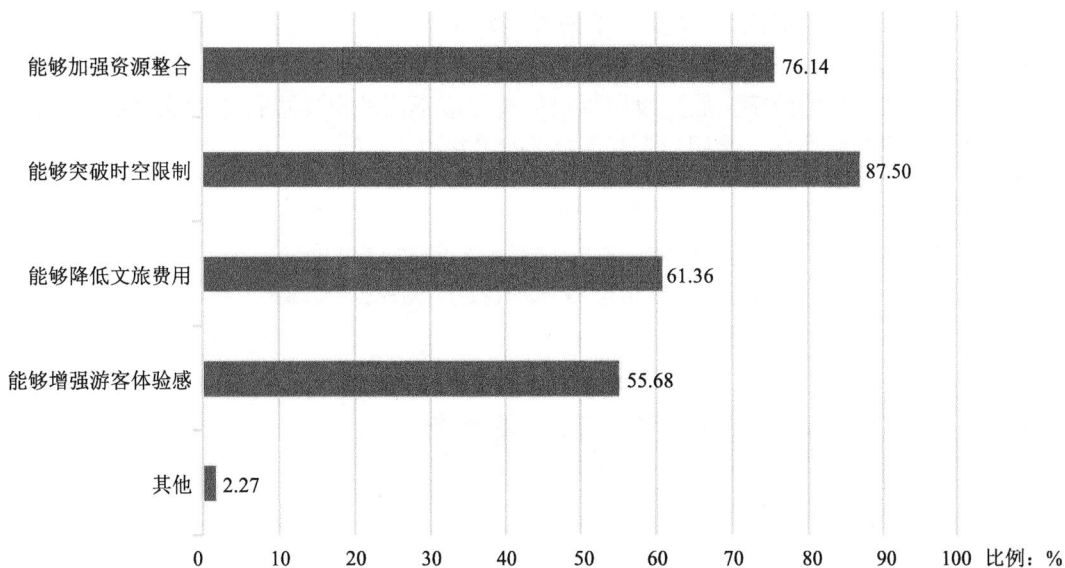

图6　群众眼中对延庆区数字文旅的优点（可多选）

2. 延庆区数字文旅发展存在一定阻力

多数调查对象认为延庆区数字文旅目前主要的问题是"数字化应用不够完善，业态创新不足"和"对外宣传力度较小，普及率较低"（见图7）。同时传统文旅模式根深蒂固，如何使民众更容易接受这一转变也不容忽视，打破传统，迎合新互联网时代的需求问题亟待解决。

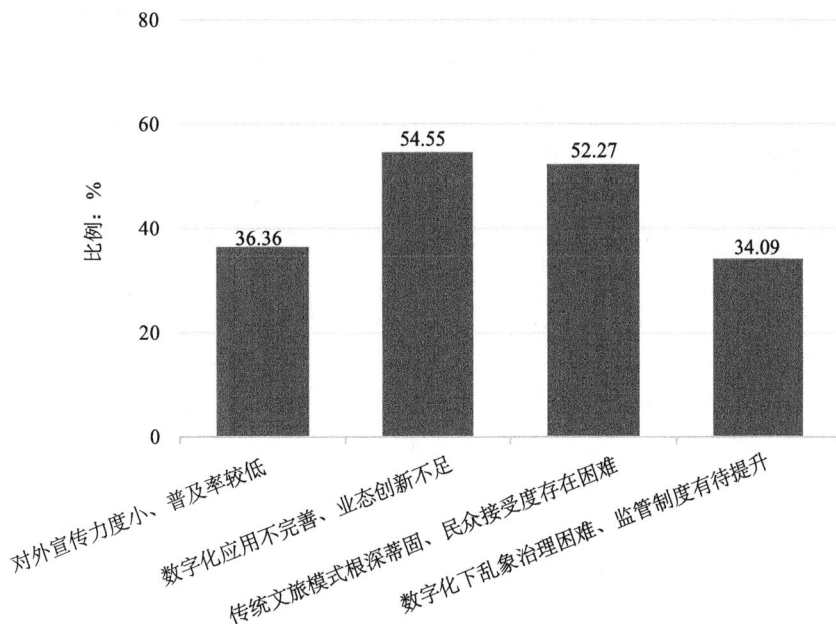

图7　群众眼中延庆区数字文旅的阻力（可多选）

在建议方面，年龄段在 29 岁以上的群体建议集中在"搭建开发旅游智能平台"上，而 28 岁以下的群体则将目光集中于"增加游戏与现实联动"（见图 8）。由此可见，延庆区在后续的数字文旅建设中可以抓住对应不同的群体进行不同项目的创新，增强文旅产业的精准度，给用户带来深层体验升级。

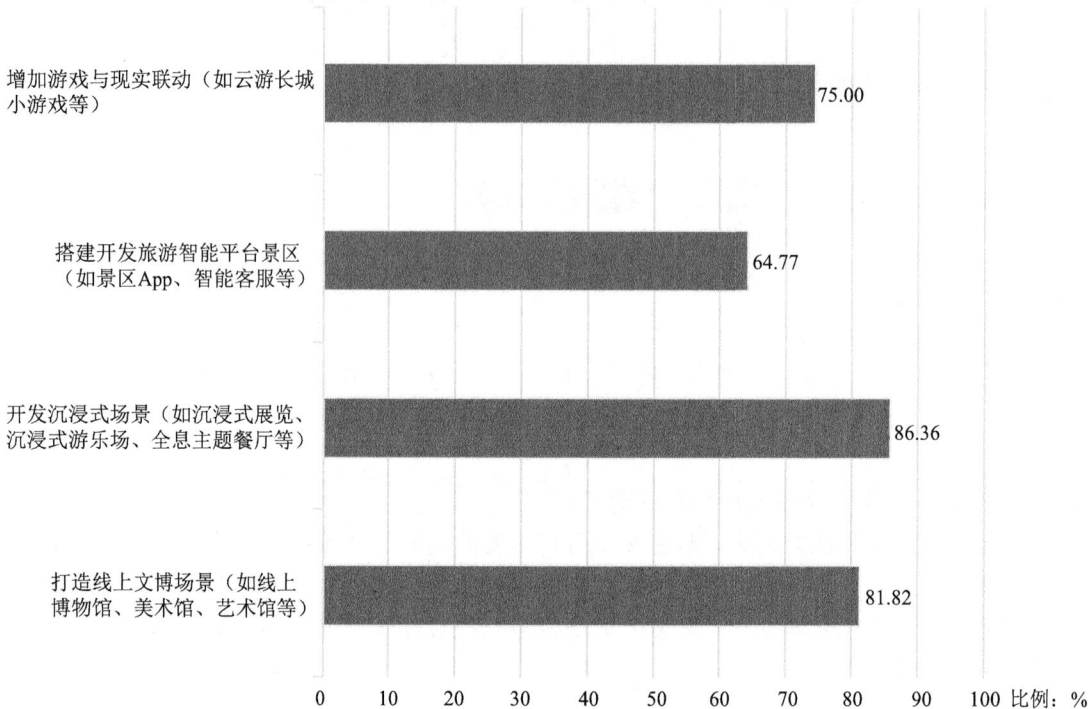

图 8　群众对延庆区在文旅转型的建议（可多选）

三、北京市延庆区数字文旅产业未来发展新趋势

（一）新基建带来产业发展新动能

在数字化时代背景下，延庆区将加速景区 5G 基站建设，实现网络全覆盖。例如，自冬奥会筹办以来，延庆区深入实施创新驱动发展，推动科技与冬奥融合，在场馆建设、城市运行等方面通过新基建为冬奥村增添多个亮点；在世园会中，5G 通信已经成为其"神经中枢"，成为科技生活发展新生态的展示舞台。

（二）数字文旅新业态加速涌现、提速发展

在未来，延庆区将推进新一代智能化技术在公共文化场馆的应用，丰富数字资源总量，促进文旅场所数字转型升级。同时，加强地方特色数字资源库建设，挖掘本地特色文化资源，以现代信息技术建设具有地方特色和历史人文价值的数字资源库。

（三）数字战略下塑造延庆文旅特色品牌

最新战略下，延庆区立足打造特色文旅品牌，为数字化转型升级夯实基础。在冬奥冰雪品牌上，延庆区将继续打造主题精品文旅路线产品，做好冬奥遗产后续利用，持续放大冬奥效应；在世园生态品牌上，将丰富园区高品质、特色化数字服务产品供给，突出新场景应用；在全季活动品牌上，延庆区将塑造"美丽延庆·冰雪夏都"城市品牌形象，建立节庆活动数字项目库，统一进行包装、策划、宣传。

四、延庆区数字文化旅游发展的挑战与应对

延庆区近年来一直以打造三张旅游"金名片"为目标，全面考察，高位协调，为延庆区未来的文化旅游、数字化建设等相关产业打下基础。但延庆区的数字文旅未来发展也有可能遇到一些关于居民的生活水平提高速度与旅游经济发展速度不协调、缺乏创新等阻碍与挑战，需要具体问题具体分析，采取有针对性的措施。

（一）经济稳步增长，助力幸福生活

延庆区的未来发展需要紧跟党的领导，与其生态涵养区的定位相结合。经过政府积极建设数字科技世园、冬奥会场地等，延庆区在数字化文旅方面取得了大幅度的经济增长，效果显著。但如何将数字化文旅所得财富分配至当地居民、助力当地中小企业旅游发展仍是当前的一大问题。延庆区应不断加强网络宣传，促进消费，以保持旅游业所带来的经济、品牌效益，实行相应的经济分配政策，提升当地人民平均生活水平。

（二）科学建设网络交通，打造宜居家园

延庆区地势较高，植被茂密，近年来虽有京张高铁延庆支线通车、修建铁路电缆，相对缓解了郊区交通不便、信号较弱的压力，但在未来发展中完善山区通信技术、保障交通安全通畅仍是一大挑战。好的交通条件不仅能够为经济带来极大的推动力，提高延庆区的知名度，加强数字技术推广，而且能为当地居民提供便利，为旅游业的发展提供良好的发展环境。

（三）挖掘旅游资源，提升服务品质

延庆区的旅游产品在近年来仍以传统的观光、餐饮为主，高端特色产品供给不足，虽然已经实施探索网上云游等新业态产品，但支撑较弱，仍需持续建设。目前，延庆区旅游发展存在旅游市场活力不强、缺少现代企业制度和运营机制的问题。当地需要贯彻落实党的方针政策，在传统项目的基础上，从线上文旅、网络宣传等方面寻求新突破。

从"十二五"到"十四五"，延庆区的发展与进步人们有目共睹，尤其是在数字科技和文化旅游方面得到了极大的宣传和推广。延庆区可以通过不断发展网络智慧服

务系统，继续开拓新形式和渠道，制定适配政策，更好地开拓市场、改善民生。在新时代，延庆区可着力推广数字文旅，通过互联网宣传特色旅游项目，增加市场竞争力。线上线下双管齐下，突出当地旅游特色，是如今延庆区未来规划战略的核心。

参考文献

[1] 延庆区人民政府. 延庆区"十四五"时期文化和旅游发展规划（2021—2025）[Z]. 2021 - 11 - 10.

[2] 延庆区人民政府. 延庆县国民经济和社会发展第十二个五年规划纲要 [Z]. 2011 - 07 - 22.

[3] 郑憨. 加快推进数字文旅产业高质量发展 [J]. 宏观经济管理, 2020（12）: 63 - 68.

[4] 年炜. 北京世园会对延庆旅游业影响 [J]. 商业文化, 2020（10）: 13 - 15.

[5] 关达. 旅游产业转型升级对区域经济发展的影响——以北京市延庆区为例 [J]. 中国商论, 2021（6）: 26 - 29.

[6] 张玉蓉, 蔡雨坤. 数字文旅产业高质量发展的契机、挑战与对策研究 [J]. 出版广角, 2022（7）: 53 - 57.

[7] 王鸿雁. "十三五"经济发展路径选择——以北京市延庆县经济发展历程为例 [J]. 经济师, 2015（12）: 178 - 182.

附录：

新时代以来北京市延庆区文旅产业调查

尊敬的先生、女士：

您好，我们是来自北京工商大学的学生。围绕"奋进新时代·看十年巨变"主题，了解关于延庆区文旅产业发展，特别组织本次调研。问卷实行匿名制，所有数据仅用于统计分析，信息我们将严格保密。谢谢参与！

Q1. 您的年龄

A. 18 岁及以下　　　B. 19～28 岁　　　C. 29～38 岁　　　D. 39～48 岁

E. 49 岁及以上

Q2. 您对延庆区打造"数字文旅"有了解吗？

A. 非常了解　　　B. 大致了解　　　C. 有听说过　　　D. 没了解过

若 Q2 选 ABC：

Q3. 您有了解或体验过延庆区以下哪些数字文旅？

A. "一部手机游延庆"智慧服务系统　　B. "长城内外"服务平台

C. 北京世园会　　　　　　　　　　　　D. 服贸会延庆文旅展区

E. 延庆冬奥赛区　　　　　　　　　　　F. 均未了解过

Q4. 您从哪些渠道了解延庆区数字文旅？

    A. 官方网站、公众号   B. 抖音等短视频平台

    C. OTA 平台（如携程、去哪儿等）   D. 亲朋好友介绍

    E. 线下活动

Q5. 延庆区很多旅游产品移步于线上，您对该种模式持有怎样的态度？

    A. 极具吸引力   B. 有较强吸引力   C. 吸引力较弱   D. 毫无兴趣

Q6. 相较于传统文旅模式，您认为数字文旅模式有何优点

    A. 能突破时空限制   B. 能降低文旅费用

    C. 能加强资源整合   D. 能增强游客体验感

    E. 其他

Q7. 您认为延庆区在文旅转型的发展中存在哪些阻力

    A. 对外宣传力度较小，普及率较低

    B. 数字化应用不够完善，业态创新不足

    C. 传统文旅模式根深蒂固，民众接受度存在困难

    D. 数字化下乱象治理困难，监管制度有待提升

Q8. 请您对延庆区目前"数字科技 + 文化旅游"相结合的新发展方式的体验感与满意程度打分。

    选项：1分   2分   3分   4分   5分

Q9. 您对于日后延庆区重点打造数字文旅项目有什么建议？

    A. 打造线上文博场景   B. 开发沉浸式场景

    C. 搭建开发旅游智能平台   D. 增加游戏与现实联动

若 Q2 选 D：

Q3. 延庆区很多旅游产品移步于线上，您对该种模式持有怎样的态度？

    A. 极具吸引力   B. 有较强吸引力

    C. 吸引力较弱   D. 毫无兴趣

Q4. 如果有机会，您是否愿意走入延庆区深入了解数字文旅？

    A. 是   B. 否

Q5. 如果有机会，您愿意体验延庆区以下哪些数字文旅项目？

    A. "一部手机游延庆"智慧服务系统

    B. "长城内外"服务平台

    C. 北京世园会

    D. 服贸会延庆文旅展区

    E. 延庆冬奥赛区

中华文化国际传播的实践

—— 以冬奥吉祥物"冰墩墩"为例

王 东 魏 畅①

【摘 要】党的十八大以来的十年，在以习近平同志为核心的党中央坚强领导下，神州巨变，中国的文化产业也取得突破性进展；在当今的国际舞台上，中国故事、中国声音逐渐走向世界，文化影响力取得新跃升；2022 年北京冬奥爆火的吉祥物"冰墩墩"为中华文化"走出去"带来了宝贵的实践经验，其根植民族文化，创新传播路径，借助互联网的社交互动属性，充分地展现国家形象；本文以"冰墩墩"为切入点，面向国际友人进行线上问卷调研，通过分析国外问卷的调查结果和外网媒体资料，分析冰墩墩及中国文化的国际传播现状，探讨其爆火原因并从中得到中华文化国际传播的经验启示。

【关键词】中华文化；国际传播；冰墩墩

一、冰墩墩传播现状分析——冰墩墩的流行在国际上产生的影响

（一）线上爆火，一"墩"难求

2022 年北京冬奥会开幕以来，吉祥物"冰墩墩"在社交网络热点频出，持续登上热搜榜。数据显示，在北京冬奥会开幕式前后一周内，它的网络热度从 1 万出头上涨到 45 万。

随着 2022 年北京冬奥会开幕，超 100 万网友涌入奥林匹克天猫官方旗舰店，冬奥吉祥物冰墩墩的许多周边产品几乎"秒空"，全国乃至海外各地手办或者实物都出现售空，即使获授权厂商加班加点生产依旧一"墩"难求。根据有关部门预测，整个北京冬奥会周期，特许纪念品销售额将达到 25 亿元。这种现象级的火爆同样出现在数字线上领域，由国际奥委会官方授权发行的冰墩墩 NFT 数字藏品就已暴涨近千倍。

---

① 本课题指导教师：王东（北京工商大学马克思主义学院）；课题组成员：魏畅（人力 201）、陈雪（工商 20）、贾如玉（人力 201）、张帅（人力 202）、熊欣欣（人力 202）。

（二）热度蔓延，成功"破圈"

除了网友的关注，许多外国运动员与工作人员也对这只憨态可掬的胖熊猫"一见倾心"，参赛运动员自发地在社交媒体上为其宣传，成为冰墩墩的"代言人"。日本记者辻冈义堂的追星故事，使广大观众第一次感受到冰墩墩的热度。2月2日，辻冈义堂在报道花滑现场时，大秀自己的6个冰墩墩徽章，并因此出圈。日本电视台甚至在节目中把他的署名改成了"义墩墩"。

此外，冰墩墩的表情包也在海内外社交媒体上受到了追捧。有不少外国网友发现，在社交媒体上，当输入冰墩墩相关汉字时，就会迅速弹出匹配的表情符号，这一现象成了热门话题，引发不少外国网友的讨论。

二、冰墩墩概述

冰墩墩（英文：Bing Dwen Dwen，汉语拼音：bīng dūn dūn），是2022年北京冬季奥运会的吉祥物（图1）。"冰"象征纯洁、坚强，是冬奥会的特点。"墩墩"意喻敦厚、敦实、可爱，契合熊猫的整体形象。

图1　冰墩墩

（图片来源：https：//www.olympic.cn/zt/Beijing2022/）

（一）图案与色彩设计

从辅助图形来看，设计师提取了带有冰雪含义的冰晶外壳、带有地域特色的奥运场馆以及充满爱的心进行辅助设计；从吉祥物的头部来看，这是奥运史上第一次将动物和运动场馆元素相结合，具有很强的独创性；设计师提取了速滑馆冰丝带建筑外部的22条流畅的圆以及五环的色彩，将圆在冰墩墩的面部相互交融并不断延伸，最终形成了明亮而鲜艳的彩色光环。从吉祥物的四肢来看，冰墩墩双手掌心的爱心，以其热烈的中国红向世界人民传达着举办国的热情与友好。

最后，从吉祥物的整体躯干来看，设计师用透明的冰晶外壳为冰墩墩营造引领时代、探索未来的现代科技宇航员形象，具有深刻的文化价值和教育价值。

（二）空间与个性塑造

在冰墩墩的空间塑造中，设计师主要运用了拟人化的艺术手法对大熊猫的形态进行夸张和变形，在保留大熊猫主要特征的同时，通过多维空间的塑造，赋予冰墩墩憨态可掬、真实可爱、流畅大方的卡通艺术形象。

首先是塑造冰墩墩的运动空间。设计师用圆润的长线抽象概括出大熊猫饱满的外形轮廓，象征着运动员敦实的力量、强壮的体魄以及坚忍的意志；用同样圆润的短线塑造出冰墩墩生动的五官。其次是刻画吉祥物的独特个性。冰墩墩以面带微笑、双脚站立，正面向世界人民招手示意的友好热情姿态，展现出鼓舞人心的奥林匹克运动精神和中华民族淳朴、善良的性格特征。最后，设计师运用3D设计软件对冰墩墩的视觉空间和触觉空间进行设计表现。通过吉祥物外层坚硬的冰壳和内层柔软的绒毛产生的强烈对比，形成双层结构的视觉效果，增强吉祥物的立体性和真实性，为吉祥物增加了生命力。

三、国外问卷调查分析

针对"冰墩墩"形象的传播问题进行了线上的问卷调查并获取数据，通过腾讯问卷的方式传播问卷。剔除不合格问卷和无效问卷后得到有效问卷76份，回收率达73%。

本次问卷调查范围为全球，来自泰国、圣普、菲律宾的被调查者最多，除上表所列以外，还有来自美国、新加坡、韩国、日本等国家的人填写此问卷（见表1）。

表1 问卷各国人数占比

国籍	人数	占比（%）
泰国	13	17
圣普	11	14
菲律宾	7	9
意大利	6	7.8
法国	5	6.6
英国	4	5.3
其他	30	39.4

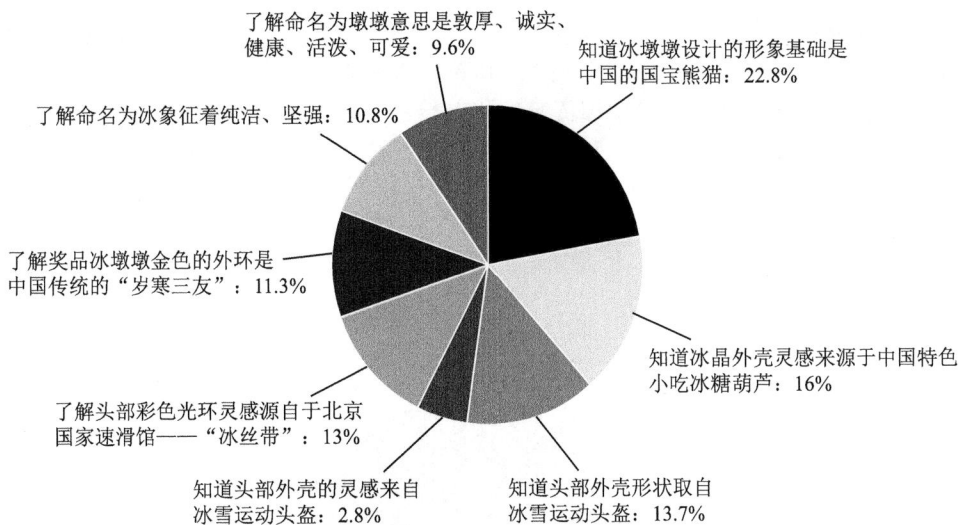

图 2　冰墩墩设计元素

了解命名为墩墩意思是敦厚、诚实、健康、活泼、可爱：9.6%

知道冰墩墩设计的形象基础是中国的国宝熊猫：22.8%

了解命名为冰象征着纯洁、坚强：10.8%

知道冰晶外壳灵感来源于中国特色小吃冰糖葫芦：16%

了解奖品冰墩墩金色的外环是中国传统的"岁寒三友"：11.3%

了解头部彩色光环灵感源自于北京国家速滑馆——"冰丝带"：13%

知道头部外壳的灵感来自冰雪运动头盔：2.8%

知道头部外壳形状取自冰雪运动头盔：13.7%

数据显示，有 67.1% 的外国人知道冰墩墩，32.9% 的人不知道冰墩墩。在知道冰墩墩的外国人中有 22.8% 的人知道冰墩墩设计的形象基础是中国的国宝熊猫；16% 的人知道冰晶外壳灵感来自中国特色小吃冰糖葫芦；其次 13.7% 的人知道头部外壳形状取自冰雪运动头盔；13% 的人了解头部彩色光环灵感源于北京国家速滑馆——"冰丝带"；11.3% 的人了解奖品冰墩墩金色的外环是中国传统的"岁寒三友"；10.8% 的人了解命名为冰象征着纯洁、坚强；9.6% 的人了解命名为墩墩意思是敦厚、诚实、健康、活泼、可爱。由此可见，冰墩墩设计元素中国宝熊猫和特色小吃冰糖葫芦在国际上最被熟知。

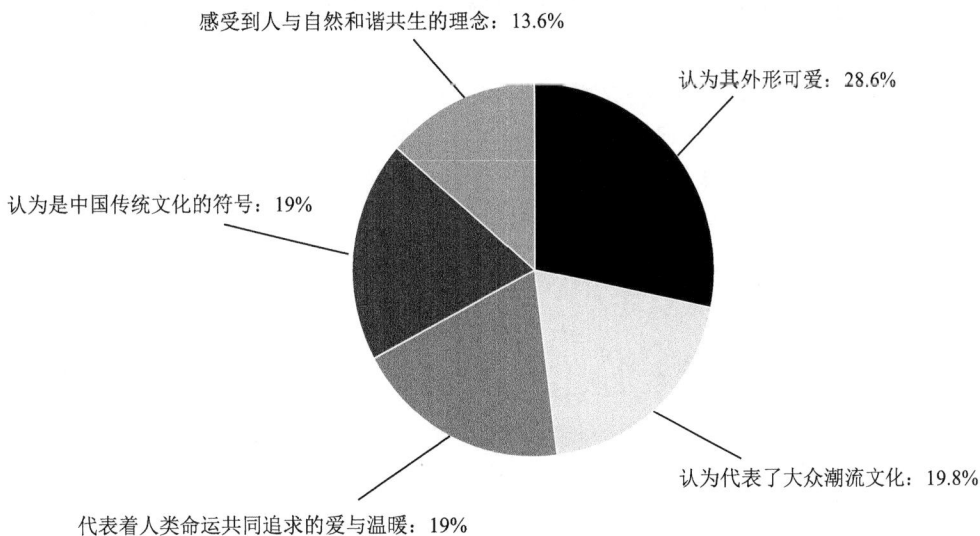

感受到人与自然和谐共生的理念：13.6%

认为其外形可爱：28.6%

认为是中国传统文化的符号：19%

认为代表了大众潮流文化：19.8%

代表着人类命运共同追求的爱与温暖：19%

图 3　冰墩墩的国际形象认知度

对于冰墩墩的形象，在调查对象中，有 28.6% 的人认为其外形可爱，惹人喜爱；19.8% 的人认为其代表了大众潮流文化；19% 的人认为其代表着人类命运共同追求的爱与温暖；19% 的人认为其是中国传统文化的符号，并借此了解中华文化；13.6% 的人通过冰墩墩感受到了人与自然和谐共生的理念。购买冰墩墩的原因主要有四点：有 33% 的人因为其外形可爱，28.7% 认为其有纪念意义，有 19.1% 的人跟风购买，有 18.3% 的人认为其具有文化价值。

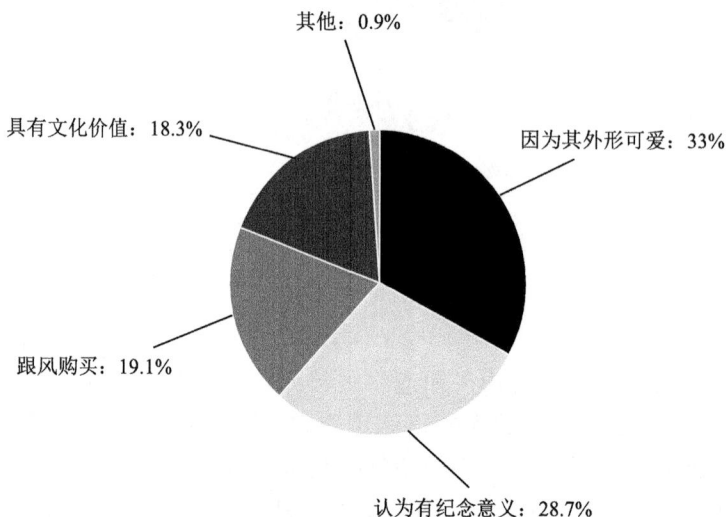

图 4　购买冰墩墩的原因

通过对问卷数据进行分析，冰墩墩的可爱形象给人的印象最深刻，这也是吸引大众购买的主要原因。同时，消费者购买的时候也会赋予产品本身更多的内涵。一半以上的消费者都认为其有纪念意义，并能感受其传递出的爱与温暖，意识到其憨态可掬的形象代表着中国海纳百川的气度。

冰墩墩的形象设计打破传统，着重强调传递友谊、展现大国的和平友好形象，是中国现代形象的柔性输出。时代感十足的"冰墩墩"作为一种"非语言符号"式的形象建构，在全球各国受到了追捧。同时说明吉祥物具备了传递文化与价值观的功能，能够作为符号媒介实现思维传递与商业化。

四、冰墩墩爆火的原因

（一）别出心裁的形象设计

冰墩墩外形可爱，惹人喜欢，相比于以往的吉祥物，冰墩墩这种软萌憨厚的圆乎乎身材，给人一种亲切感，让人忍不住想接触，舒缓了运动紧张的氛围，体现了体育超越自我的友谊精神。同时，冰墩墩在国际场合的每一次亮相，都在向世界展现北京冬奥的周密筹备，向世人传递中国人热情好客的传统美德。

作为最具识别度的文化形象，熊猫能够跨越语言代沟，直击人心。而创意团队的差异化设计，更让熊猫再次大放异彩。从心理学角度看，可爱拥有抚慰心灵的力量，能增进情感交流、引发共情，让我们从心底感到柔软与快乐。

（二）文化符号传播中华文明

冰墩墩的称号便于不同言语背景的观众拼读，不管是"墩墩"还是"Dwen Dwen"都因叠字具有易读性与记忆点。冰墩墩整体形象集冰雪运动和现代科技于一身，它不局限于肤色、不纠结于性别，熊猫、冰雪、爱心、5G，用的是全世界都能理解的文化语言。它还象征着鼓舞人心的奥林匹克精神，传递着中国人"一起向未来"的美好愿景。这些元素，足以引起中外共通的情感共鸣。

"冰墩墩"已经成为一种文化符号，代表着精彩的北京冬奥会，代表着乐观、开朗和热情的中国人民，其爆火背后的原因是人们对中国文化的热爱和对中华文明的认同。"我对赛会吉祥物的看法，总是通过我的孩子们的眼睛。远在加拿大的他们已经很喜欢'冰墩墩'了。"国家越野滑雪中心摄影经理阿诺德·林说。

（三）官媒跟进与国外名人助力

由于缺少讨论的环境，冰墩墩刚出现时并没有形成话题，随着冬奥会开幕式的成功举办，媒体传播才在一定程度上设置了用户的关注议程，由此推动形成了"冰墩墩"的火热传播环境。

官方媒体迅速捕捉到其蔓延的热度，创建了"别忘了冰墩墩的好伙伴雪容融""冰墩墩雪容融又又卡门了"等热搜话题，不仅借着热度带火了残奥会吉祥物雪容融，同时进一步扩大了冰墩墩的传播范围。此外，捷克花样滑冰运动员娜塔莉·塔施莱罗娃发布 Vlog 表示对冰墩墩的热爱并收获大量点赞、女足主帅水庆霞在接受采访时询问能不能送自己一个冰墩墩等事件都推动了冰墩墩的走红。

五、关于如何让中国文化更好地向外传播的启示

（一）根植民族文化，构建文化符号

冰墩墩的设计理念采用了我国最具有国际认可度的形象代表——大熊猫，来引发全世界人民与北京冬奥的情感共鸣。在中国国家实力不断增强的今天，国家形象的软实力却不断遭到国际社会的压力，将民族文化融入我国的现代化设计，不仅是设计语言中文化身份及文化真实性的再现，也是新时代我国文化发展的战略需求。冰墩墩不仅是一个吉祥物，更是一种文化符号，代表着精彩的北京冬奥会，代表着乐观、开朗和热情的中国人民。成功的文化符号能够彰显国家的文化自信和国人的民族自信心。互联网时代文化符号的构建需要根植于我们自己的民族文化，正所谓"根深方能叶茂，源远才能流长"，对于优秀的民族文化，我们要延其"意"、传其"神"，将优秀的民族文化潜移默化地融入文创产品。

（二） 拟人化的情感传播

拟人化的情感表达是卡通形象火爆流行的不二法门。冰墩墩作为北京冬奥会吉祥物，如果只以静态化、平面化的造型特点呈现，即便形象可爱，但只是冷冰冰的"物"，与人产生情感联结的紧密度不足。

而冰墩墩又呆又萌的肢体语言，让很多观看者感觉到心情愉悦，甚至有一种忍不住想要去抚摸它的亲近感。可见卡通形象通过具有拟人化的情感表达和行为互动，形成生动和有吸引力的公众形象，与受众产生情感连接，能够实现极好的传播效果。

（三） 善用传播媒介，重视"他者"传播

文化的输出要善用各种传播媒介，除了比较传统的微博、微信，还需要利用一些新的平台（如短视频平台等）和传播模式，比如与一些明星共同打造滑雪娱乐节目、3D 短视频、IP 网剧、大电影等，再结合滑雪体育相关的图书和音乐的策划出版，多渠道多平台投放，建立多维度的内容体系。持续生产优质的原创内容，通过多元化平台的优质内容和受众建立强烈的情感连接，是让 IP 内容长期保持生命力的重要条件。

另外，要引入客观性更强的"他者"视角。在奥运会这种全球盛事中，如果我国媒体利用"自我讲述"的视角展开报道难免缺少说服力，有自我宣传的意味。如果引入"他者"视角，用外籍人士出于自身文化视角进行报道则更能抓住受众心理。

（四） 打破文化壁垒，追求人类价值共识

由于地理环境、历史发展等多方面的因素，不同国家或民族之间难免存在文化壁垒，因此跨文化传播中经常会出现文化误读现象。要想尽可能地减少这种文化差异，就要构建具有接近性的文化场域，在文化互动中形成情感共鸣。除了可爱丰盈的形象，冰墩墩还代表着中国文化与冬奥会的精神内核：不管奖牌是什么颜色，荣耀版冰墩墩都是金色的，这代表着我们中国尊敬任何一个国家和运动员；在赛场上，冰墩墩挑战"4A"屡败屡战，这代表着坚韧不拔、愈挫愈勇的奥运精神。它身上所展现的美好品质，正是我们所呼吁的"一起向未来"的心愿，在传达我国传统文化的同时获得了他国观众的认可与共鸣。

参考文献

[1] 媛媛. 从冰墩墩爆火看媒介融合时代 IP 的价值开发与传播 [J]. 新媒体研究，2022，8（8）：63－65.

[2] 胡钰，赵晋乙."冰墩墩"火爆流行现象对中华文化国际传播的启示 [J]. 对外传播，2022（3）：22－25.

［3］孙凤临，王海波，邓进．后冬奥时代 IP 的构建与传播路径研究——以"冰墩墩"为例［J］．服装设计师，2022（6）：42 – 53.

［4］姚昕彤．"一墩难求"："社会—媒介—个体"视角下"冰墩墩热"成因探析［J］．视听，2022（5）.

［5］金小琳．跨文化传播视域下冰墩墩走红原因探析［J］．中国地市报人，2022（4）：31 – 33.

［6］刘蕾，王瑾．2022 年北京冬奥会吉祥物的设计分析［J］．艺术教育，2021（6）：224 – 227.

美丽中国建设中绿色生活方式研究（2012—2022）

李　金　牛玲玉[①]

【摘　要】党的十八大以来这十年，党中央大力推进生态文明建设，推进生态文明体制改革，使绿色低碳生活理念深入人心，绿色生活方式逐渐变成了民众的选择。本文首先对绿色生活方式推进的背景进行概括，分析其内涵、重要性以及党的十八大以来的政策和战略目标，进而通过调查问卷分析，了解美丽中国建设中人们对绿色生活方式的态度及践行度，总结党的十八大以来我国在生态文明建设方面的成就，结合问卷分析的结果，分析绿色生活方式的实践与经验，对当下绿色生活方式的推进展开思考并提出展望。

【关键词】美丽中国；绿色生活方式；这十年

从 2012 年到 2022 年，以习近平同志为核心的党中央高度重视生态文明建设，将生态文明建设摆在突出位置，并指出生态文明建设是一场涉及生产方式、生活方式、思维方式和价值观念的深刻变革。党的十八大以来，"低碳""绿色"已成为人们生活的标签，实现人与自然和谐共生，需要全体人民的共同参与。此次调研采用网上问卷调查的方式，充分进行研究，总结这十年来在美丽中国建设过程中新时代人民绿色生活方式的实践和经验，彰显党的十八大以来我国在生态文明建设方面取得的成就。

本次调研主要采取问卷星调查及参考前人文献，共发出 239 份，回收 239 份，回收率达 100%；有效回收份数 239 份，有效率达 100%。

一、绿色生活的内涵及主要政策要求

（一）绿色生活的内涵及重要性

绿色生活方式是指坚持人与自然和谐共生，并在满足人类需求的同时尽最大可能保护自然环境和资源的生活方式。本质是在考虑资源环境承载力的基础上，来平衡人类社会发展需求，从而达到保护自然资源、生物多样性，实现可持续发展目标。

践行绿色生活方式，可以产生巨大的绿色效益。生态文明建设已是社会发展的重要内容，为实现人与环境、社会可持续发展，我国一直在向资源节约型、环境友好型社会发展，而绿色生活方式的践行是建立这一社会的途径之一。

① 本课题指导教师：李金（北京工商大学法学院/马克思主义学院）；课题组组长：牛玲玉（环境 202）；课题组成员：余慧琳（环境 202）、许卢慧（环境 202）、田进娜（环境 202）、张佳妮（环境 202）。

（二）推动绿色生活的具体政策

为促进生产、流通、回收等环节绿色化，中共中央、国务院于2015年发布了《关于加快推进生态文明建设的意见》，进一步规范环境标志产品的认证工作，拓展纳入认证的产品范围，提升认证标准并规范认证体系。2016年，财政部、国家发展改革委、国家能源局联合加大对农作物秸秆综合利用财政扶持力度，并发布了《关于编制"十三五"秸秆综合利用实施方案的指导意见》的通知。另外，贯彻落实《废弃电器电子产品回收处理管理条例》，以避免废旧资源的二次污染。

在衣食住行等方面，2019年中华环境保护基金会中环联合（北京）认证中心发布实施《生活方式绿色化指南》，规定禁止在居民住宅楼和未配套设立专用烟道的商用住宅综合楼等楼层内新建、改建和扩建产生油烟、异味的餐饮服务项目。推动完善节水器具等产品的推广机制；倡导环保低碳出行，大力发展城市公共交通，从而提高公共交通出行比例。

二、十年来绿色生活方式建设成绩回顾

党的十八大以来，我国在推进绿色生活发展中取得了一系列成绩。通过调查研究可以发现，自党的十八大以来，我国居民对绿色生活的关注度与践行程度在不断提高。问卷显示，当问及"您觉得'绿色''低碳'和您的生活关系大吗?"时，77.41%的人认为"息息相关"，17.99%的人认为"在某些方面有些关系"，仅4.6%的人认为"不大，那是政府的事"，充分体现了我国政策的推动作用与现实意义。同时，在参与调研的群众中，针对"所提倡的绿色生活方式"这一问题的结果（如图1所示），也可以看出当下人们对绿色生活的重视。

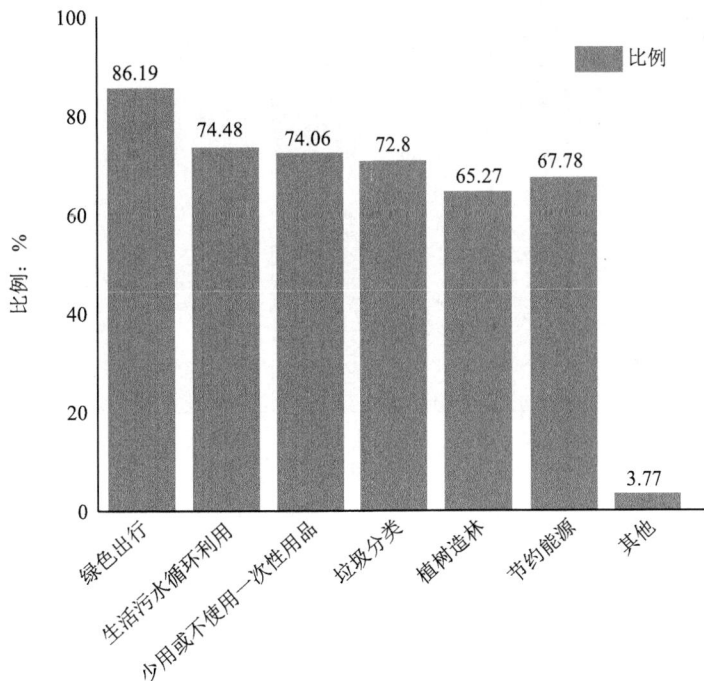

图1 群众所提倡的绿色方式

(一) 公众绿色生活意识不断增强

当问及"目前社会对于'绿色生活'的认知度怎么样?"时，37.24%的人表示"很好，人们都愿意遵循"，53.56%的人表示"一般，部分人遵循"，而表示"少部分人有意识"和"认识浅薄，极少人遵循"的仅占7.53%和1.67%。与十年前相比，大部分人更加注重节约能源且认为"绿色""低碳"与我们的生活息息相关。这说明目前人们对于绿色生活的认识度有显著提高，绝大部分人有意识并且愿意遵循和践行绿色生活方式。

(二) 当下人们参与绿色生活行动的积极性较高

近年来，我国在践行绿色生活方式实践中取得了积极进展。如，实行"光盘行动"的绿色饮食，实施垃圾分类的绿色回用，使用共享单车的绿色出行等。此外，借助"世界地球日""世界环境日"等开展各类宣传教育，也为绿色生活方式的推进工作营造了良好的舆论氛围。由图2可知，群众参与绿色生活行动的积极性较高。

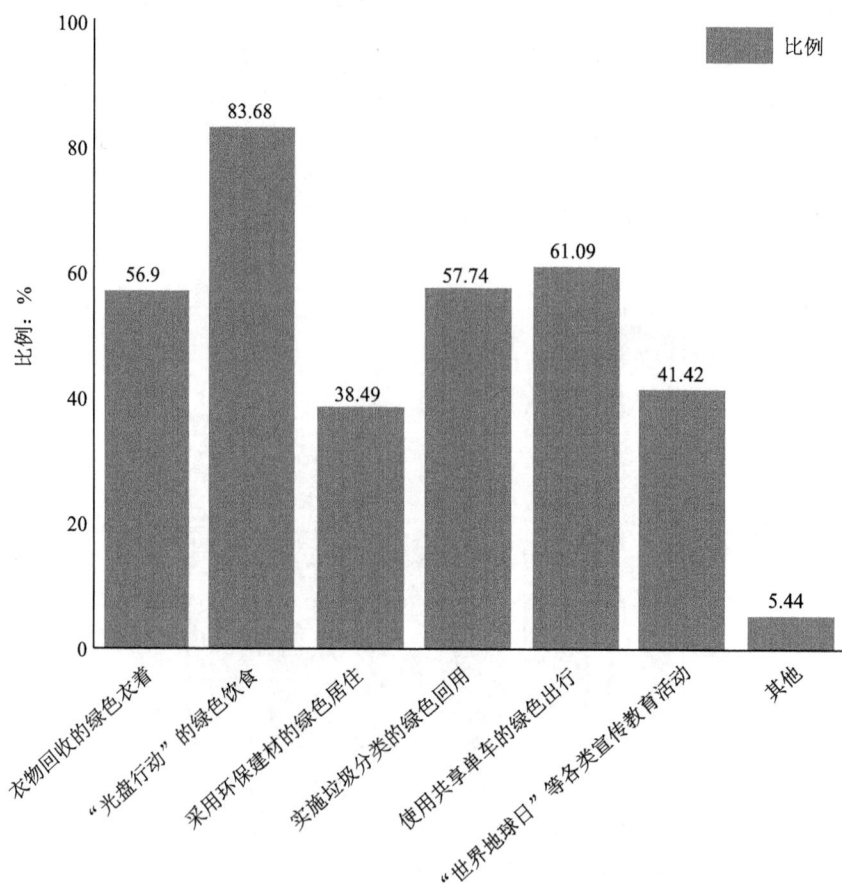

图2 群众参与过的绿色生活行动

（三）践行"绿色出行"新理念，公共交通工具成为大部分人的选择

随着经济不断发展，出行方式多种多样，但大部分人们倾向于选择绿色出行方式。在绿色出行方面，当问及"如今，最常用的出行方式"时，选择地铁和公交、共享单车与步行的人分别占 47.7%、9.21%、20.5%，选择出租车（包括拼车）和家用汽车的分别占 9.21% 和 13.38%，如图 3 所示。

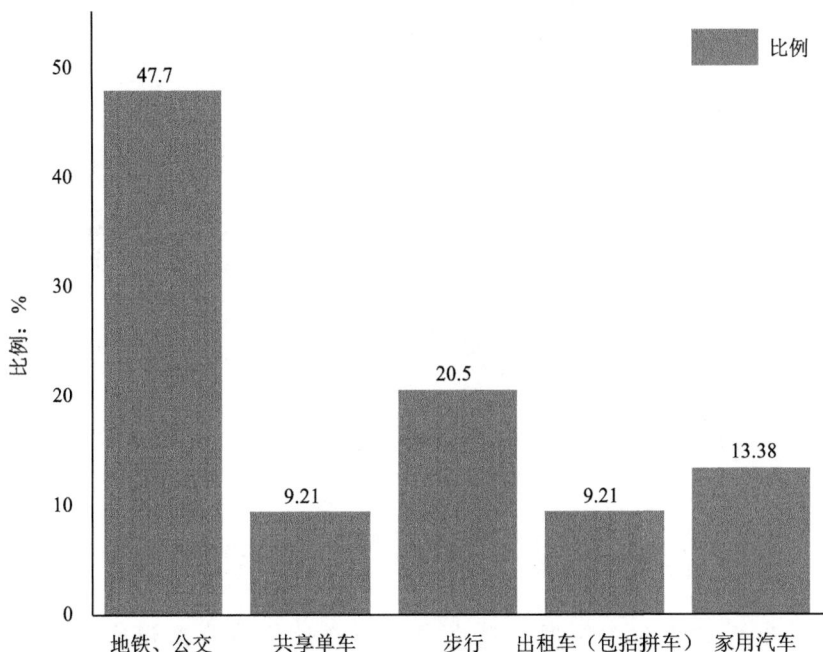

图 3　最常用的绿色出行方式

（四）公众绿色消费意识提高，奢侈浪费和过度消费现象减少

在绿色消费方面，当问及"十年来，消费观念发生了什么样的变化"时，35.15% 的人选择了"始终追求节约消费"，57.74% 的人选择了"逐渐看重消费产品的绿色性、环保性、安全性"，选择"不断追求消费产品的知名度""更加看重消费产品是否在当下流行""追求过度包装"的人一共占 7.11%，显然，超半数的调查群众会更加重视消费产品的绿色性、环保性、安全性，这也体现了与十年前相比，当下人们对绿色消费的追求（见图4）。

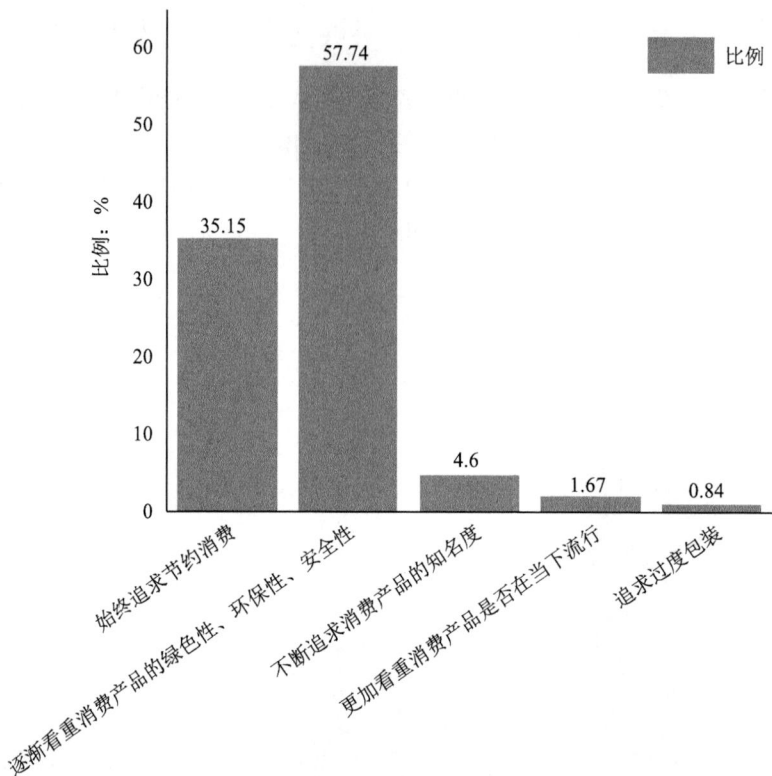

图4 近十年的消费观念变化

（五）生活垃圾分类制度相继出台，群众垃圾分类意识及践行度提升

2017 年《生活垃圾分类制度实施方案》发布后，地方性生活垃圾分类管理条例和实施方案相继出台。在调查问卷中，当问及"在生活中是否会践行垃圾分类"时，33.05%的人表示"总是，已养成习惯"，32.22%的人表示"经常"，33.05%的人表示"有时"，还有 1.67%的人表示"从不垃圾分类，没有这种意识"。由此可见，生活垃圾分类制度的实施使人们对于垃圾分类的意识以及践行度得到提升。

三、十年来绿色生活方式建设存在的问题

党的十八大以来，党中央、国务院对生态文明建设的认识提到一个新的高度，提出一系列生态文明建设的方针、路线和政策。在实际推进过程中，受社会制度、生产方式、个体的思维方式等多种因素的影响，仍未实现全民绿色生活。

出现各种现实问题，一个重要的原因就是我国绿色生活体制尚不完善。党和国家多次提出要把生态文明建设摆在突出位置，对此各部门均出台了一些政策措施来推进相关工作，但多数为政府部门的管理办法、通知、指导意见等规范性文件，可操作性

不足，且相关政府职能分散，造成管理上的碎片化。

此次调研显示，人们认为在建立绿色生活体制的进程中，还可以在"加强绿色生活方式宣传，创建绿色生活方式示范""健全绿色生活方式法律体系""实施生产和消费补贴制度，推动绿色产品消费""强化社会舆论监督，督促全社会形成营造绿色生活方式的良好风气"等方面进行努力，具体结果数据如图5所示。

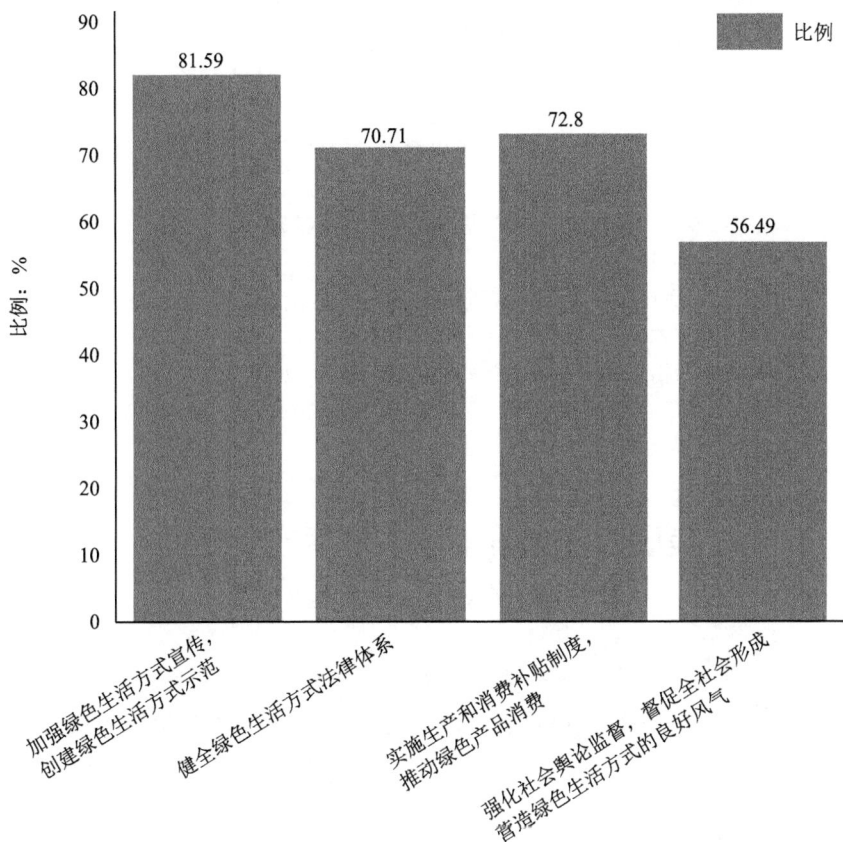

图5　建立绿色生活体制努力的方向

四、当前关于推动绿色生活方式的建议

政府必须明晰其在推动绿色生活方式工作中的引导作用。联络各部门力量，规划方向与目标，协同推进绿色生活方式的路线图；充分利用市场化手段以完善环境管理体系，各企业要重视绿色原材料、绿色生产、绿色消费与回收利用等过程绿色化的理念。

此外，加强宣传引导，促进全民参与意识的提高。充分利用新媒体的优势，通过短视频、公众号、新颖广告等向公众普及和推广绿色生活方式。推动绿色生活方式需要全体公民的自觉参与，使其成为个人选择和习惯。

参考文献

[1] 岳琦淞. 生活方式绿色化的意义、内涵及实现路径 [J]. 学习月刊, 2016 (6): 10 - 12.

[2] 环境保护部. 环境保护部关于加快推动生活方式绿色化的实施意见 [EB/OL]. (2015 - 10 - 21). https://www.gov.cn/gongbao/content/2016/content_5046109.htm.

[3] 路向军. 我国绿色低碳制度建设的几点思考 [C] //. 中国环境科学学会. 中国环境科学学会 2022 年科学技术年会论集 (一) 中共天津市委党校, 2022: 182 - 185.

[4] 唐文颖. "绿色出行" 是一种时尚和文明 [J]. 环境与生活, 2008 (9): 8.

[5] 钟玲, 曹磊, 刘清芝, 等. 关于推动绿色生活方式的思考与建议 [J]. 环境与可持续发展, 2021, 46 (5): 140 - 143.

[6] 吴铀生. 城市低碳生活方式的变革与展望 [J]. 西南民族大学学报 (人文社会科学版), 2013, 34 (5): 127 - 130.

[7] 张磊. 中国城市生活垃圾分类政策演进历程及其影响因素研究 [J]. 中国资源综合利用, 2022, 40 (3): 93 - 97.

[8] 高冉. 新时代绿色生活方式研究 [D]. 郑州: 郑州大学. 2020 (02).

附录：

美丽中国建设中绿色生活方式研究
（2012—2022）调查问卷

您好！我们是来自北京工商大学的学生，我们正在进行一项美丽中国建设中绿色生活方式研究（2012—2022）的调查，恳请您用几分钟时间帮忙填答这份问卷。本问卷实行匿名制，所有数据只用于统计分析，请您放心填写。谢谢您的配合！

1. 您的年龄
   A. 17 岁以下　　　　B. 18 ~ 40 岁　　　　C. 41 ~ 60 岁　　　　D. 61 岁以上
2. 如今，您最常用的出行方式是
   A. 地铁、公交　　　B. 共享单车　　　　C. 步行　　　　　　　D. 出租车
   E. 家用汽车
3. 党的十八大以来，您对践行绿色出行的想法是
   A. 很支持，并且身体力行　　　　　　B. 计划践行，但受限于实际条件
   C. 想法很好，但偶尔才做　　　　　　D. 从未真正践行
4. 与十年前相比，您在生活中是否会践行垃圾分类？
   A. 总是，已养成习惯　　　　　　　　B. 经常
   C. 有时　　　　　　　　　　　　　　D. 从不垃圾分类，没有这种意识

5. 与十年前相比，在菜场或超市购物时，您对购物袋的选择有什么变化？

    A. 使用环保袋频率增加   B. 使用塑料袋频率增加

    C. 始终使用塑料袋   D. 始终使用环保袋

6. 当前，如果规定禁止使用方便饭盒、一次性筷子，您的态度是

    A. 积极配合，携带筷子餐盒用餐

    B. 无所谓，让用则用不让则不用

    C. 觉得太麻烦，还是想用方便饭盒、一次性筷子

7. 党的十八大以来，我国积极推进绿色低碳生活，您参与过以下哪些绿色生活行动？（多选）

    A. 衣物回收的绿色衣着   B. "光盘行动"的绿色饮食

    C. 采用环保建材的绿色居住   D. 实施垃圾分类的绿色回用

    E. 使用共享单车的绿色出行

    F. "世界地球日""世界环境日"等开展各类宣传教育活动

    G. 其他

8. 当前，您对"绿色工厂"的理解是（多选）

    A. 生产过程污染物达标排放   B. 厂区绿化好

    C. 单位产品能耗低   D. 原辅料绿色环保

    E. 产品节能环保   F. 需要主管部门认定

    G. 其他

9. 与十年前相比，您居住地附近的工厂或工厂产生的污染有何变化？

    A. 工厂及工厂污染不断减少，生活环境逐渐变好

    B. 工厂采取严格的污染控制，污染减少

    C. 工厂及工厂污染并未改变，环境污染不断累积

    D. 不太关注

10. 十年以来，您的消费观念发生了什么样的变化？

    A. 始终追求节约消费

    B. 逐渐看重消费产品的绿色性、环保性、安全性

    C. 不断追求消费产品的知名度

    D. 更加看重消费产品是否在当下流行

    E. 追求过度包装

11. 与十年前相比，如今您在生活中是否会注意节约能源（水、电、气)？

    A. 总是会注意能源节约，如水二次利用等

    B. 会在某些方面注意能源节约，经常关注电、水、气表

    C. 偶尔会注意节约能源，如在世界地球日等

    D. 并不注意能源节约，认为个人贡献不大

12. 当前，您对"碳达峰"与"碳中和"的认知程度如何？

    A. 非常了解   B. 比较了解

C. 听过，但不了解　　　　　　　　　D. 从未听说此概念

13. 当前，您觉得"绿色""低碳"和您的生活关系大吗？

　　A. 息息相关　　　　　　　　　　　B. 在某些方面有些关系

　　C. 不大，那是政府的事

14. 当前，对于现在践行的"绿色低碳的生活方式"，您愿意接受并付诸行动吗？

　　A. 非常愿意　　　　　　　　　　　B. 比较愿意

　　C. 视情况而定　　　　　　　　　　D. 不太愿意，个人习惯

15. 当前，您提倡的绿色生活方式有哪些？（多选）

　　A. 绿色出行　　　　　　　　　　　B. 生活污水循环利用

　　C. 少用或不使用一次性用品　　　　D. 垃圾分类

　　E. 植树造林　　　　　　　　　　　F. 节约能源

　　G. 其他

16. 您觉得十年前居民的环境保护意识如何？

　　A. 很强，生活方方面面非常重视　　B. 比较强，在大多数情况下都重视

　　C. 一般，在被提醒的时候会关注　　D. 较弱，只有在极少的时候重视

　　E. 几乎没有，生活当中并不在意

17. 如今，在建立绿色生活体制的进程中，您认为可以在哪些方向努力？

　　A. 加强绿色生活方式宣传，创建绿色生活方式示范

　　B. 健全绿色生活方式法律体系

　　C. 实施生产和消费补贴制度，推动绿色产品消费

　　D. 强化社会舆论监督，督促全社会形成营造绿色生活方式的良好风气

18. 您觉得目前社会对于"绿色生活"的认知度怎么样？

　　A. 很好，人们都愿意遵循　　　　　B. 一般，部分人遵循

　　C. 少部分人有意识　　　　　　　　D. 认识浅薄，极少人遵循

19. 您认为如何才可以拥有绿色生活？

　　A. 工业区合理布局以达到互补效果　B. 多使用公共交通出行

　　C. 加强城市绿化种植　　　　　　　D. 调整能源结构转向绿色发展

　　E. 垃圾分类回收　　　　　　　　　F. 建筑、生活用品材料改进

　　G. 合理砍伐树林

20. 您认为绿色生活方式的好处是什么呢？

_____

21. 您对当前践行绿色生活方式有什么建议吗？

_____

新时代以来全面建成小康社会与
乡村产业振兴的实践经验调研

——以北京市平谷区种植业为例

陈美灵　许淑芳①

【摘　要】 乡村振兴是全面建成小康社会的关键之举，全面建成小康社会也为乡村振兴提供了更加强大的经济基础。而乡村振兴的发展成果也为平谷区的建设发展提供了良好的正面支持。以北京市平谷区为出发点，党的十八大以来全面建成小康社会与乡村振兴的建设中乡村产业的机械化程度提高，产业结构逐渐优化、产业现代化趋势向好，但实践中仍存在人才缺失、劳动人口老龄化和政策宣传力度较弱等不足之处。对此，应该统筹推进当地智慧农业发展，重视人才培养和发展，合理利用中老年劳动力，从而促进北京市平谷区种植业深入发展、进一步助力乡村振兴。

【关键词】 乡村振兴；全面建成小康社会；种植业；新时代

2021 年，在全党和全国各族人民的共同努力下，我们实现了全面建成小康社会的第一个百年奋斗目标，历史性地解决了绝对贫困问题，人民平均收入和生活质量显著提高。本文立足党的十八大以来乡村振兴与全面建成小康社会衔接的伟大实践，以平谷区种植业为切入点，提炼、总结发展进程中的实践经验，分析其中仍存在的缺陷与不足，结合调研结果对实现"两个一百年"奋斗目标提出实质性建议。这对推进北京市乡村振兴战略贯彻实施、助力平谷区种植业崛起具有重要意义。

本次调研主要采用线上问卷调查的形式进行研究，问卷由小组成员通过微信朋友圈转发、线上联系北京市定向居民、在其他平台发布等多种方式进行发放和收集，共发出调查问卷 300 份，回收 300 份，回收率达 100%；有效问卷 300 份，有效率达 100%。

本次调查群体居住地大部分为农村地区，占比达 63.33%；其余为城市地区，占比为 36.67%（见图 1）。对于调查群体的学历水平，绝大多数人受到过高等教育，其中大学或大专学历的占比 87.67%，高中或中专学历的占比 8.67%，初中及以下的占比 3.66%（见图 2）。此外，接受问卷调研的人群多为目前工作或学习与种植业有关的群众，占比达 50.67%（见图 3）。

---

① 本次课题指导教师：陈美灵（北京工商大学马克思主义学院）；课题组组长：许淑芳（法学 201）；课题组成员：王子涵（法学 201）、文子莹（法学 201）、许静欣（法学 201）。

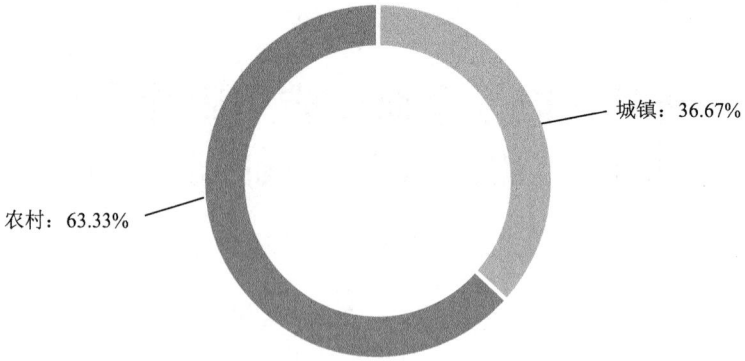

图1 接受调研人群的居住地分布

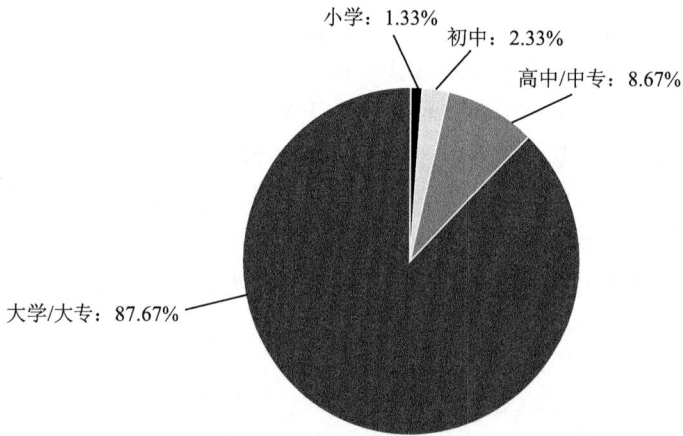

图2 接受调研人群的学历

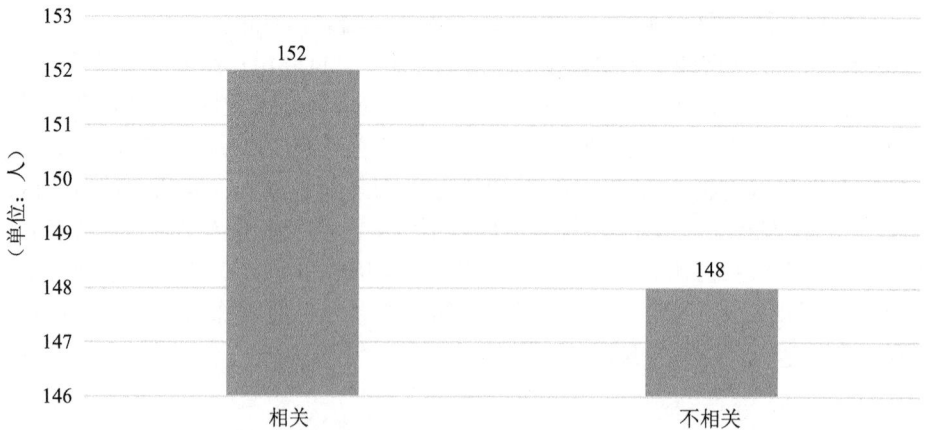

图3 接受调研人群的学习或职业与种植业相关程度

一、全面建成小康社会与乡村产业振兴的建设成果

（一）乡村振兴与小康社会衔接的理论基础

乡村振兴战略是全面建成小康社会的重中之重，是全面建成社会主义现代化强国的基础性工程。乡村振兴战略决定了全面小康工作重点的重新聚焦，是破解"三农"瓶颈的治本之策，是决胜全面建成小康社会的内生动力。

乡村振兴战略实施以来，遵循农业农村优先发展的原则，在农业生产等方面实现了历史性巨变，取得了显著的成就。故只有将乡村振兴与小康社会进行有效衔接，才能满足人民对于美好生活的需要和国家不断进步发展的要求。

在问卷调查中，超三分之一的调查对象认为，在实施乡村振兴战略后，平谷区的村庄规划工作得到推进、农村基本公共服务水平得到提升；超半数的调查对象认为平谷区乡村公共基础设施建设有所加强、乡村居住环境得到提升（如图4所示）。可见，乡村振兴的发展成果为平谷区的建设发展带来了良好的正面效果，为我国全面建成小康社会提供了有力支撑。

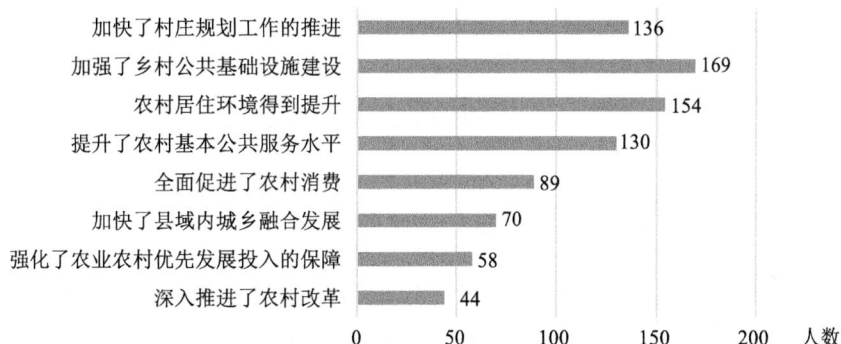

图4 乡村战略实施背景下平谷区发生的较大变化

（二）近十年来我国种植业发展的成果

十年来，我国以高标准农田为重点的农业基础设施条件明显改善，守住18亿亩耕地红线，将10.58亿亩粮食生产功能区和重要农产品生产保护区划定落实到省、到县、到地块，累计建成9亿亩高标准的种植农田。其中，种植农田有效灌溉面积占比超过54%，农作物耕种收综合机械化率超过72%，基本实现了全程机械化。农业农村部数据显示，自2015年以来，我国粮食产量连续7年稳定在1.3万亿斤以上，2021年达到13657亿斤，人均占有粮食483公斤，远超国际平均水平。种植业的蓬勃发展使得中国做到了谷物基本自给、口粮绝对安全。

近年来，平谷区积极调整农业产业结构，优化产业布局，形成了东起夏各庄镇、西至马坊镇、北到马昌营镇，东西长20千米、南北宽10千米的设施蔬菜产业带。且在平谷区农业高质量发展系列配套政策指引和一系列惠农政策的推动下，"菜篮子"工程供给能力不断提高，2021年全区实现蔬菜面积3.2万亩、产量7.3万吨，连续2

年完成市级稳产保供任务。

当问及平谷区种植业的发展与十年前的变化和差异，绝大部分调查对象认为"销售渠道得到拓宽"与"设施更加完善"两点变化最为突出（如图5所示），这与我国信息化时代衍生的"互联网＋"系列创新离不开关系，科技在种植业上的大力加持又一次在实践调研中得到了印证。此外，在补贴、人才、产品形式种类等方面的变化也得到了部分调查对象的认可。从调研的数据不难看出，北京市平谷区乡村振兴战略的实施尤其在实现乡村产业振兴上已经取得了阶段性成果。

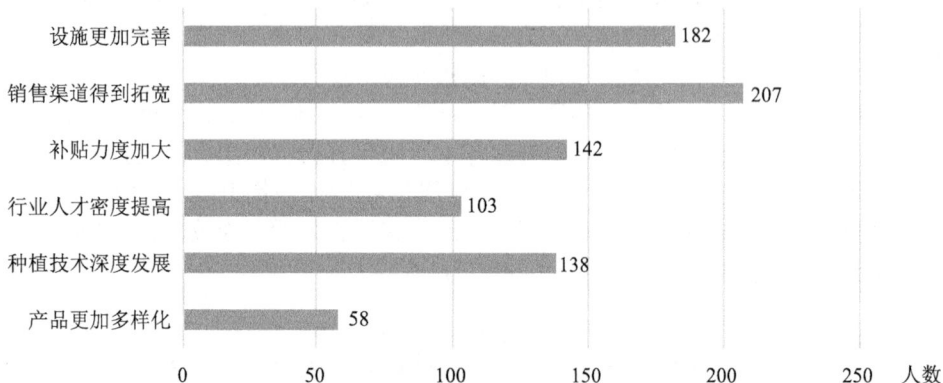

图5 当下平谷区种植业发展与十年前的不同

二、北京市平谷区种植业发展存在的不足

在调研中我们向调查对象收集了有关平谷区种植业在乡村振兴战略的实施中可能遇到的阻碍（如图6所示），调查对象的观点主要聚焦在了人才、劳动力、政策三个方面。

您认为平谷区乡村振兴战略实施遇到哪些阻碍？

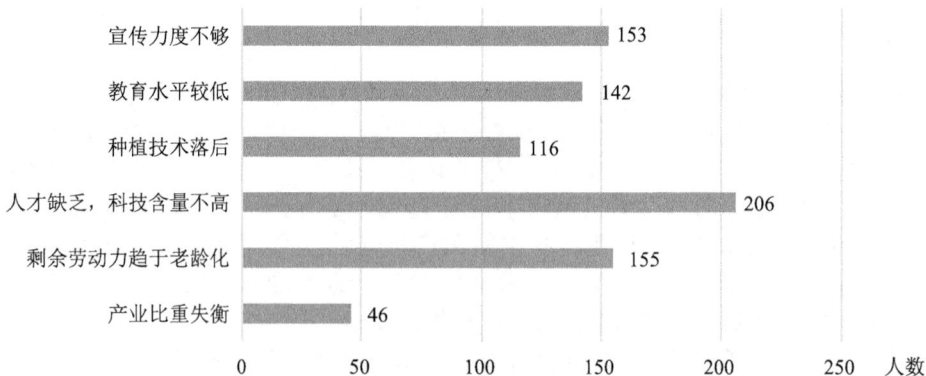

图6 平谷区实施乡村战略过程中仍面临的阻碍

（一）人才缺乏间接导致种植技术难以突破发展瓶颈

乡村要振兴，人才是基石。调研数据显示，人才缺乏、科技含量较低仍然是平谷区在发展实践中所面临的主要阻碍。平谷区在近年来的种植业实践中深入落实乡村振兴战略，大力发展现代种业、智慧农业、农业智能装备、生物技术和食品安全监测等先进领域技术，但人才短缺仍是制约其高质量发展的瓶颈。要发展现代化种植业必然离不开新兴人才的技术加持，北京市平谷区的山区半山区约占其总面积的三分之二，该地形为种植业提供了便利。自 2020 年以来，平谷区通过"紧缺急需人才"引进项目共发布优质招聘岗位 1200 余个，认定各领域紧缺急需人才 50 人，加速人才与生产要素、工作岗位的最佳结合，推动对口高新人才引进和产业创新变革发展。

（二）乡村劳动力人口趋于老龄化

随着城市化进程的加快，越来越多的农村青壮年劳动力逐渐涌向城市，在获取城市发展带来的红利之后又带动亲戚朋友向城镇发展，乡村人口减少的背后也意味着大量人才劳动力流向城市，鲜少年轻力量会选择返乡务农或发展种植业。尽管在乡村振兴战略背景下出现不少大学生返乡流，但乡村振兴中的农业劳动力的长续力量仍以中老年一辈人为主要支柱。而这一部分劳动力人口适应现代化生产管理、组织、协调的能力往往较为薄弱，从而使种植业现代化、智能化发展陷入尴尬境地。

（三）政策扶持力度不够或宣传仍不到位

在乡村振兴战略的实施进程中，政府也曾颁布不少鼓励政策、设置不少激励机制，但部分农民缺少参与，对前沿政策缺乏关注而不知情或知情但不明白。对于乡村振兴中种植业的参与者来说，村委会或居委会就是最好的宣传平台，只有利用好这个平台做好政策的宣传及落实工作，才能最大限度激发劳动人民的建设热情，有当家作主的获得感、满足感、幸福感。

三、北京市平谷区种植业的发展对策及建议

针对以上不足，结合问卷以及平谷区的实际情况，参考国内外种植业成熟的发展经验，本文提出如下建议以及对未来的展望。

（一）重视广大群众意见建议，统筹推进当地智慧农业发展

智慧农业是发展集互联网、移动互联网、物联网和云计算技术于一体的农业生产方式，也是我国农业现代化发展的必然趋势。近年来，平谷区通过在部分地区围绕平谷大桃特色主导产业进行数字兴业、数字治理等，已成功推动当地农村数字生产、生活、生态加快转型和升级。

在实践调研问卷中，我们能发现群众对于当地智慧农业的发展有着密切的关注，当问及"在发展智慧农业的过程中，您希望政府在哪些方面作出更多努力？"时，超

过50%的调查对象选择了"在税收、土地等方面提供政策支持和帮助""加大招商引资力度，策划农业项目，引进知名企业""加大资金投入和补助力度""加大宣传力度，提高群众和企业积极性"4个选项。由此可见，智慧农业仍需要当地政府加大物力、财力、人力等方面的投入力度，并联系、带动各个地区共同发展。

（二）健全人才发展体系，稳固产业升级根基

从本次调研问卷结果可知，新型对口高级人才短缺仍是目前我国产业发展的短板。对此，我们归纳了以下两点建议。

一是加强与高校、机构的合作，为当地高端人才团队储备力量。深化实施乡村振兴战略、打造数字乡村和发展智慧农业等，亟须具备职业素养和专业知识的人才，此举不仅能系统地构建人才培养的机制，保证高端人才的发展数量，还能带动当地农民了解和学习新型农业形式，带动当地发展。

二是当地政府加大资金投入和专项补助力度，鼓励应届毕业生返乡创业。当地政府可以通过设立对接部门及网络信息库，寻找及邀请当地应届毕业生返乡创业；通过落实地方优惠政策，结合大学生的创业风险给予有针对性的补助或贷款，激发大学生返乡创业的热情。

（三）加快乡村社会服务体系建设，合理利用中老年劳动力资源

未来，青年劳动力将成为生产生活的主要支柱，应加快完善当地养老保险政策、医疗制度等的速度，如结合当地实际的经济发展水平及总体收入情况，建立适合的最低保标准、缴费制度、补贴制度，加大重大疾病的补偿力度等，扎实推进为中老年群体办实事、解难事。

此外，在当地中老年人可以实现生活自理且要求就业的情况下，当地村委会、居委会也应该抓住这一群体，提供多元化的工作岗位，让他们在工作中提高个人的获得感、满足感、幸福感，为当地开拓"老龄事业人人参与"的新局面。

（四）鼓励农村电商发展，丰富产品销售渠道

随着我国移动互联网的快速发展，电子商务已成为人们越来越重要的商务活动之一，互联网也成为重要的地区经济发展载体。推动电商走进农村，开展"互联网＋农业"的生产经营模式，有助于推进当地特色产品的进一步推广，使产品在市场上占据一席之地。当地有关部门可以通过面向当地人民群众筹办相关活动及电子商务运营培训，加大宣传力度，提高群众和企业的参与积极性，拓展相关专业知识和实操锻炼，促进网络营销和现代种植业的发展。

（五）坚定不移地抓好基层党建，贯彻落实党的组织路线

加强产业振兴，重要的是加强党的基层组织建设。加强党的基层组织建设，有助于增强党组织的凝聚力、战斗力和号召力，充分发挥基层党组织宣传和发动群众、收

集和反映群众意见的作用，带领群众不断突破、尝试、创新，形成强大的凝聚力，切实保障推动当地种植业产业的发展及区域乡村振兴工作。

四、总结

中国种植业正处于传统种植业向现代种植业过渡的关键时期。因此，如何进一步结合现代科学技术，合理利用劳动力资源仍然是发展中存在的较大问题。且在产业多元化发展的今天，其他产业也可能同样面临着如何实现从"传统型"走向"现代型"的发展瓶颈。

近年来，平谷区坚持以问题为导向，积极推动农业农村现代化。在种植业方面，平谷区通过推进蔬菜产业现代化转型、加快农业产业设施升级，在农业增效及农民增收等方面获得可观的成绩；通过建立优质果品生产基地、开展乡镇评比等擂台赛活动、成立新技术研究中心等举措，有效提高了果品的品质，并提高了地方特色果品的知名度。在未来，平谷区还将打造"高大上"平谷，围绕现代种业、数字农业、食品营养等领域攻克技术难关，加大招商引资力度，吸引重大项目和龙头企业落地。

纵观全国，我们可以看到有许多与平谷区相似的地区，通过各种多样化、现代化的技术和思想，显著提高了现代种植业的水平。而同样，平谷区种植业的发展经验也可以应用到其他乡村地区的种植业，乃至大大小小的乡村产业。因此，从平谷区种植业发展的实践经验来看，产业发展离不开产业结构的优化、政府补贴的扶持、党的方针政策的实施。希望本研究能为乡村振兴的产业发展和全面建成小康社会提供借鉴，也对实现乡村产业的现代化发展、实现"两个一百年"目标提出了展望。

作为大学生，我们所应该做的是在立足发展实际，实事求是，学习有关知识和理论，坚持马克思主义，积极响应国家号召，参与"返乡"实业，体会乡村产业发展和乡村富裕的内涵，将所学的知识与实践相结合，从多元化的角度助力新时代乡村振兴。

参考文献

［1］燕子菲．吉林省通化智慧农业发展现状分析及对策研究［D］．大连：大连海洋大学，2022．

［2］周燕红．山丹县种植业结构变化及经济效益分析［D］．兰州：兰州大学，2018．

［3］平谷融媒．夏粮迎丰收，麦香满仓迎［EB/OL］．（2022－08－02）．http：//www. bjpg. gov. cn//pgqrmzf/zwxx0/jrpg/753824/index. html.

［4］张其仔，伍业君．乡村振兴与脱贫攻坚衔接的理论基础及实现路径——基于产品空间理论的产业发展视角［J］．江西财经大学学报，2022（1）：98－110．

［5］平谷融媒．平谷区打好"一策＋五能"组合拳 推动设施农业发展走在前列［EB/OL］．（2022－02－11）．http：//www. bjpg. gov. cn//pgqrmzf/zwxx0/jrpg/688800/index. html.

［6］郭景璐．突破乡村振兴中人才瓶颈的对策与思考［J］．中国人才，2022（7）：44－46．

附录：

很荣幸您能够接受我们诚挚的邀请，填写这份调查问卷。为了进一步了解全面建成小康社会与乡村振兴的发展与实践经验，我们制作了这份问卷。感谢您能抽出几分钟的时间做一下问卷，请认真填写以便我们得出准确的数据，您的信息我们将严格保密，请您放心。

1. 您的所在地是
   A. 城镇　　　　　　B. 农村
2. 您现在的学习或工作是否与种植业相关？
   A. 是　　　　　　　B. 否
3. 您的学历是
   A. 小学　　　　　　B. 初中　　　　　　C. 高中/中专　　　　　　D. 大学/大专
4. 您的家庭人均年收入是
   A. 3 万以下　　　　B. 3 万~5 万　　　　C. 5 万~7 万　　　　D. 7 万以上
5. 您所了解的当下乡村种植业的产品的主要销售途径是
   A. 上门收购
   B. 当地所在乡村、镇、市的集中销售市场
   C. 政府或组织协会收购
   D. 网络平台销售
   E. 其他
6. 您对乡村振兴战略了解的程度（滑动条题）

---

7. 您认为在乡村振兴中种植业有哪些特点？[多选]
   A. 彰显地区特色，体现乡村价值　　　　B. 形成乡村品牌，具有产业影响力
   C. 促进产业发展，提高经济效益　　　　D. 提高乡村产业质量
   E. 过度开发导致降低土地可持续性
8. 您认为当下平谷区种植业的发展状况与十年前相比有何不同？[多选]
   A. 设施更加完备　　　　　　　　　　　B. 销售渠道得到拓宽
   C. 补贴力度加大　　　　　　　　　　　D. 行业人才密度提高
   E. 种植技术深度发展　　　　　　　　　F. 产品更加多样化
9. 您认为实施乡村振兴战略后平谷区发生了哪些较大的变化？[多选]
   A. 加快了村庄规划工作的推进　　　　　B. 加强了乡村公共基础设施建设
   C. 农村人居环境得到整治提升　　　　　D. 提升了农村基本公共服务水平
   E. 全面促进了农村消费　　　　　　　　F. 加快了县域内城乡融合发展
   G. 强化了农业农村优先发展投入保障　　H. 深入推进了农村改革

10. 您认为平谷区乡村振兴战略实施遇到哪些阻碍？［多选］

　　A. 宣传力度不够　　　　　　　　B. 教育水平较低产业比重失衡

　　C. 种植技术落后　　　　　　　　D. 人才缺乏，科技含量不高

　　E. 剩余劳动力趋于老龄化

11. 如果当地能够引进先进的农业科技，您希望能引进哪些？［排序题］

　　A. 智能无人机（监测作物生长情况）

　　B. 立体农业系统（不同的高度种植不同的作物）

　　C. 智能节水灌溉系统

　　D. 能够追随阳光的移动田地

　　E. 更加优良的作物品种

　　F. 智能手机软件控制的农业系统

12. 在发展智慧农业的过程中，您希望政府在哪些方面作出更多努力？［多选题］

　　A. 加大宣传力度，提高群众和企业积极性

　　B. 在税收、土地等方面提供政策支持和保护

　　C. 加大资金投入和补助力度

　　D. 加大招商引资力度，策划农业项目，引进知名企业

　　E. 设立产业资金或引进风投

　　F. 出台专项扶持政策

　　G. 推进交流合作

　　H. 建立行业协作或联盟

　　I. 建立物联网产业园区

　　J. 加强人才培养

　　K. 建立公共研究/观测平台

　　L. 物联网应用示范工程

　　M. 其他

13. 您觉得目前国家智慧农业的发展存在哪些长处？［多选题］

　　A. 科技研发力量雄厚　　　　　　B. 智慧农业产业发展良好

　　C. 信息化资源建设优势明显　　　D. 农村信息服务相对完善

　　E. 农业经济实力明显增强　　　　F. 新型对口高级人才增多

　　G. 其他

14. 您对于乡村种植业未来发展有什么建议？（简答）

_____

15. 您认为党的十八大以来平谷区种植业取得重大成就的原因有哪些？（简答）

_____

　　您的调查问卷做完了，感谢您在百忙之中抽出时间帮助我们的调查工作的进行，谢谢您的积极参与！您的答案对我们非常重要，祝您学习和生活愉快！

首钢搬迁的后续发展及其意义的调研 (2012—2022)

班高杰　李方超①

【摘　要】2012—2022 年，我国的教育、经济、文化等各个方面都取得飞跃性的进步，造就了许多新的成就和新的变化，社会城市化进程不断地向前推进，第三产业和信息技术产业的发展，许多工厂和企业完成向郊区迁移的产业变化。本文通过分析首钢在迁移后的变化，展现首钢在这十年的全新面貌及其产生的深远意义。

【关键词】首钢发展困境；全新面貌；深远意义

当今时代，我国在发展道路上稳步前行。城镇化建设在我国发展中不可或缺。北京一直走在我国城镇化建设的前列。但随着城市的飞快发展，首都的职能越发拥挤，必须做出以下调整：既保证经济增长的效率来为城镇化建设提供足够的动力，又使人们的生产、生活方式得到全方位的升级；兼顾效率与公平。这些调整，以首钢搬迁为代表。

一、首钢发展的历程

首钢的老厂区位于石景山地区，建于 1919 年。在中华人民共和国成立前，首钢就生产了大批量的生铁。1949 年以后，首钢成为北京企业中少数以"首都"冠名的企业。鼎盛时期的首钢，是北京市的纳税大户，其钢铁产量更是达到全国首位。但随着国家钢铁事业的不断发展，社会上环境保护呼声的出现，首钢不得不采取战略性搬迁。

在北京申奥成功后，"要首都还是要首钢"的艰难选择终于尘埃落定。国家发展改革委在 2005 年 2 月正式批复：同意首钢实施压产、搬迁、结构调整和环境治理的方案。首钢的新址定在河北唐山的曹妃甸区，于 2005 年 3 月正式开工。历经五年的工期，终于在 2010 年底完成对首钢的搬迁。

二、首钢搬迁问卷调研基本数据

本次调查主要采取非定向问卷调查，参考媒体报道、前人文献和最新媒体资料的方式进行。调查问卷由小组成员通过在特定的微信群中发布、朋友圈转发等多种方式

① 本课题指导教师：班高杰（北京工商大学马克思主义学院）；课题组组长：李方超（酿酒 21）；课题组成员：王欣瑞（酿酒 21）、刘子琪（酿酒 21）、胡若辉（香料 21）、周思妗（香料 21）、双京新（香料 21）。

填写并回收，发出的调查问卷一共有 180 份，回收 180 份，回收率达到 100%；有效调查问卷共 180 份，有效率达到 100%。

本次的调研人群在各年龄层均有所涉及，其中 25 岁以下的大学生数量最多，占比 57.22%；26~30 岁的青年人占比 1.11%；31~60 岁的中老年人占比 40.55%。填写调查问卷人群的性别比例较为均衡，女性占比 59.4%，男性占比 40.5%。根据被调查人群的职业调查结果，大多数人是在校学习的大学生，占总人数的 56.67%，普通公司职员占 13.89%，自由职业者占 5.56%，专业技术人员占 1.11%，教育工作者占 4.44%，公务员占 0.56%，其他职业的人占 17.78%。参与调查的人群大多数居住在北京市，其数量占总人数的 55.56%，其余均为非在京人员。

（一）首钢搬迁前存在的各类问题

关于首钢搬迁的原因，根据调研结果来看，82.22% 的被调查者认为主要的原因是空气污染，其他诸如与北京的战略发展不符、水资源短缺和企业生存和发展的必然选择，也是首钢搬迁要考虑的问题。那么，首钢在搬迁之前存在哪些环境问题呢？由调查数据可知，空气质量的问题最为严重，有 77.78% 的人认为空气质量差，水污染严重，噪声太大和固体废物太多。由此，研究小组又调查了一个相关问题，即调查问卷的第 8 题：首钢搬迁之前，您觉得它对您的学习、工作、生活的影响有哪些？根据调查数据可知，居于首位的还是空气问题——施工烟尘、粉尘太大，影响室内和小区的卫生，占比为 46.11%。除此之外，类似在学习、工作上无法专心，常有噪声导致休息不好，常有运输车，造成出行不便等其他选项，人数占比相对均衡。

从上述关于首钢搬迁问题的相关调查结果可以得知，首钢搬迁前存在的问题以空气污染、水污染为主，空气中的烟尘、粉尘、异味、噪声也对附近居民造成较多困扰。

（二）首钢搬迁后的积极影响

第 9 题，您认为首钢搬迁后对您的生活有哪些影响？由第 9 题数据可得，小区环境卫生变好，呼吸时不再担心烟尘、粉尘过多影响最为突出，占比分别为 53.33% 和 52.22%。第 10 题，首钢在搬迁之后环境得到哪些改善？由第 10 题数据可得，空气变得清新，噪声得到减弱，水质得到改善等影响最为显著，占比分别为 143%、90%、84%。具体如图 1 所示。

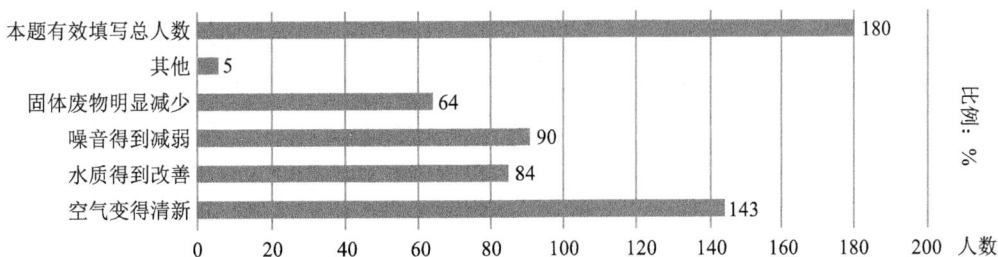

图 1　首钢搬迁之后环境得到哪些改善

问卷的第 9 题与第 10 题相比来看，第 9 题侧重于居民的主观感受，第 10 题着眼于环境的客观变化。两题结果殊途同归，看似重复，实则恰恰反映出首钢搬迁后带来了许多积极影响，以烟尘、粉尘浓度降低，空气质量改善和噪声减弱为主。首钢搬迁，在事实上解决了之前的环境痛点问题，也让附近居民切实满意，增强了居民的幸福感和获得感。

（三）人们对首钢遗址公园的期望

第 18 题，转型后的首钢遗址公园最吸引您的地方是？根据数据统计，认同工业风的历史遗迹尤为吸引人的人数占比 70%，然后依次是特殊的文化记忆、冬奥会的竞赛场地、优美的生态环境。第 19 题的调查结果如图 2 所示。

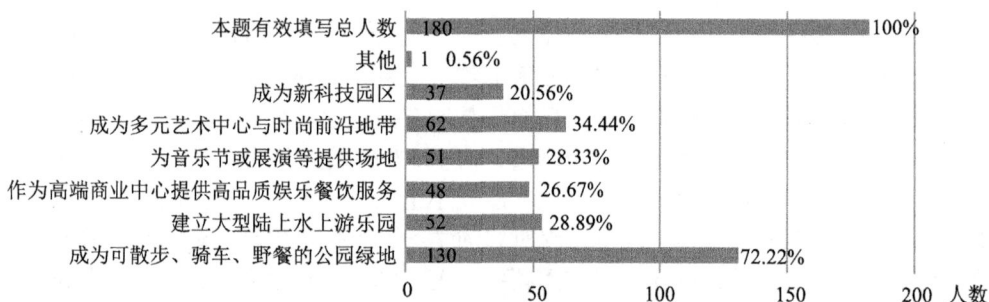

图 2　首钢遗址公园未来能提供哪些服务

问卷 18、19 题的结果说明，人们对首钢遗址公园的兴趣集中在"工业风的历史遗迹""特殊的文化记忆""冬奥会的竞赛场地"，而对首钢遗址公园的未来期望，则更多地侧重于"成为可散步、骑车、野餐的公园绿地"这样优美的生态环境方面。

由上述分析可知，首钢搬迁前存在诸多环境问题，亟待解决；首钢搬迁后，有效解决了首钢原址的诸多环境问题，但首钢遗址公园并未彻底释放原有的生态环境潜力，目前主要依靠首钢的工业遗迹吸引游客；未来的首钢遗址公园还需继续改善生态环境。

三、首钢搬迁的后续发展（2012—2022 年）

首钢搬迁转型因奥运而起，可以说首钢跟奥运非常有缘。2008 年首钢因北京奥运会而完成世界钢铁工业史上最大规模的产能转移，2022 年首钢再一次成为冬奥会和冬残奥会的官方合作伙伴，在助力 2022 年北京冬奥会顺利举办的同时，也积极带动自身转型升级。在首钢搬迁发展过程中，首钢本着大局意识，争取广大干部职工的理解与支持，用实际行动谱写京津冀协同发展新篇章。

（一）从城市钢厂整体搬迁到成为国内单体规模最大的钢厂

曹妃甸，这个百余年前孙中山先生在《建国方略》中亲手标注过的"北方大港"，因首钢的到来而活力绽放、燃梦出发。首钢搬迁，里外一新。首钢搬迁是首都建设的需要，是企业可持续发展的需求，更是契合京津冀协同发展的需要。

至2020年底，首钢京唐年钢产能已达到1 370万吨，成为国内单体钢铁产能规模最大的钢厂。其中，首钢迁钢建成一座年设计产能780万吨铁、800万吨钢、780万吨热轧板带钢、150万吨冷轧电工钢的自主集成创新的现代化钢铁厂，以钢铁行业首家实现全工序超低排放的企业而闻名于世。

（二）从玩转5 500立方米高炉到打造世界大型钢企最佳流程

早在建设之初，首钢京唐就把按照"产品一流、管理一流、环境一流、效益一流"标准建设具有国际先进水平的钢铁联合企业作为追求的目标。

在首钢京唐，原料场选择了离码头最近的区域，而成品库则直接设在了成品码头的后方陆域，最大限度地缩短了原料进厂和成品发送的运输距离；高炉到炼钢的运输距离只有900米，成为运距最短的大型炼钢厂；转炉到热轧实现了工艺零距离衔接，1 580毫米热轧成品库与1 700毫米冷轧原料库只隔一条马路；吨钢占地面积为0.9平方米，达到国际先进水平。整个钢铁厂在功能序、空间序、时间序等方面都处于国际先进行列，因此被业内专家评价为"目前世界上大型钢铁企业最佳流程"。

（三）从京津冀协同发展的先行者到京津冀协同发展的示范者

首钢京唐带动北京生产性服务业转移到曹妃甸，与钢铁业下游形成产业链，大大促进了曹妃甸矿石港、原油港、煤炭港等港口群的建设，成为京津冀协同发展的先行者。通过实施搬迁调整，首钢京唐在疏解北京非首都功能和京津冀协同发展过程中的示范引领作用逐步凸显：安置首钢北京地区停产职工8 000多人，吸纳河北等地的4 000多名高校毕业生就业，并带动相关服务业1.2万人就业。

千淘万漉虽辛苦，吹尽狂沙始到金。站在"十四五"发展的新起点上，首钢"十四五"发展蓝图已经绘就，即做优做强钢铁业，实现高质量发展，打造成为专业化程度高、精细化能力强、特色优势明显、产业链布局合理、高效运营的具有国际竞争力和影响力的钢铁产业集团。

四、首钢搬迁的意义

（一）促进企业自身的良性发展

首钢搬迁到曹妃甸区，对于首钢自身的发展来说具有特别的意义。一方面，降低了首钢的生产成本。首钢在曹妃甸区的主要优势有：曹妃甸具有优良的港口资源，进出口方便、货物运输的成本低；曹妃甸地处京津冀经济圈的中心区域，占地面积广阔，对企业拓展十分有利；曹妃甸的土地完全由填海而成，不存在侵占农田的问题；首钢目前的占地面积已经达到30多平方千米，深水岸线也有近5千米，有利于企业规模进一步扩大；曹妃甸工业区作为国家的首个循环经济示范区，能够最大限度地利用生产过程产出的工业废物来创造新的资源，充分展现出了绿色环保意识；曹妃甸地区所拥有庞大的人力资源，使其雇佣成本较低；已探明冀东地区的铁矿保有储量达40亿吨，保障了首钢的钢铁生产所需要的铁矿石。另一方面，首钢实现了技术结构升级。首钢在原址的设备大多建设于20世纪八九十年代，其能力已不足以支撑现今的首钢继续发展；新建的曹妃甸钢铁基地全部采用国际先进的技术设备。首钢可以借此次搬迁，全面更新设备、技术，提高人员素质，完成对钢铁业传统技术的改造和升级，提高生产效率，改善产品质量，增强首钢产品在同行业中的技术含量和竞争力，为实现首钢迈进国际一流钢铁企业的目标奠定坚实的基础。

（二）推动京津冀地区协同发展

1. 首钢搬迁是城市产业转型典范

首钢搬迁，北京的空气污染水平明显下降。为促进北京疏解转型，实现城市工业文化的更新再利用，首钢原址摇身一变成为冬奥网红打卡地，不仅为助力冰雪运动出了一份力，更成为城市产业转型的典范。2022年北京冬奥会结束，首钢公园成为城市复兴的标志，当地社区和游客游玩获取欢乐和灵感。全年无休的设备彰显出为中国人民过上积极且健康的生活而做出的努力。散落的工业遗址加以系统性连接建设，以"院""聚"的形式和布局，实现从"冰冷工业"到"北京大院"的转化，冬奥的办公作业也在这里完美进行。冬奥盛事过后，首钢公园从冬奥赛事举办地转变为受众多游客青睐的打卡点，收获了"工业迪士尼"等美称。场所升级、内容植入、功能整合，让原本单一的工业厂区华丽变身，成为一个超大型城市综合体，化身融合文化和体育的国内工业旅游新地标。面对超大难度的工业遗存改造，首钢园选择从城市能级与发展诉求出发，用动态的更新方式赋予园区及其周边全新活力。

2. 拉动周边经济圈的快速发展

首钢所掌握的钢铁项目已成为当地支柱产业之一。据测算，首钢生产800万吨的精品板材至少贡献出600个亿的价值，其中工业GDP 300多亿，相当于整个唐山市工业GDP总和的1/4，此外还有对其他产业的经济拉动。首钢为当地提供大量就业岗位，吸引大量人才抓住机遇前来就业，为河北输送新鲜血液，首钢也再次焕发出新的活力。首钢的到来，使得曹妃甸这个昔日的"小沙岛"华丽转身，充分发挥地理优势，成为国家循环经济示范区。曹妃甸在正常运作中对产生的工业废物加以处理，能够源源不断地为居民、产业输入资源，实现产能环保双赢。

（三）首钢成功搬迁是我国"减量发展"的先行范例

2022年6月，时任北京市委书记的蔡奇在中国共产党北京市第十三次代表大会的报告中指出，五年来，北京持续打好疏解整治促提升"组合拳"，严格落实"双控"及"两线三区"要求，实现城六区常住人口比2014年下降15%的目标，城乡建设用地减量110平方千米，北京成为全国第一个减量发展的超大城市。首钢搬迁也成为疏解首都整治第一成功范例。减量发展不是不发展，而是要高质量发展，从而实现经济增长。减量发展是实现中国城市化一个重大的创新。

减量确实对城市整体经济发展有好处，将带动其余高负担城市实行减量发展，疏散人口，依次带动发展，打造一批特大城市。从理论上说，这样可以实现国家整体资源效率最大化，同时兼顾效率和公平，实现共同富裕。

参考文献

［1］陈领一．首钢集团 瞄准世界一流 传播首钢品牌价值［N］．中国冶金报，2022 - 05 - 11（001）

［2］人民资讯．国际奥委会盛赞北京首钢旧址实现华丽转型［EB/OL］．（2022 - 02 - 16）．https：//k. sina. cn/article_7517400647_1c0126e4705902szo3. html.

［3］孙伟伟．首钢搬迁及结构调整的战略意义与实施途径［J］．北京市经济管理干部学院学报，2006（1）：63 - 67

［4］罗忠河．城市钢厂整体搬迁的中国创举［EB/OL］．（2022 - 01 - 07）．http：//www. csteelnews. com/xwzx/jrrd/202201/t20220107_58494. html.

城市文化建设中的问题及对策研究

——以平谷区为例

姚洪越　　张芳弟[①]

【摘　要】文化建设是精神文明建设的重要内容，良好的举措对城乡文化建设与发展意义重大。近年来，城乡文化建设在文化遗址保护、特色文化活动举办、文化设施筹建等方面着重发力，取得重大成就。但纵观城乡文化建设发展，同时调查分析人民对文化建设的满意度可以发现，文化建设仍存在规划不合理、落实不到位、群众参与度不高、资金供应不足的情况。

【关键词】城乡文化建设；制度；资金

一、调研背景

在城乡规划建设中重视规划历史名城、历史文化街区，可以更好地传承文化，加大历史文化保护力度。为了满足时代发展要求，提升全面经济水平，应采取科学措施促进城乡规划发展，体现出文化气息。在新的城乡规划建设中应注重融合传统文化，以此展示出城乡建设的优势，从根本上促进城乡建设发展。课题组选择此课题进行了深入调研。

二、内容分析

（一）人民对于城乡文化建设举措的初步认识

关于不同举措对城乡文化建设重要程度的调查显示：约一半的被调查人员认为"开展人才引进、人才下乡（青年返乡奖励政策）"的举措最重要，其次是应该建设多级公共文化设施网络（文化广场），挖掘中华传统文化的底蕴、文化的创新性发展、数字乡村建设和开展各类文化活动在被调查人员心中是比较重要的举措，地区文化主题宣传和建设公共文化设施与服务平台是相对重要的举措。

---

① 本课题指导教师：姚洪越（北京工商大学马克思主义学院）；课题组组长：张芳弟（数贸20）；课题组成员：薛慧（数贸20）、白月（数贸20）、富饶（数贸20）、许云梦（旅游20）、李丁晨（金科20）、陈晓渝（金科20）。

由图 1 可知，对于数字乡村文化建设最应体现的方面，近半数人认为最应该体现在良好的思想观念，占比 43.79%；其次是完善的文化设施，占比 26.63%；优美的村容村貌占比 18.34%；崭新的生活习俗占比 10.65%；还有少数人认为可以是闲适的生活节奏等其他方面。

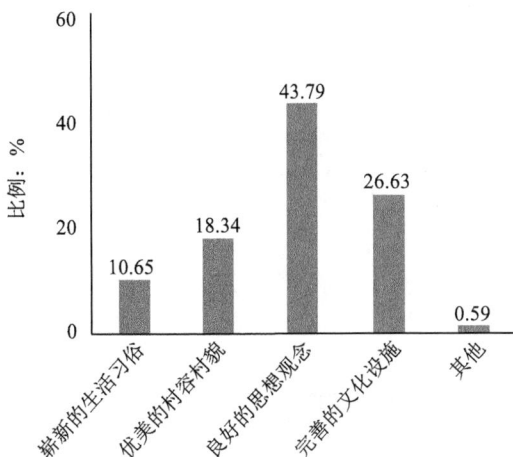

图1 数字乡村文化建设最应体现的方面

调查统计显示，有近一半的被调查人员认为自己所在城市对乡土文化的保护力度仍有不足，其次有 38.46% 的被调查人员认为自己所在城市对乡土文化的保护力度适度，其余小部分被调查人员认为存在过度保护的情况。具体如图 2 所示。

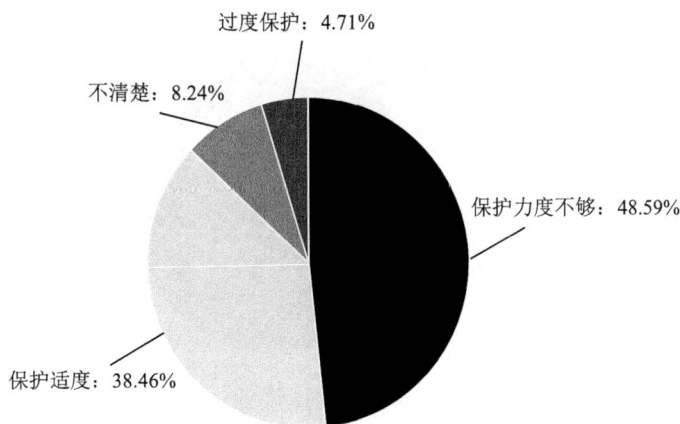

图2 所在城市对乡土文化的保护现状评价

在宣传乡土文化的方式方面，一半以上的被调查人员表示愿意接受开展文化节活动和组织实践活动，超过半数的被调查人员表示愿意接受对乡土文化加以包装，打造文化品牌，还有不到 38% 的被调查人员表示愿意接受广告宣传。具体如图 3 所示。

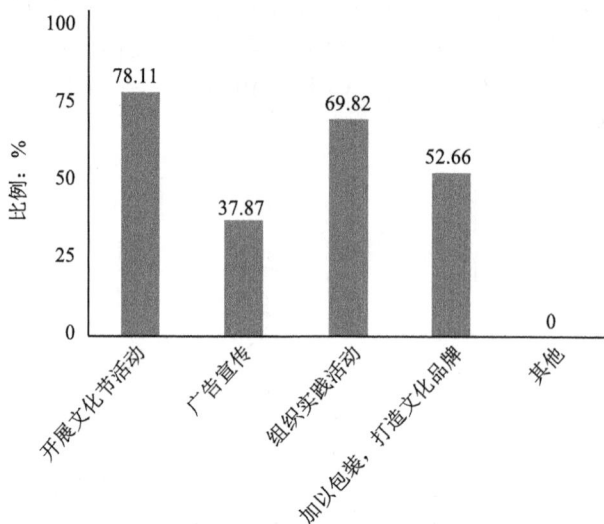

图3　愿意接受的宣传乡土文化方式

　　如图4所示，关于乡土文化的发展趋势，有近67%的人认为应当积极对外宣传，扩大影响范围；超过15%的人认为其应仅在原有影响范围内生机勃勃；有近14%的人认为应当顺其自然，静观其变；超4%的人认为乡土文化应当渐渐消磨，逐渐被新的文化取代。

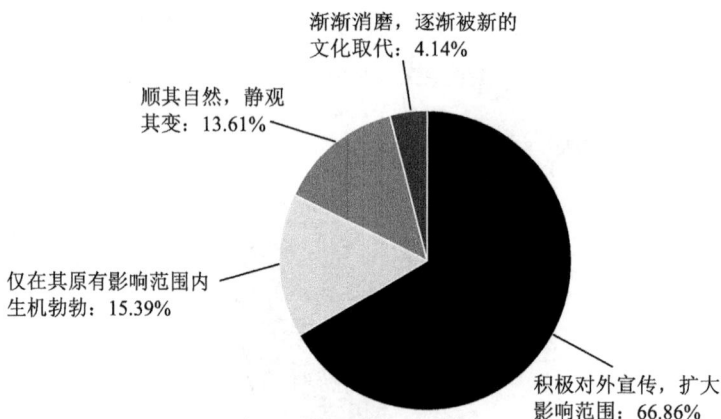

图4　乡土文化的发展趋势

　　如图5所示，关于古文化遗址等的发展应该注重的方面，有近27%的人认为应该注重取舍，取其精华、弃其糟粕；不到6%的人认为应当注重形式，保留传统文化本来的样子；近26%的人认为应该注重创新，在原有的基础上推陈出新；有超过21%的人认为应该注重传承，加大宣传力度，使其更接近生活；还有超过20%的人认为应当注重保护，加大对历史遗迹和传统文化的保护。

注重保护，加大对历史遗迹和
传统文化的保护：20.71%

注重取舍，取其精华、
弃其糟粕：26.63%

注重形式，保留传统文化
本来的样子：5.92%

注重传承，加大宣传力度，
使其更接近生活：21.3%

注重创新，在原有的基础上
推陈出新：25.44%

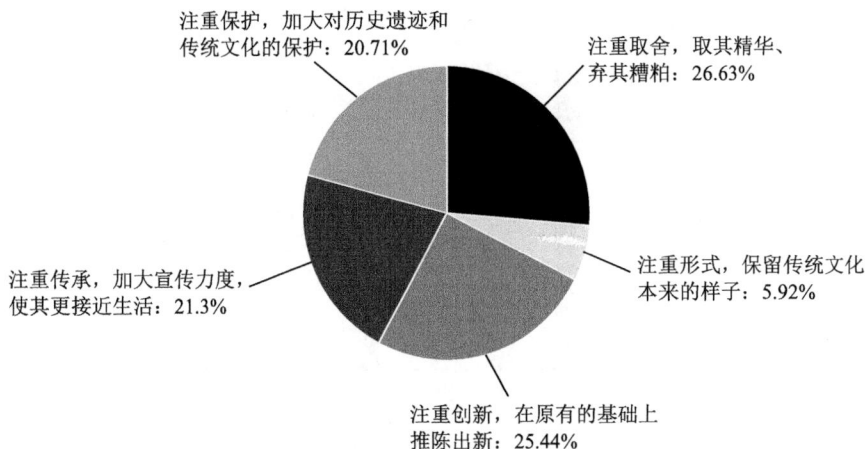

图 5　古文化遗址发展应注重的方面

对于乡村最具有潜能的积极发展项目，应当因地制宜，因为不同乡村的特点特色不同。独特的历史文化，特色手工业、建筑及农副产品都可以成为未来的经济发展项目。

对于乡村文化建设的重要性，大部分认为被调查者是促进乡村经济发展、保护传承传统文化和满足村民的精神文化需求；还有半数人认为开展乡村文化建设可以提高村民文化素养，移风易俗，树立新风尚。

（二）城乡文化建设存在的问题

伴随着我国文化建设的积极开展，城市文化建设和乡村文化建设取得了较大的成就，但同时也要认识到当前我国文化建设存在的问题。

1. 城市文化建设存在的问题

下面从城市文化建设的定位、实施、公众意识及环境四个角度出发，对当前我国城市文化建设存在的八个问题展开论述，具体调查结果如图 6 所示。

首先，城市文化建设的定位模糊。一是文化建设特色不鲜明，当今不少中小城市在建设的过程中没有找准城市文化形象的定位，忽略其自有的历史底蕴，盲目模仿其他大城市，希望以此擦亮城市的文化名片。二是文化建设缺乏科学态度和人文意识，盲目建设大广场、大草坪、景观大道和"标志性"建筑。

其次，城市文化建设的实施未走上正确的道路。一是建设过度商业化，破坏了城市的历史文脉，如城市地域文化特色的传统居民被拆除、历史街区被破坏。二是建设流于形式，个别文化建设工作者忽略建设的根本目的，缺乏建设热情和文化视野。三是公共设施的建设不到位，如城市缺乏图书馆、文化广场或文化氛围不浓。

再次，公众作为城市文化建设的主体缺乏文化意识。一是群众缺乏热情或不了解情况，参与度不高。二是公众缺乏城市文化认同感，文化内涵有待丰富和提升，导致拜金主义、享乐主义蔓延。

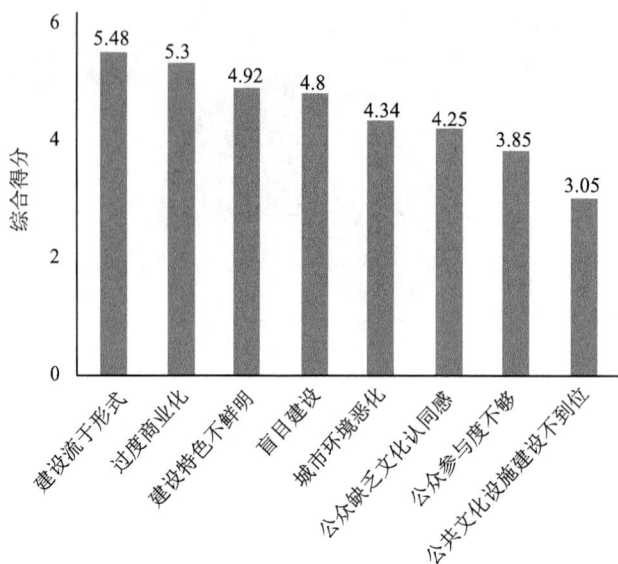

图6　影响城市文化建设的问题综合得分

最后，城市文化建设使城市环境恶化。随着城市文化建设中建筑的拆建和过度开发，环境污染加剧、绿色空间减少，带来一系列环境污染问题。

2. 农村文化建设存在的问题

如图7所示，在调查结果中，空心村现象严重这一选项的平均综合得分为7.31，排在第一位，说明人们大多认为宣传工作和引导工作没有真正起到作用，群众的主体

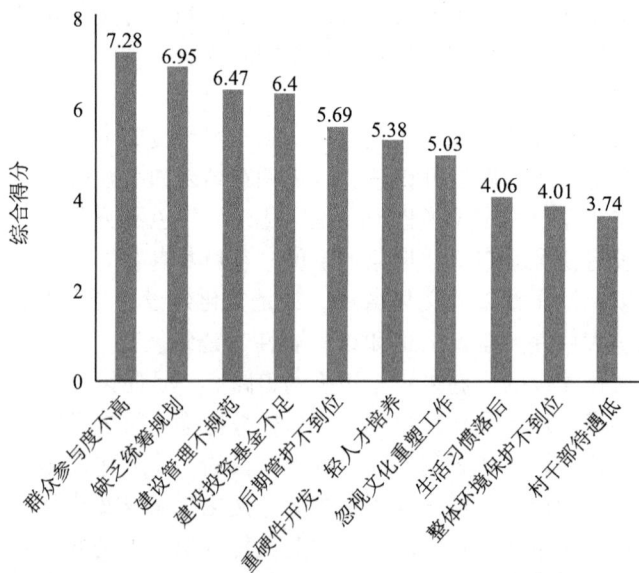

图7　影响农村文化建设的问题综合得分

118

作用没有发挥出来；农村房屋空置率高，农村的基础设施、环境、医疗和教育水平相对落后，大量的年轻人涌入城镇及大城市，空心村现象带来的独居老人和留守儿童的问题较为突出。"不重视规划，缺乏统筹规划"和"招投标不够规范，工程建设管理不规范"这两个问题的平均综合得分排在二、三位，分别为6.98和6.49。这些被调查者认为有些乡村文化建设没有挖掘本地特色，缺乏严谨的规划，不顾自身条件盲目跟风，最终流于"同质化"。有些乡村工程为了赶施工进度，拔苗助长，导致工程质量出现问题，沦为"烂尾工程""面子工程"。

（三）城乡文化建设存在问题的原因

针对城市文化建设产生问题的原因，调查结果显示有将近80%的被调查者选择了"城市规划执法主体管理职能健全不到位"，其次有约65%的被调查者选择了"城市规划和管理的经费投入不到位"。

针对乡村文化建设产生问题的原因，有近73%的被调查者选择"投融资渠道狭窄、资金保障不足"，有近72%的被调查者选择"对农村基础设施资金的使用过程缺乏有效监督"。这表明大多数被调查者对于资金的来源和管理存在怀疑。

（四）人民对城乡文化建设的态度

如图8所示，有8.28%的人对现有文化建设表示很满意，有21.3%的人对现有文化建设的整体感到满意，有61.54%的人认为现有文化建设整体一般，有6.51%的人对现有文化建设感到不满意，有2.73%的人对现有文化建设表示很不满意。由此看出，超过一半的人对于现有文化建设整体持一般的态度，说明北京市的文化建设工作还有待提高。

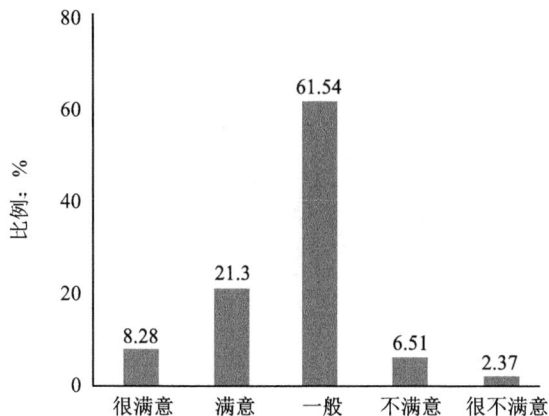

图8　对现有文化建设的整体态度

如图9所示，有9.47%的人对于环境绿化安排表示很满意，有31.36%的人对于环境绿化安排感到满意，有54.44%的人认为环境绿化安排一般，有4.14%的人对于环境绿化安排持不满意态度,有 0.59% 的人对于环境绿化安排感到很不满意。总体来看,居民对于北京市的环境绿化安排的满意程度一般,处于中等偏上水平,城市绿化建设有待进一步加强。

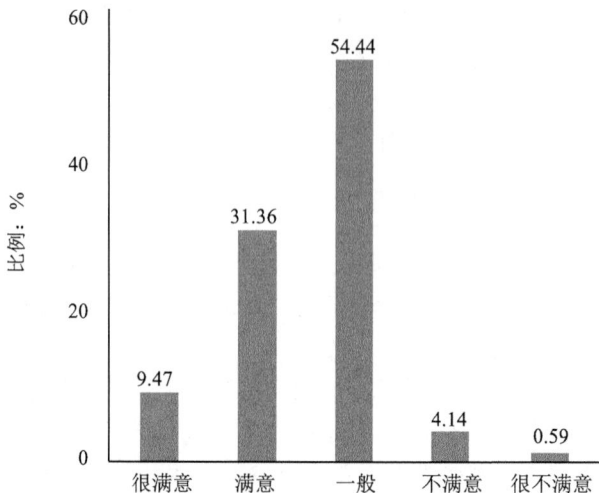

图 9 对现有环境绿化安排的满意程度

如图 10 所示,有 17.75% 的人对于文化建设设施数量上满意,质量上也满意;有 42.6% 的人对于文化建设设施数量上满意,质量上不满意;有 11.25% 的人对于文化建设设施数量上不满意,质量上满意;有 28.4% 的人对于文化建设设施数量上和质量上都不满意。总体来看,大多数居民对于文化建设设施的数量上满意但质量上不满意,说明较多设施的质量存在问题,影响了居民对于设施的使用,北京市对于文化设施的质量及设施投放后的维修维护有待重视和提高。

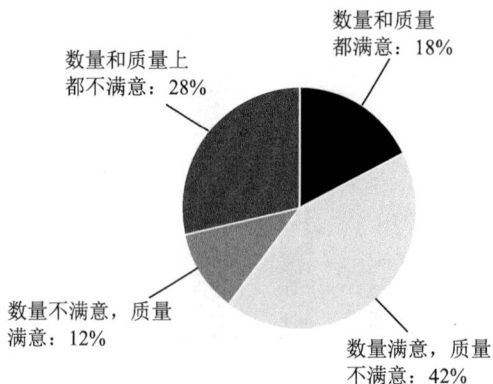

图 10 对现有文化设施的数量和质量的满意程度

如图 11 所示,有 63.31% 的人对于现有公共设施的地理距离不满意;有 47.34% 的人对现有公共设施的工作人员的服务态度不满意;有 53.85% 的人对于公共文化设施工作人员的专业水平不满意；有 48.52% 的人对现有公共设施的开放时间不满意；还有一部分人提出对于过度的限制约束、可开发程度、乡镇里设施少、设施不齐全等方面的不满。

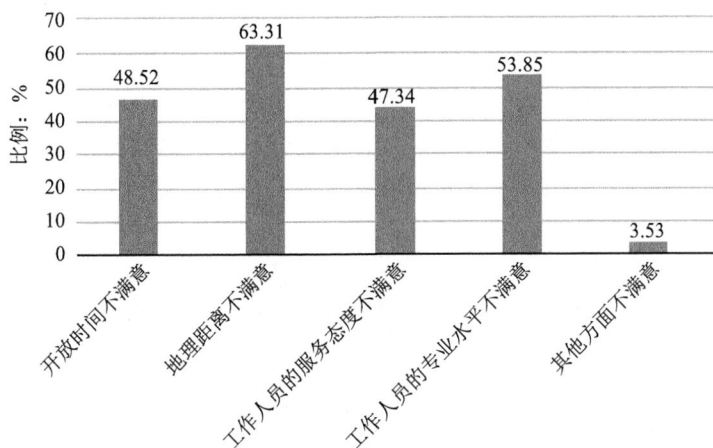

图 11　对现有公共设施不满意的方面

如图 12 所示，有 60.36% 的人认为图书馆最能给其带来文化满足；有 81.66% 的人认为博物馆（包括展览馆、名人故居等）最能给其带来文化满足；有 40.83% 的人认为体育馆最能给其带来文化满足；有 52.07% 的人认为文化广场最能给其带来文化满足；有 23.67% 的人认为电子阅览室最能为其带来文化满足。由此可以看出，博物馆（包括展览馆、名人故居等）更能给人带来文化满足，因此要增加博物馆（包括展览馆、名人故居等）的建设，同时搭配图书馆、文化广场、体育馆的建设，以便给予人们更多的精神文化满足。

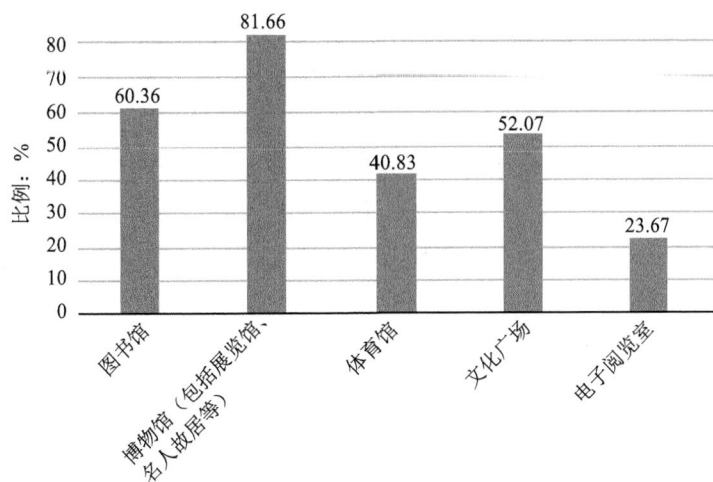

图 12　能给您带来文化满足的文化设施

如图13所示，对于文化建设能够提高的方面，有59.17%的人认为应加强文化资源保护；有55.62%的人认为应注重文化建设的传播与展示；有59.17%的人认为应注重文化建设的内容；有65.06%的人认为应该拓宽文化建设的渠道（渗透在衣食住行、就业居家、教育娱乐等各个方面）；有53.25%的人认为应突出文化建设特点（如深挖海洋文化、石文化等）；还有40.83%的人认为应鼓励社会、集体力量参与文化建设。

对于文化建设中应该注重的方面，有一部分居民提出了一些建议，较为普遍的是增强文化自信，同时，对城乡文化加强宣传、提升城乡文化建设资金注入量、加强乡村文化建设的合理性与规范性、尊重传统文化等也是一些较为可行的建议。

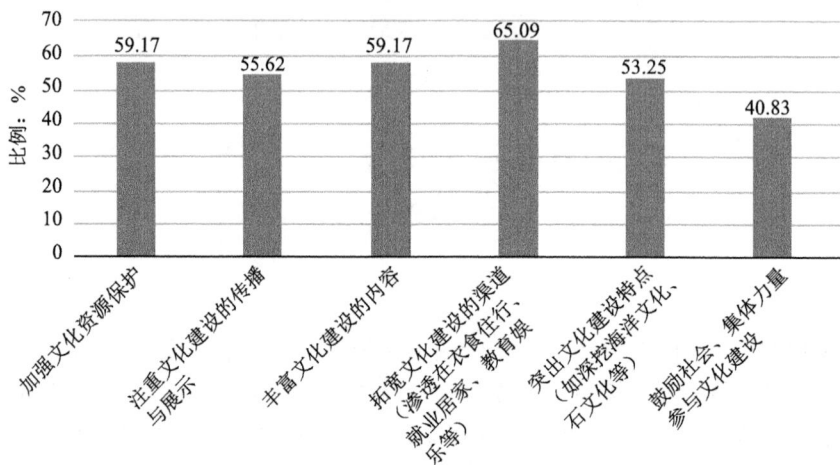

图13　您期待文化建设能够提高的方面

（五）基于城乡文化建设的对策

正视我国城乡文化建设过程中存在的问题，加强对我国城乡文化建设的理论探讨和实践探索，是摆在我们面前的重要课题。基于城乡文化建设存在的问题，提出以下对策。

1. 针对城市文化建设

第一，要加强对城市规划依法审批的管理，形成城市规划法律法规和实施机制。在进行城市文化建设时，要有长远的规划和合理的布局，充分发挥城市现有资源，严格审批，严格实施，严格落实，定期检查，对文化建设结果进行管控，确保所进行的项目符合城市文化建设初衷，促进经济社会发展、优化城乡布局、完善城市功能。

第二，要加强对城市规划管理费的管理，要结合城市的实际情况，制定管理方法。收取和使用城市规划管理费时遵循"取之有度、用之得当、加强管理、做好服务"的原则。明确遵守相关法律法规，规避资金和管理风险，同时注意加强监管。当一个地区开始一项文化建设的时候，所承载的不是领导者需要完成的业绩，而是当地人民群众的美好生活向往，没有人希望生活在"吊脚楼"工程附近，没有人愿意看到自己土生土长的家园被破坏。

第三，明确城市文化建设定位。要打造特色鲜明的城市文化，就要深入挖掘城市文化底蕴，在文化建设过程中找准城市自身定位，以严谨科学的态度与方式打造自身文化品牌。在清晰定位的基础上开展一系列文化建设，避免"商业化""形式化""浅薄化"，带领城市文化建设走上正确的道路，才能长久地可持续地打造城市文化品牌。

第四，城市规划管理工作应该确保公众参与度。一方面，保障公众的合法权益；另一方面，广泛搜集公众关于城市规划的意见，提升城市规划管理工作质量，从整体上提高城乡规划建设的素质和能力。

2. 针对乡村文化建设

第一，政府带头缩小城乡建设差距。虽说近年来城乡差距在不断地减小，全国许多乡村在党的带领和建设下，已经改头换面，但相较于城市建设还有一定距离。笔者认为，要想更深层次地开展乡村文化建设，就要从最基本的保障农村居民的物质生活着手，吃穿不愁，才更有精力去追求精神文化的发展。

第二，生态、教育、科技、经济协调。开展乡村文化建设要兼顾经济发展、生态发展、文化振兴、教育水平提高、发展科技等多个方面。开展乡村文化建设需要长时间坚持，文化的熏陶不在于一朝一夕，所以需要坚定不移地开展乡村文化建设，坚定不移地推动农村改革、发展和稳定，为城乡融合发展创造条件。

第三，做好宣传和引导工作，引导群众积极参与到乡村文化建设中来。要引导群众自觉发挥主人翁作用，做好闲置资产的管理与处置，利用好乡村优势文化产业，致力于乡村文化建设，实现文化变现，以点带面，一家带动多家，真正增强居民的幸福指数与文化认同感与参与感，形成可持续的文化产业链，达到造福人民的最终目标。

3. 针对北京市城乡文化建设

第一，对于北京市的城乡环境绿化，可通过以下措施来改善：一是可充分利用城乡空间来进行垂直绿化建设；二是及时修剪城乡树木，赋予其环保价值和观赏价值；三是安排定期定量的城乡路面清洁人员；四是对人民群众宣传推广爱护花草树木、不随地乱扔垃圾的理念。

第二，对于北京市的文化建设设施，可通过以下措施来改善：一是工作人员应定期检查并维护文化建设的相关设施；二是建设基础设施时，不能片面追求高速度，应以设施的高质量和便利性为目标；三是文化设施的开放时间可通过民意调查等方式来确定；四是协调文化设施的交通路线，尽量缩短居民居住区与文化设施之间的交通时间；五是对文化设施的工作人员开展培训，提高其专业水平和服务素养；六是合理利用设施的可开发程度，进行相关开发建设；七是加强对乡镇的文化建设设施的建设，完善健全设施，增加高质量设施的数量；八是结合居民的文化满足场所偏好，可首先加强博物馆的建设，其次是图书馆、文化广场和体育馆。

第三，对于北京市的文化建设，根据调查问卷收集的部分居民的建议，提出以下改善措施：一是加强对文物资源的保护，不随意破坏历史文物遗址；二是对广大群众宣传文化建设的内容及理念，并展示已经完成的文化建设的相关内容；三是拓宽文化建设在衣食住行、就业居家、教育娱乐的多维度渠道，将文化建设与这些渠道紧密结合；四是突出文化建设特点，深挖历史文物的相关文化内涵；五是加强城市建设的文化自信，保持自身特色，不盲目模仿其他城市；六是提高城乡文化建设的资金注入量，加大投资力度；七是提升乡村文化建设的合理性与规范性，因地制宜，结合各乡村的特色和传统文化进行建设。

参考文献

［1］李广宝. 城市社区文化建设存在的问题及对策［J］. 山东省农业管理干部学报，2011，28（5）：125 – 127.

［2］单霁翔. 城市文化建设存在的 8 个问题［J］. 瞭望，2007（12）：88.

［3］张雨山，张思源，夏龙. 乡村振兴背景下农村拆迁安置社区文化重塑困境研究——以北京市平谷区马坊镇为例［J］. 农村经济与科技，2021，32（3）：276 – 277；288.

附录：

北京市文化建设情况调查问卷

您好，这是一份关于调查北京市城乡文化建设的调查问卷，我们将利用您提供的信息，对城乡文化建设进行分析。希望能够占用您两分钟的时间帮忙填一下问卷，感谢您的参与。

*1. 您的性别。
　　○男
　　○女
*2. 您的年龄。
　　○15 ~ 25 岁
　　○25 ~ 35 岁
　　○35 ~ 45 岁
　　○45 岁以上
*3. 您目前的学历是？
　　○A：高中及以下
　　○B：专科
　　○C：本科
　　○D：本科以上
*4. 您是以下哪类人群？
　　○一直生活在农村
　　○生在农村，定居城市

○一直生活在城市

*5. 您认为以下举措对于城乡文化建设的重要程度（由大到小）。【请选择 3~7 项并排序】

☐建设多级公共文化设施网络（文化广场）

☐开展各类文化活动（文化节）

☐开展人才引进、人才下乡（青年返乡奖励政策）

☐挖掘中华传统文化的底蕴（非遗文化）

☐文化的创新性发展、数字乡村建设

☐进行地区文化主题宣传（文化墙）

☐建设公共文化设施与服务平台（文化馆）

*6. 您认为数字乡村文化的建设最应体现在哪个方面？

○崭新的生活习俗

○优美的村容村貌

○良好的思想观念

○完善的文化设施

○其他

*7. 您赞同对古文化遗址进行修护并且对外开放参观吗？

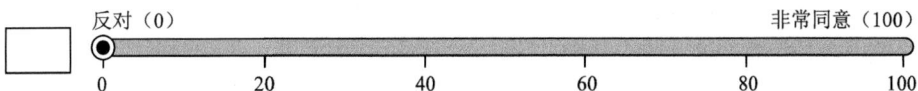

	反对（0）				非常同意（100）

0　　　　20　　　　40　　　　60　　　　80　　　　100

*8. 你认为所在城市对乡土文化的保护现状属于下列哪种情况？

○保护力度不够

○保护适度

○过度保护

○不清楚

*9. 采用下列哪种方式宣传乡土文化，你愿意接受？【请选择 1~3 项】

☐开展文化节活动

☐广告宣传

☐组织实践活动

☐加以包装，打造文化品牌

☐其他

*10. 你认为乡土文化应该有怎样的发展趋势？

○积极对外宣传，扩大影响范围

○仅在其原有影响范围内生机勃勃

○顺其自然，静观其变

○渐渐消磨，逐渐被新的文化取代

*11. 你认为古文化遗址等的发展更应该注意什么？

　　○注重取舍，取其精华、弃其糟粕

　　○注重形式，保留传统文化本来的样子

　　○注重创新，在原有的基础上推陈出新

　　○注重传承，加大宣传力度，使其更接近生活

　　○注重保护，加大对历史遗迹和传统文化的保护

*12. 您认为乡村最具有潜能的经济发展项目是什么？

　　○独特的历史

　　○特色手工艺

　　○特色建筑

　　○特色农副产品

　　○其他

*13. 您认为乡村文化建设可以采取下列哪种方式开展？【多选题】

　　□保护传承传统文化

　　□促进乡村经济发展

　　□满足村民精神文化需求

　　□提高村民文化素养

　　□移风易俗，树立新风尚

　　□其他

*14. 您认为城市文化建设产生问题的原因包括以下哪项？【请选择1~5项】

　　□城市规划依法审批管理不到位

　　□城市规划执法主体管理职能健全不到位

　　□城市规划和管理的经费投入不到位

　　□城市规划人员素质不到位

　　□其他

*15. 您认为乡村文化建设产生问题的原因包括以下哪项？【请选择1~5项】

　　□农村规划编制滞后、基础设施建设无序

　　□投融资渠道狭窄、资金保障不足

　　□对农村基础设施资金的使用过程缺乏有效监督

　　□农民意愿表达处于决策的弱势地位

　　□其他

*16. 请您在下列影响城市文化建设存在的问题中，按重要程度进行排序。【请选择全部项并排序】

　　□过度商业化，如具有地域化特色的传统居民被拆除、历史街区被破坏。

　　□建设流于形式。

　　□盲目建设大广场、大草坪、景观大道和"标志性"建筑，缺乏科学态度和人文意识。

□城市文化建设特色不鲜明，甚至城市形象低俗化，如盲目模仿其他大城市，破坏原有城市风貌，追求猎奇。

□城市环境恶化，如环境污染严重、绿色空间减少、过度开发。

□公众缺乏城市文化认同感，浅薄化文化内涵，导致拜金主义、享乐主义蔓延。

□群众缺乏热情或不了解情况，参与度不高。

□城市文化建设的公共设施建设不到位，如图书馆、文化广场匮乏或氛围不足。

*17. 请您在下列影响乡村文化建设存在的问题中，按重要程度进行排序。【请选择全部项并排序】

□群众参与度不高，空心村现象严重。

□不重视规划，施工图设计深度不够，缺乏统筹规划。

□招投标不够规范，工程建设管理不规范。

□新农村建设基金投入偏少。

□后期管护不够到位。

□重硬件开发，轻人才培养。

□居委会事务性工作繁重，文化重塑工作受到忽视。

□生活习惯落后。

□生态和人文环境的保护。

□村干部人才"青黄不接"，村干部待遇低。

*18. 您对现有文化建设的整体态度是什么？

○很满意

○满意

○一般

○不满意

○很不满意

*19. 您对现有环境绿化安排的满意程度如何？

○很满意

○满意

○一般

○不满意

○很不满意

*20. 您对现有文化建设设施在数量和质量上是否满意？

○数量上满意，质量上也满意

○数量上满意，质量上不满意

○数量上不满意，质量上满意

○数量上和质量上都不满意

*21. 您对公共文化设施的哪些方面不满意？【请选择1~5项】

□开放时间不满意

☐地理距离不满意

☐工作人员服务态度不满意

☐工作人员的专业水平不满意

☐其他方面不满意

*22. 最能带给您文化满足的文化设施是？【最少选择1项】

☐图书馆

☐博物馆（包括展览馆、名人故居等）

☐体育馆

☐文化广场

☐电子阅览室

*23. 您期待文化建设能够提高的方面有哪些？【最少选择1项】

☐加强文化资源保护

☐注重文化建设的传播与展示

☐丰富文化建设的内容

☐拓宽文化建设的渠道（渗透在衣食住行、就业居家、教育娱乐等各方面）

☐突出文化建设特点（如深挖海洋文化、石文化等）

☐鼓励社会、集体力量参与文化建设

24. 您对文化建设还有什么其他看法和建议？

河长制在北京市水资源环境治理中的作用调研

——以北京市永定河为例

袁　雷　王行修①

【摘　要】河长制的全面推行是解决各地区水资源管理问题和落实绿色发展理念、推进生态文明建设的必然要求，也是解决我国水资源问题的有力抓手和有效举措，为更好地满足生态环境提供了重要的保障。本文以北京市水资源发展为切入点概述北京市河长制发展历程，结合问卷数据，以永定河为例深入分析河长制政策实施近十年来的河流治理情况及变化，通过总结提出对河长制度的建议，推动加强水资源治理及生态文明的进一步建设。

【关键词】生态文明建设；水资源；河长制；永定河

党的十八大以来，生态文明建设被纳入中国特色社会主义事业"五位一体"总体布局，以习近平同志为核心的党中央高度重视生态文明建设。水是生态系统的控制要素，为解决新时期复杂的水问题，推进水生态和水环境整体改善，自 2003 年浙江省长兴县在全国率先实行河长制，到 2016 年全国各地积极响应《关于全面推行河长制的意见》认真贯彻落实河长制，以河长制促进河长治的措施成果显著，各地区河湖环境得到明显改善。具体而言，"河长制"是从河流水质改善领导督办制、环保问责制所衍生出来的水污染治理制度，由各级党政主要负责人担任"河长"，负责组织领导相应河湖的管理和保护工作。

永定河是北京的"母亲河"，古称漂水，隋代称桑干水，金代称卢沟，明代称浑河。永定河流域综合治理与生态修复是推动京津冀协同发展在生态领域突破的重大标志性工程。所以，以北京永定河流域为研究对象，深入剖析全面实行河长制下河湖水资源的前后变化，具有重要的现实价值。

本次调研采用问卷形式，调查问卷由小组成员通过邀请诸多在京居住人员填写问卷等多种方式让网民填写并回收，共发出问卷 120 份，回收 120 份，回收率达 100%；有效问卷 120 份，有效率达 100%。本次调研人群各年龄层均有涉及，以 18～30 岁的年龄段为主，占比 90%。18 岁以下的占比 5.83%，30～40 岁占比 1.67%，40 岁以上占比 2.5%。对河长制了解程度方面，在所有调查人群中，22.5% 的填写者听说过

① 本课题指导教师：袁雷（北京工商大学马克思主义学院）；课题组组长：王行修（信计 20）；课题组成员：李沐子（信计 20）、乔斯昱（应统 20）、刘泰延（应统 20）、吕思璇（应统 20）。

河长制，听说过但不了解的占比最大、为42.5%，有35%的填写者表示未听说过河长制，对河长制完全不了解。

一、北京市水资源与河长制引入发展历程

（一）北京市水资源演变历程

北京市水生态环境演变过程自20世纪50年代至今，大致分为三个阶段。

1. 第一阶段：河网密布、水患频发阶段（1950—1969年）

1950—1959年，北京市为根治水患，开始兴修水利、疏浚河道，并先后建设了官厅水库、密云水库和怀柔水库，这个时期的水库功能以防洪为主。

2. 第二阶段：水体污染、河湖干涸断流、地下水全面超采阶段（1970—1998年）

1970—1979年，主要水库受到污染，水质逐步恶化，永定河出现断流，北京开始大量抽取地下水来满足工农业和生活用水的需要，缺水情势初见端倪。

3. 第三阶段：水资源"紧平衡"、河湖恶化和地下水全面超采趋势缓解阶段（1999年至今）

1999—2007年，北京市连续9年干旱，官厅、密云水库入境水量锐减，全市依靠开采地下水、牺牲环境用水艰难支撑，北京进入史上最严重的缺水阶段。在此期间，北京在郊区建设了怀柔、平谷、房山、昌平等4处应急水源，缓解缺水形势。2008—2016年，北京市通过调水协调机制，从京外外调水源，以应对本地水资源紧缺，并通过全市水资源统一调度，实现了密云水库水质水量的回升。2014年南水北调中线一期工程正式通水后，北京水资源短缺状况得到有效缓解。

（二）北京市引入河长制原因探究

从20世纪70年代到21世纪初的30年时间里，北京逐步成为严重缺水城市，并具有复合型缺水的典型特征。工业污水的严重污染造成水质型缺水，上游地区用水急剧扩大和连年干旱少雨造成资源型缺水，同时在一定时期内设施和能力的不足造成工程型缺水。北京的缺水态势在南水北调中线工程通水后得到一定缓解，但并没有根本改变北京的水资源紧缺形势，水资源供需矛盾依然突出，北京市仍处于严峻的缺水阶段。

（三）北京市河长制发展历程

面对形态依然严峻的水资源情况，北京开始引入"河长制"治理河流等水资源。2015年，北京市人民政府率先在海淀区、门头沟区试点河长制，并取得较为显著的成效。2016年，北京市人民政府出台《北京市实施河湖生态环境管理"河长制"工作方案》，在全市范围内建立了市、区、乡镇（街道）三级河长体系，落实三查、三清、三治责任。2017年，中共北京市委办公厅、北京市人民政府办公厅印发《北京市进一步全面推进河长制工作方案》。2022年，时任北京市委书记兼市总河长蔡奇，

与时任市长陈吉宁共同签发北京市 2022 年第一号总河长令，将重点放到新时期治水工作、流域系统治理、滨水空间利用等方面，持续巩固河长制工作成果，打好水环境治理歼灭战。

二、河流治理历程——以永定河河长制为例

（一）河长制实施前永定河的治理和生态情况

20 世纪 70 年代后永定河上游来水不断减少，三家店以下常年断流，干涸河床成了风沙源，80 年代开始生态功能严重退化，90 年代中期，永定河廊坊段 64.3 千米河道长期干涸断流，河床裸露，土壤严重沙化。

2001 年，北京市政府联合水利部对官厅水库进行综合治理，并在三家店建设净水工程。2003 年起，水利部协调河北、山西两省连续 6 年向北京集中输水，累计输水 3.1 亿立方米。但是，永定河流域的河道工程破坏、水资源污染、植被较少且单一等问题也造成较为严重的生态问题，其生态环境仍需要进一步修复。

（二）河长制实施后永定河的治理情况

1. 制度方面

2017 年起，北京市全面建设了四级河长体系，设立市、区两级总河长、副总河长，并基于河长责任体系，落实工作责任，坚持常抓落实，补强创新工作，强化考核问责，进一步加强和完善制度建设，构建信息化体系，全面建成河长制工作制度体系。

2. 河岸治理方面

2017 初，门头沟政府对永定河沿岸环境问题开展了专项整治，在全域范围内禁止露天烧烤行为，并对永定河沿岸占地经营摊点、水上娱乐设施、广告牌等进行了清除。2017 年 4 月 1 日，永定河综合治理与生态修复正式启动，以突出问题导向、打造绿色廊道、坚持改革创新为特点，健全完善流域综合管理与协同治理机制。

3. 河道治理方面

2018 年 8 月，按照水利部要求，北京市全面部署"清四乱"工作，将"清河行动"与"清四乱"相结合，共摸排"四乱"台账问题 1 317 个。通过全面清理整治，截至 2019 年 11 月底，"四乱"台账问题已全部销号，共清理乱堆 199 万立方米，清理乱建 86 万平方米，有力推动河湖面貌明显改善。

4. 水质治理方面

2019 年，时任北京市委书记、市总河长蔡奇和时任北京市市长、市总河长陈吉宁共同签发 2019 年第 1 号市总河长令，开展 2019 年度"清河行动"，全面开展农村地区沟道、坑塘、马路边沟、公园池塘等小微水体整治，将小微水体整治纳入河长制管理体系，基本实现"无垃圾渣土、无集中漂浮物、无污水排入、无臭味、无违法建设"五无目标。

（三）河长制实施后永定河的生态情况

在政府的一系列作为下，永定河的生态环境有了明显的变化，具体变化体现在以下4个方面。

1. 水生态方面

第一，河道情况：2021年，水利部办公厅印发《2021年度永定河生态水量调度计划》，为永定河全线通水提供了保障，永定河865千米河道实现了1996年以来首次全线通水。

第二，水质情况：《2021年度永定河综合治理与生态修复评估报告》对永定河上下游、干支流1 632.7千米河段进行了水质评估。结果显示，永定河全年Ⅲ类水质及以上河长1 333.7千米，占到评价河长的81.7%，与2016年相比，占比提升了47.7%，永定河劣Ⅴ类水质河长基本消除。重要水库的水质基本稳定在Ⅲ～Ⅳ类，水环境质量显著改善。

2. 植物生态方面

随着永定河沿线陆续增加了河道蓄水，永定河生态形成湖泊、溪流、湿地的亲水景观。陆地植物、水生植物等的种类和数量也明显增加，周边生态逐渐恢复。永定河周边植被覆盖率从26.24%上升到54.60%，全区植被生态质量高值处于较高水平。与2017年《永定河综合治理与生态修复总体方案》实施前相比，永定河上游地区新增水源涵养林面积6.65万公顷，流域河道防护林面积较2016年增加1.6万公顷，永定河、桑干河和洋河等重点河段滩地植被面积较2016年增加了143平方千米。

3. 动物生态方面

湿地鸟类作为河湖生态环境变化的重要指示生物，其种群数量的增加也是永定河生态环境逐步复苏、持续向好的有力证明。数据显示，永定河沿线累计调查发现高等植物375种、鱼类40种，官厅水库等重点区域鸟类达到348种，北京平原段也监测到黑鹳、阔嘴鹬等多种珍稀鸟类。

4. 地表热岛效应强度方面

2018—2021年，随着城区建设和山区新农村改造项目的持续推进，全区不透水面比例大幅增加，城市热岛高值呈下降水平。

三、永定河河长制存在的问题和完善建议

（一）河长制现存的问题

1. 制度方案整体规划不统一

河长制要求"一河一策"，本意是为了因地制宜地提出适合本区的治理方式，但却在某种程度上忽略了流域水环境整治的一个重要特征：流域的连贯性。许多河流不是孤立的，而是上下游相贯通的，各地自行制定整治方案，带来了一个隐患就是方案的整体规划性不强。再加上各地经济状况、技术水平各不相同，治理目标的下达具有

难统一性。

2. 宣传引导不够到位

相关调查表明，群众心系河道等自然环境，但存在发现问题后不能及时反馈，往往都不了了之。并且，人们对于河长制的陌生最主要的原因在于政府等机关宣传力度小，人民普及程度低。

3. 群众参与度过低，保护意识不强

通过调查发现，22.5% 的填写者听说过河长制但对其并不了解，43% 的填写者完全不知道河长制，只有 22.5% 的填写者了解河长制。此外，还发现群众对于河道治理的参与度过低，不能及时了解河道动态，对于水资源的管理亦是心有余而力不足。

（二）完善永定河河长制的建议

由于"河长制"建立时间不长，尚处于探索阶段，在落实"河长制"工作中仍然存在一些突出问题，为此，本小组基于问卷调研结果，针对这些突出问题从而提出4 点建议。

1. 加强对河长制的总体规划

加强对永定河的统一认识，加强系统规划和科学治理，做到上、中、下游统一协调，在河道治理方面切勿各自为营，科学调配力量，必要时可以寻求技术援助。并且上、中、下游河道的相关政府之间加强沟通，避免规划的重复性甚至矛盾性，做到不重不漏，对于相关治理举措做到上下全知。

2. 做好知识普及与动员，发动群众力量参与

推行河长制，受益的直接群体肯定是流域周边居民。因此，必须坚持"谁受益谁参与、谁受益谁治理"的原则，在群众中做好宣传动员工作，加强群众对水资源节约、垃圾分类等方面的意识，提高人民群众治水的责任感，充分依靠群众力量推进河长制落到实处，形成保护河道人人参与，齐抓共管的良好社会风尚。亦可以设置专门监管人员，既监督破坏污染河道的行为，也监督干部在落实河长制工作中的不作为。对于干扰工作进度的个人或行为，需予以追究并严惩不贷。

3. 利用现代技术建立河道热线等举报通道

建议设立河道治理服务热线，完善投诉举报渠道。或者可以在河道旁树立监管举报告示牌，告示内容包括各级河长姓名、监督举报电话等，从而引导人民群众积极参与治水、关注河道水环境等。此外，还可以开通治水微信公众号，开辟相关专栏，结合图片文字及语音等形式，创建 3D 全景场景，提取相关河道的地点信息，以便于举报人描述问题。

4. 利用舆论加大宣传工作力度

从调查问卷结果分析来看，在了解河长制的途径方面，群众通过微信公众号等媒体平台了解河长制最多，达到 57.5%，其次有 33% 左右的人通过政府部门官网及新闻报纸了解河长制的相关内容，通过手机短信了解的人达到 20%，而通过学校教育了解河长制的人最少，仅为 16.67%。今后政府在宣传河长制实施阶段性成果时，可

以多通过微信公众号等网络媒体进行宣传，使更多人关注河流治理、了解河长制，更好地监督河长制工作的完善。

总之，要充分做好宣传、引导工作，加强河道治理、河流保护宣传，让群众认识到河流治理的重要性，以及保护生态环境是每个公民应尽的义务。大力宣传河湖库保护工作的重大意义，形成全社会关注水环境治理的浓厚氛围。并且通过多种形式的宣传，达到"让群众知晓这河库有人管、谁在管，出了问题怎么反映、向谁举报，保护河流我能做什么、我该怎么做"的目的，努力形成"人人是河长，全民来治水"的良好格局。

综上所述，水环境治理是生态环境治理的重要组成部分，河长制是我国重要的水环境治理方式，其推行与实施带来的效益有目共睹，对我国水环境治理和管理有着重要的推动意义，有利于更快更高效地保护自然资源与改善生态环境。

参考文献

[1] 冯兆忠，刘硕，李品. 永定河流域生态环境研究进展及修复对策 [J]. 中国科学院大学学报，2019，36（4）：510–520.

[2] 马东春，唐摇影，王凤春，等. 河长制下北京水生态环境保护管理路径研究 [J]. 中国水利，2019（20）：11–16.

主旋律影视剧对中国特色社会主义文化影响的调查研究

徐秀春　　潘淳利①

【摘　要】党的十八大报告指出，要扎实推进社会主义文化强国建设。主旋律影视剧作为文化产业的重要组成部分之一，十年来逐步走进大众视野，以喜闻乐见的方式弘扬中国特色社会主义文化。本文旨在通过调研了解人们对主旋律影视剧的认知情况，并针对发现的问题，对如何打造主旋律影视剧精品提出建议。

【关键词】主旋律影视剧；中国特色社会主义文化；文化产业

党的十八大以来，在中国共产党的领导下，我们坚持走中国特色社会主义文化发展道路，文化产业体系得到健全，出现了数字娱乐、红色旅游等热潮。其中，主旋律影视剧的飞速发展带来了可观的社会效益和经济效益。

本次调研聚焦主旋律影视剧对中国特色社会主义文化的影响，将线上调查问卷和线下采访相结合。本文概述了主旋律影视剧的发展历程，通过对调查问卷进行分析，对主旋律影视剧如何打造精品提出建议，作出总结。

一、主旋律影视剧概述

主旋律影视剧，是指以弘扬社会主义时代旋律为主旨，激发人们追求理想的意志和催人奋进的力量的影视作品。

主旋律影视剧的发展大致可分为三个阶段。第一阶段，新中国成立前至改革开放前。主旋律影片围绕战斗与革命的单一基调，如《南泥湾》和《小兵张嘎》，宣传爱国主义与英雄主义，然而艺术表现力稍显单薄。第二阶段，改革开放至21世纪前。伴随思想解放和经济发展，主旋律影视剧呈多样化发展态势。《开国大典》《重庆谈判》对历史事件进行二次创作，《城南旧事》《黄土地》则注重展现眼前生活。第三阶段，步入21世纪至今。主旋律影视剧更加注重大众化、多元化。尤其在2021年，为向中国共产党百年华诞献礼，《觉醒年代》《理想照耀中国》等一系列主旋律影视剧再现了一百年来党领导人民站起来、富起来、强起来的伟大历程，获得大量关注与讨论。

---

① 本课题指导教师：徐秀春（北京工商大学马克思主义学院）；课题组组长：潘淳利（工商21全英）；课题组成员：郑璐璐（工商21全英）、田静怡（工商21全英）、赵一纬（工商21全英）。

值得一提的是，主旋律影视剧正在打破讲述历史事件和英雄人物的常规题材。全国政协委员普遍认为，展示中国人民伟大创造、奋斗、团结、梦想精神，展示中华民族对真善美的追求的影片，都可以被称为主旋律影片。因此，《哪吒》《流浪地球》等作品都可以划分进主旋律影视剧的范畴。

二、调查问卷分析

此次调研共有 253 人参与问卷填写。问卷围绕个人基础信息、中国特色社会主义文化、主旋律影视剧设置问题，以了解不同调查对象对中国特色社会主义文化和主旋律影视剧的认知情况。

（一）调查问卷基础信息

253 名问卷的调查对象中，男性占 29.64%，女性占 70.36%。18 岁以下占 8.3%，18～30 岁占 66.8%，31～45 岁占 16.6%，46～60 岁占 8.3%。接受本科或大专教育的调查对象占比最高，为 59.69%；硕士及以上次之，为 18.58%；高中或中专占 16.6%；初中及以下占 5.14%。调查对象职业覆盖较广，学生为主体，高达 64.43%；其次为企业职员，占比 15.81%。尽管职业、年龄等因素会带来细微的认知差异，但不会严重影响最终结果，故在报告中弱化了因参与调查人员基础信息不同带来的差异。

（二）对中国特色社会主义文化的认知分析

如图 1 所示，大多数受调查者比较了解中国特色社会主义文化，占 50.59%，有 16.6% 的受调查者认为对其完全掌握。然而，也有 30% 的人不是很了解中国特色社会主义文化，尤其是有 2.77% 的受调查者完全不清楚这一概念。统计可知，29.8% 的大专、本科、研究生以上学历的调查对象选择了不太了解或完全不清楚，但在高中、中专及以下的调查对象中该比例达到 43.6%。这说明对中国特色社会主义文化的认知差异一定程度上受到个人教育层次的影响，今后仍需大力加强中国特色社会主义文化的教育与宣传。

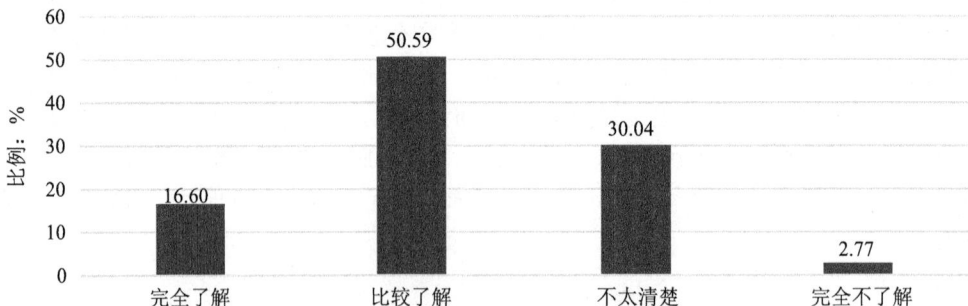

图 1　对中国特色社会主义文化的了解情况

伴随科技的快速发展，获取信息的渠道增多。如图 2 所示，除了传统学习渠道外，有六七成调查对象通过新闻报道、各种应用平台、观看主旋律影视剧等途径，多措并举了解中国特色社会主义文化。

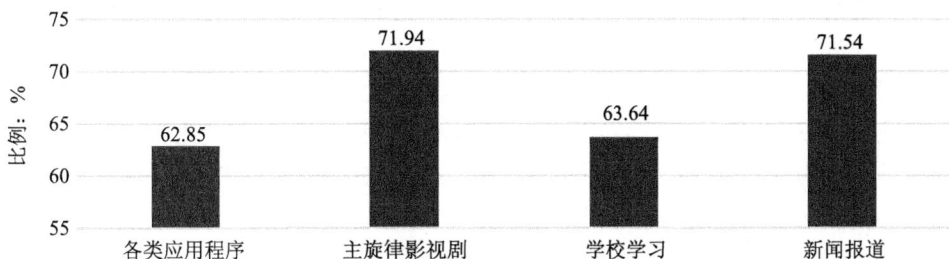

图2　了解中国特色社会主义文化的渠道

（三）对主旋律影视剧的认知分析

调查发现，有85.38%的调查对象观看过近十年来的主旋律影视剧，90.12%的调查对象认为近十年来主旋律影视剧在不断发展，91.7%的调查对象认为主旋律影视剧对发扬传播中国特色社会主义文化有利。思政教育、社会宣传极大地提升了民众对主旋律影视剧的接受能力。如图3所示，越来越多的人愿意在闲暇时间观看主旋律影视剧，并在观看过程中与角色共情、与剧情共鸣，最终为其打出较高的分数。如图4所示，主旋律影视剧逐渐受到关注与认可，对思想建设、价值引领起着积极作用，对弘扬中国特色社会主义文化起着积极作用。

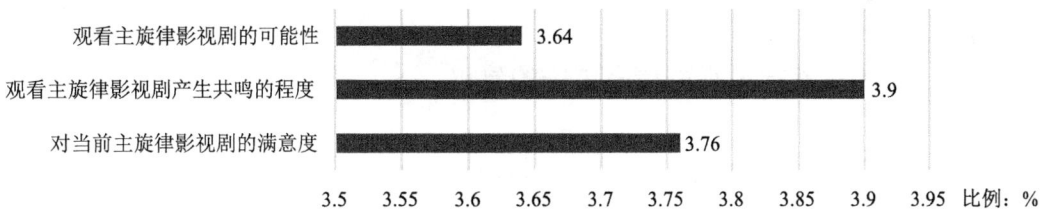

图3　对主旋律影视剧的喜爱度调查（满分5分）

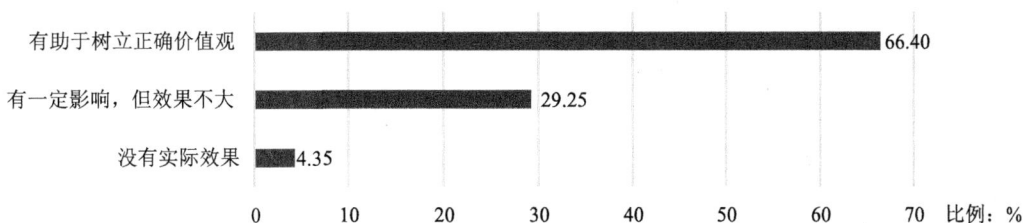

图4　主旋律影视剧对思想建设的影响程度

问卷填写中也暴露出一些问题。在设置问卷的过程中，我们罗列出近十年来出色的主旋律影视剧，供调查对象选择曾经观看过的作品，其中《甄嬛传》《唐人街探案》《庆余年》等影视剧被作为干扰项来判断调查对象是否真的理解主旋律概念。结果显示，这些干扰项仍被近四成调查对象选择。这反映了部分民众对中国特色社会主义文化存在认知偏差，与问卷前置问题中一部分人对中国特色社会主义文化一知半解的结果相吻合。此外，尽管在调查对象选择观看主旋律影视剧类型意愿一题中，中华优秀传统文化以39%成为最高占比项，但实际上，以红色革命文化为主题和以社会主义先进文化为主题的作品观看量更高。可见主旋律影视剧在中华优秀传统文化这一主题上仍有较大的上升空间，应继续挖掘潜在市场。具体如图5所示。

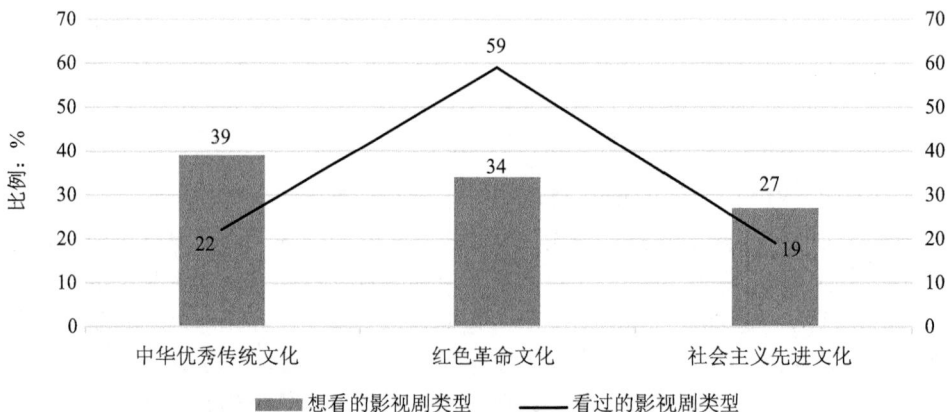

图5　主旋律影视剧的期望观看类型与已观看类型的对比

三、关于主旋律影视剧精品创作的建议

（一）追求作品艺术性与内容真实性的统一

1. 追求作品的艺术性

调查数据显示，34.39%的人认为主旋律影视剧制作水平有待提高。由此可见观众对于一部作品所呈现的叙述手法、视听效果的要求变得愈发严格。创作的每一个环节，从导演、编剧、演员到后期制作，都应怀敬畏之心，提升专业度、加强协调性，打造更具美学特征的主旋律影视剧。

2. 尊重内容的真实性

在谈及主旋律影视剧的问题时，有不少调查对象表示存在"美化或偏离事实"的情况。无论是对历史事件的回望，还是对当下社会的反映，主旋律影视剧都应尊重事实而非刻意改编，才能准确无误地完成价值引领的任务。

（二）坚持新颖题材与深刻内涵的统一

1. 题材新颖有意思

根据问卷反馈，45.45%的调查对象认为主旋律影视剧内容比较枯燥，73.12%的调查对象认为主旋律影视剧主题还需打磨，68.38%的调查对象将主题因素排在了影响主旋律影视剧的第一位。在这个快节奏的时代，事物持续更新迭代，尽管有爱国情怀，但面对千篇一律的主旋律题材时观众也难免会感到厌倦。不难发现，除了对历史事件与英雄人物的歌颂，更多聚焦普通人物与平凡生活的主旋律影视剧正崭露头角，如《山海情》《人世间》等作品都收获了不少关注。"十四五"规划中指出，要健全重大现实、重大革命、重大历史题材创作规划组织机制，加强农村、少儿等题材创作。因此，文艺工作者应坚持以人民为中心的创作导向，守正创新。给予观众贴近日常生活的情感抚慰，抑或寻找鲜有人知的故事，都能由小及大，传递真善美、增强人民群众主人翁意识，展现我国为构建中国特色社会主义社会的探索与成就。

2. 内涵深刻有意义

66.4%的调查对象选择观看主旋律影视剧的动机是"想开阔眼界、提升思想水平"，81.82%的观众会在观看后继续搜索相关资料增进了解。由此可见，主旋律影视剧承担着引领风尚、教育人民的责任。如果说艺术特征、主题情节是主旋律影视剧的"门面"，那么思想内涵则是其"家底"。为实现表里合一，主旋律影视剧必须立足中国特色社会主义实践，坚持中国共产党的领导，宣传社会主义核心价值观，拒绝跟风空谈，切实反映社会问题，起到真正的教育作用。

（三）实现经济效益与社会效益的统一

1. 带动文化产业

文化产业具有娱乐性和营利性，其主要目的是为市场生产商品。作为文化产业中文艺影视业的一部分，主旋律影视剧"出圈"，能够促进相关文创产品热销，推动红色旅游，带动多个行业共同发展。

2. 支持文化事业

文化事业具有创造性和公益性，旨在提高中华民族的思想道德和科学文化素质。推动中国特色社会主义文化发展，就要推动文化产业与文化事业的协同发展。主旋律影视剧创造的物质价值，既要满足市场需求，又要作用于支持中国特色社会主义文化的研究和推广之上，实现社会效益和经济效益的统一。

（四）重视本土传播和国际宣传的统一

1. 注重本土传播

62.85%的调查对象通过各类应用软件接触中国特色社会主义文化，58.5%的调查对象出于"各大应用软件上频繁出现主旋律影视剧，产生好奇心"的原因观看主旋律影视剧，49.8%的调查对象认为主旋律影视剧的宣传力度有待加大。乘着互联网时代的春风，主旋律影视剧可以通过热搜话题、短视频、表情包等方式加以宣传，潜移默化地提高大众主动了解的积极性。

2. 提升国际影响

主旋律影视剧需要把视线投向海外。调研组成员的外籍教师在接受采访时表示，他喜欢的有中国特色的影视剧仍是20世纪90年代的几部作品，而对现在的主旋律影视剧几乎没什么兴趣。这虽然只是个人的看法，却也表明主旋律影视剧在发展对外文化贸易、开拓海外文化市场上有提升空间。《血战钢锯岭》《拯救大兵瑞恩》等与主旋律题材相似的外国影视作品在中国有着不小的知名度，我国主旋律影视剧可从中汲取经验。

同时，主旋律影视剧需要从国际社会大事件里寻找灵感，呼应人类命运共同体理念。例如，《埃博拉前线》讲述了中国援外医疗卫生人员不顾安危，与非洲人民一齐投身抗击埃博拉的战斗。这部作品既是对"一带一路"倡议的强烈回应，也宣扬了中非同呼吸、共命运的兄弟情谊。

通过与国际接轨，主旋律影视剧的发展将有效增强我国人民文化自信，提升中国文化软实力与国际影响力。

四、结语

通过此次调研可以看出，虽然主旋律影视剧近几年势如破竹，在文艺影视业占据一席之地，但鉴于其承载着弘扬主流文化的责任，必须兼顾思想性与创新性，着力弥补现有的不足之处，多方合力共同打造精品。

参考文献

[1] 孙立军.建党百年，影以载道 [N].中国艺术报，2021-7-14（003）.
[2] 王峰.艺术诠释宏大主题 主旋律影视剧成功破圈 [N].南京日报，2021-12-24（A22）.

附录：

关于主旋律影视剧对中国特色社会主义文化影响的调查问卷

尊敬的受访者：

您好！我们是来自北京工商大学的学生，为了更好地了解主旋律影视剧对中国特色社会主义文化的影响，我们设计了此调查问卷。您的回答仅用于统计分析，所有内容将被严格保密，请您放心填写。谢谢您的参与！

1. 您的性别

A. 男 　　　　　B. 女

2. 您的年龄

    A. 18 岁以下   B. 18~30 岁   C. 31~45 岁   D. 46~60 岁

    E. 60 岁以上

3. 您的受教育程度

    A. 初中及以下   B. 高中或中专   C. 本科或大专   D. 硕士及以上

4. 您的职业

    A. 学生   B. 自由职业者

    C. 专业技术人员   D. 事业单位/政府工作人员

    E. 企业职员   F. 务工/务农

    G. 离退休人员   H. 待业人员

    I. 其他

5. 您对中国特色社会主义文化的了解程度

    A. 没听说过，不清楚   B. 听说过，但不太了解

    C. 了解部分内容   D. 十分了解

6. 您接触中国特色社会主义文化的渠道（多选）

    A. 新闻报道   B. 学校学习   C. 主旋律影视剧   D. 各类应用程序

    E. 其他_____

7. 您是否观看过近十年来的主旋律影视剧

    A. 是   B. 否

8. 您是否觉得近十年来主旋律影视剧在不断发展

    A. 是   B. 否

9. 您是否觉得主旋律影视剧有利于弘扬中国特色社会主义文化

    A. 是   B. 否

10. 您为何选择观看主旋律影视剧（多选）

    A. 想开阔眼界，提升思想水平   B. 打发时间

    C. 朋友推荐   D. 各大平台上频繁出现，产生好奇心

    E. 其他_____

11. 您愿意看哪些类型的主旋律影视剧（多选）

    A. 中华优秀传统文化   B. 红色革命文化

    C. 社会主义先进文化

12. 您看过的主旋律影视剧有（多选）

长津湖	战狼	我和我的祖国	唐人街探案
八佰	1921	夺冠	中国机长
甄嬛传	觉醒年代	琅琊榜	功勋
庆余年	人世间	山海情	

13. 观看主旋律影视剧后，您是否愿意再做深入了解

    A. 觉得没意思，不想了解   B. 会搜索相关事件资料，增加了解

14. 请您对心中影响主旋律影视剧的相关因素重要性进行排序

    A. 创作主题　　　　B. 演员导演　　　　C. 口碑营销　　　　D. 教育意义

    E. 美学特征

15. 您认为主旋律影视剧对思想建设的影响度

    A. 没有实际效果　　　　　　　　　　B. 有一定影响，但效果不大

    C. 有助于树立正确价值观

16. 您认为当前主旋律影视剧还存在哪些问题（多选）

    A. 内容比较枯燥　　B. 制作水平不高　　C. 宣传力度不够　　D. 主题还需打磨

    E. 其他_____

17. 在观看影视剧时，您选择观看主旋律影视剧的可能指数（由低到高）

    1分　　　　　　　2分　　　　　　　3分　　　　　　　4分

    5分

18. 请您对主旋律影视剧引起共鸣的程度进行打分（由低到高）

    1分　　　　　　　2分　　　　　　　3分　　　　　　　4分

    5分

19. 请您对当前主旋律影视剧的满意程度进行打分（由低到高）

    1分　　　　　　　2分　　　　　　　3分　　　　　　　4分

    5分

文化事业和文化产业发展的实践经验研究

——以上海自贸试验区文化建设为例

葛学彬　　孙梦蝶①

【摘　要】党的十九届五中全会在部署"十四五"时期经济社会发展任务中强调"繁荣发展文化事业和文化产业，提高国家文化软实力"。文化事业和文化产业"双轮驱动"、全面发展是我们党推进文化建设的重要内容，是建设社会主义文化强国的重大任务。本文以上海自贸试验区为例，通过介绍其文化建设的价值与机遇，分析其文化建设的现状，指出文化事业与文化产业的优化路径。

【关键词】文化事业；文化产业；文化建设

本次调研通过网上问卷调查及参考前人文献资料和最新媒体资料的方式进行。网上问卷由小组成员通过微信朋友圈、QQ、微博及知乎链接等方式让网民填写并回收。最新媒体资料主要参考微博、知乎、小红书等软件内容。共收回调查问卷 224 份，其中有效问卷 208 份。问卷涉及个人基本信息、个人对文化事业和文化产业发展的认识，以及对未来文化事业和文化产业发展的态度等问题。发放与分析问卷的主要目的是了解近年我国文化事业和文化产业发展的成就与不足，以上海自贸试验区文化建设为例，并且结合当前目标地区居民和到沪旅游人群的需求、体验，以及国家政策来识别文化事业和文化产业发展的机遇与痛点，为其繁荣发展提供一些建议。

一、研究背景

党的十九届五中全会提出了到 2035 年建成社会主义文化强国的远景目标，在部署"十四五"时期经济社会发展任务中，强调"繁荣发展文化事业和文化产业，提高国家文化软实力"。就中国文化事业和文化产业发展现状而言，近年来我国文化事业和文化产业发展水平有所提高，但仍需改进。文化事业和文化产业"双轮驱动"、全面发展是我们党推进文化建设的重要内容，是建设社会主义文化强国的重要任务。上海自贸试验区作为国内最早探索艺术品交易和文化贸易的区域之一，对促进文化事业和文化产业发展具有现实意义和参考价值。

---

　　①　本课题指导教师：葛学彬（北京工商大学马克思主义学院）；课题组组长：孙梦蝶（物流202）；课题组成员：黄萌萌（物流201）、赵伊彤（物流202）、苏思佳（物流202）。

二、上海自贸试验区文化建设的价值与机遇

上海自贸试验区自成立以来，着重以制度创新推动新型改革开放，文化产业发展迅速，逐渐壮大为我国经济发展的新型主导力量。在本次调查问卷中，有 87.5% 的人认为该地区的文化建设发展迅速，可见上海自贸试验区的文化建设成就是公众有目共睹的。具体如图 1 所示。

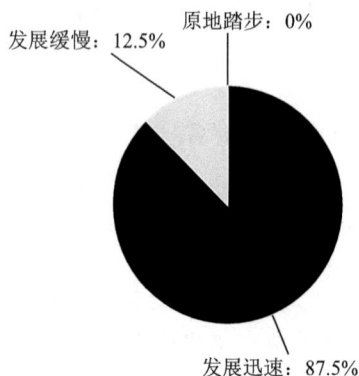

图 1　近几年上海自贸试验区的文化建设发展如何

（一）文化建设的价值

文化建设既是建设物质文明的重要条件，也是提高人民思想觉悟和道德水平的重要条件。调查问卷显示，大多数上海市民认为，在上海自贸试验区文化建设中，其价值体现在以下 3 个方面，具体如图 2 所示。

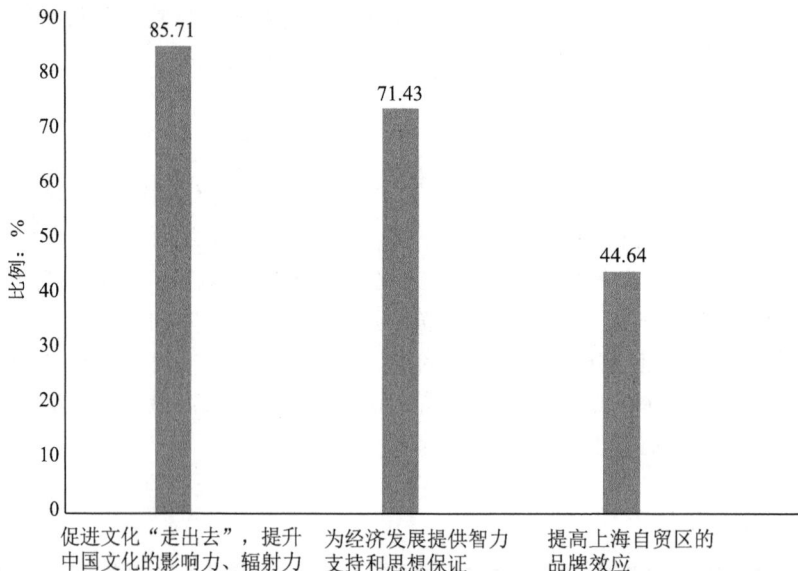

图 2　上海自贸试验区文化建设的价值

1. 促进文化"走出去",提升中国文化的影响力、辐射力

自贸区成立以来,上海市政府在扶持文化产品和服务出口方面的力度较大。启动了"文化'走出去'专项扶持资金项目"。结合国家对外文化贸易发展战略与涉及文化扩大开放的3项政策,推动中国文化艺术"走出去"。

2. 为经济发展提供智力支持和思想保证

文化可以为变革创新提供丰富的智能和创新灵感。文化产业在国民经济体系中的比例不断增长,极大地促进产业结构的调整,优化经济发展。国内外交流日益频繁,产业影响力日益扩大,文化的发展对于经济发展的推动作用日益凸显。

3. 提高上海自贸试验区的品牌效应

文化建设在较大程度上帮助地区树立起良好的城市品牌,并吸引更多的外资和优秀人才来带动经济、社会的发展。在上海市颁发跨国公司地区总部和研发中心证书的企业中,有多家企业位于上海自贸试验区,再次体现了上海自贸试验区对外资的巨大吸引力。

(二) 文化建设的机遇

1. 文化事业与文化产业的蓬勃发展

文化产业开放是上海自贸试验区政策的重要组成部分,自贸区产业发展环境优良,形成一个平台、五大中心的"1+5"产业阵型,将促进上海乃至全国文化产业的发展。

2. 文化自信水平显著提升

上海自贸试验区自成立以来,一系列蕴含文化自信的文创产品不断出现,优秀文化不断向外国输出,使得人民的文化自信水平不断提升。

三、上海自贸试验区文化建设的现状分析

(一) 文化建设成果

上海自贸试验区自建立以来,在文化建设方面取得了众多成果,具体表现在对外文化贸易平台的搭筑,促进文化保税的发展,引领文化产业的繁荣等多方面。

1. 为对外文化贸易搭筑平台

近年来随着信息技术发展的不断加快,"自贸区"以其特有的市场开放标准和较低的贸易壁垒为对外文化贸易搭建起良好的平台。

2. 促进我国文化保税领域发展稳步推进

上海自贸试验区的建设,为我国文化保税实践提供了难得的机遇,不仅为文化保税制度及政策创新提供了契机,而且为保税区深度参与全球分工创造了条件。

3. 引领上海市文化产业的繁荣发展

上海文化产业充分发挥自贸区的引领带动作用,以上海自贸试验区临港新片区揭牌为契机,推动文化市场有序开放,深化文化产业制度创新。2019年自贸区文化产业保持增长,全年文化贸易额达400亿元,艺术品进出境额85亿元,进出境艺术品数量近4 500件/套等。

（二）上海自贸试验区文化建设中存在的问题及分析

如图3所示，根据问卷数据分析，我们发现上海自贸试验区文化建设中存在的问题主要有以下四点：一是文化传播力不够，二是用户体验较差，三是政策层面不够翔实，四是制度推进力不够。针对以上存在的问题，展开分析。

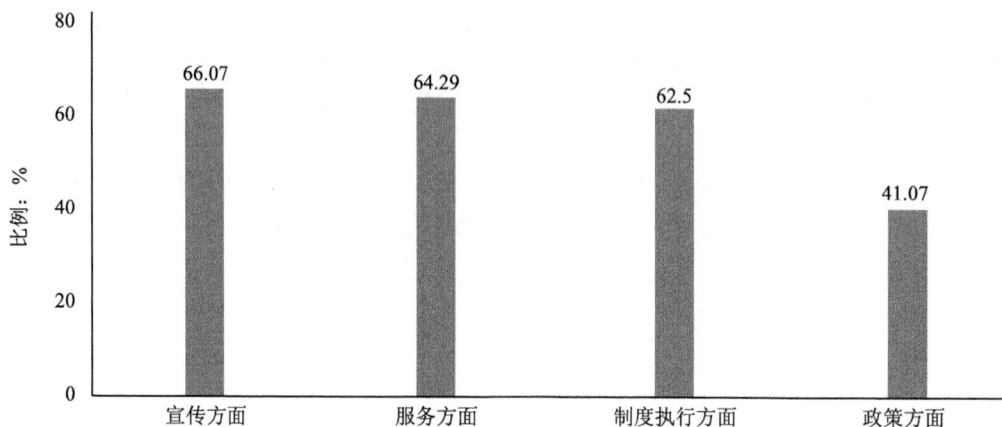

图3　人们认为上海自贸试验区文化建设中存在的问题

1. 上海自贸试验区营销策略推广不足

如图4所示，根据调查问卷数据，只有60.72%的人群表示对其有了解，可见大部分人群对上海自贸试验区仍仅停留在"听说过"的认知程度。而如图5所示，通

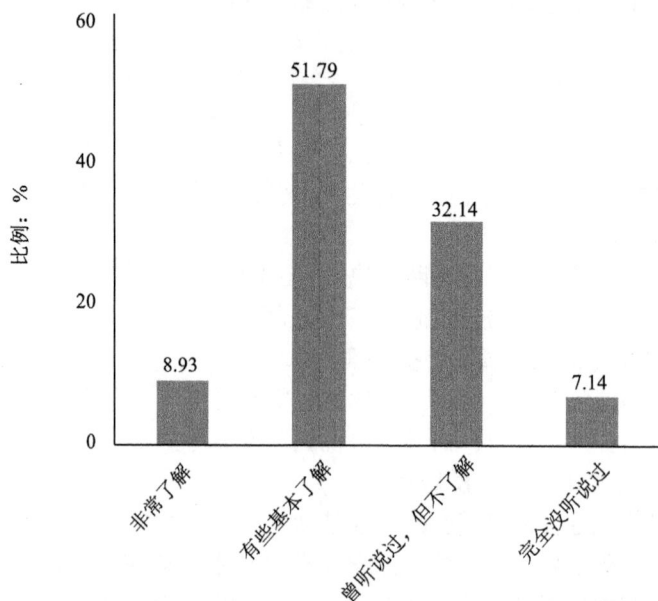

图4　人群对上海自贸试验区的了解程度

过问卷，还发现这些人群中有 87.5% 是通过新闻认识到上海自贸试验区的，占比最大，而通过其他渠道了解的百分比较低，因此在这些方面对上海自贸试验区的宣传推广也应当提上日程。

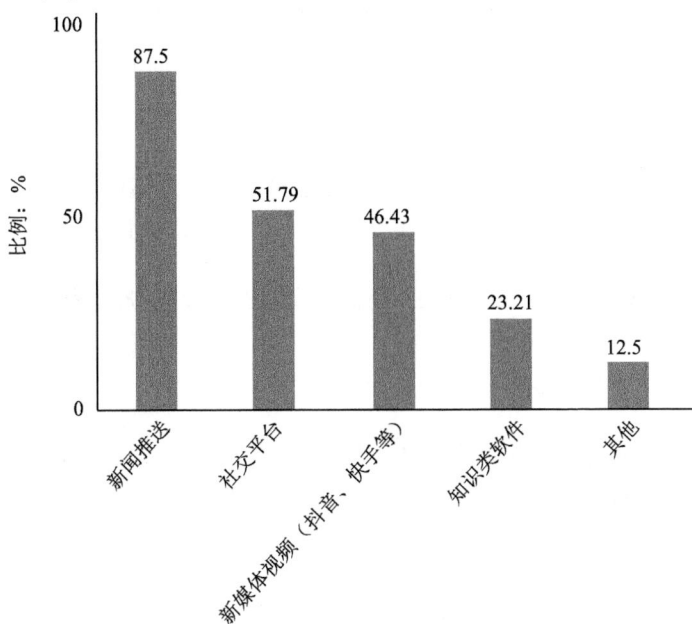

图 5　人群了解到上海自贸试验区的方式

2. 上海自贸试验区配套服务水平不高

如图 6 所示，根据问卷调查结果，在人们对上海自贸试验区服务水平和服务效率的评价中，认为服务水平较低的占比 55.36%，服务效率较低的占比 57.14%，均较低的占比达 28.57%，可见上海自贸试验区在服务水平方面还需加强。

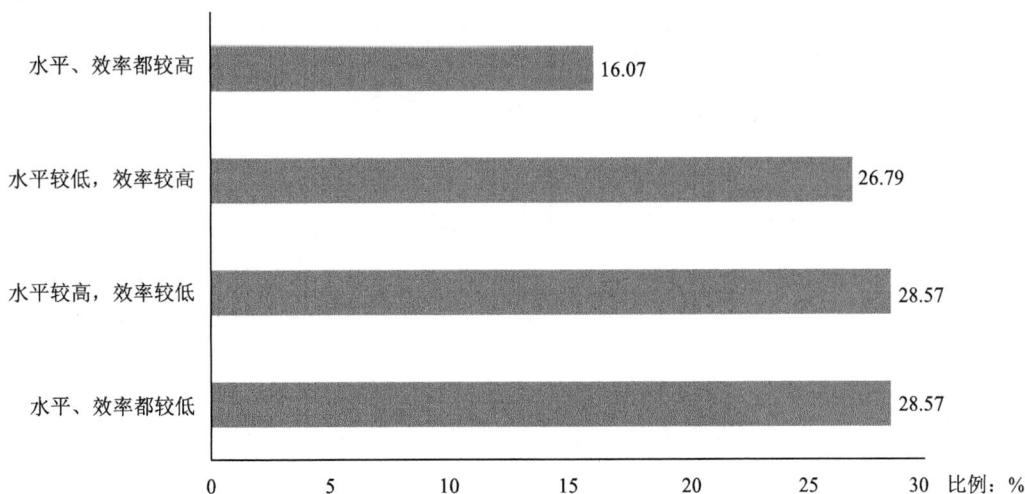

图 6　人们对上海自贸试验区服务水平和服务效率的评价

3. 政策制定不够翔实

回顾当前政策，少数规则设计仍需完善，主要表现为经常账户与资本账户改革幅度不均衡，"引进来"与"走出去"政策不平衡。具体来看，上海自贸试验区资本账户的开放程度低于预期。引进金融机构相关政策的改革力度较大，在金融机构投资比例、经营范畴等方面都有较多政策红利，而助力金融机构向海外发展的政策仍有较大改革空间。

4. 制度的操作性表面化

尽管事中事后监管体系已经形成安全监管的基本框架，但各项法规、政策、技术手段都没有跟上。许多措施还停留在表面层次，需要技术进步支持。

四、上海自贸试验区文化事业和文化产业发展的优化路径

（一）提高文化传播力

要提高上海自贸试验区的文化传播力，就要让上海文化走出去，让世界了解上海。如图7所示，通过调查问卷结果，总结了以下3点宣传上海自贸试验区的方式。

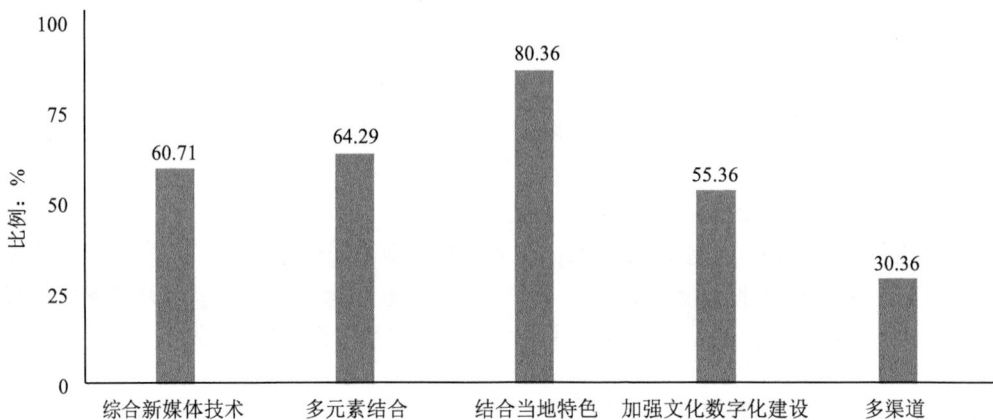

图7　政府应如何宣传上海自贸试验区

1. 主题方面寻求共性

寻找全球或区域的共通性话题，避免过于晦涩的本土题材或具有过强意识形态色彩的主题，借助国际化的产业模式讲好"上海故事"，提升优秀文化产品的海外主流市场占有率。

2. 风格方面探索突破

文化产品融合上海风情、民族内涵、东方意蕴，形成独特的文化风格。形式方面丰富多样，以文学、影视等多种文艺形式作为承载，大力推进文化产品的数字化建设。

3. 渠道方面注重多元

精心培育新型主流媒体，推进媒体融合转型；提高对外宣传媒体国际传播力；借助社交媒体的文化传播功能，借助电子影像、互动装置等技术实现消费者的多维体验，形成继服务经济后的体验经济这一新经济形态。

上海文化传播力的效能提升，不仅需要政府的顶层设计和统筹规划，而且需要学术界、文化界、产业界的交流，以及民间社会组织的合力推动，共同形成。

（二）促进文化产业创新发展

建立长效创新机制，进一步优化上海自贸试验区的体制和机制，以改革促开放，以创新促发展，加速上海文化企业的发展速度。如图8所示，通过问卷调查，以下4点有更大创新改进空间。

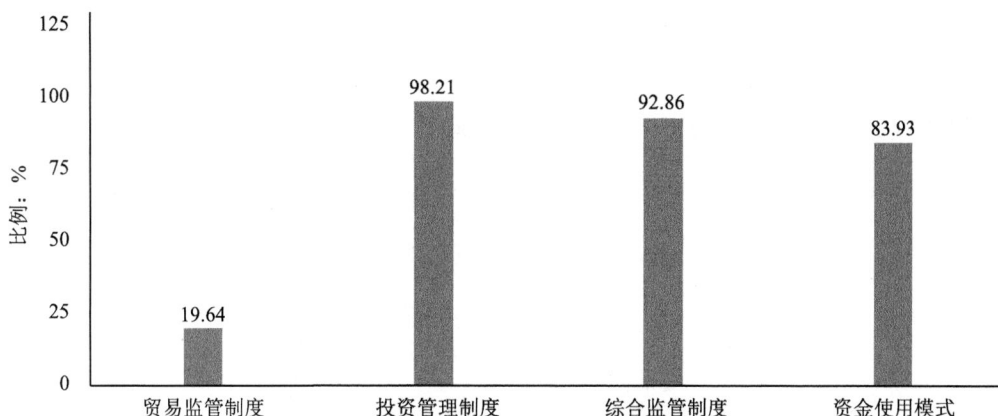

图8 关于上海自贸试验区的文化建设还需要哪些方面的创新

1. 创新文化投资管理制度

上海自贸试验区应在负面清单透明度、市场准入可预期性、商事登记制度、国家安全审查、公平竞争审查等方面进一步加强系统集成的探索，完善负面清单管理模式，并形成可复制、可推广的制度性公共产品。

2. 创新综合监管制度

逐步减少行政审批事项，利用自贸区优势，采取保税租赁等多种方式，有效利用国际市场上先进资源，培育更多外向型、国际化的文化企业。避免单一监管浪费时间，创新综合监管制度，提高效率和水平。

3. 创新专项资金使用模式

扩大文化传播专项资金规模，建立专项资金常态化、制度化的供给机制，强化资金利用评估系统，提高专项资金使用效率。加大文化资金使用，让文化发展拥有更多可能。

（三）提升文化产业配套服务水平

通过查阅《上海文化产业发展报告（2021）》，我们发现新闻信息服务高速增长，创意设计服务能级凸显，但其他文化产业配套服务水平仍需增加，尤其是文化娱乐休闲服务较上一年度大幅下降。为改善这一现状，上海自贸试验区要做到基本公共文化服务均等化水平持续提升，公共文化空间布局更加均衡，产品体系更加完善，资源配置更加高效，社会参与更加活跃，智慧服务更加友好，城市文明程度和市民文化素养全面提升。同时，优化服务模式，强化国际合作，进一步掌握、梳理和协调在自贸区新架构和新环境下的管理体系和业务流程，提升基地的服务品牌和专业化水平，不断向长三角和全国辐射与扩大基地的服务范围。

（四）优化文化建设政策

如图9所示，根据调查问卷结果，大多数上海市民认为在上海自贸试验区的文化建设中，政府可以从以下方面来优化文化建设政策。

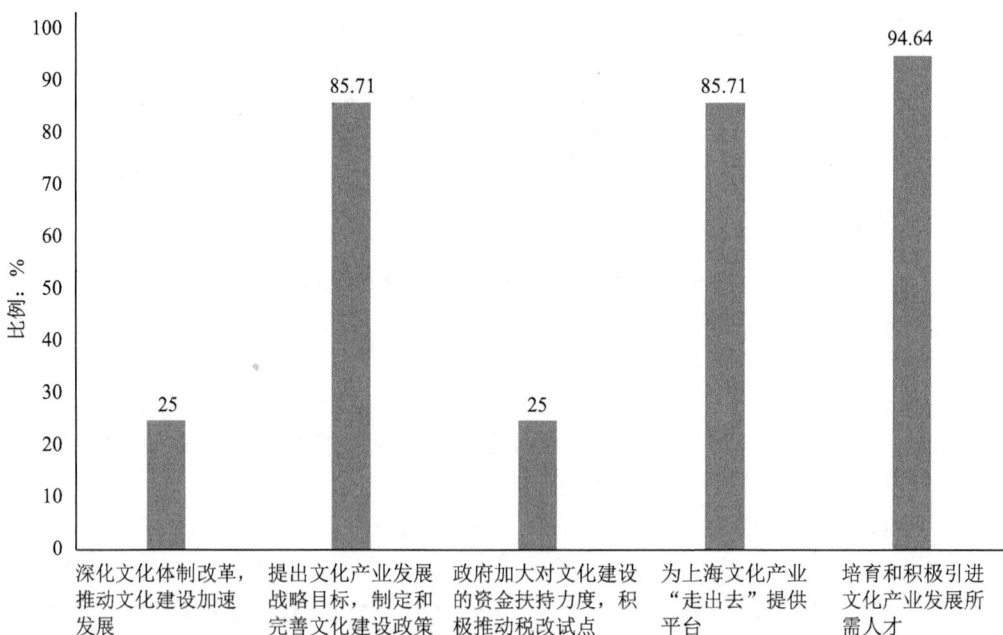

图9 关于政府在上海自贸试验区文化建设中应有哪些作为的看法

1. 优化政策支持方式

有力的文化建设政策对文化事业和文化产业的发展有显著的促进作用，更好的政策支持方式可以进一步增强文化建设政策的作用。如图10所示，众多的上海市民认为优化政策支持方式是非常重要的，因此政府可以从优化政策支持方式入手，促进文化建设。

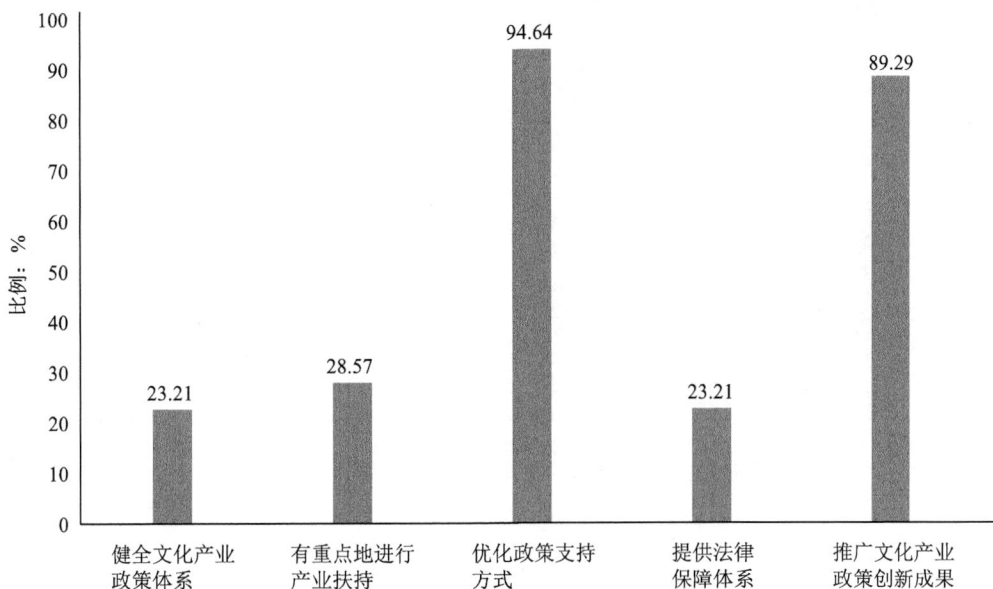

图 10　关于人民对于政府应如何调控政策以促进上海自贸试验区文化建设的看法

一方面，提高政府办事的行政效率。从政府服务效率、服务人员的专业水平和服务态度入手，提高政府的服务水平，保证政府服务的品质。

另一方面，出台文化市场开放政策，并制定文化产业相关政策，推动上海自贸试验区乃至更大范围的文化产业新发展。

2. 推广文化产业政策创新成果

一是设定推广内容，主要针对自贸区内的文化产业相关政策，具体到各个行业种类，均要有一些政策指明发展方向和具体路径。二是要选择合适的信息传递者，通过组建政策专家智囊团等形式，为企业提供政策宣传解读的服务。三是要继续强化品牌效应，保障政策实施，促进文化产业顺利发展。

（五）推动建立人才保障机制

如图 11 所示，对于保障人才这一问题，上海市民认为可以从重点培养高层次人才、文化专业人才，加大知识产权保障制度等方面来改进。

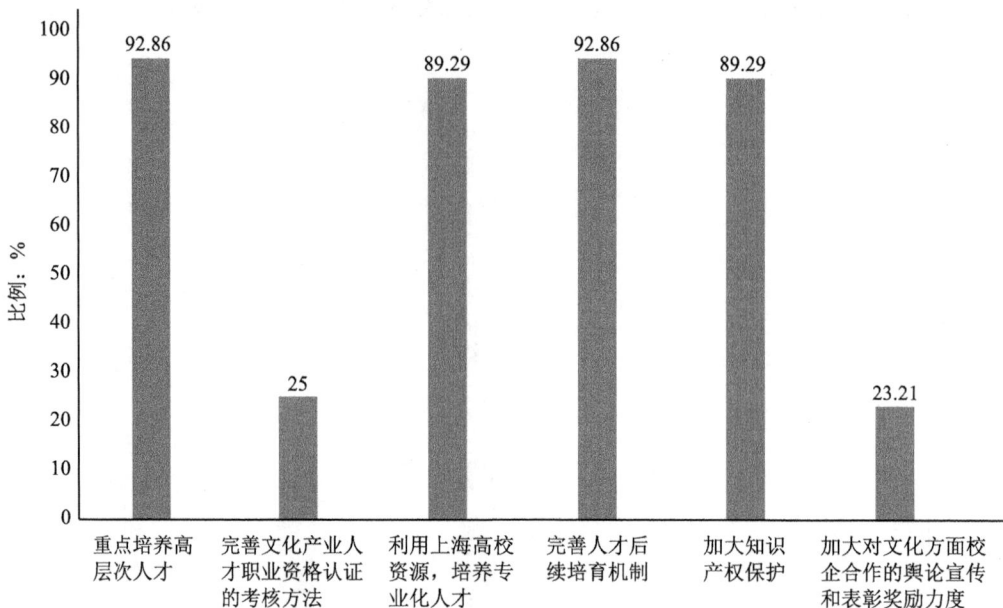

图11　关于政府应如何保障人才的看法

1. 文化事业的人才保障方式

一方面，坚持以高层次人才培养使用为重点。坚持自主培养与海内外引进相结合，通过引进与教育培训，造就一批高级管理人才；促进创新团队建设，为提升城市软实力、促进城市文化事业发展提供人才支撑。另一方面，利用上海高校资源，培养文化专业人才。上海市政府可以挑选一批学校建立实训基地。加大对上海急需的各类专业人才的培养力度，增加招生规模，增设相关专业，专门培养文化产业所需要的各类人才。

2. 文化产业的人才保障方式

一方面，强化人才后续培训机制。企业应该重视人才的后续培养，文化企业应发展长远眼光，认识到继续教育人才的重要作用；拓宽培训形式，从其他企业中邀请专业人才进行培训；建立继续教育基金，以保证各层次人才有机会参与继续教育。另一方面，加大知识产权保护力度。加强知识产权补贴。对知识产权优势企业，进行投入补贴，不断完善知识产权资助机制。加大知识产权执法维权力度，加强知识产权监测，及早发现、及时制止侵权行为。

五、结语

总的来说，上海自贸试验区的文化建设离不开国家的支持和自身的独特优势。在改革开放和我国文化自信不断提升的大背景下，上海自贸试验区文化建设为对外文化贸易搭筑了平台、促进了我国文化保税领域发展、引领了上海市文化产业的繁荣发展，但仍然存在文化传播力不足、文化产业缺乏创新、文化建设政策不完善、缺乏人才等问题。上海自贸试验区在未来应该着重提高文化传播力、促进文化产业创新发展、提升文化产业配套服务水平、优化文化建设政策、推动建立人才保障机制，着力于推动上海自贸试验区的文化建设，同时为我国文化事业和文化产业的发展提供有益借鉴。

参考文献

［1］韩钰，苏庆义，白洁．上海自贸区金融改革与开放的规则研究——阶段性评估与政策建议［J］．国际金融研究，2020（8）：46－55．

［2］刘姿均．新媒体时代文化传播力的提升策略［J］．新闻研究导刊，2021，12（8）：245－246．

［3］尹晨，周思力，王祎馨．论制度型开放视野下的上海自贸区制度创新［J］．复旦学报（社会科学版），2019，61（5）：175－180．

［4］李沛欣．上海自贸区文化产业政策优化研究［D］．上海：华东政法大学，2016．

文创产品对我国传统文化传承作用的调查研究

陆丽琼　任　倩[①]

【摘　要】文创产品是文化创意产业的重要组成部分。文创产品不仅是一种具有使用功能的商品，更是艺术创作与精神文化的有机结合。我国源远流长、灿烂多元、博大精深的传统文化是文创产品设计取之不尽、用之不竭的宝贵资源。北京是全国文化中心，本文以北京地区的文创产品发展为例，探究文创产品的发展历程及对传承我国传统文化的作用。

【关键词】文创产品；传统文化；传承

近年来，随着人民群众对文化生活的重视与弘扬传统文化的思想不断加强，大量不同类型、不同形式的文创产品涌入人们的生活。从一系列"故宫博物院周边"到各种节日的标志性产品，再到 2022 年北京冬奥会吉祥物"冰墩墩"和"雪容融"，文创产品成为市场新宠，给文化事业发展带来了经济支持。文创产品不再是普通的"旅游纪念品"，更是弘扬中华优秀传统文化的重要载体。本次调研通过网上问卷调查、实地调研及参考前人文献和最新媒体资料的方式进行。实地调研方面，小组成员前往北京故宫及奥运村进行实地考察，并在北京故宫及奥运村就地发放纸质问卷 100 份开展调查。在线问卷调查方面，团队成员通过微信朋友圈和微博链接等途径让网友填写并回收 100 份问卷。本次问卷发放共 200 份，有效问卷 200 份，有效率达 100%。

本次调查涉及各个年龄阶段，其中 20 岁以下占 26.53%，20～30 岁占 53.06%，31～40 岁和 40 岁以上的人群各占 10.2%。对于调查群体的学历，绝大多数人受过高等教育，其中大学本科（专科）学历占 75.51%，研究生及研究生以上学历占 12.24%，另有 12.24% 为高中及以下学历。

一、我国文创产品的发展现状

随着人们精神需求和文化自信的提升，国潮兴起，文创产品茁壮发展，爆款频出，广受消费者热捧。在传统文化创新的道路上，文创产品的设计也逐渐崭露头角，因其投资的高回报率，也成了新的消费热点。文创知识产权（IP）本身就是国潮文化的代表，挖掘到用户喜欢新事物、对传统文化的认知和需求更为强烈的特点，衍生

---

① 本课题指导教师：陆丽琼（北京工商大学马克思主义学院）；课题组组长：任倩（工商 20 全英）；课题组成员：陈诺（工商 20 全英）、顾可（工商 20 全英）、郝萌萌（工商 20 全英）、陈照林（工商 20 全英）。

出三星堆彩妆、兵马俑雪糕等一系列有趣的文创产品。

（一）我国文化创意产业的发展态势

近年来，国家出台的相关产业政策和指导意见加大了对文化创意产业的扶持力度，地方出台的相关政策及发展规划明确了文化创意产业的发展目标，两者共同促进了我国文化创意产业的发展。如今越来越多的文化消费已经不再拘泥于传统的消费场景，摆脱了时间、空间和成本的限制。文化创意和科技创新相辅相成，"互联网＋"和"文化＋"成为共识，共同推动文化创意产业的发展。无论是线上数字文化内容还是线下文化产品，新技术的变革满足了多元化的消费诉求，而科技的不断发展加速了文化产品层出不穷的形态更迭，催生更多的文化消费场景。随着我国文化创意产业的不断发展，文化创意产业区从长三角、环渤海、珠三角等东部沿海地区向中西部地区蔓延，全国文化创意产业区遍地开花，蓬勃发展。

根据清华大学文化经济研究院和天猫联合发布的《2019博物馆文创产品市场数据报告》，近年来我国博物馆文创市场呈现高速增长态势。2019年故宫文创产品整体规模相比2017年增长了3倍。2019年"故宫文具"的建立，故宫文创产品已经成为中国博物馆文创发展中最具代表性的缩影。中商情报网数据显示，2020年，仅上海文创产业的全年总产出就超过了2万亿元。2021年，全国规模以上文化及相关产业企业营业收入达119 064亿元，比上年增长16.0%，两年平均增长8.9%。分业态看，文化新业态特征较为明显的16个行业小类实现营业收入39 623亿元，比上年增长18.9%；两年平均增长20.5%，高于全部规模以上文化及相关产业企业11.6个百分点。

图1 2016年至2021年全国规模以上文化及相关企业产业营收统计

（二）北京冬奥会文创产品广受欢迎分析

北京冬奥会的成功举办又一次将我国的优秀文化展现在世人面前，随之诞生的文创产品更是掀起了一场购买热潮。冬奥会的吉祥物冰墩墩、雪容融，以国宝熊猫和传统的红灯笼作为蓝本设计，一经推出就收获了积极的反响。玩偶、盲盒、钥匙链等产品一售而空，甚至出现"一墩难求"的情况。人们喜欢冰墩墩不仅是它的外形可爱，更是因为它隐藏着独一无二的文化内涵。

据相关数据统计，2022年北京冬奥会、残奥会共推出多达5000多种文创产品，其中设计精美、寓意吉祥的"冰墩墩"和"雪容融"尤其受到中外人士的喜爱。它们一个是以中国国宝的形象亮相，一个源自代表中国传统文化特色的灯笼元素，用这样独特的文化IP赋予这两类产品以灵魂。这种新奇的概念吸引了众多消费者，再加上冬奥会这个备受关注的热点，使这两款产品在市场上热销。另外，做工优良也是产品品质的保证，这都归功于设计团队将制作的任务交给了优秀的第三方工厂，每一个零部件都经历了建模、抛光等十多道复杂的工序。正是这样精良的工艺，造就了冬奥吉祥物的热卖，展现了中国文化的软实力。

其中，"冰墩墩"有着"软萌"的人设，它为大熊猫披上了二次元外表，打造了畅通的跨文化传播通道。"冰墩墩"身上展现的美好品质，传递了中国人美美与共"一起向未来"的心愿，引起中外人士的情感共鸣，成为全世界共享的记忆符号。一只"冰墩墩"，不仅让我们看到了中国工业的生产能力，也让我们看到了中国文创产品的吸引力。

二、文创产品对传承传统文化的作用

（一）深厚的传统文化底蕴是文创产品创作的源泉

中国传统文化为文创产品设计师提供着灵感。我国文创产品的设计根植于中华优秀传统文化，优秀的文创设计是对中华优秀传统文化加以精炼后的转化成果。一款文创产品背后包含的文化现象、文化典故是极其丰富的。即使文创产品消费者在购买行为中不能窥见文创产品背后设计的全貌，他们也能通过这种精炼后的转化成果感受到产品背后蕴含的丰富文化内涵。

传统的文创产品形式单一、价格较高、实用性低、品类少、文化与产品的结合比较生硬。随着近几年的发展，越来越多的人开始意识到具有中国特色的传统文化的博大精深和深刻蕴含是其他任何国家文化所不可取代的，中国人对于自有的本土文化的关注与发掘的热情也日益增长，对中国传统元素的热爱也更加强烈。故宫将文创产品和传统文化融合的模式也成为其他博物馆纷纷效仿的文创模式。

（二）文创产品让传统文化"活起来"

传统文化与文创产品相互依托、相辅相成，通过文创产品这一优秀且具有代表性的载体，带动更多人了解传统文化、潜移默化地推动传统文化的传承和发展。文创产品不仅使传统文化与大众零距离接触，而且使传统文化更接地气、更生动，使传统文化"活起来"了。

随着人们生活质量的显著提高，人们对于产品所蕴含的文化含义及文化价值更为注重。从调查结果来看，有超过50%的人喜欢文创产品，愿意购买文创产品（如图2

所示）。其中装饰类、日用品类及收藏类是购买人数最多的文创品类，由此可见，文创产品可以很好融入人们的日常生活中，且兼具文化传播属性及实用性，对传统文化"活起来"产生积极作用。这一结论在调查结果中有所体现，超过75%的人因为购买文创产品增加了了解相关传统文化的意愿（如图3所示）。

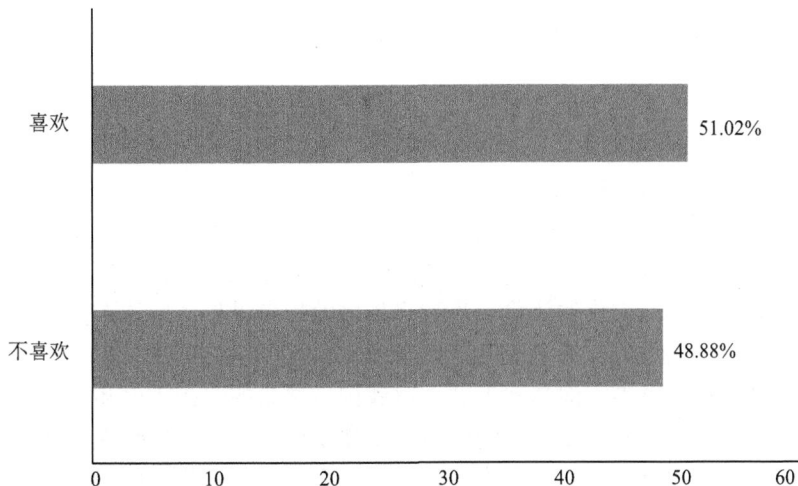

图2　文创产品喜欢比例

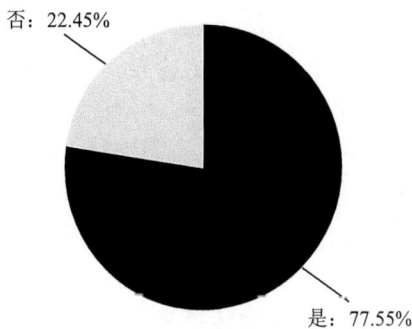

图3　购买文创产品是否增加了解文化的兴趣

　　故宫博物院的周边文创依托中华优秀传统文化创作而成，例如故宫的名画通过文创产品破圈而出，不仅使文物"活起来"，同时激发了人们了解名画背后关于我国国画文化、传统水墨画及相关民俗特色的兴趣。此外，文创产品也是一个重要的文化沟通的桥梁及载体，传统文化和文创产品的融合同时吸引着国内外友人，让更多外国友人深入了解中华优秀传统文化的内涵和创新。

　　冰墩墩的诞生是中华优秀传统文化创造性转化的又一代表作。设计师将具有我国文化代表性的熊猫形象与冰雪文化相结合，生动地展现了中华文化的融合之美。冰墩墩系列周边产品的设计也无一不在展现着中华优秀传统文化，其中包含了传统生肖文化、新年文化和当代航天文化。汉字文化、色彩文化与盲盒相结合的系列盲盒等也吸引着更多人进一步了解不同领域的中国传统文化。

冰墩墩除了外形可爱外，其蕴含的中华优秀传统文化更吸引购买者。随着越来越多承载或体现我国优秀传统文化的文创产品的诞生，会带动更多人了解传统文化、宣传传统文化。

（三）文创产品为增强文化自信赋能

增强文化自信，首先要拉近文化与人的距离，建立人对于对象文化的基本认知。文创产品作为向大众宣传传统文化的优秀载体，为大多数人接触传统文化提供了很好的窗口，为增强文化自信赋能。

文创产品可以从两方面增强人民的文化自信：一是让人民通过文创产品看到根植于其中的传统文化底蕴；二是通过文创产品使传统文化走向世界，外国人喜欢中国文创所传达出的是对中国文化的认可。当越来越多的来自世界各地的人能够喜爱和热爱我国的文化，我国人民的文化自信也会与日俱增。以故宫文创和北京冬奥会文创为例，故宫文创小小的书签，向消费者展现着我国古建筑的悠久历史和辉煌成就；冰墩墩和雪容融带动文创核心市场扩大的同时，也使中国传统文化的受众显著增加。看到自己国家的吉祥物被世界各地的人喜爱，人民的自豪感和文化自信便油然而生。

（四）文创产品推动传统文化创新

要想让更多人继承和发扬传统文化，就必须让传统文化活起来。文创，就是让文化活起来并推动传统文化"现代化"创新的途径。一本残破的古籍上的书法文字对大众的吸引力是有限的，但是如果做成文件夹、笔记本这些日常生活中能够经常使用的文创产品，便降低了接触传统文化的门槛。而透过文创产品这个引子，文创产品的消费者循序渐进地了解传统文化的可能性就会从无到有。

如图4所示，许多文创消费者在消费时都会留意文创产品包装上的信息。为了促进消费者通过文创产品了解传统文化，文创产品在包装上提供相关文化知识，或是附上相关知识的二维码等，用现代化的形式传播传统文化，从而促进传统文化的传承和弘扬。

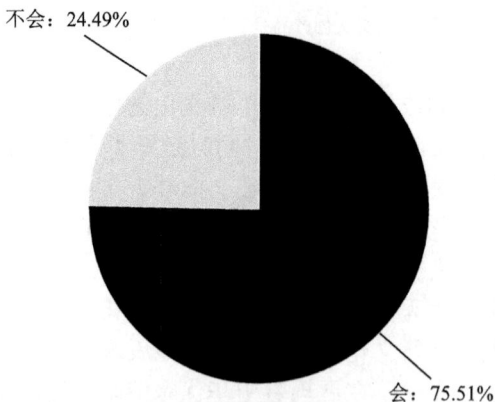

图4 居民是否留意包装上的信息

三、对未来文创产品发展的展望

2021 年 12 月 14 日，习近平总书记在中国文联十一大、中国作协十大开幕式上指出："博大精深的中华文明是中华民族独特的精神标识，是当代中国文艺的根基，也是文艺创新的宝藏。中国文化历来推崇'收百世之阙文，采千载之遗韵'。""故步自封、陈陈相因谈不上传承，割断血脉、凭空臆造不能算创新。要把握传承和创新的关系，学古不泥古、破法不悖法，让中华优秀传统文化成为文艺创新的重要源泉。"

随着时代的发展和技术水平的提高，智能、科技化的生活已然成为大多数人偏爱的生活方式。这更加提醒我们创新的重要性，弘扬传统文化不能再拘泥于口耳相传。好的创意不会自动呈现，传承不是传递，更不是复刻。从文创产品的设计、包装，再到宣传方式的改变，可创新之处无处不在。具体可以采用以下四种方式加强文创产品的创新。

（一）大胆融合传统与创新

在当今竞争激烈的文创产品市场中，呈现出一种现象即对文创产品外形的特别关注。我们认为在文创产品的设计和包装上，以文化为内涵，以创新为驱动，以产品为载体。将一些典型、有趣的故事与传统文化整合，让文创产品走入人们的生活。

文创产品应该在设计和包装上，勇于跨越界限，大胆地将传统精髓与现代科技元素融合赋予其新的生命力。除了深入挖掘文化内涵作为创意的源泉，还不断探索和尝试新的表现手法与技术应用，使得产品作为这一融合过程的完美载体，承载着文化与创意的双重价值。

（二）立足"互联网+"平台

打造数字文化平台、智能文化平台，卖家可以不受地域限制，增加文创产品的影响力。同时，文创产品设计可以利用互联网平台了解用户需求，通过新媒体让用户对产品有身临其境的体验，实现实时互动，以便及时把握市场风向和用户需求进行调整。

（三）完善文创产品的设计与创新的激励机制

现阶段传统文化不仅缺乏有效的传播媒介，还有部分传统文化技艺的传承人没有能力凭借一己之力传承和弘扬传统文化。对此，文化主管部门需要优化社会资源，经常组织相关主题的交流活动，为文创产品创意产业发展提供良好的环境和高质量的资源。通过举办系列比赛的方式挖掘民间手艺人，也可以建立人才中介组织，或者在部分高校设置相关课程，发展相关专业，吸引更多年轻力量加入传统文化的创新队伍。

（四）提高吸引力，树立品牌意识

现阶段我国文创产业仍处于探索阶段，缺少忠实用户，所以树立品牌意识尤为重要。品牌作为文化载体，可以进一步体现出文创产品的设计理念、文化创新和重要内涵。在创新设计理念上，可以根据文创产品的地域特色深入挖掘产品的文化价值；在设计包装创新上，可以从色彩、材质、图案等方面进行视觉创新，打造专属品牌形象。

总之，文创产品发展势头正强，逐渐成为新的消费热点；文创产品不仅具有经济价值，更是传承和弘扬中华优秀传统文化的重要载体。我们应通过各种举措推动文创产品发展，从而促进中华优秀传统文化的创造性发展与创新性转化。

参考文献

[1] 田卉，向桃，兰亚妮，等．数字时代让文化消费更有品质［N］．光明日报，2020 – 11 – 20（007）．

[2] 报告：中国博物馆文创市场呈现高速增长态势［EB/OL］．（2019 – 08 – 15）．https：//www.chinanews. com. cn/cul/2019/08 – 15/8927991. shtml.

[3] 王维砚．文创产业的"长"和"短"［N］．工人日报，2021 – 04 – 05（04）．

[4] 郭闻．"冰墩墩"背后的中国制造和中国文化［N］．钱江晚报，2022 – 02 – 19（A0002）．

[5] 姬烨，李春宇．难说再见 期待重逢——"冰墩墩""雪容融"实体销售下线倒计时［EB/OL］．（2022 – 09 – 30）．http：//sports. news. cn/c/2022 – 09/30/c_1129045351. htm.

[6] 于长洹，聂伟．冬奥带火中国制造：吉祥物受捧"一墩难求"，产业链企业"爆单"［EB/OL］．（2022 – 02 – 08）．https：//www. sfccn. com/2022/2 – 8/5NMDEOMDdfMTY5NTK5Nw. html.

文化聚集地赋能旅游经济高质量发展研究

孟繁宾　苗嘉禾①

【摘　要】 本文从北京市东城区、厦门市鼓浪屿等微观视角切入，以自己的亲身经历与实地调研、问卷数据为依据，探究文化聚集地与旅游经济间的互惠共生关系，特别是研究相关产业在推动区域经济创造性转化和创新性发展中发挥的作用，分析文化聚集地助推旅游经济的发展路径与时空变迁，并为上述地区未来的经济发展寻找可供借鉴的发展路径。

【关键词】 北京与福建；产业布局；文化战略

文化是民族的精神命脉，文艺是时代的号角。我国历史源远流长、博大精深，灿若星河的文化遗产，如"有源之水"一般滋养着中华民族延绵不绝。只有当文化展现出超越物质和资本的强大力量、当制造业及相关产业融合文化品格时，一个国家的经济才能进入更高层次的发展阶段，才能源源不断地积累可持续发展和创造财富的内生动力。文化与经济向来联系紧密，二者共生互动的特点能够满足我国"五位一体"的总体战略需求，也决定了我们在对待经济与文化的态度上必须谨慎妥帖，任何经济现象中必然包含着特定的文化精神，"经济人"说到底是一种"文化人"。党的十八大以来，我国的文化战略及其政策支撑体系不断确立与完善，逐步实现了从文化系统内部结构调整到"文化＋""五位一体"全面建设的转变、实现了从"小文化"到"大文化"的转变，其中，本课题组选取的北京市东城区、福建省厦门市鼓浪屿就是将该战略运用于实践的典范。

本次调查主要采取非定向问卷调查的方式，兼有对市民进行相关问题的报道式采访。调查问卷由小组成员通过朋友圈转发等多种传媒方式，共发出调查问卷 205 份，回收 205 份，有效问卷 205 份，有效率达 100%。本次调研人群各年龄层均有涉及，以 25 岁以下的人群为主，占 66.04%；25~35 岁的人群占 9.43%；36 岁及以上的人群占 24.53%。填写人群的男女性别比例比较均衡，其中女性占比 54%，男性占比 46%。对于调查群体的学历，大多数人受过高等教育，其中大学本科（专科）学历占 70.87%。参与调查的人群大多数是北京市和福建省的居民，占 83.14%。

---

① 本课题指导教师：孟繁宾（北京工商大学马克思主义学院）；课题组组长：苗嘉禾（法学 212）；课题组成员：陈家榕（法学 212）。

一、文化聚集地的概念及作用

集聚效应是指各种产业与经济活动在时空上集中所产生的经济效果，以及吸引周边经济活动向一定地区靠近的向心力。作为一种常见的经济现象，集聚效应被应用于文化领域则具体表现为文化聚集地及产业集聚带。文化聚集地是指文化及相关企业形成一条比较完整的供应链，文化产品的生产制造、批发零售与相关的文化服务业汇聚在同一区域，从而以产业集聚推动规模经济的形成。目前，随着我国文化强国战略的重大推进，全国各地的文化聚集地如雨后春笋般在各大城市涌现——正是依托于聚集地悠久的人文底蕴和历史文化遗产，政府从产业布局政策、宣传政策端发力，众多文化聚集地才能脱颖而出，从单一的文化建筑群发展为兼具本土文化特色和现代经济模式的产业集聚带。

旅游经济是依托自然或人文类的旅游资源直接或间接带动经济效益的经济类型。随着我国经济体制改革和区域经济的创造性转化、创新性发展，旅游业目前已成为许多地区的重要收入来源及支柱型产业。文化与经济该如何平衡、规划，已经成为当今社会发展道路上的指路牌。根据微观经济学理论可知，任何经济活动和经济现象的背后，总是存在着某种人文观念的支配。经济活动中文化附加值越高，越呈现出经济文化一体化的趋势。由此可知，文化聚集地依托于自身较高的文化附加值，呈现出兼具产业集聚和厚重文化内涵的一体化趋势。文化聚集地一方面因其集聚的产业布局，降低了地区间的生产成本，促进了地区的资源流通、为区域创新提供便利条件；另一方面因其蓬勃的文化内生力和厚重的历史文化底蕴，为聚集地输送较为稳定的客源，保障聚集地内部的第三产业得以持续健康发展，二者互惠互利，形成经济发展的良性循环。

综上，文化聚集地兼具经济、文化两大优势，依托于健康合理的经济结构和浓厚的文化氛围，能够有力助推当地经济创新发展，为进一步拓宽文化产业聚集带、营造更加开放包容的文化环境作出贡献。

二、北京东城与福建鼓浪屿的文化聚集地效用

调研问卷的数据显示，问卷填写者现居地多位于福建省和北京市，学生占比68.87%，年龄在18至25岁区间的约占比66.04%，呈年轻化趋势，属于旅游经济消费群体的主力军。

（一）文化聚集地的政策布局

文化聚集地的成功，离不开合理的产业布局与宣传政策。在近年来我国出台的文化经济政策中，可以看到我国主要以"文化事业"与"文化产业"为单位，通过减税降费等手段进行全方位的宏观调控，从而优化市场资源配置。为优化特色文化要素、资本要素的市场化配置，南锣鼓巷以北京特产店、小吃商铺等为依托，发展成为

吸引消费的商业街。上述政策红利充分展示了改革成效，放宽市场准入使得这种以消费为主要收入来源的新文化聚集地能够自主进行内部良性循环，充分发挥其赋能经济发展的作用。

同时，随着大众传媒和互联网的普及，我国文化宣传政策日益呈现出贴近下沉市场的趋势——脍炙人口的公益宣传广告搭载互联网媒体出现在公共场合，越来越多的博物馆搭上了互联网的顺风车，真正做到"让国宝活起来"。故宫博物院淘宝网店的大火、《千里江山图》等大力开展文创联名、众多知识产权（IP）的走红就是最好的证明。如图 1 所示，根据问卷调查结果，因"新闻联播前后公益广告""互联网推送""自身具有很大名气"而知晓游玩地点的人数占总人数的一半以上，充分说明我国近年来的文化政策卓有成效，健康向上的文化氛围日益浓厚，多元灵活的宣传理念使得"老文化活过来，新文化走出去"，让文化聚集地源源不断地向外输送自己的文化魅力，使经济活力成为可能。

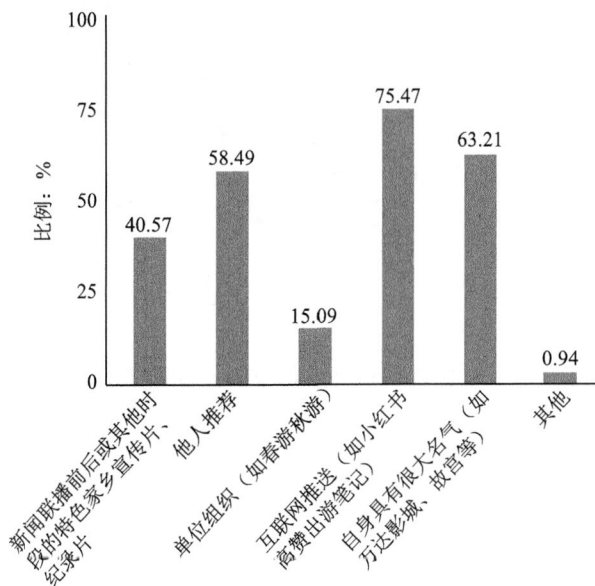

图 1　市民获得文旅地点的途径

（二）文化聚集地的集聚优势

文化聚集地是经济与文化聚合的产物，其最大优势在于产业集聚。正如上文中提到的，集聚效应带来的知识外溢既可以与邻近的企业实现资源共享，为区域创新提供便利条件，也对周边地区的经济增长有一定辐射作用。通常，大型商超仅仅为消费者提供一站式的购物体验，而文化聚集地则能够满足游客的一站式生活需求，足以吸引他们停留多日——这意味着文化聚集地拥有较成熟的交通、食宿等条件。

如图 2、图 3 所示，约 56.6% 的受访者在选择出游地时将交通条件作为首要因素；约 75% 的受访者会选择高铁这样平价舒适的公共交通，短途出行兼采地铁、私家车出行。因此，为满足消费者的出行需求，成熟的文化聚集地必须以发达的公共交通作为基础。北京东城区、厦门鼓浪屿之所以能够成为文化聚集地，景点间发达的交通线路、合理的整体布局和成熟的线路规划是其内在优势的重要因素之一。综上，我们可以得知，交通与市场需求相辅相成——便利的交通吸引人们前往，而文化聚集地优越的交通条件，能够帮助自身所在的地区招揽游客，吸纳资本，由此衍生的巨大的市场需求和资金又可以用于促进公共交通布局合理化，可谓双赢。

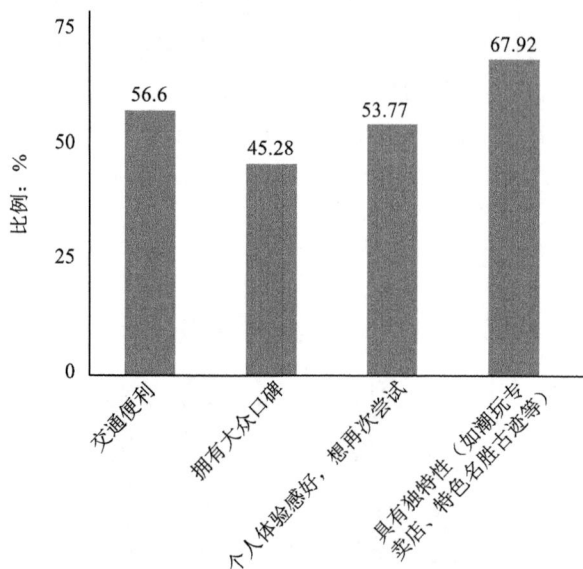

图2　市民着重考虑的文旅地点条件类型

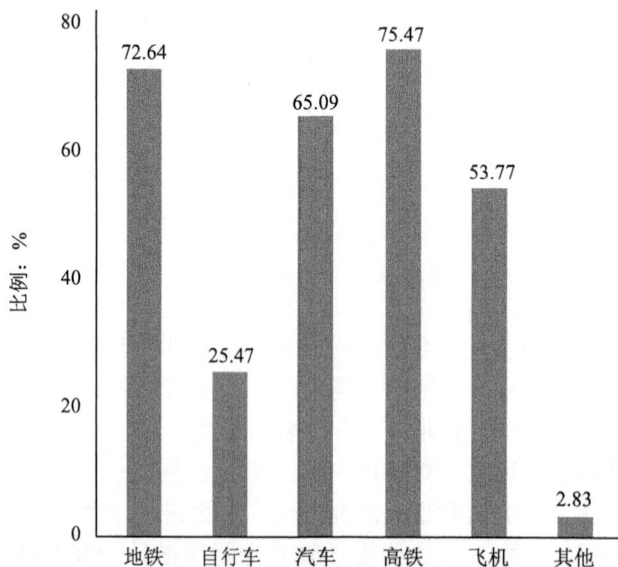

图3　市民出游时选择的交通工具

结合图 2 分析图 4 可知，大部分消费者相对重视"体验感"，即出行游玩的舒适程度和目的地对于基本生活需求的满足程度。住宿在各项必要开支中占比最大，可见无论是长途旅行还是短途旅行，食宿都是高质量出行不可或缺的条件，"既要玩好，又要吃好睡好"是游客最理想的游玩状态。

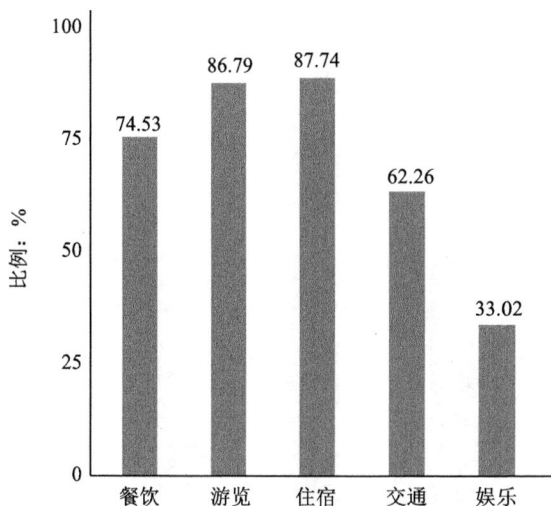

图4 市民出游时着重消费的产业类型

文化聚集地的优势之一在于产业集聚，这就意味着景点周围分布着许多可供游客歇脚的旅店、咖啡厅。以北京东城区为例，故宫博物院、雍和宫等历史悠久的景区周围就排布着大大小小的特色餐厅、酒店民宿，王府井、前门大街等潮流商业街区也能够满足各个消费阶层人群的需求。同为文化聚集地的鼓浪屿也是如此，巅峰时期岛上的民宿数量一度超过 400 家，总数庞大、分布均匀，覆盖面广。同时，在客流的带动下，岛上的上屿水产、林四喜闽南菜、海上花园自助餐等品质较好的餐厅都拥有较高的上座率。因此，良好的食宿条件能够通过满足游客的基本生活需求，稳定客源；同时稳定的客流量为该聚集地内的居民创造了工作条件和劳动收入，达到可持续发展的效果。

（三）文化聚集地的历史文化优势

结合图 2 分析图 5 可知，大多数受访者对于景点比较看重"独特性"与"口碑"这两个因素。约 71% 的受访者对于文创产品的营销模式表示"认同"或"比较认同"，可见大多数消费者能够接受将文化内涵加之于产品之上，使产品因文化而"独特"。北京东城区与鼓浪屿作为文化聚集地，拥有深厚的历史底蕴，自身就是某种文化内涵的象征。得益于开发时间早、发展程度高及自身文化底蕴深厚的优势，二者均在外地游客中拥有良好的大众口碑。以厦门鼓浪屿为例，这座总面积约 1.88 平方千米的"琴岛"从 19 世纪中叶起陆续受到来自中国闽南地区、西方国家和东南亚国家等多元文化浪潮的席卷，是南洋风情与华侨文化交融的典范。据鼓浪屿管委会相关人士介绍，在暑期免门票机制的加成下，鼓浪屿核心景点高峰期单日入园客流达 2.2 万人次，省外游客入园比例达总人数的 70% 左右，充分体现鼓浪屿作为全国知名的文化聚集地对外地游客的强势吸引力和火热的市场需求。

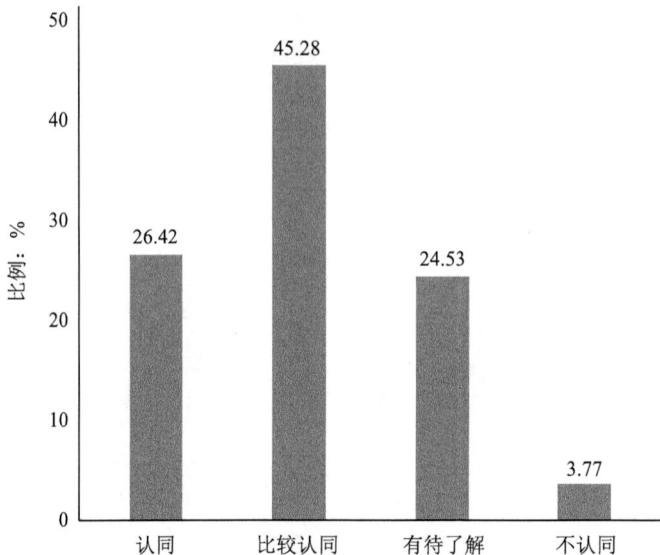

图 5　市民对文创产品的营销模式持有的态度

三、文化聚集地与经济发展的关系及展望

（一）探究文化精神内涵才能更好地助力经济发展

文化聚集地是经济与文化聚合的产物，越来越多的文化聚集地成为吸纳资本、助力本地经济发展的利器。由此可见，当今我国市场中经济与文化依赖度逐渐上升，经济体中呈现文化附加值含量逐渐增高的趋势。马克思主义观点指出，任何经济活动和经济现象的背后都有某种观念和人文意志的支配，文化与经济不可能脱离对方而独立存在——因此，任何经济活动都象征着某种文化精神，展示着某种文化特质。鼓浪屿之所以能够成为闻名遐迩的世界文化遗产，得益于琴岛独有的华侨文化和南洋风情，更离不开当地政府对琴岛文化精神内涵的探索实践。

（二）谨慎贴合文化氛围，探索多种发展模式

马克思主义认为，社会的客观规律必须通过人的自觉活动才能实现，社会发展表现为一种创造性、可自主选择性的发展——但自主选择并非放任恣意，文化的发展模式也并非放之四海而皆准。因此，在制定经济政策时，我们应谨慎贴合文化聚集地的文化氛围，进而探索出多种发展模式。厦门鼓浪屿四面环海，由于运输成本高、地理

上的天然隔阂，自然无法引入厦门岛内的大型第二产业；同时该岛属亚热带湿润气候、岛上地形多山而少平地，限制了第一产业的发展。因此，依托优质文旅资源、历史文化底蕴，以旅游经济为代表的第三产业最具发展前景。多年来，在厦门市政府的努力下，岛上存在的无证照设摊经营、坐地起价、散发广告物品等乱象得到良好规范，并通过增设"零碳排放"等环保条款，逐步形成绿色长效发展机制。

（三）经济发展对文化聚集地的反向助推作用

正如上文所述，文化聚集地以旅游经济作为区域内的支柱型产业，在保障聚集地内居民收入的同时，给予地方财政税收、岛上基建设施完善和可持续发展以正向反馈。以北京市为例，2021 年，北京市接待游客总量 2.55 亿人次，同比增长 38.8%；实现旅游总收入 4 166.2 亿元，同比增长 43%。同时，依托冬奥会蓬勃发展的冰雪旅游热度不减，通过多种业态融合的方式持续为打造世界级冰雪旅游聚集地发力，带动张家口周边京张体育文化旅游带建设。可见，以北京为首的众多旅游城市均在文旅融合、数字赋能、服务提升、产业升级等方面持续发力，并通过文旅创收进一步为文化聚集地筹集资金，创新其收入模式，丰富聚集地业态。

综上我们可以得出，文化聚集地的成功离不开两个核心要素——优秀的政策布局和自身广博的文化底蕴。因此，依托于我国开放包容的文化环境，我们应深入贯彻实施文化强国战略，以各地经济聚集地为主要发力点，完善产业布局政策和对外宣传政策，发挥集聚效应和聚集地的内在交通、地理优势，不断提升非遗景区、文化遗产的保护水平，续写创新性保护传承、多样化融入生活的新篇章。

参考文献

[1] 朱道衡. 鼓浪屿核心景点高峰期单日入园客流 2.2 万人次 [N]. 厦门日报，2022 – 7 – 20（A04）.

党的十八大以来脱贫攻坚成果及问题调研

孟繁宾　　陈思维①

【摘　要】本调研报告介绍了脱贫攻坚的历程及其取得的成果，重点论述党的十八大以来脱贫攻坚的成就及历史意义。通过问卷调查的形式对基层脱贫攻坚的成果进行调研，以直观的数据展现近十年来脱贫攻坚在基层取得的成果。此次调研发现了脱贫攻坚中存在的若干问题，如宣传广度不够、宣传形式单一化、脱贫资金使用不合理、产业扶贫力度弱及特殊贫困群体脱贫困难等，并从重点群体加大宣传力度、不同受众差异化宣传、加强脱贫资金的管理与保障、加大产业扶贫力度、加强医疗保障力度等多方面给予建议，助力巩固脱贫攻坚的成果。

【关键词】脱贫成果及意义；脱贫不足之处；合理化建议

2021年2月25日，习近平总书记在全国脱贫攻坚总结表彰大会上庄严宣告，我国实现了现行标准下9 899万农村贫困人口全部脱贫，832个贫困县全部摘帽，12.8万个贫困村全部出列，区域性整体贫困得到解决，完成了消除绝对贫困的艰巨任务。在中国共产党的坚强领导下，中国创造了人类减贫史上的奇迹。

一、脱贫攻坚奋斗历程

20世纪90年代初，邓小平同志针对我国生产力普遍低下的情况，提出社会主义初级阶段理论。改革开放后，江泽民同志指出"通过发展生产力不断提高人民的生活水平"，并把国家的工作重心落实到发展先进生产力上来。我国贫困人口从1993年的8 000万人下降到2000年的3 209万人，贫困发生率也由1993年的8.8%下降到2000年的3.5%。后来胡锦涛同志提出要把发展作为党执政兴国的第一要务，坚持以人为本，强调发展的科学性和协调性，注重推动城乡之间、区域之间均衡发展。进入新时代，以习近平同志为核心的党中央立足我国国情，不断激发贫困人口脱贫的积极性，注重提高贫困人口的致富能力，使贫困地区依靠自身实现长远发展，丰富了马克思主义反贫困理论。

中国共产党在带领人民脱贫攻坚的进程中，始终把消除贫困、实现共同富裕作为党治国理政的重要内容。2017年10月25日，习近平总书记在十九届中共中央政治

---

①　本课题指导教师：孟繁宾（北京工商大学马克思主义学院）；课题组组长：陈思维（生物211）；课题组成员：徐敏悦（生物211）、龚震（生物211）、徐艺绢（生物211）、刘蔻梵（生物211）。

局常委同中外记者见面时强调，"共同富裕路上，一个也不能掉队"。中国共产党领导全国开展脱贫攻坚战，就是要通过各方面建设逐步实现全体人民共同富裕。

二、问卷样本分析

问卷通过互联网发放 400 份，线下走访调查填写 100 份，从 2022 年 7 月 15 日开始发放，截止日期为 2022 年 8 月 15 日，共计 30 天，调研人数 500 人，回收率100%，其中青少年（18 岁以下）107 人，占比 21.40%；青年 297 人，占比 59.40%中老年 96 人，占比 19.20%。年龄分布较为合理，地域分布广，可以说明调研结果的有效性和代表性，具体如图 1 所示。

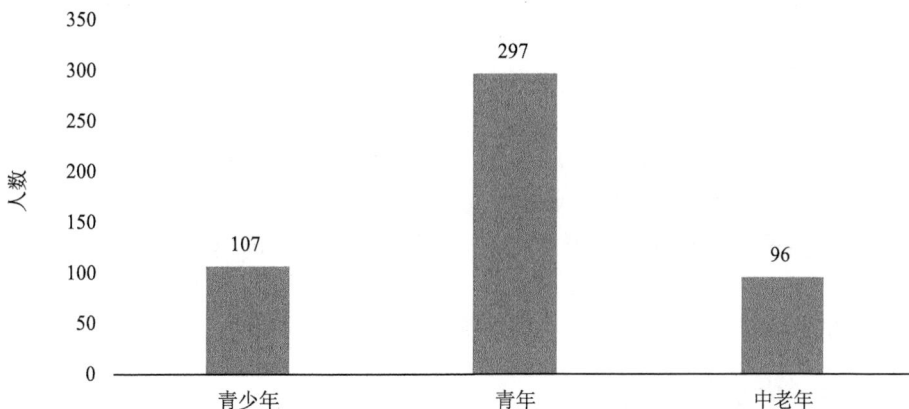

图 1　被调查者年龄分布图

三、脱贫攻坚成果

（一）基层脱贫效果明显

基层减贫效果明显，极端贫困发生率已经近似降为 0，问卷结果显示所调研人群亲友或周围人员家庭人均年收入远低于 2 300 元的问卷数为 1，比例仅为总人数的0.20%，且原因为因病返贫，这说明我国极端贫困户的占比已经处于一个极低的水平，我国脱贫攻坚的任务已经圆满完成。同时，有小部分群体仍然游走在贫困的边缘，已经回收的数据中建档立卡人数有 7 人，占总数的 1.40%。部分已脱贫人口面临返贫的风险，在调查中有 3 人目前面临返贫的风险，占比为总人数的 0.60%，具体原因分别为 2 人患有慢性疾病，1 人失去劳动力同时患有慢性疾病。虽然数据表明我国的脱贫力度之大，覆盖范围之广，是人类历史上绝无仅有的，但也要警惕极端贫困、因病致贫的卷土重来，在面对贫困时不能一劳永逸，要在党和国家的领导下坚决配合打好脱贫攻坚的持久战。

（二）人民生活质量大幅提高

调查显示，有近 92.00% 的被调查者认为近十年来自己的生活质量有明显的提高，有 7.20% 的被调查者认为自己的生活水准和十年前近似一致，仅有 0.80% 的被调查者认为自己近十年来的生活水准有下降。同时，通过分析 103 份经历过或仍处在贫困状态的被调查者的问卷后发现，103 位被调查者的近十年来的生活水准都在不同程度上有所提高。

从整体来看，提高最为明显的是人居环境，占比 27.00%。随着生态治理的不断深入，基层百姓明显感觉到天更蓝了，水更清了，城市的绿化和各种景观越来越多。其次是人均收入，占比 22.00%。有数据显示，2011 年全国居民人均可支配收入约为 1.46 万元，2021 年全国居民人均可支配收入约为 3.51 万元，增长率达到 140%。排名第三的就是出行便捷程度，占比 19.00%。截至 2024 年 9 月，我国高铁总里程已经超过 4.6 万千米，覆盖了 96.00% 的人口超 50 万的城市，位列世界第一；2023 年，我国的公路总里程也已达 543.68 万千米，位列世界第一；2023 年，我国定期航班航线达 5206 条，定期航班国内通航城市（或地区）255 个（不含香港、澳门和台湾地区）。公路、高铁及飞机的不断普及，使我国居民出行的选择更加多样化、更加便利。除了以上三种之外，教育公平（11.00%）、社会治安（7.00%）、政策便利性（5.40%）也是党的十八大以来使居民生活质量提高的重要因素。

四、脱贫攻坚存在的问题

我国脱贫攻坚工作取得了很大的进展，完成了消除绝对贫困的艰巨任务，但在脱贫攻坚的后期宣传及科普工作上还存在一些问题。

（一）脱贫攻坚后期宣传程度低

如图 2 所示，在所调查的 500 份问卷中，群众对于脱贫攻坚的了解程度不是很深，仅有 69% 的被调查者对脱贫攻坚比较了解，仍有 27% 的被调查者没有系统性

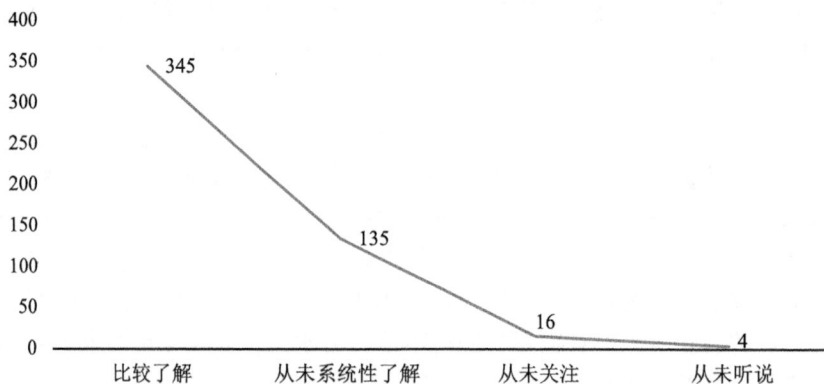

图 2 脱贫攻坚了解程度分布图

了解脱贫攻坚，还有 3.2% 左右的被调查者表示从来没有关注过脱贫攻坚，最后有 0.8% 的被调查者表示从未听说过脱贫攻坚。从人群类别来看，青少年中十分了解脱贫攻坚的人数占比为 59%，青年中十分了解脱贫攻坚的人数占比为 78%，在中老年人群中十分了解脱贫攻坚的人数占比为 46%。以上数据充分说明，脱贫攻坚工作虽然已经完成了既定的实质性目标，但在后期的宣传上表现出乏力的状态。

（二）脱贫攻坚后期宣传形式单一化

如图 3 所示，有 93.33% 的被调查者主要通过电视新闻等主流媒体了解脱贫攻坚，还有 41.67% 的被调查者通过抖音、快手等短视频平台了解脱贫攻坚，有 50% 的被调查者听同学、同事或者身边的人谈起从而了解脱贫攻坚，有 55% 的被调查者通过书籍、报纸等了解脱贫攻坚，剩余 6.67% 的人则是通过其他方式了解脱贫攻坚的。从以上数据来看，现阶段大众主要通过传统的信息获取渠道来了解脱贫攻坚，从一定程度上说明了脱贫攻坚的宣传形式单一化，而新时代短视频平台的兴起给脱贫攻坚的广泛宣传带来了契机。

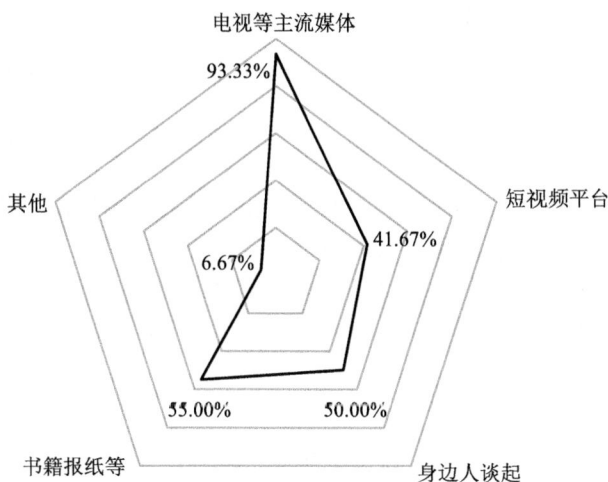

图 3　脱贫攻坚信息获取渠道分布图

（三）脱贫资金不合理使用

在实践中，部分地区发展资金严重不足，导致扶贫开发的步伐不够快。如图 4 所示，被调查贫困户群体中有 56% 的人觉得扶贫资金被浪费掉了，因此容易出现扶贫专项资金与实际所需存在缺口的问题。虽然扶贫资金总体上体量庞大但经过省、市、县等多层级多部门的层层审批后，实际落实在农村贫困户扶贫工作上的资金较少，导致面上扶持的多，集体扶持的多，贫困户扶持的少，严重影响了扶贫的效果和质量，个别地方出现了村集体富强了，但是个人经济水平较低的表面繁荣现象，这对长期巩固脱贫攻坚来之不易的成果来说是不利的。

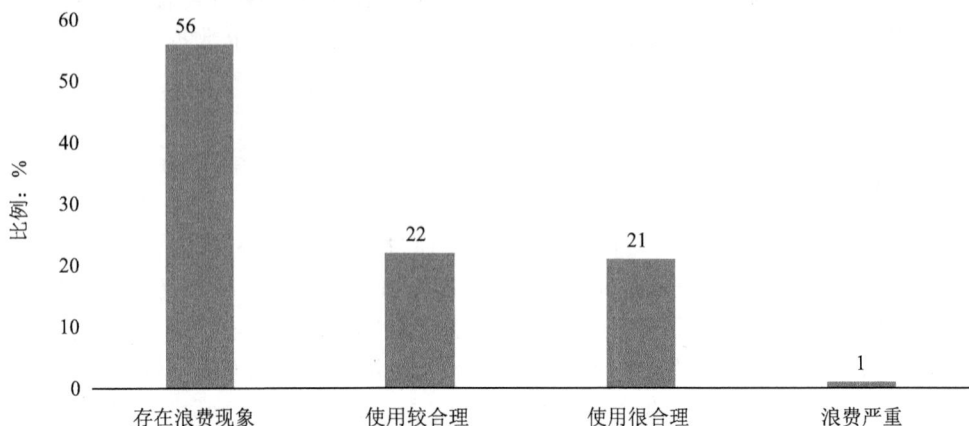

图4　扶贫资金使用情况满意度调查图

（四）产业扶贫力度弱

目前的扶贫开发主要集中在路、水、电等基础设施建设上，此种方法虽然能在短时间内改善贫困地区的居民生活条件，但是如果不给予配套的可长期经营的扶贫产业，就容易导致已经脱贫的贫困户在几年内面临极大的返贫风险。再加上较多扶贫项目都是一些较为早期的产业，其扶贫产业单一化程度强，容易在激烈的市场竞争中受到冲击从而再次返贫。还有个别帮扶的单位或者干部不了解扶贫项目的具体业务，造成了扶贫项目信息传达不到位的问题，这样容易使扶贫项目在层层落实中变了味道、脱离了原本的意义，无形中增加了扶贫开发的难度。

（五）特殊群体脱贫困难

脱贫攻坚虽然在整体上取得了决定性胜利，但在面对少数困难农户时仍存在一些困难。少数困难农户因其特殊的条件，难以通过现有的脱贫手段脱贫，在一定程度上阻碍了整体的脱贫进程。对于贫困户中的特困户、缺乏劳力户，大病返贫户、孤寡老人户等，还缺乏因户制宜的扶持办法。虽然随着精准扶贫的不断深入这一现状已经在一定程度上得到缓解，但在一些欠发达地区精准扶贫的力度还存在明显的不足，部分特殊困难群体还没有被纳入精准脱贫的范围中，种种不利条件都是日后脱贫攻坚战成果巩固和精准扶贫不断推进过程中需要面对的问题，也是需要克服的困难，具体如图5所示。

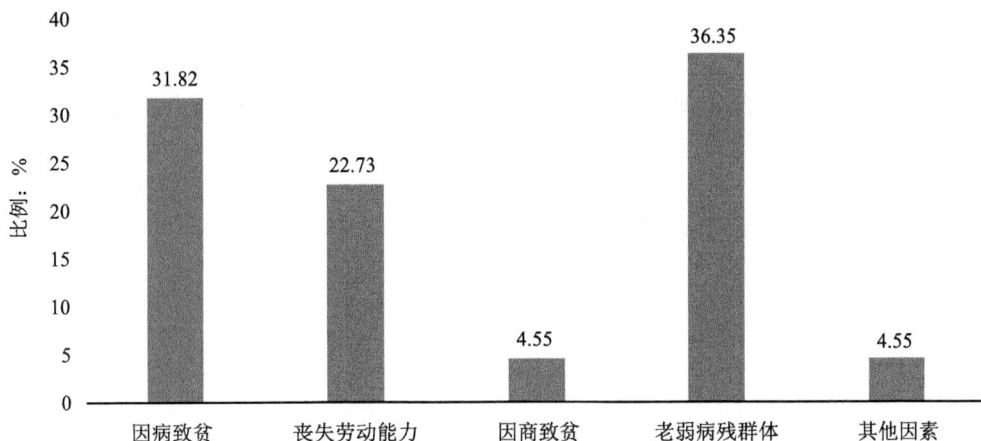

图 5　特殊贫困群体致贫原因分布图

五、关于脱贫攻坚存在问题的解决建议

（一）对于重点群体加大宣传力度

由图 6 可知，从人群类别来看，青少年中十分了解脱贫攻坚的人数占比为 65.42%，青年中十分了解脱贫攻坚的人数占比为 72.39%，在中老年人群中十分了解脱贫攻坚的人数占比为 62.50%。由此可见，青少年和中老年人群应是下一步脱贫攻坚工作重点宣传的群体。

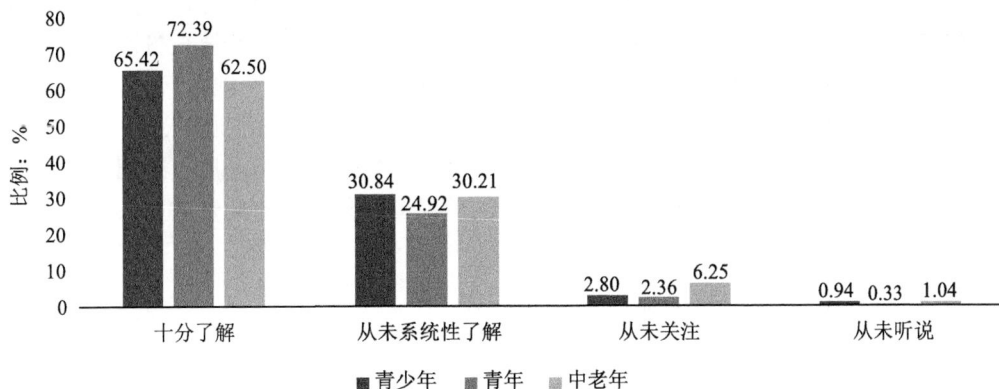

图 6　不同群体脱贫攻坚了解程度分布图

（二）不同受众差异化宣传

由图 7 可知，青少年更倾向于用短视频平台获取信息，故在对于重点宣传人群之一的青少年群体的宣传中，可以多通过短视频平台进行宣传，同时可以考虑转变宣传

形式与技巧，采取更加迎合青少年的宣传方式。在面对青年人群这一群体时，由于在现代快节奏的生活下，青年人群的时间更加碎片化，故可以通过将脱贫路上的故事改编成短剧在短视频平台播放的方式，提升宣传的效果。而在面对中老年群体时，由于其更倾向于使用传统的信息获取渠道，如报纸、电视新闻等来获取信息，故在面对这一群体时，可以在现有的电视新闻报道的基础上，采取出版脱贫攻坚题材的线下纸质书籍及线上电子书籍的投放等措施，开展符合中老年群体需求的宣传工作。

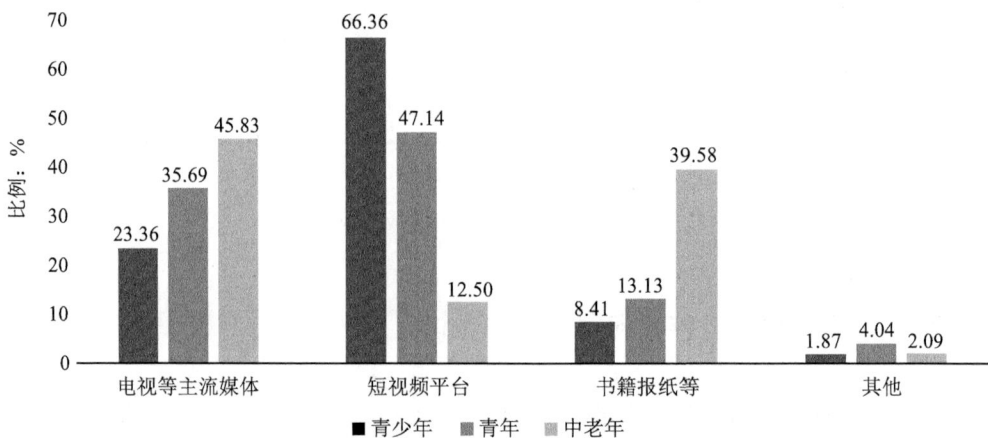

图 7　不同群体信息获取渠道分布图

（三）加强脱贫资金的管理与保障

地方财政可以适当向脱贫项目给予政策倾斜和资金支持，有了充足的资金，扶贫干部和贫困户才有勇气去尝试新的产业、新的方向，更容易摆脱传统扶贫产业易被淘汰的怪圈。同时，应优化扶贫资金管理制度，对于扶贫资金的管理进行适当的松绑，利用互联网平台打通各级政府间数据库，使信息之间的传递更加通畅，简化审批流程，缩短审批时间，扶贫资金走的路少了，其利用率也会在一定程度上得到不小的提高，从而能使扶贫资金更能精准地作用于扶贫项目，从长远看对脱贫攻坚来说是有利而无害的。

（四）加大产业扶贫力度

没有产业的支撑，脱贫攻坚就是无源之水，不会长久、不可持续。因此，各地政府应鼓励企业积极参与脱贫攻坚，对参与扶贫的企业加大奖补和金融支持力度，采取龙头企业＋农民专业合作社＋基地＋农户的模式，并成立相关监督议事机构，对资金使用、产品销售、企业利润实施监督，确保企业和贫困对象形成利益共同体。这种模式对于自然环境相对恶劣的贫困地区来说较为有效，可以成功摆脱客观条件的限制，符合部分偏远贫困地区的发展路径，也免去了贫困户的后顾之忧，一举两得。

（五）加强医疗保障力度

因病致贫的贫困户多为遭受过重大事故和或患有慢性病的人群，极高的医疗费用和身体机能的快速下降导致其在面临巨额开支的情况下几乎没有资金来源，在短时间内就成了贫困户。这种情况是脱贫攻坚成果巩固路上的障碍，建议政府从医疗保险基金中合理安排资金为此类贫困户购买新农合、大病保险等，同时成立医疗救助基金，对贫困户医保和大病保险报销后的部分进行政策兜底。有了国家政策的兜底，一方面可以大大减少贫困户在疾病上的个人支出，有力地减轻其经济上的负担；另一方面在精神层面也可以提振此类贫困户面对生活的信心，既有利于巩固脱贫攻坚的推进也有利于国家的长治久安。

参考文献

［1］ 江泽民. 江泽民文选：第三卷 ［M］. 北京：人民出版社，2006.
［2］ 李晓超，严建辉. 新中国六十年统计资料汇编 ［M］. 北京：中国统计出版社，2010.
［3］ 中共中央党史和文献研究院. 习近平扶贫论述摘编 ［M］. 北京：人民出版社，2018.

近十年来北京市博物馆文创产业发展的调研

王俊峰　　高静一[①]

【摘　要】党的十八大以来，我国的文化事业与产业蓬勃发展，文化实力跃上了一个新的台阶。作为拥有丰富文化资源的北京，包括博物馆文创产业在内的文化产业也飞速发展，大大丰富了人们的精神文化生活。本文主要针对北京市博物馆文创产业进行调研，总结过去十年博物馆文创产业所取得的巨大成就，分析其发展中存在的问题，并就进一步推动北京博物馆文创产业的发展提出对策和建议。

【关键词】北京；博物馆；文创产业

从 2012 年到 2022 年的这十年间，我国的文化事业与产业蓬勃发展。北京作为我国的首都，拥有丰富的文化资源，其文化事业和产业发展具有无限光明的前景。为了更加清晰地了解过去十年来北京市文化产业的发展，我们选取了北京市博物馆文创产业作为调研对象。

本次调研主要采取非定向问卷调查，调查问卷由小组成员通过在朋友圈转发、在特定的微信群中发布等多种方式让网民填写并回收，共发放问卷 305 份，回收 305 份，回收率达 100%；有效问卷 305 份，有效率达 100%。本次调研人群各年龄层均有涉及，同时参与调查的人群多数是居住在北京的市民，其中 19~35 岁的青年参与填写人次居多，高达 85.57%；18 岁及以下的青少年及 36~59 岁的中年填写人数相近，占 7.21% 和 6.56%；60 岁及以上的老年人参与填写较少，占 0.66%。

一、北京文化产业在时代发展中的机遇与挑战

党的十八大以来，北京市全面贯彻落实习近平新时代中国特色社会主义思想，深入学习习近平总书记关于北京文化产业发展的重要讲话精神，强调要保护好北京的历史文化遗产，大力传承发展源远流长的古都文化、独具特色的京味文化，做好北京文化工作，发展好文化产业，发挥好首都示范作用，推动习近平新时代中国特色社会主义思想在首都文化领域形成生动实践。

经济的快速发展、科技的日益创新，为北京文化产业的发展提供了前所未有的良

[①] 本课题指导教师：王俊峰（北京工商大学马克思主义学院）；课题组组长：高静一（工设 20）；课题组成员：田俊熙（工设 20）、常蒙予（工设 20）、郭鑫坤（工设 20）、肖梓易（工设 20）、张灏（工设 20）、李雨萌（工设 20）、朱静琪（工设 20）、张天漪（工设 20）、卢琛珏（工设 20）。

好环境。而近十年来发生的一系列重大活动，如新中国成立70周年的庆祝活动、中国共产党成立100周年的庆祝活动、北京冬奥会冬残奥会的圆满举办等都为北京文化事业、文化产业的发展提供了历史性的机遇。北京为此建立以冬奥为主题的文化产业，比如设立展览馆、开发冰墩墩雪容融系列产品；带动旅游产业、食宿等服务产业的发展，通过举办冬奥会，国内外为了观看比赛而来的观众可以在赛事闲暇时间在北京当地游览名胜古迹、品尝特色美食、购买独具特色的文创产品。可以看出，一系列重大活动的开展，也为北京文化事业、文化产业的发展提供了广阔的国际市场，促使企业在产品定位、质量、特色等方面全方位考虑，兼顾国内外消费者需求，激发文化事业产业的创新潜力。

疫情防控期间，北京市文化产业发展面临巨大冲击，特别是以线下聚集型业态为主的文化发展受到重创，甚至停摆。对此，北京市迅速出台了《关于应对新冠肺炎疫情影响促进文化企业健康发展的若干措施》等相关系列政策措施，在危机中育新机、于变局中开新局，创新业态层出不穷，新模式释放新活力，"云看展""云旅游"等不断涌现，文化类直播、沉浸式文化体验精彩纷呈，北京环球影城稳步推进，以疫情防控为题材的电影、盲盒经济、国潮消费成为新亮点，各种活动采用线上线下相结合的方式，点亮群众的精神文化生活。总之，在时代发展的滚滚浪潮中，北京文化产业发展机遇与挑战并存、困难与希望同在。疫情防控虽然对文化产业的发展形成一定的抑制，但也成为许多文化企业发展转型的重要契机。相信在各级党委的坚强领导下，北京市的文化产业必将迎来蓬勃发展的春天。

二、北京市博物馆文创产业的发展现状

从2017年开始，继国务院和国家文物局出台政策文件，鼓励并倡导大力发展博物馆文创产业之后，首批全国博物馆文创产品开发试点单位公布。深度挖掘馆藏文物资源和文化元素、打造全新博物馆知识产权（IP）运营时代、让厚重的历史文物活起来等观念深入民心，赢得了社会各界的广泛关注和持续讨论。

北京地区拥有全国最为丰富、多元的博物馆文化资源，以故宫博物院和国家博物馆为引领的文化创意产业也走在全国前列。北京地区在全国博物馆文创产业蓬勃发展的势头下，形成自己特有的发展新动向。2016年开始，博物馆IP概念与运营方式越来越受到重视和肯定，这种跨越式发展彰显了文博系统渐趋开放的行业心态。自2016年11月国家文物局发布《关于公布全国博物馆文化创意产品开发试点单位名单的通知》之后，经过全国各省区市公开申报，最终遴选出92家单位作为全国博物馆文化创意产品开发试点单位，旨在按照试点先行、逐步推进的原则，在不同级别的博物馆中进一步开发符合发展要求、满足民众文化消费需求的文化创意产品，同时探索开发模式、收入分配和激励机制等，逐步建立博物馆文化创意产品开发的良性机制。从博物馆类型来看，入选的22家博物馆包含了历史文化类、民族宗教类、自然科学类、科学技术类、人物纪念类和文化艺术类等不同类别，这说明北京地区博物馆文化创意产业正向着全面化、多元化的方向发展。不同类型的博物馆更容易依循博物馆自

身定位，找准方向，充分发挥特有资源优势，形成独具一格的、异质化的文创产品，将在一定程度上避免同质化产品充斥与不良竞争。

深度挖掘博物馆文物资源的当代价值，让文物活起来，拓展文创产业发展空间是目前北京地区博物馆文创产业发展的目的。故宫博物院（以下简称"故宫"）和中国国家博物馆（以下简称"国博"）是北京地区博物馆文创发展的领跑者，在文创产品开发、宣传、销售、影视化制作和互联网推广方面勇于创新，与腾讯、阿里巴巴等互联网公司建立合作伙伴关系，从厚重的历史感转变成可爱的生活感，让文物深入民心。除了继续在线上线下发布文创新产品以外，故宫和国博还积极拓展新平台。例如，故宫与皇家加勒比国际游轮合作设立首个海上故宫文创馆，2017 年 9 月在"海洋赞礼号"游轮揭幕，展示和推广 8 个系列共 93 种故宫文创产品，在国际化、科技化的游轮平台上传播和弘扬文博文化"；国博继续巩固与上海自由贸易区的"文创中国"合作战略，由自贸区集中承接线下经营中心业务、艺术品交易和跨境交易三大业务板块。

博物馆 IP 作为一种新概念，并不局限于将文化资源简单转化为物质实体，还通过互联网、多媒体等途径开发虚拟产品。2017 年 5 月 18 日，故宫在国际博物馆日正式发布"故宫社区"App，与此前故宫发布的"清代皇帝服饰""故宫陶瓷馆""胤禛美人图"等 App 相比，这是对博物馆新型数字生态社区建设的探索，其目的是把文化资源与现代科技相结合，给观众带来更开放和充满趣味的互动体验，从而营造"故宫式"的线上生活空间。这类"互联网＋文创产品"不仅有效整合了既有数字化资源，而且能使普通大众，尤其是喜爱故宫文化的人更加积极主动地参与到创造和构建新故宫文化的过程中来，形成充满生机活力和历史文物感的特有生活方式，让人们身临其境地体验文物的魅力。

三、北京市民对于博物馆文创产业发展的认知

随着人民群众精神层面需求的日益增长和政府政策的大力扶持，北京市博物馆基础设施建设日益完善、环境日渐优化，并结合党史学习教育及中国共产党成立 100 周年等时政热点与重大历史事件开设主题展览，增设更多展览内容，充分展现时代精华与中国精神。同时，结合新兴的融媒体、数字文化产业不断创新思路，开拓博物馆文化产业宣传新路径，以微博、微信公众号等新媒体平台结合沙龙座谈、亲子活动、与热点产业联合开发文创产品等线下实践活动双融合双驱动的宣传模式，北京市民对于博物馆文化产业发展的现状认可度较高，总体呈现良好发展态势。

问卷调查数据显示（见图 1），北京市民对于文化事业与文化产业的基本概念与发展情况有一定程度的了解，且前往博物馆参观、购买文创产品的意愿较高，但针对不同类别的博物馆却存在较大认可程度的差异，天文类、历史类、科技类博物馆作为国家扶持、宣传力度较大的板块，展馆展品较为丰富、地理位置优越且文创产品投入较高，因此市民对上述博物馆的熟识度明显高于他们对于中国警察、中国古动物馆等其他博物馆的熟识度。同时，近年来随着文创产品受众群体日益扩大，研发特色文创

产品成为众多博物馆创造经济效益的重要途径，因此文具类、日用类、收藏品类等各色产品层出不穷，增加了博物馆的吸引力、影响力，大大提高了市民"打卡"博物馆的热情。但也可以看到，依旧有 23.93% 的调查对象购买文创产品的概率低于10%，即认为没有必要购买。此外，北京市民对现有文创产品普遍存在的问题的看法如图 2 所示，大部分人认为产品宣传较少、种类偏少、质量不精，因此结合调查对象购买类型倾向、意愿数据分析，博物馆在宣传及设计内容上应该进一步开拓思路，加大投入，更加注重产品的美观度、实用性和性价比，推出一系列消费者接受程度较高的产品，营造社会舆论热点，提高购买力。

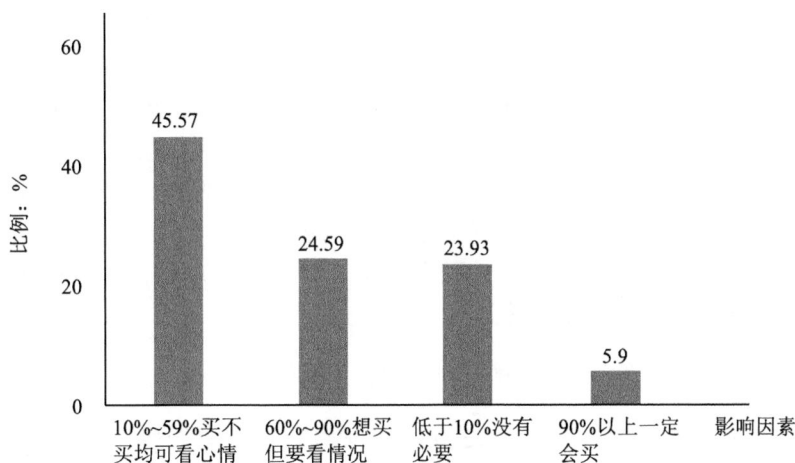

图 1 市民对于文创产品购买意向

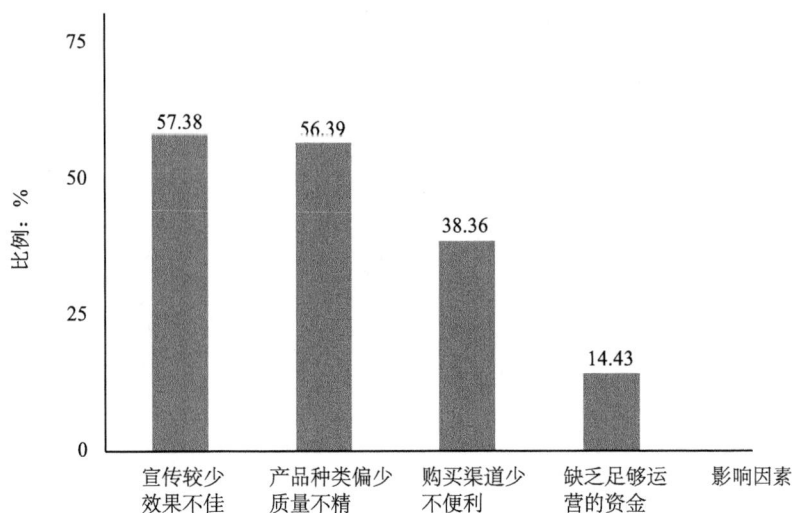

图 2 当前博物馆文创新产品的发展主要存在的问题

四、推进北京市博物馆文创产业发展的对策建议

党的十八大以来，以习近平同志为核心的党中央高度重视中华优秀传统文化，强调推动中华优秀传统文化创造性转化、创新性发展。北京市博物馆文创产品凭借其新颖、有文化内涵且富含趣味的特点，深受广大消费者的喜爱，成为中华优秀传统文化传承和创新的一大重要载体。文创产品的流行使文创产业进入了"大时代"。为了进一步推动北京市博物馆文创产业的健康发展，应该集中做好以下三点工作

（一）深挖文创产品背后的文化内涵

文化内涵是文创产品的根基，文创产品的开发必须紧贴其背后的文化。文化内涵挖掘不足，或是文创产品没有足够表现出其文化内涵正是文创产品同质化的一大重要原因。北京不乏有如国博、故宫等文创领域成绩优异的大型博物馆，本市的中小型博物馆可以学习它们的文创开发经验，挖掘自身特色，整合现有文化资源，结合北京地域民俗，打造自己的文化IP。在此基础上根据自身IP选择代表性藏品，从造型、功能、背景及历史意义等方面提炼文化精髓，将其融入文创产品，让文创产品讲好故事，使其背后的文化内涵"活起来"。

（二）增加文创产品品类的多种可能

根据调查问卷数据（见图3），63.93%的被调查者倾向于购买文具类文创产品，

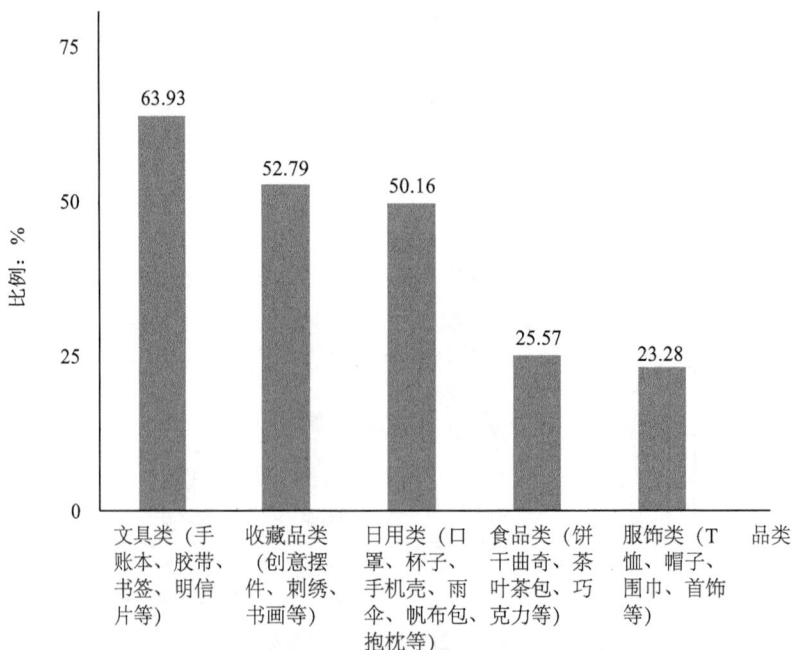

图3　消费者有购买倾向的文创产品品类

其与收藏品类、日用类位列被调查者认为最有购买倾向的三大品类。除国博、故宫等大型博物馆外，北京市部分中小型博物馆的文创品类还主要集中在服装配饰、文具、摆件挂件等传统品类。然而放宽视野，文创产品的品类存在多种可能。例如：迎合年轻人的喜好，推出文创盲盒；在疫情防控常态化的背景下，推出文创口罩；以故宫为首，各大博物馆推出美妆产品、夜灯和雨伞等日常用品；乘着年轻人热衷解谜的潮流，故宫推出互动解谜书；结合自身特色，各个博物馆可开发文创雪糕等。文创产品不只是送人的伴手礼，要紧跟时代潮流，贴近日常生活，文创产品才可以融入生活的方方面面，让文化在无形中得到传播。

（三）兼顾文创产品的审美价值与实用价值

根据调查问卷数据（见图4），消费者关于影响购买文创产品意向的因素排序中，排在首位的是美观度，其次是实用性，二者在数据上相差无几。这一定程度上体现了消费者希望文创产品可以兼具审美与实用性的消费观念。

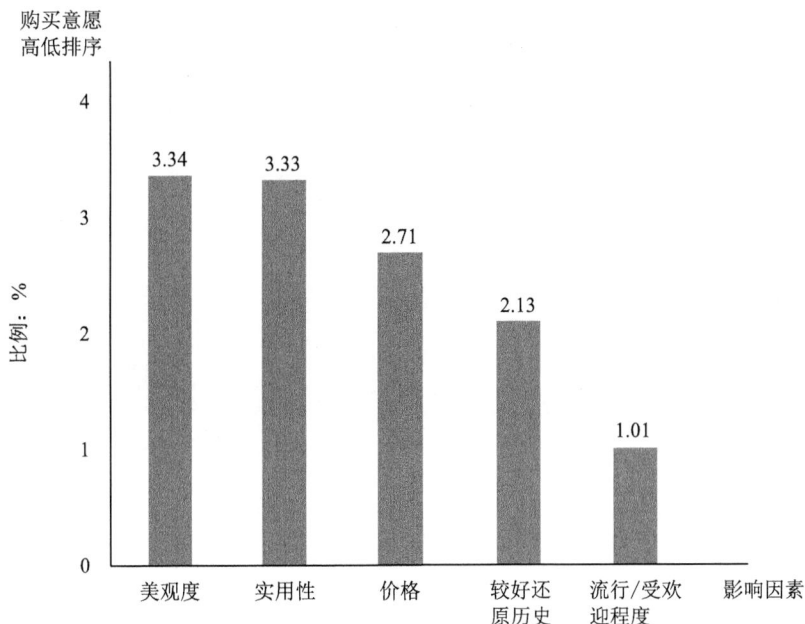

图4 影响消费者购买博物馆文创的各类因素排行

因此，文创产品想要打开销路得以推广，需要契合大众的审美与消费理念。现在，越来越多的博物馆文创产品在向日常用品方向进行开发，造型也更加精致美观。而一些粗制滥造、缺乏创意的文创产品大多是由于博物馆缺乏足够的研发资金或没有专业设计人员指导。对此，希望国家可以出台相应的政策，成立专项资金来扶持博物馆文创产业的发展。同时博物馆也需要建立专门的设计部门，引入专业人才来进行文创设计。北京市的博物馆可以联合本市高校师生，让相关专业的高校人才有机会参与文创的研发，为博物馆文创注入时代活力。

参考文献

［1］谢丽丽．博物馆文化产业特征浅析及开发策略［J］．中国民族博览，2022（6）：180－182.

［2］丁一鸣．以"十四五"为背景浅析博物馆文化产业发展［J］．艺术市场，2022（3）：104－105.

［3］刘瑶．充分发挥博物馆在公共文化事业中的作用［J］．发展，2013（7）：47－48.

［4］北京市文物局．北京市"十四五"时期文物博物馆事业发展规划［S］．2021－11－25.

［5］国家文物局．推动习近平新时代中国特色社会主义思想在首都文博领域形成生动实践［EB/OL］．（2020－09－07）．http：//www.ncha.gov.cn/art/2020/9/7art_722_162887.html.

［6］刘森．北京：做好首都文化大文章［N］．中国文化报，2022－07－18（001）.

新时代北京市"互联网＋医疗"问题调研

王艳春　　杨佳旭①

【摘　要】随着中国特色社会主义发展进入新时代，"互联网＋医疗"越来越成为传统医疗卫生服务模式转型升级的主要方向，政府部门、各大医院、互联网公司及相关行业都在积极探索其未来发展的方式和路径。本文通过对北京地区"互联网＋医疗"发展的基本情况进行研究，分析其发展的必要性、基本发展状况，以及在发展中面临的问题，并提出针对性建议，希望可以为"互联网＋医疗"在新时代的发展与改进指明路径和发展方向。

【关键词】互联网＋医疗；医疗服务；对策

本次调研通过网上问卷调查、参考前人文献和最新媒体资料的方式进行。网上问卷由小组成员通过微信朋友圈、微博链接、QQ等方式让网民填写并收回。共收回调查问卷202份，有效问卷200份。问卷涉及目前北京市"互联网＋医疗"服务需求及未来发展的态度等问题。发放与分析问卷的主要目的是了解现阶段中国医疗服务的情况与改进措施，以北京市的"互联网＋医疗"的发展情况为例，并结合目标地区居民需求和国家政策来识别机遇，为"互联网＋医疗"的发展提出建议。

一、新时代"互联网＋医疗"的发展原因

（一）改善传统医疗服务短板

医疗服务是指卫生技术人员遵照执业技术规范提供的照护生命、诊治疾病的健康促进服务，以及为实现这些服务提供的药品、医疗器械、救助运输、病房住宿等服务。传统医疗服务主要包括预约挂号、排队、诊断、治疗、复查。

根据问卷调查，有39.5%的受访者在就医之前就会花费1小时以上的时间，并且仍有15.5%的受访者觉得平时挂号并不方便，24.5%的受访者表示医院不能及时给出结果。步骤烦琐、等待时间长、存在地域限制等都是传统医疗服务目前的缺陷。

---

① 本课题指导教师：王艳春（北京工商大学马克思主义学院）；课题组组长：杨佳旭（金融工程201）；课题组成员：杜辰瑄（金融工程201）、杨承瑞（金融202）、余婕（金融工程201）、郑家泌（金融202）。

而随着技术的发展及互联网的大规模普及，"互联网＋"这种新型业态的快速发展让传统业态壁垒不再密不透风。互联网的灵活性、便捷性、时效性使传统行业得到更高效快速的发展。新时代下人们的生活节奏加快，不便利的线下就医流程使人们迫切期待一种新的就医方式的出现，而"互联网＋医疗"的模式能够有效提高患者就诊效率、减少等待时间。我国正处于高质量发展阶段，利用互联网行业的特性结合医疗行业的特殊属性，互联网等高新技术服务于医疗行业，是社会发展的必然趋势。

（二）普惠百姓基本就诊需求

《2020 年中国互联网医疗行业报告》显示，2020 年 1—11 月，中国在线医疗月活用户峰值超 6 000 万，月活用户规模超 5 400 万，线上已成为重要的医疗服务供给渠道。以百度健康互联网医院为例，其构建了从信息查询、知识获取到线上问诊分诊、一键挂号、报告解读、送药上门及复诊随访的全流程线上服务体验，覆盖患者诊前、诊中、诊后的全程治疗需要，较大程度地满足了患者就诊的基本需求。

"让数据多跑腿，让患者少跑路"是"互联网＋医疗"便捷性最直观的体现，"互联网＋医疗"的核心理念就是将以医院为核心转变为以患者为核心。挂号、问诊、缴费、查看结果均可线上一键完成，缩短患者等待时间，提升医疗服务效率，且不受地域限制。从预约挂号、线上支付、远程问诊及健康管理，每个环节都开辟线上数据通道，全国目前已有超过 25 万名公立医院执业医师加入线上问诊行列，为患者提供专业的医疗服务，如百度健康搭建了医患一体化服务平台。"互联网＋医疗"方便快捷的特点刷新了患者的就诊体验，弥补了传统问诊存在的短板。

（三）实现医疗资源上下贯通

我国幅员辽阔、各地区经济发展不均、地方人才流失严重成为制约医疗服务均衡发展的现实因素。尽管多年来国家一直在推进分级诊疗制度的落实，但效果不明显。互联网的加入使得医疗资源上下贯通，通过信息化手段促进医疗资源下沉，进一步完善分级诊疗，利用线上培训等方式加强落后地区医疗服务建设，提高基层诊疗服务能力。同时，基于互联网的广泛性和时效性，线上信息共享能够加快问诊速度、提高诊断效率，打破时空壁垒，如建立全民健康信息云平台，有效解决目前制约基层医疗发展的难题。

二、北京市"互联网＋医疗"发展现状分析

（一）北京市"互联网＋医疗"发展的基本情况

随着科技进步及互联网的大规模普及，"互联网＋"新型业态蓬勃发展，传统业态逐步进入新阶段，互联网的灵活性、便捷性、时效性使得医疗服务这一传统行业焕发出新的生命力。政策方面，2018 年，国家卫健委首次发出三大重磅文件，为中国"互联网＋医疗"的快速发展指明了方向；2019 年，国家卫健委再次发布相关报告，

报告显示全国已有近 160 家互联网医院，互联网与医疗的创新结合正在向好发展；2020 年，《国家医疗保障局关于积极推进"互联网＋"医疗服务医保支付工作的指导意见》出台，全力支持该模式的发展。需求方面，医疗健康是与每个人都息息相关的人生大事。随着互联网时代的到来，"互联网＋医疗"在一定程度上缓解了医疗资源分配不均的问题，实现了医疗资源在各地区间的流动。

调查问卷数据显示，有81%的受访者比起传统医疗服务是愿意接受"互联网＋医疗"的；同时，有95%的人认为在疫情防控期间，使用"互联网＋医疗"能够满足其基本的医疗需求（如图 1、图 2 所示）。2020 年以来，"互联网＋医疗"为我国疫情防控作出了卓越贡献。大数据监测助力了疫情追溯和识别预警，从根本上发现传染源，同时互联网医院的出现使就诊实现全自动化电子服务，避免人员聚集和共用公共物品造成交叉感染，切断传染途径的同时保护易感人群，降低感染风险。

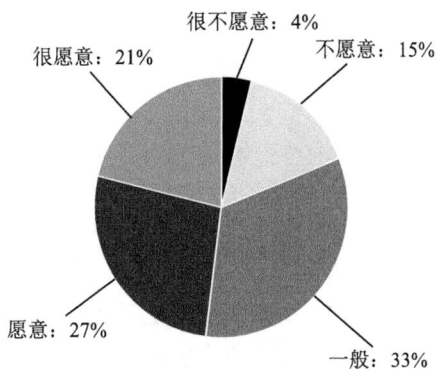

图 1 "互联网＋医疗"接受意愿

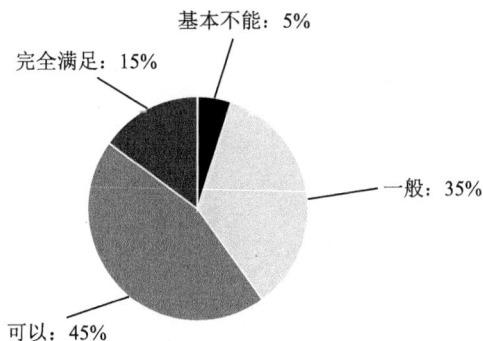

图 2 疫情防控期间"互联网＋医疗"是否满足百姓需求

（二）北京市"互联网＋医疗"建设中面临的问题

基于北京市"互联网＋医疗"模式的基本情况，课题组以问卷的形式向北京市居民进行了调查，通过分析收回的 200 份有效问卷得到以下北京地区在"互联网＋医疗"体系建设中所面临的问题。

1. "互联网＋医疗"资源配置不均衡，覆盖率低

"互联网＋医疗"模式的出现使传统意义上的医疗资源得到高效利用，但由于经济发展不均衡，各地不同医院的相关措施与技术存在差异，并不能高效建立"互联网＋医疗"服务设施，因此现阶段"互联网＋医疗"仍处于初步发展阶段，并且绝大部分人并未亲身体验过"互联网＋医疗"模式（如图3所示）。

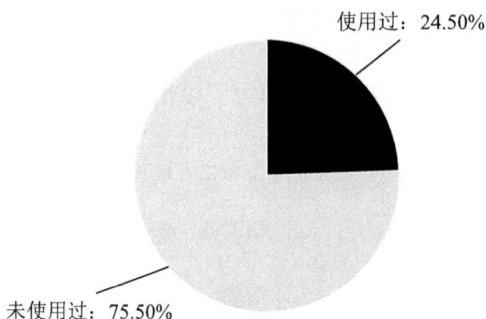

图3 "互联网＋医疗"相关设备使用情况

在问卷第10题中，认为其所在地区"互联网＋医疗"相关设备种类齐全的人仅有41%，且有8%的人认为当地几乎没有"互联网＋医疗"设施（如图4所示）。同样，在问卷第11题中，仅有24.5%的人使用过互联网相关医疗设备来检查身体状况，而有75.5%的人从未使用过"互联网＋医疗"设备，是前者近三倍的数量，这能看出我国在"互联网＋医疗"发展推进过程中存在资源配置不均的问题，"互联网＋医疗"的设备还没有得到普及推广，覆盖率低，没有真正深入人们的生活为其带来便利。

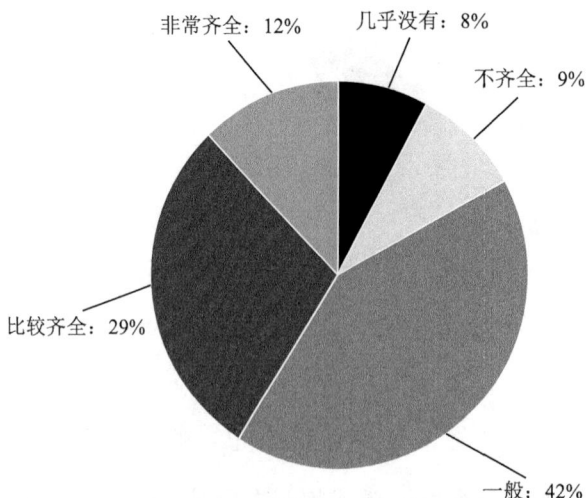

图4 所在地"互联网＋医疗"设备的配置度

2. "互联网＋医疗"管理模式不完善，政策制定不全

目前，我国仍处于"互联网＋医疗"的初步发展阶段，新模式的相关法律法规不完备是制约其发展的重要原因之一。

第一，医院管理政策不够完善。在"互联网＋医疗"模式中，患者异地就诊导致了信息不对称的出现，即患者无法明确医师的专业水平和资格认证，难以分辨诊断平台上医院及医师的可靠程度。此外，我国大多数医生在医院中都有固定的岗位和编制，流动性低且执业自由度较低，不仅不满足该模式发展的前提条件，还会使医院监管的难度大大增加。

第二，诊疗范围界定不够明确。目前我国对诊疗范围的界定要求主要针对线下就诊，并未对线上诊疗作出明确的政策要求。2014年国家卫生计生委印发《关于推进医疗机构远程医疗服务的意见》，明确指出，非医疗机构不得开展远程医疗服务。

第三，安全监管制度不够完备。"互联网＋医疗"的模式依赖于互联网的发展，而如今互联网上的个人信息安全也是一大问题。目前我国在个人隐私安全方面的法律还亟待完善，难以界定隐私信息与可公开信息，互联网平台容易错误地泄露个人隐私。同时，线上医疗相较于线下多出了第三方平台的介入，诊疗信息的公开风险也就相对提高了，这是该模式面临的一个巨大挑战。

3. "互联网＋医疗"科技水平不足，可穿戴设备精确度有待提高

近年来，我国一直致力于发展科技，"互联网＋医疗"的模式正是通过将科技与医疗相结合，实现便利就医，改善当下"看病难"的现状。然而目前的科技水平还不足以完全支持远程医疗的实现，具体存在两方面问题。

第一，问诊信息无法完全实现平台共享。在我国，各医院的信息公开程度不同，无法实现电子病历的直接共享，因此患者在更换就诊机构时面临较大的困难，各平台在信息对接上仍存在较大问题。

第二，设备精准度尚有缺陷。根据问卷第13题的回答可以看到，大众对设备精准度的平均评分为3.9，其中有23%的人认为其使用过的"互联网＋医疗"设备精准度一般，只有12%的人对设备精准度感到很满意（如图5所示）。在医疗问题上，即

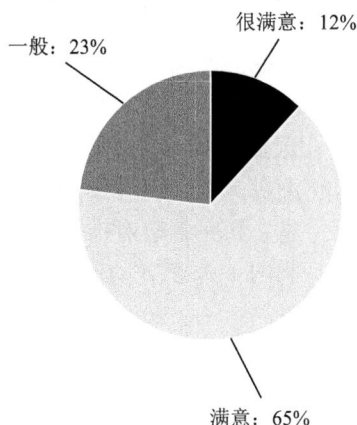

一般：23%
很满意：12%
满意：65%

图5 设备精准程度评分情况

使是微小偏差的数据也可能会导致严重的后果，"互联网＋医疗"设备精准度的提升能帮助医生在诊疗时作出更加正确的判断，如何提升设备精准度是"互联网＋医疗"发展路上必须攻克的难关。

三、对北京市"互联网＋医疗"的发展建议

"互联网＋医疗"作为新兴模式，理应从各方面完善自身，致力于为公众创造便利生活的条件。尽管在首都北京，该模式依然存在一定的缺陷，在其他地区可见一斑，这些缺陷阻碍了"互联网＋医疗"的发展道路。在本次调研的 200 份有效问卷中，受访者针对"互联网＋医疗"的发展提出了相关建议，主要分为以下四个方面。

（一）建立完善的网络医疗保障机制

为推动"互联网＋医疗"的健康发展，政府需要充分发挥其引导作用，完善顶层设计，加强全局统筹规划。首先，必须划清政府和市场之间的界限，始终坚持以政府为主导，建立完善的网络医疗保障机制，提供有效的制度保障。其次，必须坚持总体国家安全观，防范化解医疗保障系统中存在的数据安全风险，加强医疗保障的网络安全。最后，全国各级医保部门也要强化日常工作中的网络安全"红线"意识和底线思维，建立多环节、多层次、全方位的网络安全监督管理机制。

（二）建立健全"互联网＋医疗"管理模式

我国的"互联网＋医疗"发展目前还处于起步阶段，对相关的规章制度和行业的标准规范还没有明确的规定，不利于"互联网＋医疗"服务的健康发展，鉴于其前景广阔，有关部门亟须出台相关的政策加以规范。"互联网＋医疗"融入了大数据、人工智能、云计算和区块链等互联网技术，这些技术有助于实现医疗信息的有效共享，改善各地区医疗资源不均衡的问题。

（三）推进"互联网＋医疗"的基础设施建设

基础设施是居民生活的物质基础，作为经济社会发展的必备条件，"互联网＋医疗"的发展离不开基础设施建设的助推。"互联网＋医疗"基础设施发展滞后可能会制约"互联网＋医疗"的发展，因此应抓好基础设施建设，为其发展积蓄能量、增添后劲。在法律法规没有明确禁止进入的"互联网＋医疗"的基础设施领域，国家可以鼓励和引导社会资金进入，建立和完善政府推动与市场推动相结合的多元化基础设施建设投融资体系，推动"互联网＋医疗"的基础设施建设进程，实现经济长期、持续、稳定地发展。

（四）加大财政投入以扩大普及规模

目前，我国对于"互联网＋医疗"的普及规模较小，以至于许多人对"互联网＋医疗"的了解程度较低。现阶段，"互联网＋医疗"以实体的公立医疗机构为

主，这是由当前的政策及医疗服务本身具备的特点所决定的。在公共服务方面，"互联网＋医疗"的发展离不开政府的大力支持，因此政府需要加大对财政的投入力度以扩大普及规模。不仅如此，还需要通过将社会资本引入"互联网＋医疗"市场，加大对"互联网＋医疗"的宣传，以实现增强"互联网＋医疗"市场实力、调动"互联网＋医疗"行业活力的目的。

四、结语

伴随着互联网的进步和互联网与各个领域的结合，互联网与传统医疗的碰撞使得"互联网＋医疗"的发展势在必行。虽然在发展的过程中还存在一定不足，但通过不断解决存在的问题，我国"互联网＋医疗"将会呈现出欣欣向荣的景象，为民众提供更快捷、更精确、更便利的医疗健康服务。

参考文献

［1］鲍晓菁，赵宇飞."互联网＋医疗"来临，民众就医方式将转变［EB/OL］.（2015－04－28）. http：//jinhua. zjol. com. cn/jinhua/system/2015/04/28/019277613. shtml.

［2］陈海峰. 互联网医疗让百姓生活更方便［EB/OL］.（2020－12－31）. https：//www. chinanews. com. cn/business/2020/12－31/9376048. shtml.

［3］国家卫生和计划生育委员会. 2015 中国卫生和计划生育统计年鉴［M］. 北京：中国协和医科大学出版社，2015.

［4］严炜，李贤楠，曹蕾，等."互联网＋医疗健康管理"模式的运行机制、存在问题及改进建议［J］. 现代医院，2020，22（5）：751－753.

新疆荒漠化防治的实践与经验

张　娜　符致壮①

【摘　要】生态文明建设是中国特色社会主义事业的重要内容，关系人民福祉，关乎民族未来，事关"两个一百年"奋斗目标和中华民族伟大复兴中国梦的实现。而荒漠化防治是实现绿色发展、建设生态文明的重要途径。本文通过资料查询、问卷调查、对当地人线下采访结合对新疆当地的生态文明建设成果调查，对新疆荒漠化防治的实践成果与经验进行探讨。总结党的十八大以来新疆生态文明建设所取得的成就及经验，对其中行之有效的荒漠化防治手段进行分析及探讨，以期为整个社会的生态文明建设提供有益的参考。

【关键词】荒漠化防治；新疆；生态文明建设

党的十八大以来，在习近平生态文明思想指引下，我国已成功遏制荒漠化扩展态势。从漫天飞舞的黄沙到一望无际的绿荫，从一代又一代人的坚守，到三北防护林、京津风沙源治理、天然林保护、退耕还林还草等国家重点生态工程不断推进，从"沙进人退"到"绿进沙退"的历史性转变，中国正成为全球荒漠生态治理新标杆。新疆依托"三北"防护林、退耕还林还草、塔里木盆地周边防沙治沙等国家重点工程，累计治理沙化土地 2 837.56 万亩，实现荒漠化和沙化土地面积"双缩减"。

本次调查主要采取非定向问卷调查，兼有对市民进行相关问题的街访，参考媒体报道的形式。调查问卷由小组成员通过在朋友圈转发、在特定的微信群中发布，以及邀请新疆当地沙漠附近的居民填写问卷等多种方式填写并回收，共发出调查问卷 116 份，回收 116 份，回收率达 100%；有效问卷 116 份，有效率达 100%。街访工作由新疆籍贯的小组成员通过与居住在沙漠附近的同学、友人和居民交谈了解现状完成。

本次调研人群各年龄层均有涉及，以 18~36 岁人群为主，占 75%；18 岁以下的人群占 12.07%；36 岁以上的人群占 12.93%。参与调查的人群多数为新疆当地居民，占 58.62%，其余为其他省份居民。

① 本课题指导教师：张娜（北京工商大学马克思主义学院）；课题组长：符致壮（电气 191）；课题组成员：王冰晨（电气 192）、刘洋（电气 192）、董兆阳（电气 192）、李孟泽（电气 192）、陈帅祥（电气 192）。

一、新疆土地沙漠化的原因

新疆沙漠多的主要原因在于它深处内陆，远离各大洋，且周边被众多大山脉重重阻隔，水汽来源少，降水量少，但蒸发量却较大，属于典型的大陆性沙漠气候，导致沙漠和荒漠的面积大。近几十年来，人类大量垦殖，特别是大量从现有河流如塔里木河、若尔羌河等取水，这些人为因素也使得河流下游的荒漠化有所加剧。

（一）环境原因

1. 气候干旱

受自身深居大陆腹地及群山阻挡的地理条件的影响，新疆气候干旱少雨，蒸发强烈。年均降水量不足 150 毫米，但年蒸发量达 2 000 毫米左右，是降水量的数十倍。

2. 新疆水资源短缺

根据官方公布数据，新疆共有大小河流 570 条，地表水年径流总量为 884 亿立方米，水资源量约占全国的 3%；新疆单位面积的水资源量为 53 253m³/km²，远低于世界单位面积的平均水资源量 800 000m³/km²。

3. 植物稀少

新疆国土面积中 40% 的土地是不毛之地，42% 的土地为荒漠植被覆盖，森林、湖泊、湿地等面积仅占全疆面积的 12%~18%。

4. 沙漠面积大

新疆共有 10 片沙漠，总面积达 43 万平方千米，约占新疆国土面积的四分之一，是中国沙漠总面积的 63%。

5. 绿洲面积小

新疆地貌轮廓表现为"三山夹两盆"，山地与平原的面积大致各占 50%。其中，沙漠面积占 26.43%，戈壁及碱滩、草甸面积占 20.34%，绿洲面积 4.28%，水域面积 0.40%，而绿洲仅仅沿山麓地带旱晕晕点点块状分布。

（二）人为原因

截至 2022 年，新疆全区常住人口近 2 600 万人，绿洲面积 7 万多平方千米，分别是 20 世纪 50 年代初的 4.1 倍和 5.4 倍。随着人口数量的增加和绿洲面积的扩大，改变了水资源的时空分布，造成河流下游区域和局部地区生态环境恶化。不合理的土地资源和生物资源开发及过度放牧等也是引起荒漠化的原因之一。

二、新疆治理土地沙漠化的方式

大部分民众很关心土地沙漠化治理的治理，并积极主动地了解当地的土地沙漠化治理措施，接受过政府的宣传，对土地沙漠化治理措施有一定的了解。大多数的受访者都认可当地的土地沙漠化治理措施，并且对土地沙漠化的治理成果表示肯定。

（一）生物措施

1. 封沙育林育草

恢复天然植被，实行一定的保护措施，建立必要的保护组织，严禁人畜破坏，给植物以繁衍生息的时间，逐步恢复天然植被。在封育同时，可以加以人工补植补种和管理，加速生态逆转。

2. 飞机播种造林种草固沙

飞机播种具有速度快、用工少、成本低、效果好的特点，尤其对地广人稀、交通不便的偏远荒沙、荒山地区恢复植被的意义更大。

3. 通过植物播种、扦插、植苗造林种草固定流沙造林固沙

在草原流沙上播种，把风蚀变为沙埋的植物群体，使沙丘固定。直播成功的植物种主要是花棒、杨柴两种沙生先锋植物。可撒播，也可条播或穴播。或植苗造林固沙，在干旱草原流动沙地采用适当深植和合理密植的方法使沙地固定。

（二）工程措施

1. 沙障固沙

用枝条、柴草、秸秆、砾石、黏土、板条、塑料板及类似材料在沙面设置各种形式的障碍物，以控制风沙流方向、速度、结构，达到固沙、阻沙、拦沙、防风、改造地形等目的。沙障作用重大，是生物措施无法替代的。

2. 原地固定流沙，保护植物生长

这种措施影响水地水分，但有利于沙土改良。立式沙障为积沙型沙障，风沙流遇上任何立式沙障，风速都会下降，风挟带的沙粒就会沉积一部分在沙障前后，从而减少输沙量。

3. 化学措施

将稀释了的有一定胶结构的化学物质，喷洒于流沙表面，水分迅速下渗，化学物则滞留在一定厚度（1~5mm）沙层间隙中，形成一层坚硬的保护壳，以增强沙表层抗风蚀能力，达到固沙目的。

（三）宏观措施

政府广泛深入地开展环保意识的宣传教育，提高全民族的思想认识水平。呼吁更多人关心、爱护环境，自觉地参与环境改造和建设，形成全社会的风尚；完善法律法规，强化执法监督，依法保护环境，促进荒漠化防治等。

三、党的十八大以来新疆沙漠化防治取得的成就

在新疆，人类与荒漠化的斗争始终在进行。党的十八大以来，新疆依托"三北"防护林、退耕还林还草、塔里木盆地周边防沙治沙等国家重点工程，累计治理沙化土地 2 837.56 万亩，实现荒漠化和沙化土地面积"双缩减"。从黄沙漫漫到绿意葱茏，

从"死亡之海"到"经济绿洲",在多年持之以恒搏击荒漠化与贫困的过程中,新疆荒漠化治理工作渐入佳境。

（一）变守为攻,绿染大地

从沙进人退,到防沙治沙工程阻挡住荒漠化的步伐,人们一直都是以"守"为主。如今,荒漠化治理渐渐进入变守为攻的阶段。

1. 塔克拉玛干沙漠

位于新疆南部塔里木盆地中心,目前总面积33.76万平方千米,是我国第一大沙漠,世界第二大流动沙漠。行政范围包括阿克苏、喀什、和田、巴州的部分地区。在维吾尔语中,塔卡拉玛干就是"走得进,走不出"的意思。如今,中国陆续在塔克拉玛干沙漠中建起了沙漠公路、绿色长廊,沙漠面积有所控制,10年时间治理减少了1.97万平方千米沙漠（2009年统计数据沙漠面积为35.73万平方千米）。

2. 古尔班通古特沙漠

位于新疆北部准噶尔盆地中央,目前总面积4.88万平方千米,中国第二大沙漠,同时也是中国面积最大的固定、半固定沙漠。和许多沙漠的干旱不同,它是一个水源比较多的沙漠,沙漠中的许多地方都可以看到梭梭树、红柳、胡杨,是一个治理过程相对来说比较轻松的沙漠。行政范围包括昌吉和阿勒泰。10年时间治理减少了0.8万平方千米沙漠（2009年统计数据沙漠面积为5.68万平方千米）。

3. 库姆塔格沙漠

位于新疆南部东端,目前总面积2.20万平方千米,中国第六大沙漠,约53%的面积在新疆,沙漠中不仅包括雅丹地貌、格状沙丘、新月形沙丘、蜂窝状沙丘、金字塔形沙丘等,它还是世界上唯一一个拥有"羽毛状"沙丘的沙漠。如今,库木塔格沙漠中已经建立了三个国家级保护区,保护的动物主要为野生双峰驼。10年时间减少了0.01万平方千米沙漠（2009年统计数据沙漠面积为2.21万平方千米）。

（二）与沙为友,荒漠生命

治沙的过程,也是一个从与沙相搏到与沙为友的过程。

曾经,洛浦县面对茫茫沙海心中充满苦涩。可现在,情况大不一样,一棵棵红柳扎根于此,为原本沉寂的沙海注入了活力。红柳不仅能固沙,还能为寄生在根部的管花肉苁蓉（又名红柳大芸）提供养分。红柳大芸被称作'沙漠人参',可用于药疗、滋补、保健,红柳大芸成熟后,企业会定期来收购,仅这一部分,每年的收入就十分可观。

上文中的库姆塔格沙漠,是世界上离城市最近的沙漠,经过多年发展,鄯善国家沙漠公园已成为新疆最成熟的景区之一,149种平日罕见的沙漠植物遍布景区。每年吸引大批游客前来游览观光,金黄色与绿色在这里相得益彰。目前,新疆已拥有36个国家沙漠公园（含新疆生产建设兵团）,是我国国家沙漠公园最多的省区。

荒漠成"桑田",黄沙淘出金。凭借沙区特色产业、增加当地居民收入、治沙致富一盘棋的发展之道，新疆初步形成以灌草饲料、中药材、经济林果、沙漠旅游等为重点的沙区特色产业，开发出饲料、药品、保健品、化妆品、食品、饮料、果品等一大批沙产业产品，带动种植、加工、贮藏、运输、销售等相关产业发展，产业链不断延长，产值不断增加。

据不完全统计，全疆每年的沙产业产值近41.7亿元，涉沙加工企业93家，企业年加工能力118万吨，产值达35亿元。今后，新疆将进一步完善沙产业发展扶持政策，推动治沙和产业化相辅相成发展。

四、治理过程中所发现的问题及对策

（一）治理过程中存在的问题

1. 基层政府对沙漠产业发展认识不足，缺乏合理有效的先行规划

新疆沙漠化治理方式大部分仍沿用传统防沙治沙方式，利用沙漠发展沙漠产业的观念并没有深入各级基层组织，对利用沙漠产业化发展方式开发利用沙漠地区资源、形成合理的沙漠产业结构缺乏有效的认知。在沙漠化治理过程中，部分地区对沙漠资源的开发和利用存在一定程度的违规行为。

2. 技术与资金短缺导致地方沙漠产业发展水平较低

就新疆的实际情况来看，新疆科研项目中针对沙漠产业发展的研究项目较少，专业的技术人才较为缺失，在沙漠产业发展过程中并没有形成有效的人才激励机制。新疆沙漠产业发展需要投入的资金较大，需要的专业技术人员较多，在目前沙漠产业风险高、周期长的情况下，这些因素都严重制约着新疆沙漠产业与沙漠化治理的协同发展。

（二）对新疆荒漠化治理中存在的问题的对策建议

1. 大力开拓并扶持新疆沙漠旅游产业，吸引外来资金进入新疆投资

新疆独特的自然生态环境具有较高的观赏价值，发展新疆旅游产业具有比较明显的优势，既能满足人们对自然风光的观赏，又能体会独特的人文风情。现阶段，新疆地方政府可以开发独特的旅游产品，满足人们对沙漠观光的需求，在开发过程中，可以充分利用环境优势引进外来资金进行共同开发，并给予政策优惠措施，在开发沙漠旅游产业时需要种植符合当地土壤条件的绿色植物，并进行基础设施建设，对新疆荒漠化治理具有较好的促进作用。

2. 完善规划实施的保障体系

新疆维吾尔自治区政府应尽快启动土地整治条例研制工作，各地也要加快制定地方性土地整治法律法规，把规划实施纳入法治化轨道；加大土地整治科技创新和政策创新力度，提升规划实施的科技支撑能力和制度保障能力；健全各级土地整治机构职能，推进建立土地整治从业人员上岗认证制度，不断提高管理队伍和技术人员专业素质；加强中介机构管理，加大宣传力度，让群众切身感受到土地整治规划

实施带来的明显成效。

五、结语

人无精神则不立，国无精神则不强。在习近平生态文明思想指引下，中华儿女将持续践行"艰苦奋斗、坚韧不拔、锲而不舍、久久为功"的治沙精神，不断探索治沙经验，在黄沙中求绿求富，努力筑牢祖国北方重要生态安全屏障，为建设美丽中国而不懈奋斗。

参考文献

［1］习近平关于社会主义生态文明建设论述摘编［M］. 北京：中央文献出版社，2017.
［2］习近平. 推动我国生态文明建设迈上新台阶［J］. 求是，2019（3）.
［3］阿力木江·牙生、蓝利、程红梅、岳健、王晓静. 新疆沙漠化防治区划及分区防治技术与模式［J］. 干旱区地理，2010，5（3）：353–362.

附录：

本次调研走访塔克拉玛干沙漠与库姆塔格沙漠周边地区，对问卷调查进行了较好的补充。具体内容如下：

1. 荒漠化防治措施的实行对你生活最大的改善是什么？

（程同学　来自喀什地区巴楚县　21岁）

他说，他家是沙漠化防治的受益者，原来村庄里每逢刮风的时候就黄沙漫天，沙尘暴时常发生，能见度极低。随着国家荒漠化防治措施的实行，村边种起了防沙护林带，政府还补贴当地枣园种植，程同学家的20亩地枣园不仅起到了防沙护村的作用，还增加了不少收入。

（刘女士　来自吐鲁番市鄯善县　49岁）

她说，鄯善县沙山公园就是一个很好的例子，沙山公园建立在库姆塔格沙漠与鄯善县绿洲接触带之间的特殊地带，公园内部有草坪、沙漠植物园、葡萄园、花卉观赏区还有休闲娱乐区。沙山公园的建立不仅使得绿植面积大大增加，还给鄯善县财政带来了不少收入，人们在娱乐的同时也了解到了沙漠防治的知识，这简直是一举多得呢！

2. 你了解当地的防沙治沙措施吗？

（依同学　来自阿克苏地区　20岁）

他说，自己了解的措施还很多。阿克苏地区位于塔克拉玛干沙漠西北边缘，生态系统极度脆弱和敏感。最常见的措施就是植树造林了，其中阿克苏地区柯柯牙防沙治沙典型事迹最为出名。还有修建水渠，经济种植果园，水网、路网、林网"三网合一"，生态林、经济林、景观林"三林共建"的生态建设新格局。

（邰同学　来自和田地区　20岁）

他说，他的父亲从事植树造林工作已经十余年了，和田地区的沙漠化防治已经持续了70多年了。70多年来，通过大力实施沙化土地封禁保护、塔里木周边防沙治沙等绿色生态工程、退耕还林工程、三北防护林等工程，促进沙产业发展，进一步扩大了绿洲面积，拓展了当地居民的生存发展空间，生态环境得到明显改善。全区森林总面积达1 925万亩，森林覆盖率由过去的1.01%提高到现在的1.65%，绿洲森林覆盖率达30%以上。

党的十八大以来航天事业发展重大成就和经验调研

余金城　　王晓雅[①]

【摘　要】随着北斗实现全球组网、探月工程"三步走"圆满收官，今年中国又将全面建成空间站，中国航天事业取得了丰硕成果。未来，中国航天事业将朝着全面建成航天强国的远大目标不断进发。航天事业的发展促进了我国经济、国防等方面的发展。这些成就充分展示了伟大的中国道路、中国精神、中国力量，坚定了全国各族人民实现中华民族伟大复兴的中国梦的决心和信心。

【关键词】航天事业；重大成就；宝贵经验

航天梦是强国梦的重要组成部分。为庆祝党的二十大的到来，课题组对 2012 年至 2022 年十年中国航天建设的成就和经验进行了调查。课题组采用线上填写问卷的形式，共收到 121 份问卷，其中男性 26 人，女性 95 人，年龄主要集中在 19 到 30 岁，以大学本科在读学生为主。

一、重大航天工程成绩斐然

航天事业的成就引发了国人高度关注。从嫦娥一号到嫦娥五号，我国探月工程稳步推进；同时，神舟系列飞船也不断发展；北斗系统不断完善，成为继 GPS、格洛纳斯、伽利略后的又一重要全球导航系统。图 1 为公众对中国航天事业的了解程度，其中公众对神舟九号飞船的了解程度达到 70.25%。了解程度最高的是神舟十三号载人飞船和嫦娥四号月球探测器，分别达到了 81.82% 和 80.17%。

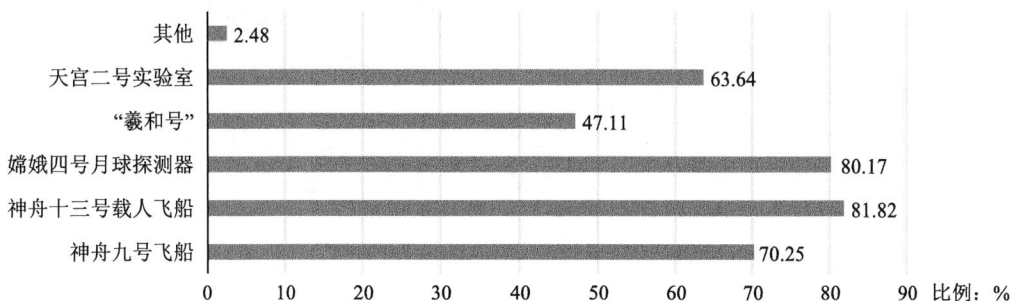

图 1　公众对中国航天事业的了解程度

① 本课题指导教师：余金城（北京工商大学马克思主义学院）；课题组组长：王晓雅（自动 211）；课题组成员：庞静怡（自动 211）、熊菊南（信息 212）、马倩（自动 211）。

（一）嫦娥系列探月工程：圆满完成三期任务

2004 年，中国正式开展月球探测工程，并命名为"嫦娥工程"。嫦娥工程分为"无人月球探测""载人登月"和"建立月球基地"三个阶段。自 2007 年 10 月 24 日至 2020 年 12 月 17 日，我国先后成功发射"嫦娥一号""嫦娥二号""嫦娥三号""嫦娥五号"。"嫦娥四号"是"嫦娥三号"的备份星。"嫦娥五号"首次实现了我国地外天体采样返回。至此，探月工程圆满完成了一、二、三期"绕、落、回"目标任务。

2022 年 1 月 28 日，在《2021 中国的航天》白皮书发布会上，中国国家航天局探月与航天工程中心主任刘继忠指出，我国早在"十三五"期间，就已启动探月工程后续各项研究探索工作，希望后期基本上能达到建设科研站的目标，同时为国际科研站合作打下基础，不断探测宇宙所蕴含的奥秘。

（二）神舟系列火箭：托举起中国空间站建设

近十年来，神舟系列火箭发射工作有条不紊地推进：2012 年发射的神舟九号载人飞船，首次实现载人空间交会对接；2013 年发射的神舟十号飞船，圆满完成进驻天宫一号、飞船与天宫一号自动和手控交会对接任务；2016 年和 2021 年先后发射了神舟十一号和十二号飞船，基本实现空间交会对接技术并能全面验证航天员长期驻留保障技术。神舟十三号载人飞船顺利将翟志刚、王亚平、叶光富 3 名航天员送入太空。至此，空间站关键技术验证阶段任务圆满完成。2022 年 6 月 5 日，神舟十四号载人飞船发射成功。这标志着中国空间站任务转入建造阶段后的首次载人飞行任务正式开启。神舟十四号任务期间将全面完成以天和核心舱、问天实验舱和梦天实验舱为基本构型的天宫空间站建造，建成国家太空实验室。

（三）北斗导航卫星系统：成功进军全球

20 世纪后期，中国开始探索适合国情的卫星导航系统发展道路，逐步形成了"三步走"发展战略：2000 年底，建成北斗一号系统，向中国提供服务；2012 年底，建成北斗二号系统，向亚太地区提供服务；2020 年，建成北斗三号系统，向全球提供服务。

近十年来，在北斗一号、北斗二号基础上，全面建成北斗三号系统。北斗三号系统继承了有源定位和无源定位两种技术体制，通过"星间链路"，解决了全球组网需要的全球布站问题。北斗三号进一步提升性能、扩展功能，为全球用户提供定位导航授时、全球短报文通信和国际搜救等服务；同时，在中国及周边地区提供星基增强、地基增强、精密单点定位和区域短报文通信服务。

北斗系统具有鲜明特点：一是北斗系统高轨卫星更多，抗遮挡能力强，尤其低纬度地区性能优势更为明显。二是北斗系统提供多个频点的导航信号，能够通过多频信号组合使用等方式提高服务精度。三是北斗系统创新融合了导航与通信能力，具备定位授时、星基增强、地基增强、精密单点定位、短报文通信和国际搜救等多种服务能力。

二、航天事业发展对建设现代化强国的贡献

近年来，随着航天科技的进步，航天事业的发展为国防、国民经济建设作出了突出贡献。这些贡献不仅增强了我国的综合国力，扩大了我国的国际影响力，还增强了我国人民的民族自信心和自豪感。如图 2 所示，大多数人都认为，发展航天事业有利于国防建设和科学技术创新，同时还能带动全国经济不断发展，航天技术也可以帮助解决人们日常生活中遇到的各种问题。

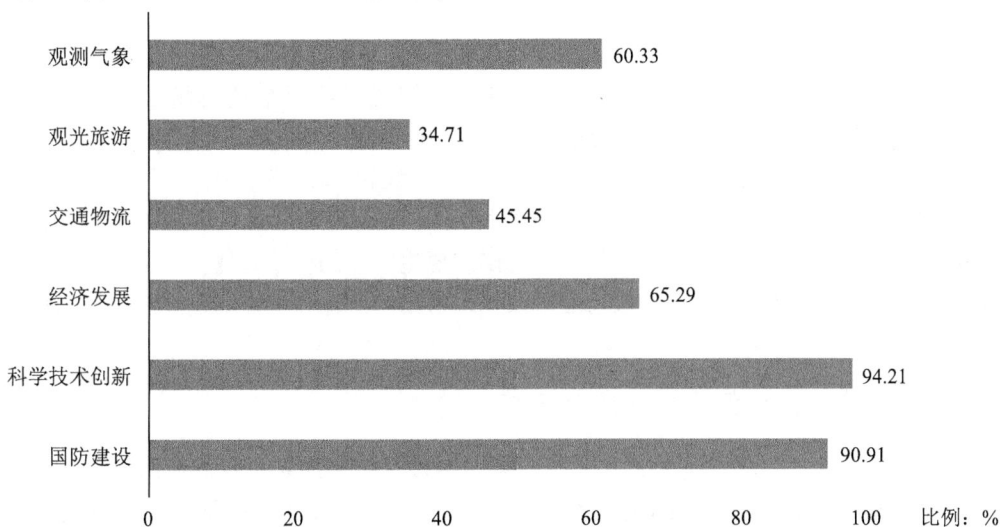

图 2　公众对发展航天事业价值的认知

（一）促进国防装备转型升级

航天科技军事应用前景可观。"长征""快舟"等运载火箭，是我国空间快速反应能力的代表。卫星制导、侦察、导航以及反卫星与卫星布网等应用能力，往往决定了未来战争的胜败。十年来，航天人研发出许多尖端武器装备，如猎鹰－70、无人机系列导弹、东风 26 导弹等，推动了国防装备现代化、信息化转型升级，增强了国人的自豪感，对确保国家主权、安全与和平发展起到了重要作用。

（二）推动经济社会发展

航天技术成果转化拉动了国民经济社会发展。航天技术有力推动了智慧交通、新能源、新材料等的发展，广泛应用于国土资源调查、环境保护、农业发展、林草监测、防灾减灾等各个领域，带动了航天产业链的快速形成，促使传统产业升级换代和提质增效。

老百姓切身体会到航天科技所创造的美好生活。例如：北斗卫星导航定位，极大

方便了人们的交通和出行，改变了人们的生产生活方式；气象卫星可以提供全球和特定区域的精准气象预报，为人们的衣食住行提供暖心周到的气象保障。

航天科技成果转化为民用后，衍生出的市场价值巨大。太空育种使太空水稻、蔬菜、水果、花卉等走入寻常百姓的家里。诸多航天高新技术为传统石化、机电、能源、交通等产业研制和生产急需的仪器设备；向有关产业部门提供风洞试验、热实验、大型离心实验等。中国近年来的一千多种新材料里，80%是在空间技术的牵引下研制完成的；近两千项空间技术成果已移植到国民经济的各个部门。

（三）提升中国国际地位

自 1999 年以来，"神舟"系列飞船的成功发射，证明中国已经完全有能力独立自主开展载人航天活动。中国成为继俄罗斯、美国之后第三个把飞船送入太空的国家，打破了美国、俄罗斯在该领域统领天下的局面，登上国际载人航天的舞台。

中国航天技术增强了我国的综合国力，提升了我国的国际话语权。我国航天事业的成就，引起日本、印度两国的航天竞赛；载人航天的军事潜能，引起西方国家尤其是美国的高度关注；载人航天活动还将促使发达国家尊重中国的科技力量，并主动寻求与中国的合作；中国安全可靠过硬的火箭运载技术，将为中国赢得更多的商业卫星发射的市场份额。

（四）增强公众民族自豪感及国家认同感

一个国家要大力发展航天事业，就要向人民普及航天知识，帮助他们认识航天事业在国防和经济社会发展中的重要性。图 3 表明，多数公众愿意学习航天知识，了

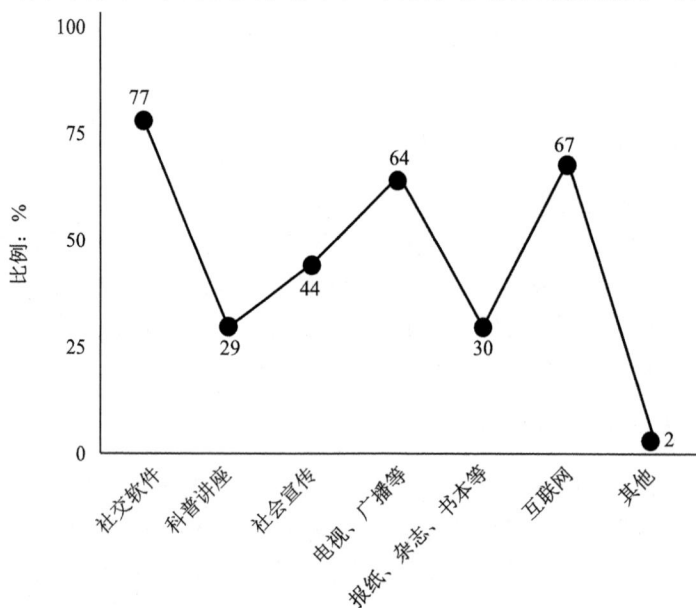

图 3　公众了解航天事业、学习航天知识的途径偏好

解、分享我国航天事业的发展状况。公众学习航天知识、了解航天事业的途径，排名前三的分别是社交软件、互联网、电视广播。

近十年航天事业取得的重大成就，鼓舞了民族士气，增强了民族自信心和自豪感，凝聚了民心。航天领域的能力和水平，是国家核心竞争力的重要体现之一。航空航天技术融合了各种高新技术，完美展示了人类勇往直前、不畏风险的探索精神。大力普及航天知识，让公众近距离接触到当今世界高新技术成果和科技探索精神，提高了国民素质，培养了公众的探索、创新精神，增强了他们的民族自豪感及国家认同感。

三、十年航天事业发展取得的宝贵经验

（一）坚持中国共产党的领导

党中央举旗定向和坚强领导，是中国航天事业最坚实的靠山。中国共产党是航天事业的开创者、领头人，这一红色基因融入了航天事业之中。党中央制定发展航天事业的重大方针、政策，党政军民大协作、自力更生，推动了航天事业的发展。从无人飞行到载人飞行，从舱内实验到出舱探索……这十年，中国航天事业发展的上限不断被刷新，不断接近航天强国的目标，航天事业在党的领导下呈现出蒸蒸日上之势。

忠诚担当的先锋党员干部，是推进航天事业高质量发展的强大助力之一。对祖国航天事业的热爱，使他们面对难以预料的风险困难甚至面临生命危险时，始终满怀豪情壮志，以坚韧的品质攻坚克难。

未来，中国航天事业将继续在党的正确领导下，不断开拓太空，推进人类文明进程，以中国智慧书写一个个新的太空传奇。

（二）离不开全国人民的大力支持

习近平总书记指出："探索浩瀚宇宙，发展航天事业，建设航天强国，是我们不懈追求的航天梦。"航天事业离不开全国人民的大力支持。中国载人航天事业是在全体中华儿女的共同努力下，是在万众瞩目的氛围中，以令人惊叹的速度一路追赶、奔跑、超越，创造了让世人赞叹的一个又一个新的纪录。

航天人才的持续培养，更离不开公众心向往之的强大基础。图4显示，我国有超过半数的公众愿意从事航天事业相关工作。近十年来，新培养的航天人才对我国航天事业发展作出了重要贡献。2022年1月28日，国家航天局发表相关声明，提出要多举措培养航天人才，为我国航天事业注入更多新鲜血液，引入更多新生力量。

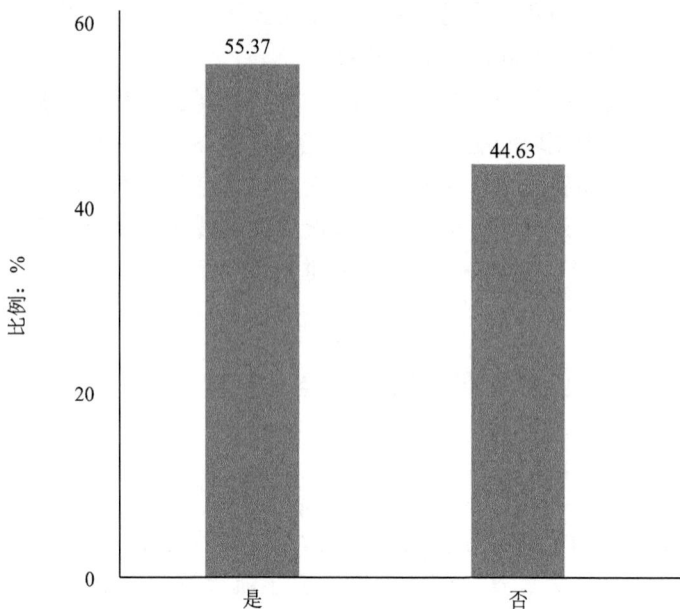

图4 公众从事航天事业相关工作的意愿

（三）"航天精神"具有强大的激励作用

载人航天工程是我国航天领域系统最复杂、技术难度最大、可靠性要求最严的重点工程，凝聚着一代又一代航天人刻苦钻研、艰苦奋斗、自主创新、顽强拼搏的智慧与努力。2016年12月20日，习近平总书记在北京人民大会堂会见天宫二号和神舟十一号载人飞行任务航天员及参研参试人员代表时，将"特别能吃苦、特别能战斗、特别能攻关、特别能奉献"概括为"载人航天精神"。载人航天精神，是中国航天人在建设科技强国征程上立起的又一座精神丰碑，是与"两弹一星"精神血脉相承但又极具鲜明时代特质的宝贵精神财富，激励着我们勇于负重前行、成就梦想。航天人将怀着甘当"铺路石"的觉悟，持之以恒地下苦功夫、细功夫、硬功夫，以"功成不必在我"的博大胸怀、"铁杵磨成针"的坚强毅力、"前人栽树后人乘凉"的奉献精神，担负起"跑好自己这一棒"的使命，履行好"为下一棒奠基蓄势"的责任。

回归航天事业十年飞速发展的征程，航天精神启示我们：要敢于有梦，勇于追梦。"千里之行，始于足下"。如果没有梦想，何以"上九天揽月"？有了梦想，便有了方向，有了奔赴远方的力量。

四、总结与展望

进入新时代以来，党中央高度重视航天事业的改革发展。习近平总书记站在中华民族伟大复兴、国防和军队现代化的战略全局高度，对航天事业发展作出系列重要论述和指示批示。党的十九大作出加快建设航天强国的决策部署，为航天事业的发展指明了方向，明确了目标，提供了遵循。

创新突破，重大工程取得标志性成果。进入新时代，在党中央加快建设科技强国和航天强国的指引下，国家科技重大专项和重大工程成就不断刷新中国航天的高度。探月工程"绕、落、回"三步走圆满收官，"嫦娥四号"实现人类首次月球背面软着陆，"嫦娥五号"任务实现了我国首次地外天体采样返回。载人航天"船、室、站"三步走第二步任务圆满完成，载人空间站建造全面开启，"神舟十二号"载人飞船与天和核心舱成功实现交会对接，中国人首次进入自己的空间站。北斗三号全球卫星导航系统全面建成并投入运行。高分辨率地对观测工程主要建设内容提前完成，形成高时间分辨率、高空间分辨率、高精度全球精细观测能力。首次火星探测"天问一号"任务取得圆满成功，一步实现"绕、着、巡"目标，这标志着我国在行星探测领域跨入世界先进行列。民用空间基础设施建设持续完善。

服务发展，航天技术创造美好生活。中国航天始终坚持以人民为中心的发展思想，推动卫星通信、卫星导航和卫星遥感全面服务国计民生，助力国家治理体系和治理能力现代化，不断满足人民美好生活需要。

开放合作，推动构建人类命运共同体。中国航天为"一带一路"空间信息走廊建设提供重要支撑。中国探月工程积极推进国际合作，为中外科学家提供探索空间、开展科学实验和技术验证的平台。中国与40余个国家、国际组织签订了140余份航天合作协议，累计整星出口数量达16颗。

在党的领导下我国航天事业不断创新、不断突破，人类几千年来"上九天揽月"的梦想不再是个梦，已经成为现实。扬帆起航，逐梦九天，我们的征途是星辰大海。中国航天将坚持以习近平新时代中国特色社会主义思想为指导，强化使命担当，坚定航天报国志向，坚定航天强国信念，锻造忠诚干净担当队伍，弘扬航天精神，攻坚克难、勇攀高峰，创造更多中国航天奇迹，为实现中华民族伟大复兴的中国梦不断作出新的更大贡献！

参考文献

［1］蔡金曼，崔力，李楠.党的十八大以来习近平总书记这样关心航天事业［J］.国防科技工业
2022（5）：7-9.

［2］航天科技集团一院党委，航天科技集团党群工作部.必须加强党对航天事业的领导［N］.中国航天报，2022-06-10（1）.

［3］国家航天局.弘扬探月精神 再谱揽月新篇［J］.国防科技工业，2021（12）：14-17.

［4］中华人民共和国国务院新闻办公室.2021中国的航天［EB/OL］.（2022-01-28）［2022-08-26］.http://www.cnsa.gov.cn/n6758824/n6758845/c6813190/content.html.

中华优秀传统文化传播渠道及效果的调查研究

唐 庆 初 爽①

【摘 要】传承并弘扬中华优秀传统文化，推动中华文化走出去，是文化强国建设的必然选择。为此，我们就民众对中华优秀传统文化的了解程度、信息渠道以及对文化传播的看法进行调查。调查发现，我国民众对中华优秀传统文化的认知有了很大改善，对外传播工作卓有成效，但文化传播渠道及方式有待改进，传播内容还需系统化，传统文化的国内普及仍需加强。

【关键词】中华优秀传统文化；传播渠道；效果

本次调查采用问卷调查和访谈两种方式，从国内民众及留学生群体对中华优秀传统文化的认知程度、了解渠道、不同渠道的关注度和文化传播效果的看法四个方面进行调查。问卷面向全年龄段人群发放，访谈对象主要面向海外留学人群。本次调查共收到124份有效问卷和6份来自在5个不同国家留学的中国学生的访谈反馈。从年龄和职业分布来看，以18～30岁居多（见图1），大部分为学生群体（见图2）。这部分人群对互联网媒介更为熟悉，对中华优秀传统文化兴趣度更高（见图3）。参与调

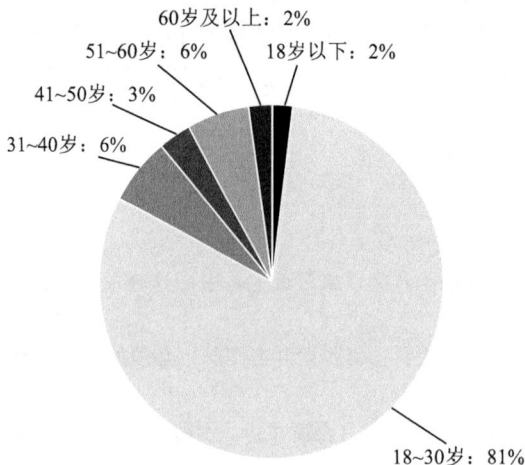

图1 年龄结构分布

① 本课题指导教师：唐庆（北京工商大学马克思主义学院）；课题组组长：初爽（会计201）；课题小组成员：高星宇（会计201）、何碧芊（会计201）、杨鸿嘉（会计201）。

查的大部分为女性（见图 4）。受调查群体分布影响，数据或许不能全面反映国内民众对中华优秀传统文化对外传播效果的看法，但能反映出现有传播渠道的成效和存在的问题。

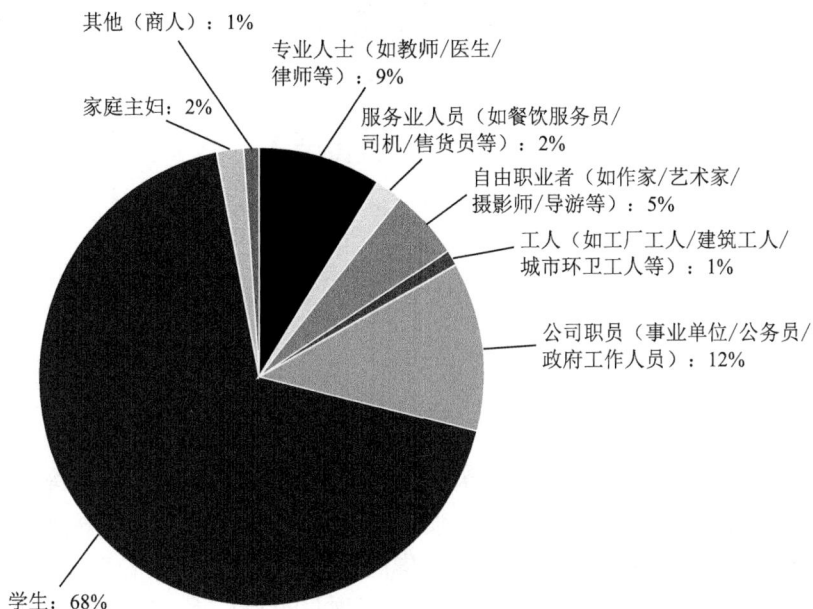

图 2　职业分布

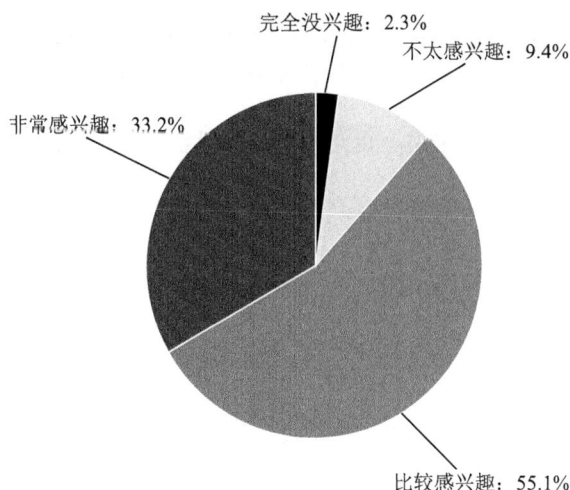

图 3　《2019 数字新青年研究报告》年轻人对中华传统文化的感兴趣程度

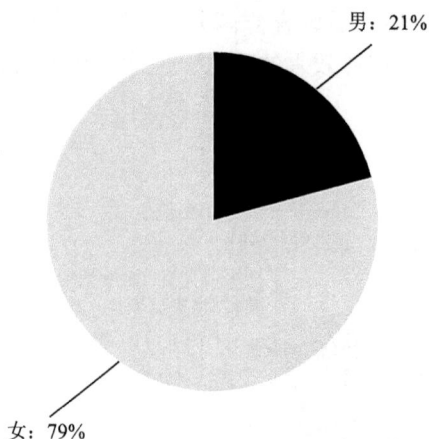

男：21%

女：79%

图4　性别分布

一、中华优秀传统文化的传播现状及效果

党的十八大以来，以习近平同志为核心的党中央高度重视中华优秀传统文化的传承与发展。习近平总书记在讲话中多次强调要实现传统文化的创造性转化和创新性发展。为此，政府相继颁布了《关于实施中华优秀传统文化传承发展工程的意见》《中华优秀传统文化传承发展工程"十四五"重点项目规划》等，极大地推动了中华优秀传统文化在国内外的传播。

（一）信息渠道关注度

从被调查者获得信息的渠道（见图5）及其关注程度（见图6）来看，超过半数的人是从小视频类App、社交类App中了解中华优秀传统文化。纪录片与电视位列其

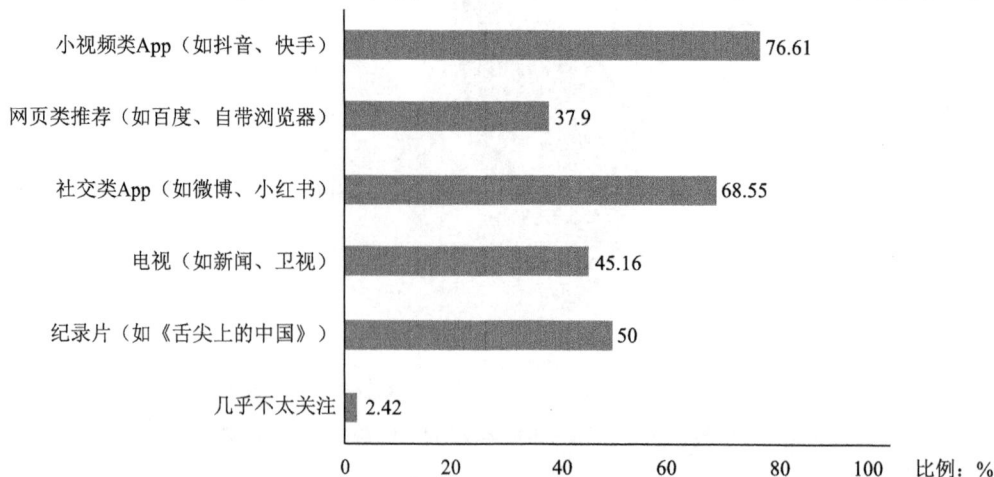

图5　获取信息渠道

后。使用小视频类与社交类 App 更多，可能与被调查者年轻人居多有关。

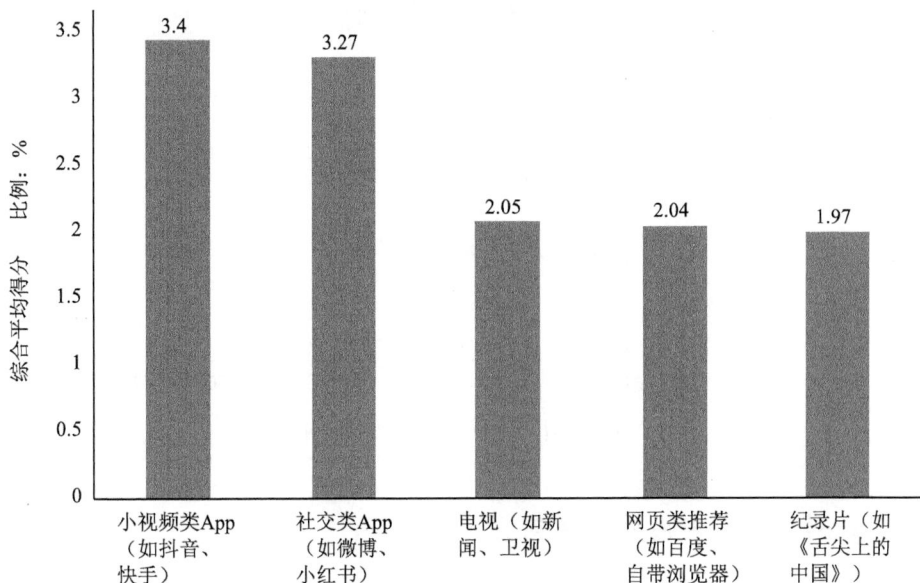

图 6　信息渠道的关注度

（二）关注内容

被调查者对于美食、服饰、建筑、民俗、风土人情的关注度都超过了半数（见图 7）。这表明，民众对于中华优秀传统文化的各种表现形式都有着极大兴趣。

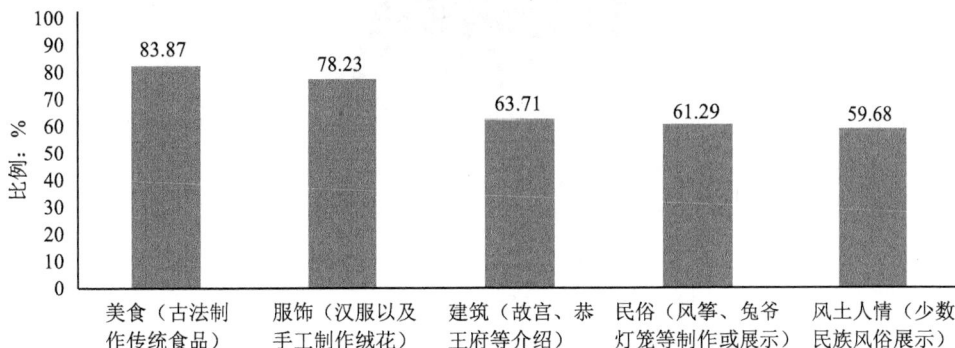

图 7　关注内容

（三）关注原因

对于关注中华优秀传统文化的原因进行探究发现，其中 76.61% 的民众是想要满足求知欲；67.74% 的民众表示被中华优秀传统文化底蕴所吸引（见图 8）。

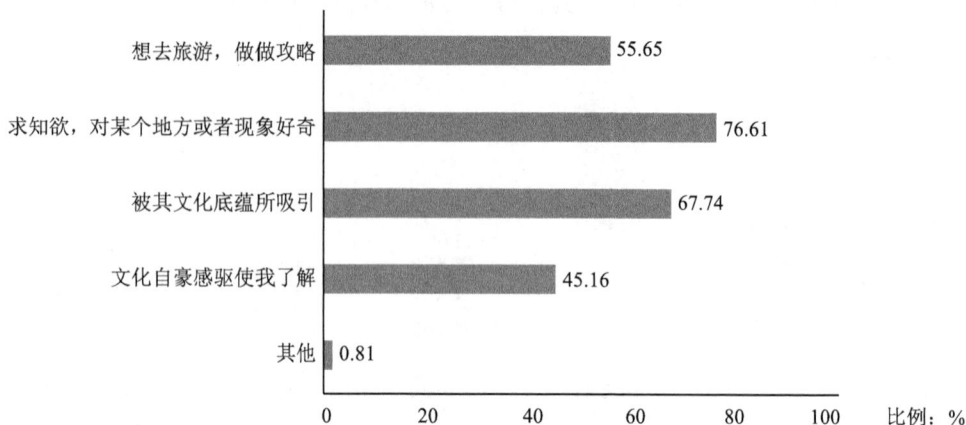

图 8　关注中华优秀传统文化的原因

（四）对文化走出去效果的看法

总体来看，大家对目前文化走出去的效果持肯定态度，81%的人评价正面，其中53%的认为"比较好，但仍需努力"，19%的人认为效果"不好"和"非常不好"。（见图 9）

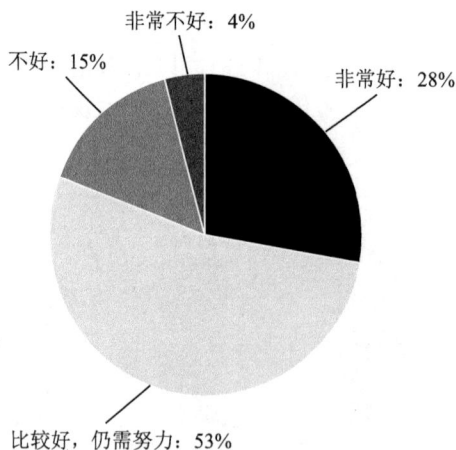

图 9　对文化走出去效果的看法

（五）对文化现象的看法

我们以汉服、《唐宫夜宴》《洛神舞》、冬奥冰墩墩现象为例调查民众对文化走出去的看法及认知程度。

就汉服而言，90%的人仅是一般了解（见图 10）。对于海外华人穿汉服出席毕业典礼的现象，93%的人认为有一定的宣传作用，但42%的人认为这种方式并没有让外国人了解到中华优秀传统文化的真正内涵（见图11）。

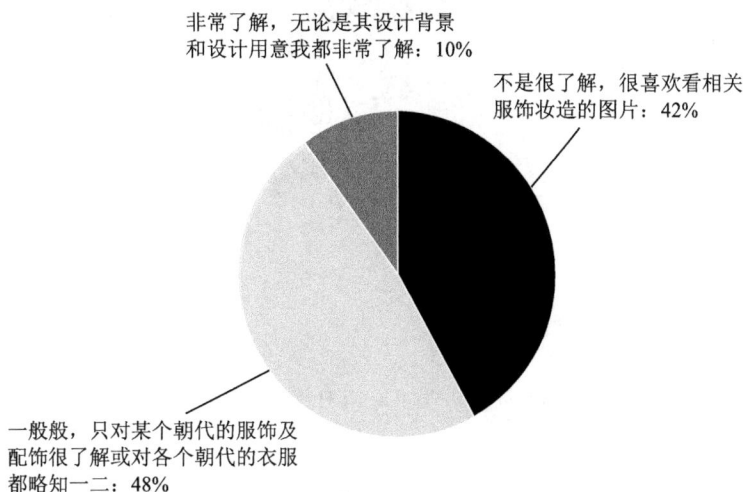

非常了解，无论是其设计背景
和设计用意我都非常了解：10%

不是很了解，很喜欢看相关
服饰妆造的图片：42%

一般般，只对某个朝代的服饰及
配饰很了解或对各个朝代的衣服
都略知一二：48%

图 10 对汉服的了解程度

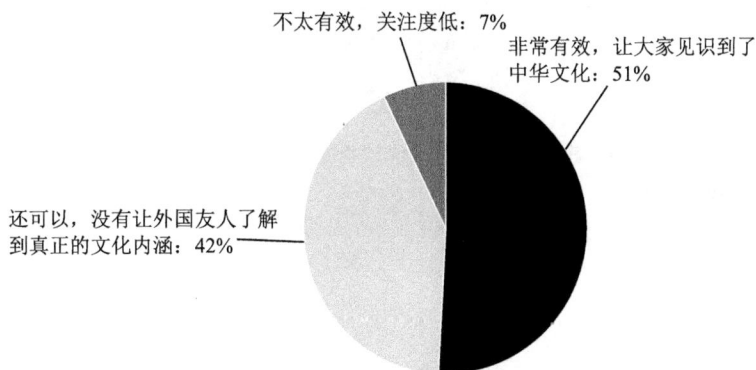

不太有效，关注度低：7%

非常有效，让大家见识到了
中华文化：51%

还可以，没有让外国友人了解
到真正的文化内涵：42%

图 11 对海外华人穿汉服参加毕业典礼的看法

至于《唐宫夜宴》和《洛神舞》，68%的人表示"听说过或看过"，且有18%的人表示非常喜欢，反复观摩，但有32%的人表示根本没听说过（见图12）。这表明有必要加大宣传力度。

对冬奥吉祥物冰墩墩现象进行调查发现，77%的人认为冰墩墩是向外国传递中华优秀传统文化的方式，也能感受到问卷中提到的三个文化内蕴。但有23%的人认为冰墩墩只是一个文化符号，代表的只是冬奥赛事（见图13、图14）。

看了好几遍《唐宫夜宴》或
《洛神舞》，非常喜欢：18%

没看过《唐宫夜宴》或《洛神舞》，根本不知道：32%

看过或听说过《唐宫夜宴》或
《洛神舞》：50%

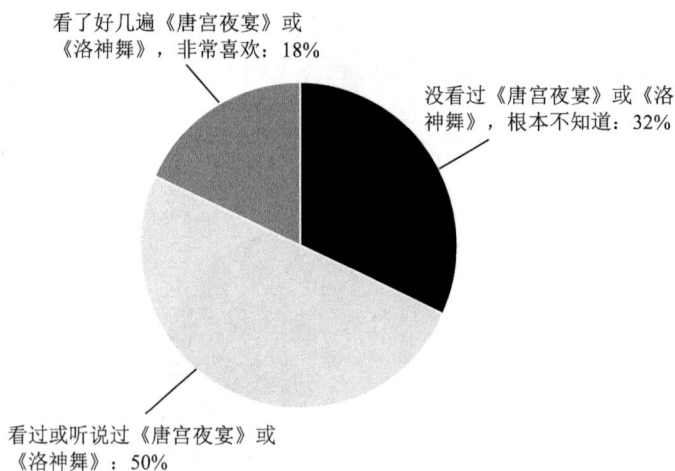

图 12　对《唐宫夜宴》《洛神舞》的关注程度

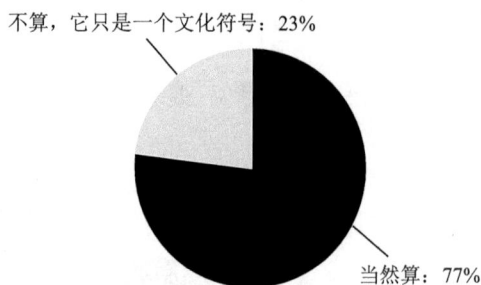

不算，它只是一个文化符号：23%

当然算：77%

图 13　对冰墩墩作为向外输出中华优秀传统文化三个文化内蕴的看法

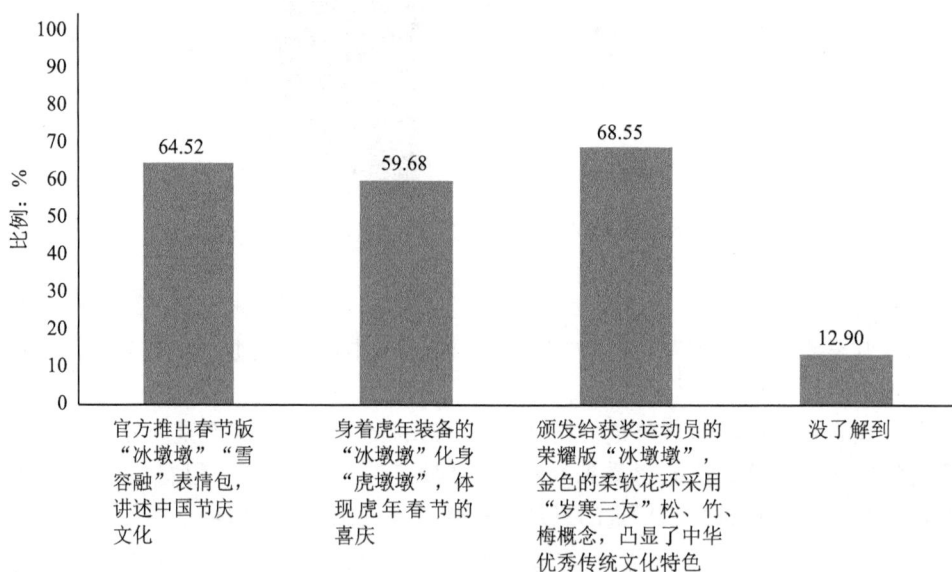

图 14　冰墩墩的文化内涵

（六）对文化传播现象的看法

本调查着重关注主流媒体、公众号或视频号或博主、个人行为传播三种文化传播方式。从传播效果来看，虽然"主流媒体"和"公众号或视频号或博主"差距不大，但"主流媒体"的评分相对较低（见图15）。

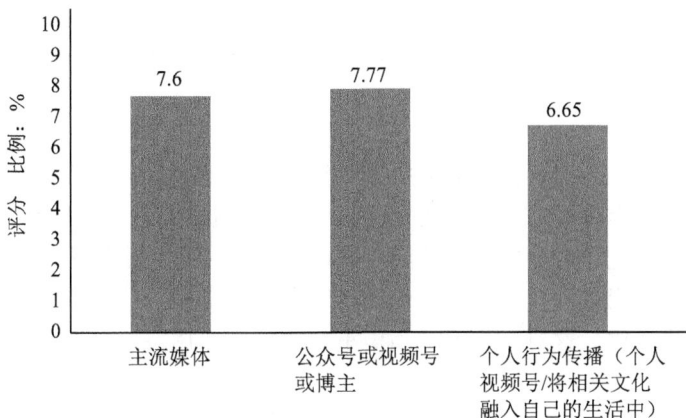

图15　对三种传播方式效果的看法

二、中华优秀传统文化传播存在的主要问题

党的十八大以来，我国着力理顺内宣外宣体制，打造具有国际影响力的媒体集群，积极推动中华优秀传统文化走出去，初步构建起多主体、立体式的大外宣格局，中华优秀传统文化的国际影响力显著提升。从本次调研情况来看，文化传播在渠道、方式、内容、保护和国内普及度方面存在一定问题。

（一）渠道

考虑到各地文化、实际条件及不同渠道宣传的效用不同，需要因地制宜，将可以利用的文化传播渠道有机结合起来，以实现宣传效果的最大化。加大对小视频或社交类 App 平台的使用，这些平台传播速度快、受众面广，有助于中华优秀传统文化的普及推广。访谈结果显示，大家普遍认为互联网传播是文化传播最为有效的形式，理由如下：其一，传播速度快、包容性强；其二，日常生活中互联网使用频率高，便于文化普及。因此，要依托互联网等平台进一步推动中华优秀传统文化的传播。

（二）方式

有受访者提出，希望能够由权威机构将中华优秀传统文化进行收集并系统化，以确保文化传播的一致性，向国内外民众展示真实的、全面的中国。我们应在现有传播方式基础上创新发展更多有效传播中华优秀传统文化的方式，利用多种方式向外输出中华优秀传统文化。

（三）内容

在文化传播方面，官媒起着十分重要的作用——内容具有权威性，对个体的文化传播要发挥引领作用。比如，有受访者提到，外国人不太能分清汉服和韩服，对旗袍反而可以很好地识别出来。这需要我们在选择对外输出的文化内容时筛选出更具中国特点的文化，或者将相似的内容进行"放大"处理以便区分。

（四）保护

文化保护也需要加强。如近期在社交平台上引起很大舆论争议的某事件，即某官网发布的一条黑色半身裙与我国明代马面裙结构完全相似，但在介绍时并没有说明或提到这是以中国传统服饰为原型打造的。因此，有必要进一步加强中华优秀传统文化的海外传播，增进国外民众对于中华优秀传统文化的认知。让更多的人深入了解并识别中华优秀传统文化，这对文化保护和传承有积极的作用。

（五）国内普及度

中华优秀传统文化是中华民族的灵魂，是我国综合实力的重要组成部分。弘扬中华优秀传统文化，扩大中华优秀传统文化的传播力、影响力，重在提升中华优秀传统文化的传播效能，加强中华优秀传统文化的国内普及。党的十八大以来，习近平总书记对中华优秀传统文化的传播作出一系列重要论述，为全面提升优秀传统中华文化传播效能提供了根本遵循。

从中华人民共和国文化和旅游部 2021 年文化和旅游发展统计公报可以看出，在艺术创作演出方面，民众对艺术的接受度以及关注度都有所提高。全年艺术表演场馆共演映 107.04 万场，比上年增长 82.0%；观众 11 209.24 万人次，增长 84.8%。全年全国群众文化机构共组织开展各类文化活动 252.17 万场次，比上年增长 30.9%；服务人次 83 289 万，增长 47.9%。这些不同形式的文化传播都吸引了众多民众的参与，促进其对中华优秀传统文化的了解，提升民众的文化素养。

三、改进建议

（一）渠道和方式

考虑到不同渠道在各地的效果不同，我们需要首先组建专家团队，对地域文化特征进行研究，探索适合不同地区的文化传播方式。充分利用好民众常用的媒体平台。如设计不同系列的短视频，分类介绍中华优秀传统文化，方便大家在碎片化的时间里进行了解。同时，可以娱乐行业作为传播载体，搭载数字媒体进行线上运营的方式来进行中华优秀传统文化的传播，扩大受众人群。加大国外办展力度，让更多海外民众可以直观地感受到中华优秀传统文化的魅力。

（二）内容

文化传播是通过具象化文化产品的传播，将凝结于其中的价值理念、民族精神与国家主张传达于各国受众，以得到他们的尊重、理解和接受。习近平总书记在全国宣传思想工作会议上指出："要把优秀传统文化的精神标识提炼出来、展示出来，要把优秀传统文化中具有当代价值、世界意义的文化精髓提炼出来、展示出来。"因此，应该选择最具中华优秀传统文化特色，更有视觉、听觉冲击力的内容，可以给人更加深刻的印象。通过对传播策略的研究以及专业队伍的建立可以使传播内容更加准确、更加凝练。

（三）国内普及

我们需要通过加强文化普及，提升民众对于中华优秀传统文化的认知。为吸引更多青年群体，我们可以采取说唱、街舞文化等方式。《洛神舞》《唐宫夜宴》《上新了·故宫》等一系列综艺节目都是中华优秀传统文化传播的典范。为迎合大多数人短、平、快的文化消费方式，我们可以将最精华的地方剪辑出来，吸引公众关注，激发其观看全片的兴趣。

（四）保护

在文化保护方面，需要着力提升民众识别自己国家文化的能力，文化普及的作用尤为凸显。另外，积极申遗也是我们保护文化的主要方式之一。截至 2021 年末，国家级非物质文化遗产代表性项目 1 557 项，共有在世国家级非遗代表性传承人 2 433 名。列入联合国教科文组织人类非物质文化遗产代表作名录（名册）项目 42 个，位居世界第一。从数据看来，我们拥有很多非物质文化遗产，但仍有不少"沧海遗珠"。这需要我们一起努力将这些"遗珠"识别出来，保护起来。此外，我们需要用有效的方式去维护我们的文化。这需要国家的顶层设计和民众的自发组织，向大家科普丰富多彩的地方文化，培养文化保护意识和习惯，让更多人站出来为我国文化发声，让我国的文化勇敢地走出去！

附录：

关于中华优秀传统文化走出去的途径及其效果的调查

您好！我们是北京工商大学的学生。本次问卷旨在调查中华优秀传统文化走出去的途径及其效果。问卷采取匿名方式，我们将对您填写的内容严格保密，感谢您的支持和参与！

第1题　您的年龄是

    A. 18 岁以下　　　B. 18 ~ 30 岁　　　C. 31 ~ 40 岁　　　D. 41 ~ 50 岁

    E. 51 ~ 60 岁　　　F. 61 岁及以上

第2题　您的性别是

    A. 男　　　　　　B. 女

第3题　您的职业是

    A. 专业人士（如教师/医生/律师等）

    B. 服务业人员（餐饮服务员/司机/售货员等）

    C. 自由职业者（如作家/艺术家/摄影师/导游等）

    D. 工人（如工厂工人/建筑工人/城市环卫工人等）

    E. 公司职员（事业单位/公务员/政府工作人员）

    F. 学生

    G. 家庭主妇

    H. 其他（商人）

第4题　平时会关注传统文化的相关内容吗？从哪些渠道关注呢？

    A. 小视频类 App（抖音、快手）　　　B. 网页类推荐（百度、自带浏览器）

    C. 社交类 App（微博、小红书）　　　D. 电视（新闻、卫视）

    E. 纪录片（《舌尖上的中国》）　　　F. 几乎不太关注

第5题　关注程度排序：

    A. 小视频类 App（抖音、快手）　　　B. 社交类 App（微博、小红书）

    C. 电视（新闻、卫视）　　　　　　　D. 网页类推荐（百度、自带浏览器）

第6题　您一般会关注哪些方面的内容？

    A. 美食（古法制作传统食品）　　　　B. 服饰（汉服以及手工制作绒花）

    C. 建筑（故宫、恭王府等介绍）　　　D. 民俗（风筝、兔爷灯笼等制作或展示）

    E. 风土人情（少数民族风俗展示）

第7题　为什么这些方面的文化会吸引到您？

    A. 想去旅游，做做攻略　　　　　　　B. 求知欲，对某个地方或者现象好奇

    C. 被其文化底蕴所吸引　　　　　　　D. 文化自豪感驱使我了解

    E. 其他

第8题　您觉得中华优秀传统文化走出去的实施效果如何？

    A. 非常好　　　　　　　　　　　　　B. 比较好，仍需努力

    C. 不好　　　　　　　　　　　　　　D. 非常不好

第9题　您对汉服、《唐宫夜宴》《洛神舞》等有了解吗？

    A. 不是很了解，很喜欢看相关服饰妆造的图片

    B. 一般般，只对某个朝代的服饰及配饰很了解或对各个朝代的衣服都略知一二

    C. 非常了解，无论是其设计背景和设计用意我都非常了解

    D. 没看过《唐宫夜宴》或《洛神舞》，根本不知道

    E. 看过或听说过《唐宫夜宴》或《洛神舞》

    F. 看了好几遍《唐宫夜宴》或《洛神舞》，非常喜欢

第10题 近期有华人穿汉服参加毕业典礼，您认为这种方式是否有效地将中华优秀传统文化带出国门？

    A. 非常有效，让大家见识到了中华优秀传统文化

    B. 还可以，没有让外国友人了解到真正的文化内涵

    C. 不太有效，关注度低

第11题 您认为哪种方式更有助于把中华优秀传统文化传播出去？

    A. 主流媒体

    B. 公众号或视频号或博主

    C. 个人行为传播（个人视频号/将相关文化融入自己的生活中）

第12题 冬奥期间出现"一墩难求"的现象，您认为这算是传播中华优秀传统文化吗？

    A. 当然算   B. 不算，他只是一个文化符号

第13题 您能从冰墩墩身上了解到哪些中华优秀传统文化呢？

    A. 官方推出春节版"冰墩墩""雪容融"表情包，讲述中国节庆文化

    B. 身着虎年装备的"冰墩墩"化身"虎墩墩"，体现虎年春节的喜庆

    C. 颁发给获奖运动员的荣耀版"冰墩墩"，金色的柔软花环采用"岁寒三友"松、竹、梅概念，凸显了中华优秀传统文化特色

    D. 没了解到

第14题 您认为在传播中华优秀传统文化，让中华优秀传统文化走出去还有什么值得注意的地方呢？

访谈问卷

1. 请问您现在在哪个国家留学？在国外看到过国人穿汉服吗？对这个现象有什么评价？

---

2. 您是否有关注一些知名网络短视频创作者？看过他们的视频吗？其在国外收获大量的浏览与关注度，对中华优秀传统文化传播是否有促进作用？有怎样的作用？

---

3. 冬奥会期间您是否参与抢购冰墩墩、雪容融？这两个吉祥物有什么代表意义？对中华优秀传统文化的传播是否有促进作用？有怎样的作用？

---

4. 要让中华优秀传统文化走出去，以上三种传播方式您认为哪个更有效？为什么？

---

5. 您对中华优秀传统文化的传播还有什么建议？

北京市新能源汽车问题调查研究

马　静　赵文哲①

【摘　要】近年来，新能源汽车市场发展迅猛，新能源汽车的出现迅速改变了北京市的汽车结构，也带来了一些问题。为了响应国家号召，促进新能源产业的良性发展，就必须全面了解市场情况，并进一步明确新能源产业的发展方向。本文通过分析新能源汽车的优缺点以及影响新能源汽车发展的客观因素，探索新能源汽车的发展方向。

【关键词】新能源；汽车；北京；政策

本次调查主要采取非定向问卷调查，兼有对市民进行相关问题的街头采访，并参考新闻媒体报道，以保证收集数据的多元化。调查问卷是由小组成员通过在朋友圈转发、在特定的微信群中发布以及邀请本地居民填写问卷等多种方式进行填写回收，共发出线上问卷687份，线下问卷158份，全部回收，回收率达100%。街头采访工作是小组成员通过与自家小区附近以及北京工商大学附近的居民交谈、了解现状来完成的。

本次调研人群各年龄层均有涉及，以26～35岁的青年人为主，占58.1%；25岁以下的大学生占17.14%；35～60岁的中老年人也是调查问卷填写的受众，占20%。填写人群的男女性别的比例比较均衡，其中女性占比57.14%，男性占比42.86%。对于调查群体的职业，被调查人群大部分为事业单位人员，占40.95%，其次是自由职业者，占18.1%，另外还有大学生等。参与调查的人群大多数是居住在北京的市民，占68.75%，其余的是非京籍的在京人员。

一、北京新能源汽车产业发展迅速

当问及"对新能源汽车及相关国家政策的了解"时，78.09%的人表示"非常了解"或者"多多少少了解一些"，表示"不了解"的仅占3.80%。而与之相比，在2015年，仅有40.9%的人对相关的政策有所了解，而表示"并不了解"的市民占39.81%。除此以外，在问卷中78.09%的人表示自己或者身边的朋友或亲人已经购买使用了新能源汽车；同时，我们在走访调查中也发现，绝大部分的市民表示北京市近年来新能源汽车的保有量实现了快速增长，并且对于新能源汽车表示认可，对其相关产业的前景持看好的态度。

---

①　本课题指导教师：马静（北京工商大学马克思主义学院）；课题组组长：赵文哲（计算机201）；课题组成员：沈上（计算机201）、向驹韬（计算机201）、杨骏驰（计算机201）、赵晓寒（计算机201）。

由此可以看出，自 2012 年国务院发布《节能与新能源汽车产业发展规划（2012—2020 年)》以来，我国新能源汽车产业的发展十分迅速。在"您支持新能源汽车的原因"这一问题的回答中，72.97% 的人表示是为了减少废气排放、节约燃油资源和提高能源的利用率，这反映出了人们环保意识的增强和整体国民素质的提高（见图 1）。但是，在对"北京市民对新能源汽车的态度"这一方面进行调查时，我们发现有 19.43% 的人至今并不支持或信任新能源汽车，认为新能源汽车还存在技术不成熟、售后制度不健全、动力不足和充电不方便等问题，这反映了我国新能源汽车相关的产业链还需进一步地完善和调整。

二、北京新能源汽车发展的有利条件

根据问卷调查以及身边采访的整理数据显示，有相当大比例的民众对于新能源发展保持着乐观的态度，认为支持新能源市场无疑是正确的选择（见图 2）。

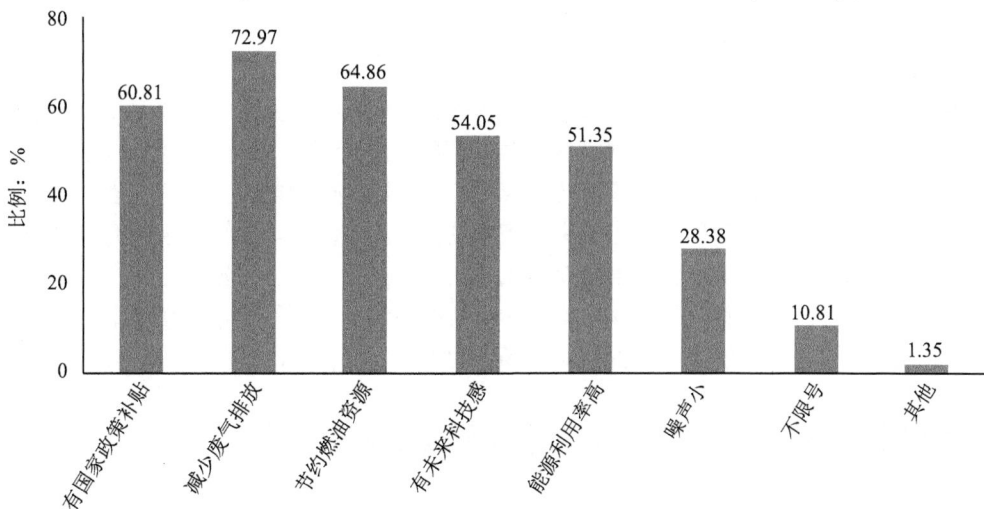

图 1　市民支持新能源汽车的理由

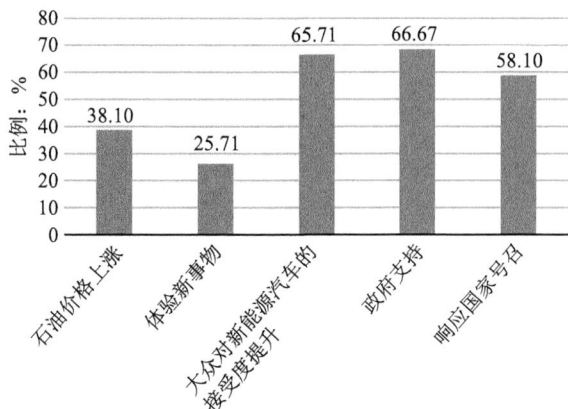

图 2　市民认为新能源汽车飞速发展的客观因素

（一）节能减排

相比燃油汽车，新能源汽车的市场显然还处于萌芽阶段。但市民认为，在国家的大力扶持下，新能源市场的前景并不比燃油汽车差。此外，为了响应政府的环保号召，市民也愿意为环境保护出一份力。

新能源汽车伴随着广大市民对于燃气排放的重视应运而生。调查中支持新能源汽车发展的市民中有60%~70%的人都认为环境保护、节约资源在生产生活中是必须考虑的因素。同时，国家政策的补贴让他们非常愿意融入新能源汽车盛行的世界。

关注环保问题的市民留言道："希望新能源汽车能够快速推广，加速普及。"来京工作的成都市民向先生在采访时表示，在成都，政府用多种方式推进城市绿化，节能减排。大力推广新能源汽车便是其中重要的一部分。向先生表示，大力推广新能源汽车，对于北京这样的高排放城市来说有百利而无一害。

（二）政府政策支持

如图3所示，问卷中市民普遍反映国家政策的扶持力度相当大。对于一个新型产品，国家政策扶持无疑是前期发展最富营养的肥料。新能源汽车与传统燃油汽车相比，将本来需要从国外进口的燃油机零件转变成自己就可以生产的电机，不仅节省了进口费用，还少交了无数专利费用。对于国家经济来说，要是燃油汽车能够在某天完全被新能源汽车替代，这一行业的经济产值将获得飞跃式的上升。为此，国家极力加大对新能源汽车的扶持力度，不仅补贴了市场价格，还将新能源汽车的限行政策直接取消，吸引市民购买使用。这会极大扩张汽车的前期市场，为未来发展描绘出一幅繁华的蓝图。

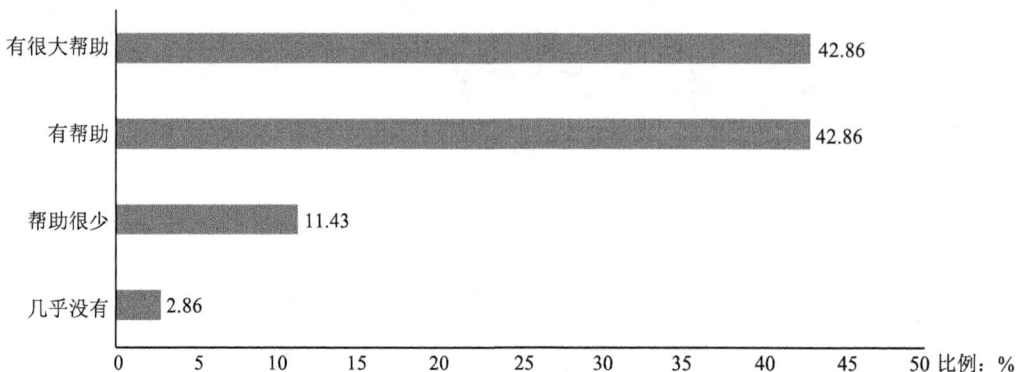

有很大帮助　42.86
有帮助　42.86
帮助很少　11.43
几乎没有　2.86

图3　市民认为政策扶持对新能源汽车的发展的影响

（三）积极响应国家号召

政策的扶持很大程度上促进了市民的购买，与此同时，国家大力宣传绿色低碳出行，号召人民节能减排。不少人在便捷与绿色之间犯了难，新能源汽车的出现为纠结不已的市民打开了一扇窗。新能源汽车不仅便捷，还可以节能减排。在面对优惠的价格时，积极的市民便响应国家节能减排的号召，做一个绿色出行的好市民。国家的号召有力地推动了新能源汽车的快速发展。

（四）石油价格上涨

2022年，由于受到疫情防控的影响，很多地方都停工停产，石油的开采也受到了一定的影响。所以在疫情防控期间，石油的产量也相比之前下降了许多，这就导致了石油价格的上涨。另外，俄乌事件愈演愈烈，国际形势越来越紧张。在这样的情况下，西方国家也趁机对俄罗斯进行制裁，限制俄罗斯的对外出口贸易。俄罗斯本来是一个石油出口大国，其对外贸易受到阻碍之后，国际石油资源就会大量减少。这也是国际原油价格一直上涨的原因之一。中国油价不断上升，于是新能源汽车备受青睐，其低廉的充电价格使得其相对于燃油车能减少不少出行成本。新能源汽车市场不断扩大，在2022年一季度保持强劲增长势头，出售200万辆，较2021年同期增长75%。

三、北京新能源汽车发展的主要障碍

伴随新能源汽车行业爆发式增长，中国已是全球最大的新能源汽车市场。但机遇与挑战并存，我国新能源汽车市场表现出巨大生命力的同时，也存在许多问题（见图4）。

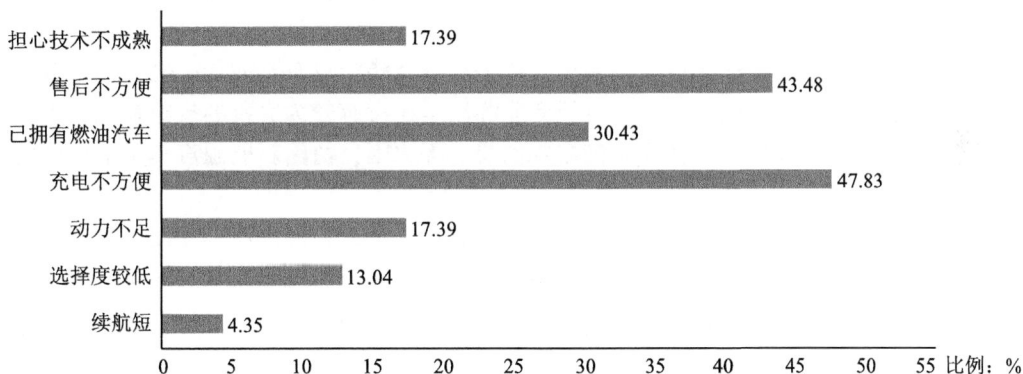

图4　市民认为新能源汽车发展的主要障碍

（一）充电慢，充电难

随着消费者对新能源汽车需求的日益增加，充电慢、充电难的问题逐渐明显。这主要是充电桩少、充电技术不成熟所导致的。我们咨询了部分不支持新能源汽车的市民，他们都反映出充电困难的问题。在很多具备充电设施的停车位上，并不是新能源汽车在充电，而是一些非新能源汽车在霸占，充电的停车位成为机动车的停车位。并且部分地区存在没有充电停车位的问题。相比于传统的加油站，充电桩还没有广泛普及，而且并不是所有充电桩都是正常开放的，这些种种因素，让市民在充电等候时间变得很长。这也是阻碍市民选择新能源汽车的因素之一。

（二）售后不方便

目前，我国新能源汽车市场仍处于初期阶段，传统主机制造商的维修零部件系统和门店主要是以各主机制造商的授权和自营门店为主，行业格局尚未定型。此外，途虎汽车提供的数据显示，目前新能源汽车制造商的自营和授权门店总数仅有 3 300 多家，每家门店要服务 2 400 辆新能源汽车，显然不足以满足要求。

不仅新能源汽车维修难，其维修价格也高于传统汽油车。新能源汽车车身上有许多智能化零部件，采用先进制造技术，这些高科技或许会导致维修成本增加。业内人士指出，如今新能源汽车进入维保高发期，售后服务需求增长与整个市场的售后服务能力不足的矛盾逐渐凸显。我们采访了北京市民杨女士，当我们问到她为什么不支持新能源汽车时，她说："我当时只是在路上和其他车轻微擦撞了一下，但是撞坏了装在前保险杠的激光雷达，重新买一个要接近一万元，算上人工费，最后花了一万二才把车修好，其他车擦碰一下，补补漆，一两千就能维修好，新能源汽车的维修费用太高了！"

（三）技术不成熟

新能源汽车作为新兴产业，技术还不成熟，目前还存在多种问题。新能源汽车一个很大的问题就是续航。虽然新能源汽车续航里程从 100～200 千米，直接跃升到 500 千米，但是相比于燃油车来说，很多车主还是觉得新能源汽车不如传统燃油车，容易患续航里程焦虑。就目前的技术，由于新能源汽车还没有较为完善的省电系统，再加上开空调、路况不理想、寻找充电桩需要预留电等原因，留给新能源汽车用于续航的电力就不多了。

技术不成熟还体现在充电上。随着电池续航的提升，新能源汽车即使是快充，时间也在半小时以上，但是快充是不能常用的；如果要慢充，就要在专门的充电桩上充电。可是由于新能源汽车还没有普及，所以充电桩数量不够，加上不少燃油车占用充电车位，充电是非常慢的。

四、北京市新能源汽车持续发展的对策建议

（一）有效解决充电问题

如前文和问卷调查结果所展示，新能源汽车的发展遇到的瓶颈主要来源于电力、续航里程不足以及充电方面的痛点都是亟待解决的主要问题。想增加续航里程，先从电池方面入手，着手突破电池的储能技术是关键，同时优化耗电水平，开发优异的纯电平台。当然，提升充电的便利性也可以降低用户的续航焦虑。就像传统燃油汽车离不开加油场景一样，新能源汽车同样离不开充电场景，想方设法提高用户在充电方面

的舒适度是关键。作为一个新兴产业，在基础设施方面必须加快建设，增加充电站的数量，用户才能随时享受便利的服务。

当然，只是增加数量还不够，另一个问题是充电站的充电效率。传统燃油汽车加油速度比新能源汽车的充电速度要快不少。目前需要开发大功率快充技术、无线充电技术和太阳能充电技术等，有效扩大充电服务半径，最终做到充电比加油方便，将"充电比加油慢"这一短板和固有印象攻克，一定会有更多用户选择买单，这样才能推动产业快速发展。

（二）提升智能体验效果

随着信息技术的不断发展，新能源汽车也要搭上时代的顺风车。现在一切讲究智能化，而新能源汽车一样可以更加智能。加快车用操作系统的开发，良好的操作系统可以极大提升用户体验。同时，建立新能源汽车与相关产业融合发展的综合标准体系，明确车用操作系统、车用基础地图、车桩信息共享、云控基础平台等技术接口标准，加快5G信息通信、车路协同等新技术应用，开发更多功能，这样才能刺激更多用户去体验、去购买。

（三）多策解决安全隐患

问卷中有人留言，担心汽车的安全以及老化之后废旧电池的处理问题。伴随新能源汽车的发展，一些新的安全问题涌现，也有一些法律法规需要完善。第一，强化企业对产品安全的主体责任，落实生产者责任延伸制度，加强对整车及动力电池、电控等关键系统的质量安全管理、安全状态监测和维修保养检测。第二，健全新能源汽车整车、零部件以及维修保养检测、充换电等安全标准和法规制度，加强安全生产监督管理和新能源汽车安全召回管理。第三，完善充电设施保险制度，降低企业运营和用户使用风险。让人们不再担心安全问题，才会让他们更放心地使用新能源汽车。第四，废旧电池无疑是环境污染的罪魁祸首之一，因此在未来发展的路上，行业也要完善电池妥善处理的问题，否则出于环保考虑而出现的电车或许会因此适得其反。

（四）售后

售后服务也是新能源汽车当今面临的一大痛点问题，强化售后服务也是重点难点。首先，增加售后服务网点，让新能源汽车的用户随时都能享受到服务。其次，相比于燃油汽车，新能源汽车的维修目前是一个"贵"字当道，由于用上了全新的技术，汽车内各种模块的维修成本都极其高昂，为了降低维修成本，要增加各个模块的零件生产量，国家的补贴也要到位。最后，将精密零部件保护在车内不容易被剐蹭到的位置，同时不影响原来的功能，这样才能降低用户的维修费用。

此外，其他方面诸如推动新能源汽车下乡、降低用电成本以及提高售后服务质量等措施，也一样会为新能源汽车的发展提供动力。时代的洪流滚滚向前，新能源汽车生在了一个好时代，不久的将来，新能源汽车有望成为大多数人的出行选择。当然，前提是能够有效解决目前存在的一个又一个问题，让用户无后顾之忧。

参考文献

［1］新华社．推进新能源汽车发展，2022 年将有哪些举措？［EB/OL］．（2022 – 01 – 31）．https：www. gov. cn/xinwen/2022 – 01/31/content_5671473. htm.

［2］中国政府网．新能源汽车未来 15 年怎么发展？国家最新规划！［EB/OL］．（2020 – 11 – 12）．https：//www. gov. cn/xinwen/2020 – 11/02/content_5556820. htm.

新时代短视频文化发展调查研究报告

——以抖音短视频 App 为例

陈晋文　程智慧①

【摘　要】 新时代发展的十年中，党中央对各类文化产业的发展高度重视，诸多新兴文化产业从中脱颖而出，进入公众视野。其中，短视频文化高歌猛进，一举成为新媒体中的佼佼者，并凭借其高速便捷等优势带动了电子商务产业的发展。抖音短视频 App 作为短视频平台中受众及应用较为广泛的代表者，对研究短视频文化发展具有重要作用。通过调查，研究短视频产业的发展现状及探究短视频文化产业的发展潜力及创新可能性，对现有文化产业的发展痛点提出建议，以此推动文化产业的进一步发展，促进文化建设。

【关键词】 文化产业；短视频文化；十年巨变

本次调研以网络问卷的形式，通过抽样调查以短视频用户对短视频 App 的发展及认知为依托展开调查，结合相关调查研究资料及理论进行分析研究。本调查显示，在接触过短视频文化的群众中，有 87.91% 的群众使用过抖音短视频 App（以下简称"抖音"），本报告将以抖音为依托研究短视频文化产业的发展。

一、短视频文化的发展

党的十九届五中全会对文化建设高度重视，《中共中央关于制定国民经济和社会发展第十四个五年规划和二〇三五年远景目标的建议》中明确提出"到 2035 年建成文化强国"的战略目标，并对如何实现这一战略目标作出新的谋划和部署，这也是党的十七届六中全会提出建设社会主义文化强国以来，党中央首次明确建成文化强国的具体时间表，标志着我们党对文化建设重要地位及其规律认识的不断深化，为在全面建设社会主义现代化国家新征程中推动建成文化强国提供了行动指南，为我们深刻认识新时代新的文化使命、创造中华文化新辉煌明确了前进方向。从 2012 年到 2022 年，十年来，我国信息通信业规模不断壮大，电信业务收入从 2012 年的 1.08 万亿元，增长到 2021 年的 1.47 万亿元；我国建成了全球规模最大的光纤和移动宽带网络，固定网络逐步实现从十兆到百兆，再到千兆的跃升，移动网络实现 3G 突破、4G

---

① 本课题指导教师：陈晋文（北京工商大学马克思主义学院）；课题组组长：程智慧（信管 21）；课题组成员：梁晶晶（电商 21）、王茹（电商 21）、王梓薇（信管 21）。

同步、5G引领的跨越。随着通信业的高速发展，群众对手机等移动设备的使用频率和时长有了大幅度的提升，各类网络文化产业也因此得到了飞速的发展，其中短视频文化以极为突出的发展速度赫然出现在公众的视野中。

调查报告显示，88.35%的群众都接触过短视频文化（见图1）。从用户规模来看，截至2019年6月，短视频行业月活跃用户规模达到8.21亿，较2018年6月增长32.3%，"两超多强"的竞争格局继续保持。其中，字节跳动旗下的抖音短视频、西瓜视频、火山小视频三款产品去重用户达到5.88亿，快手月活达到3.41亿，腾讯系、百度系短视频产品月活都同比有较大增长，腾讯微视月活用户突破1亿。从用户使用时长来看，短视频月人均使用时长达到22.3小时，同比增长8.6%。2019年11月20日，世界电视日前一天，中央广播电视总台"央视频"一经上线就凭借聚合了众多优质账号内容和强大影响力取得了社会的广泛关注，相比于此前的爆款中央主流媒体产品，生命力旺盛的优势尽显，这也标志着短视频的形式受到了主流媒体的肯定，正在以蓬勃之势占据新媒体的主体地位。

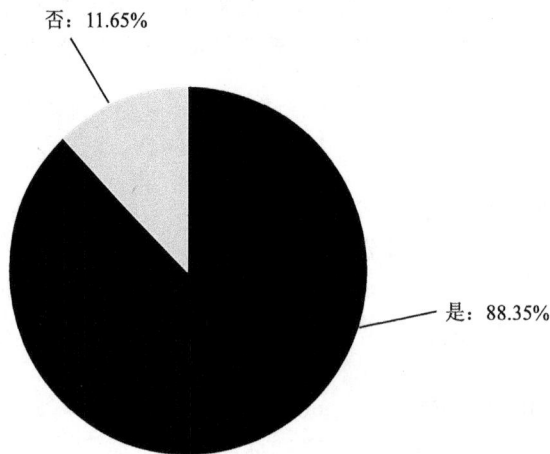

图1　对接触过短视频的人群数量调查

二、短视频与社会发展的相互影响

从大众方面来讲，短视频的兴盛降低了获取知识的门槛，改变了大众学习技能和知识的渠道。一些亲和度、接受度较高的科普技能类视频填补了许多百姓生活中的科学、常识空白，许多高质量短视频内容具有很大的学习意义，促进了社会知识信息良性循环，降低了大众的知识获取成本。诸多媒体人制作的优秀作品收获了广大网友的喜爱，并且为创作者带来了可观的收益。

但任何事情都有其两面性，据统计有近80%的用户常在抖音上观看搞笑娱乐类视频（见图2），长期观看此类短视频可能导致我们不愿意思考、不愿意进行系统分析，易对我们的人生观和价值观造成负面影响。

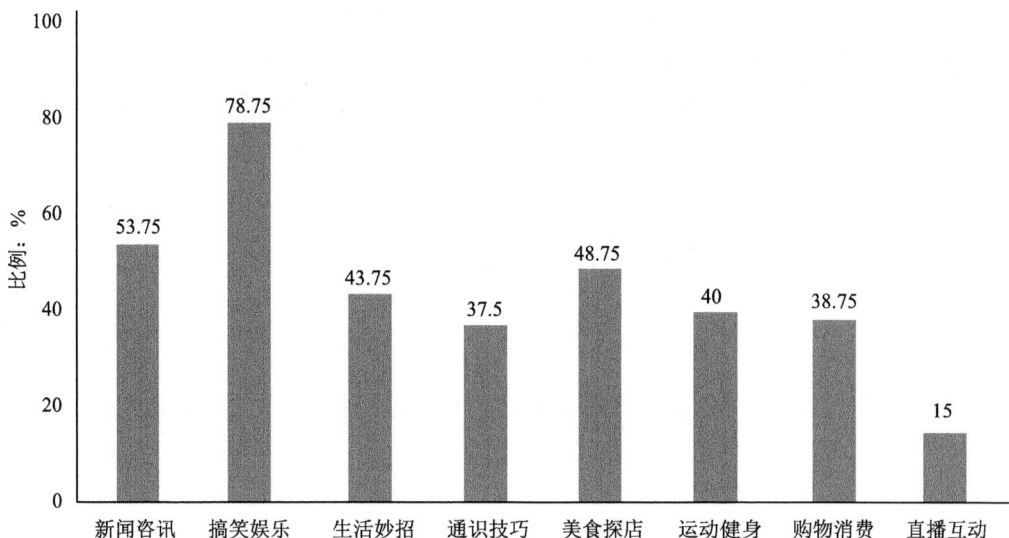

图2　对群众利用抖音获取的信息类型调查

从社会层面来讲，短视频对电商平台的赋能刺激了大众的消费欲望。数据显示，有超过77％的用户认为短视频或直播引导增加了购物冲动（见图3）。当前，短视频平台极大促进了部分电商产业的发展。5G与网络直播并行不悖，例如一些农产品的销售借助融媒体大力宣传，在一定层面上推进了我国乡村振兴事业的发展。

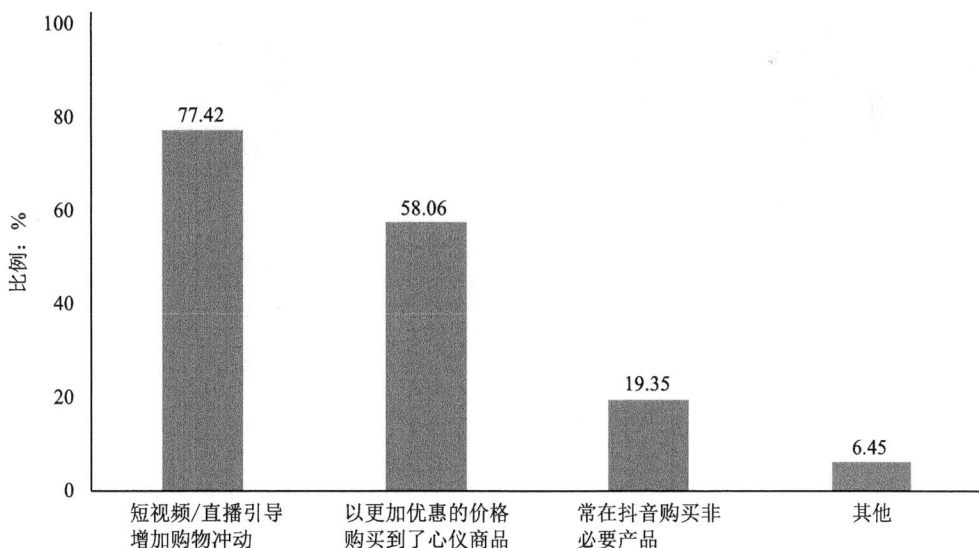

图3　抖音对消费者购物体验产生的影响调查

随着短视频的发展，新闻报道的多元化将会越来越突出。由普通网友和自媒体在社交媒体平台上发布消息，专业媒体进行深度报道，形成了由权威媒体说了算的格局，短视频平台演变成了各种信息传播、讨论的一个较为重要的平台。

全面的媒体化是整个媒介生态系统的终极目标。从媒体内容消费和传播参与角度来说，既是多媒体内容的展示，也是内容传播、讨论和参与的过程。网友通过话题与创作者产生良性互动，配合视频形式在全网进行二次传播，这种摆脱算法推荐而形成的真实交流，才是新媒体内容的核心价值所在。

三、短视频文化的优势与劣势

（一）优势

相较于传统视频模式，短视频拥有信息获取速度更快、传播方式更加便捷、传递快乐情绪等优点。

1. 信息获取速度更快

内容简要的视频无疑会在越来越快的生活节奏中受到更多人的喜爱。调查显示，65%的人认为短视频吸引自己的特质之一是视频长度较短，可以快速获取信息（见图4）。随时随地打开 App，浏览一两个视频，即可建立与外界的联系或迅速了解外界的热点也是大部分人越来越依赖短视频的原因。

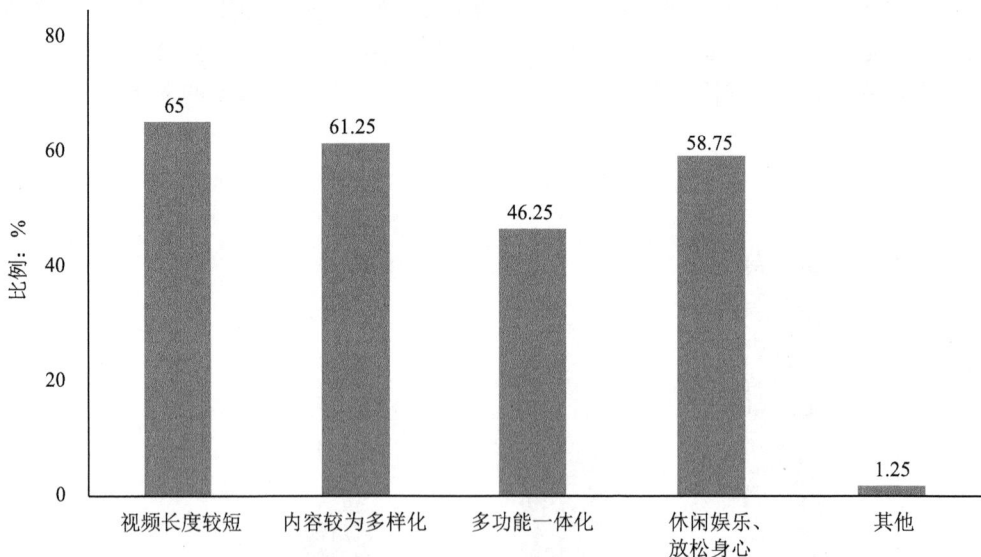

图4　对抖音吸引用户的优势调查

2. 传播方式更便捷

当前，抖音获取新闻资讯的时效性得到了大多数人的认可。短视频也为各大行业提供了有效的宣传平台，不少地区通过短视频直播带货宣传家乡特产，其他地区的人也可以足不出户品尝各地美食。仅在"东莞探店"这一话题下，抖音视频累计播放次数就高达23.3亿，截至2024年10月，抖音平台上展现东莞文旅内容的短视频累计 6.1 亿条，收获了 273 亿点赞。在文化传播方面，过去一年抖音上国家级非遗相关视频累计分享量同比增长 36%，濒危非遗相关视频数量同比增长 33%。95 后、00 后成为传承、传播非遗的生力军，30 岁以下传承人年增长 72%。有将近 1500 万网友分享自己的传统文化体验，漆扇、簪花、马面裙打卡视频分别实现 318 倍、55 倍、15 倍增长，购买非遗相关产品用户数增长 328%。

3. 记录生活、分享快乐

相较于传统视频，短视频的创作更为简单易上手。独具风格的贴纸、丰富多样的背景音乐、搞怪有趣的特效让每个人都能随手记录日常。58.75% 的人认为休闲娱乐、放松身心是短视频吸引他的特质。大数据的兴趣推送，也让我们可以与更多兴趣相投的朋友分享彼此的快乐。

（二）劣势

伴随着短视频的飞速发展，一些弊端也显露出来。视频质量低、缺少监管、广告太多、内容低俗、信息真实性有待提高等缺陷都亟待解决。

1. 内容质量参差不齐

大量使用者的涌入，无数短视频的发布，使视频内容质量良莠不齐。部分网民为博关注会发布一些不良风气，乃至无底线的视频，而大量的视频审核之下总会存在漏网之鱼，这些视频不仅不利于营造良好的社会氛围，甚至还会对分辨能力较弱的青少年及儿童产生不良引导。

2. 信息获取片面零碎

短短数十秒时间，获取的信息不够完整也会引导我们认知出现偏差。调查中大众对从短视频中获取新闻资讯真实性的评分只有 5.7，可以看出大众对于抖音资讯的真实性保持怀疑态度。

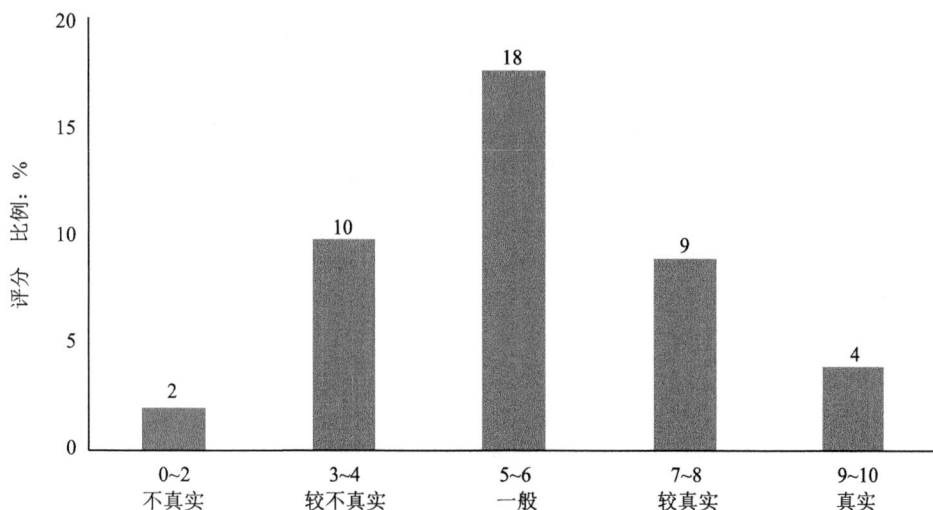

图 5　群众对抖音获取信息真实性的评分调查

3. 原创内容易被侵犯

短视频内容的易复刻性使得其易被他人盗取。庞大的用户量使创作者无法及时发现作品被抄袭或盗用，短视频平台也无法及时联系两个视频之间的相似性，所以短视频创作者往往都有被抄袭的困扰。无法有效保护原创，极大地降低了优质原创视频的创作动力。

四、文化相关产业发展

(一) 短视频及其他文化产业发展的启示

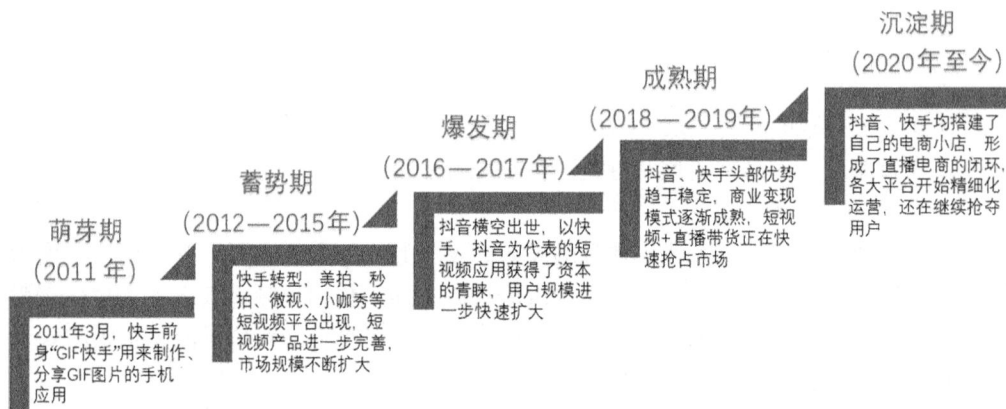

图 6　短视频行业发展情况

短视频平台融"傻瓜式制作、社交链路分享、小流量观看"等特点为一体，以其自身的创作方式和低发行成本吸引了大量用户。正是低门槛、低难度，使个人创造和公众的参与数量飞跃上升，多彩的文化、不同的点评见解使用户收获颇丰的同时，也面临着应接不暇，疲乏同质化严重的状况。

无限复制的段子、虚假猎奇与重复的内容，让人们陷入信息牢笼，拒绝深刻思考，忽视文化艺术的独创性和革命性，内容引发的思考性消减。这给短视频产业及其他文化行业的发展带来深刻的警醒与启示。

首先，对于打着宣传文化旗号，表象传播文化，实则商业化逐步失控的状况，政府需加大监管力度，将思想工作落到实处。推动相关文化产业的良性发展，使产业历久弥新，成为传承传统文化、传播科学知识、弘扬优秀美德、传递积极健康生活观念的良好途径。

其次，我们的传统文化具有很强的吸附力，文化源于生活，要让那些真实体会、感悟走进大众、走进生活，使文化与生活紧密联系。

最后，我们文化传承的个体应当回归理性，重建个人主体性。现代人在时代的文化困境中，必须深入思考，回归理性。沉淀下来，才能创作出具有质感的内容，传统文化的传播需要这种"慢"精神，在创作的过程中不断完善、丰富内容，用各种细节体现传统文化的意蕴。

（二）以短视频文化为例谈文化事业应如何寻求进一步发展

在当今这个物质飞速变换的时代，文化产业谋求发展，要像工业那样打造自主知识产权，形成产业集团和文化产业链。

文化产品，内容为王。要着力打造具有民族特色和时代精神的优秀文化产品，实施品牌战略，增强我国文化产品的感染力和市场感染力。要在循序渐进中摸索出文化发展的内驱规律，努力提升市场文化的水平和技术，从整体把握角度壮大我国的文化力量。

在对外宣传上，我国应着力培养有特色代表性的文化品牌，进行规模正式的商业演出、展览等，致力于提升我国优秀文化组织的国际知名度，建设国际市场的文化道路。要抓住有效的突破口，在领域发展取得成就后，向外辐射，起到带动作用。

（三）青年恪守初心使命，寻求进一步发展

青年作为社会发展的新鲜血液和活跃动力，具有引领社会文化的导向作用，在社会主义文化建设中的地位日益突出。面对社会的新形势、新变化，青年应认真学习社会主义核心价值体系内涵，促进自身的健康发展。在文化建设中，我们要明确青年在文化建设中的地位，发挥青年主体优势，实现对文化的理解融合与统一，从而使先进的文化在青年中生根。

与此同时，文化创新始终是对激发青年创新活力、培养青年创新意识、完善青年创新机制等的重要影响因素。我们青年只有大力推动文化创新，才能推进弘扬中华优秀传统文化的长久事业。

相信青年一代将恪守初心使命，在对文化事业的不断深入探索中，持续经营发展，大力发展祖国的文化事业。

参考文献

[1] 任力. 习近平关于文化产业的重要论述：发展脉络、核心要义和理论贡献 [J]. 企业经济，2022，41（8）：5－13；2.

[2] 刘坤. 这十年，信息通信业取得跨越式发展 [N]. 光明日报，2022－08－20（003）.

[3] 王晓红，郭海威. 2019 年我国短视频发展十大态势 [J]. 新闻与写作，2019（12）：17－22.

附录:

群众对抖音的发展认知及使用调查

1. 您的年龄 [单选题] *
   ○18 岁及以下
   ○19~30 岁
   ○31~50 岁
   ○50 岁以上

2. 您的性别 [单选题] *
   ○ 男性
   ○ 女性

3. 您目前的从业状况 [单选题] *
   ○稳定就业
   ○待业中
   ○在校学生

4. 您接触过短视频文化吗 [单选题] *
   ○是
   ○否

5. 您接触抖音 App 的时间 [单选题] *
   ○1 年以下
   ○1~3 年
   ○3 年以上
   ○从未使用过

6. 您通常使用抖音 App 获取哪方面的信息? [多选题] *
   □新闻资讯
   □搞笑娱乐
   □生活妙招
   □通识技巧
   □美食探店
   □运动健身
   □购物消费
   □直播互动

7. 您认为短视频吸引您的特质是什么? [多选题] *
   □视频长度较短,可以快速获取信息
   □内容较为多样化,可以获取多方面资讯
   □多功能一体化,实现娱乐、购物等同时进行

□休闲娱乐，放松身心

□其他原因_____ *

8. 您认为从抖音获取新闻资讯的时效性如何？

[输入0（慢）到10（快）的数字] *

9. 您认为抖音获取新闻资讯的真实性如何？

[输入0（真实性低）到10（真实性高）的数字] *

10. 您认为从抖音上学到的技巧是否实用？

[输入0（不实用）到10（实用）的数字] *

11. 您认为抖音购物给您的消费带来了哪方面的影响？[多选题] *

□短视频/直播引导增加了购物冲动

□以更加优惠的价格购买到了心仪商品

□常在抖音购买非必要产品

□其他_____ *

12. 您对抖音购买商品的满意程度 [单选题] *

○1　　　　　　　○2　　　　　　　○3

○4　　　　　　　○5

13. 您对于抖音直播持何种态度 [单选题] *

○抵制，浪费时间精力

○中立，客观对待

○支持，娱乐大众

14. 您发布抖音视频的频率

[输入0（从不）到10（频繁）的数字] *

15. 您在疫情防控期间对短视频平台的使用频率有何变化 [单选题] *

○升高

○不变

○降低

16. 你认为短视频行业的发展现状如何？[单选题] *

○发展较慢，仍有待开发

○发展适中，处于稳步发展

○发展较快，有较为可观的前景

17. 您认为短视频发展状况如此的原因是？[填空题]

18. 您对短视频的进一步发展有什么建议吗? [填空题]

_____

19. 您认为现有短视频平台仍存在什么缺陷? [填空题]*

_____

生态经济建设的实践和经验

——以密云区特色产业调查研究为例

段旭颖　贾　梅①

【摘　要】 生态经济是实现经济腾飞与环境保护、物质文明与精神文明、人文生态与自然生态高度统一和可持续发展的经济形态。密云区位于北京的东北部，是环首都经济圈与首都经济核心区之间的重要节点，是北京生态涵养发展区及北京生态屏障和水源保护地。本文结合问卷调查结果首先对密云区过去生态与经济的状况作出初步阐释，其次聚焦密云特色产业的发展、生态与经济关系改善，最后针对密云区生态与经济怎样应对时代潮流的变化提出一些具体建议，力图为密云区生态与经济的发展提供有益参考。

【关键词】 生态经济；密云区；特色产业

一、生态和经济的基本政策

生态文明建设是中国特色社会主义事业的重要内容，党中央、国务院高度重视生态文明建设。在积极加强现代经济建设的过程中，中国对乡村振兴和特色产业社会发展的重要性有了深刻的认识。

2009 年 1 月，密云县委、县政府制定了《密云县生态文明建设纲要》（以下简称《纲要》），《纲要》提出，要"尽快将生态优势转化为发展优势，保护生态环境，发展生态经济，促进生态富民，建设生态文化，努力将密云建设成为生态、富裕、和谐的全国生态文明建设示范区"。密云区政府抓住生态文明建设的突出问题，坚持从抓生态经济入手，加快生态优势向发展优势转化，集中精力抓发展，努力提升县域经济实力。产业发展坚持走绿色、高端、高效、高就业的产业发展之路，以环境友好型工业为主要支撑，以休闲旅游产业为战略支柱，以都市型现代农业为重要基础，以总部经济为后发优势。

---

① 本课题指导教师：段旭颖（北京工商大学马克思主义学院）；课题组组长：贾梅（工商 212）；课题组成员：郭延硕（工商 212）、孟姚希（工商 212）、姜俊宇（工商 212）、金诗曼（工商 212）。

二、十年前生态与经济发展状况

（一）密云区生态经济建设发展状况

1. 生态发展概况

密云区生态环境状况良好，水、大气、城市环境质量优良。2010 年，在水环境方面，密云区工业废水排放达标率 100%，污水集中处理率 88.82%；大气环境方面，空气质量二级和好于二级的天数 296 天；城市环境方面，可吸入颗粒物年日均值 0.10 毫克/立方米，二氧化硫年日均值 0.03 毫克/立方米。密云区物种丰富，野生动植物较多，有"北京郊野动物园"的美誉。其中野生植物已知的有 110 科、394 属、772 种，已知的野生动物有 11 纲、131 科。此外密云区还有珍稀濒危野生动物 21 种。

2. 经济发展概况

密云区经济发展水平总体滞后，2012 年全县的 GDP 占全市生产总值的比例不到 1%，在北京所有 17 个区县 GDP 排名中位列倒数第三。2012 年密云地区生产总值为 178.5 亿元。同年，东城区生产总值 1447.9 亿元，为密云地区 8.11 倍。西城区生产总值 2 578.6 亿元，为密云地区 14.44 倍。通州区生产总值 448 亿元，为密云地区 2.51 倍。顺义区生产总值 1 103.2 亿元，为密云地区 6.81 倍。密云区整体经济基础较为薄弱。

（二）关于密云区生态经济建设发展的调查问卷

本次调研通过网上问卷调查、查阅参考文献和收集最新媒体资料的方式进行。网上问卷调查方面，团队成员通过微信朋友圈和微博链接等途径让网友填写并回收问卷。共发出调查问卷 212 份，收回 212 份。问卷涉及密云生态与经济发展的矛盾变化、观念改变、改善过程及未来发展观念等问题。发放与分析该问卷旨在了解不同被调查者对密云生态与经济一些具体情况的看法，并为密云生态经济的未来发展提供建议。

1. 密云生态经济发展的矛盾与观念

被调查者对十年前密云的生态情况打分为 5.73，经济状况打分为 6.27（见图 1），该数据显示大部分被调查者对生态发展的状况较为不满，对经济发展状况虽比生态发展乐观，但仍有较大的提升空间。

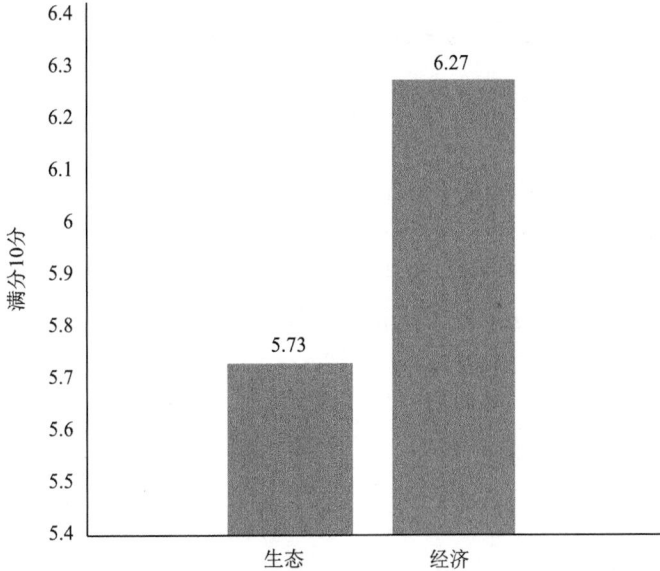

图1 被调查者对生态、经济状况满意度

就十年前生态与经济发展的关系问题而言，51.30%的人认为"二者都重要"，这说明大部分被调查者认识到生态在经济发展中的重要性（见图2）。不过仍有少数人认为"视具体情况而定，以利益最大化为前提""经济更重要，认为可以牺牲生态发展经济"，对于生态与经济的发展观念存在误解。

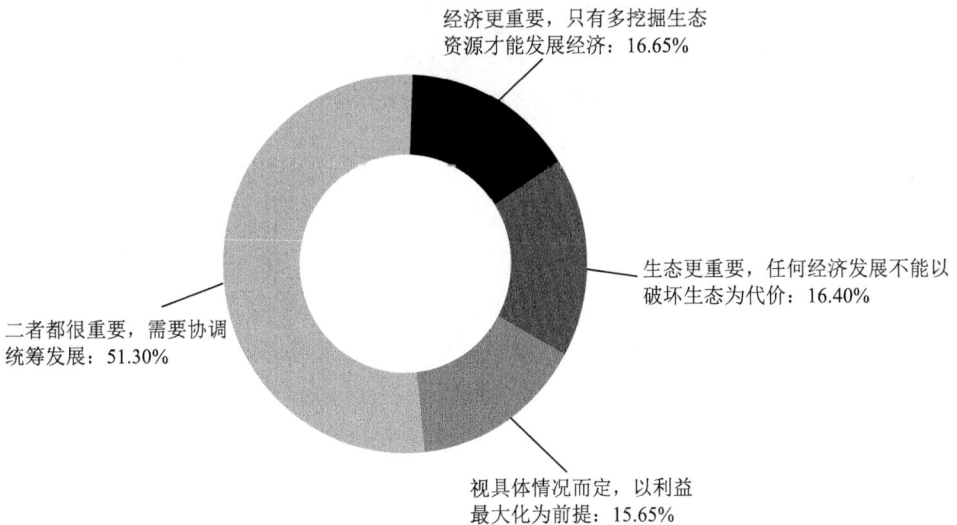

图2 十年前被调查者对生态、经济满意度

三、特色产业——生态与经济关系改善的引擎

（一）密云经济与生态发展状况

2011 到 2020 年间，国家大力提倡发展生态经济，改善因重工业发展而遭到破坏的生态环境。从详细数据来看：密云区经济增长率有些波动，2020 年受到疫情防控影响经济增长率呈负值，但生产总值呈整体上升趋势，生态发展也呈上升趋势（见图 3）。在此十年期间，密云区发展生态经济模式使得密云区的生产总值有了质的飞跃，可以看出生态与经济得到统筹协调发展。

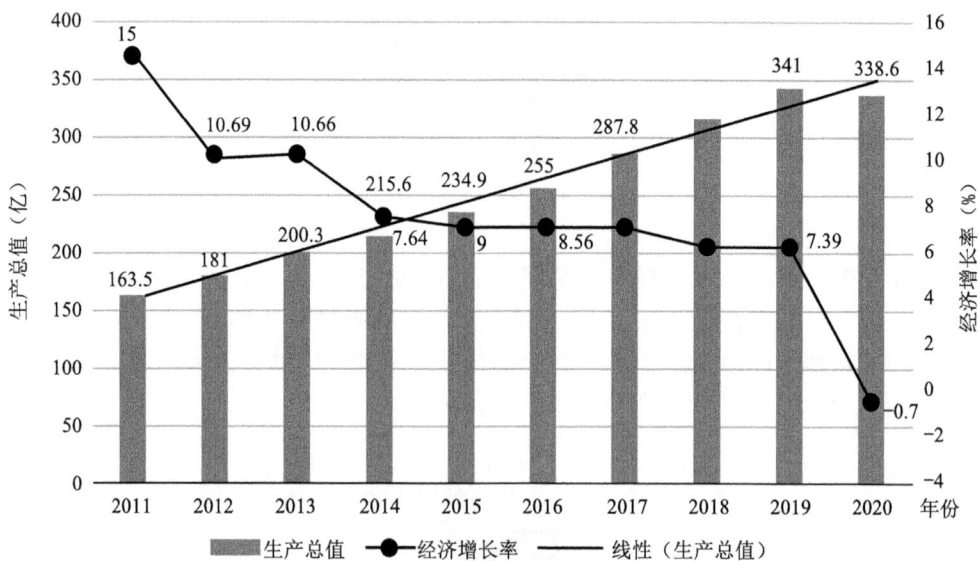

图 3　密云区经济发展情况

（数据来源：密云区统计年鉴）

通过问卷调查显示，人们对十年后生态与经济问题发展的态度有了较为明显的改观。经济打分由 2011 年的 6.27 增加到 2021 年的 7.22，生态打分由 2011 年的 5.73 增加到 2021 年的 6.68（见图 4）。被调查者中认为生态经济发展"缓慢但稳定"的人数占 50%，认为"蓬勃发展"的占 30.66%（见表 1）。总体来看，生态与经济在朝着理想化的方向发展。可以看到随着工业和城市的发展，生态环境虽然受到重创，但密云区逐步重视生态环境，使得生态状况得到改善，并推动人们爱护自然、拥抱自然。

被调查者对于十年前后经济、生态状况的打分（满分10分）

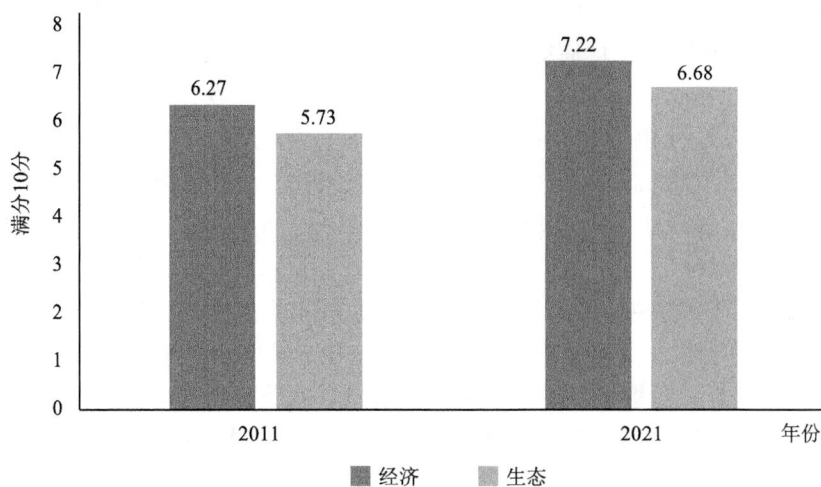

图4 被调查者对经济、生态满意度

表1 被调查者对生态与经济发展状况的看法

	蓬勃发展	缓慢但稳定	处于萌芽阶段	没有明显发展特征
比例（%）	30.66	50	15.09	4.25
人数	100	107	5	9

（二）特色产业与生态经济的双向赋能

2011年至2020年，密云区经济快速发展，在十年内实现了总产值翻一番的目标，并催生了特色产业。经济的快速发展孕育了特色产业，并为之提供源源不断的养料；与此同时，特色产业也反哺整体经济，推动其朝着优化结构、拓展深度、提高效益的方向转变。

1. 经济发展为特色产业提供条件

在经济发展的大环境下，市场、技术、基础设施等条件日益完备。日趋成熟的市场在运作方面更加顺畅，其体系也不断完善，这很大程度上降低了企业的交易成本，为企业提供了健康的市场环境。另外，随着智慧技术、生物技术以及文化创新的发展，产业融合趋势的潜力日益凸显，新技术为绿色环保赋能，提供了技术支撑。同时，随着基础设施不断完善，交通的便捷度和通达性提升，政府为企业服务的意识更加明显，这些软件和硬件条件的提升对于密云区的经济协调发展提供了重要的基础。总而言之，经济的发展为各类产业都提供了丰富的养料，而特色产业便是其中蓬勃发展的一个典型。

2. 特色产业推动生态经济发展

密云在近十年内逐渐发展出了以绿色工农业和生态旅游业为主的特色产业。随着特色产业的不断发展，优质绿色农业、环保低耗工业在第三产业迅猛壮大的过程中坚强地稳固着工农业的发展，并在乡村振兴的过程中发挥不可忽视的作用。蜜蜂养殖、绿色果蔬种植等产业的发展，提高了农业的附加值，增加了农民收入，帮助了不少农民脱离贫困奔向美好生活；环保低耗工业也在政策优惠与降低能源成本的条件下，实现了成本压缩，并树立了良好的品牌形象，其市场竞争力有效增强。

生态旅游的发展也可谓是恰逢其时。伴随经济水平提升和人民收入水平的提高，旅游业的市场越来越大。密云凭借京郊的地理位置，其旅游市场辐射整个北京市，成了北京市民周末以及短期节假日游玩的不错选择。此外，生态旅游区别于传统旅游，既满足了人们对远离城市尘嚣、拥抱亲近自然的需求，也满足了市场对休闲、亲山亲水、野外体验等多元需求，其受众广泛，拥有巨大的市场规模。密云的特色产业成为经济发展不可缺少的一部分，也反哺着经济发展。

大部分被调查者认为特色产业使得产业多样化，有利于拓宽收入渠道，提高当地收入，也可延长产业链，对产品深加工、提高附加值以及促进经济高质量发展都有重要意义。与此同时，能够形成产业体系，夯实经济底盘，增强经济抗风险能力以及创新经济发展模式，挖掘经济潜力，释放特色产业红利，不过也有少数人认为特色产业对经济无明显影响（见表2）。

表2　被调查者对特色产业推动生态经济发展的看法

	产业多样化，有利于拓宽收入渠道，有利于提高当地收入	延长产业链产品深加工，提高附加值，促进经济高质量发展	形成产业体系，夯实经济底盘，增强经济抗风险能力	创新经济发展模式，挖掘经济潜力，释放特色产业红利	无明显变化
比例（%）	92.45	89.62	81.13	80.66	3.3
人数	196	190	172	171	7

3. 特色产业与生态的协调发展

2011年至2020年，密云区切实践行"以山为骨、以水为魂、以绿为底、以人为本"的发展理念。以特色产业为依托的经济波动上升，以林木绿化率和森林覆盖率为代表的生态环境呈现上升趋势，二者变化几乎同步（见图5）。由此可见，这种生态赋能经济的绿色发展方式，促进了经济发展和生态保护的双赢，成功构建了经济与环境协同发展的美丽家园。

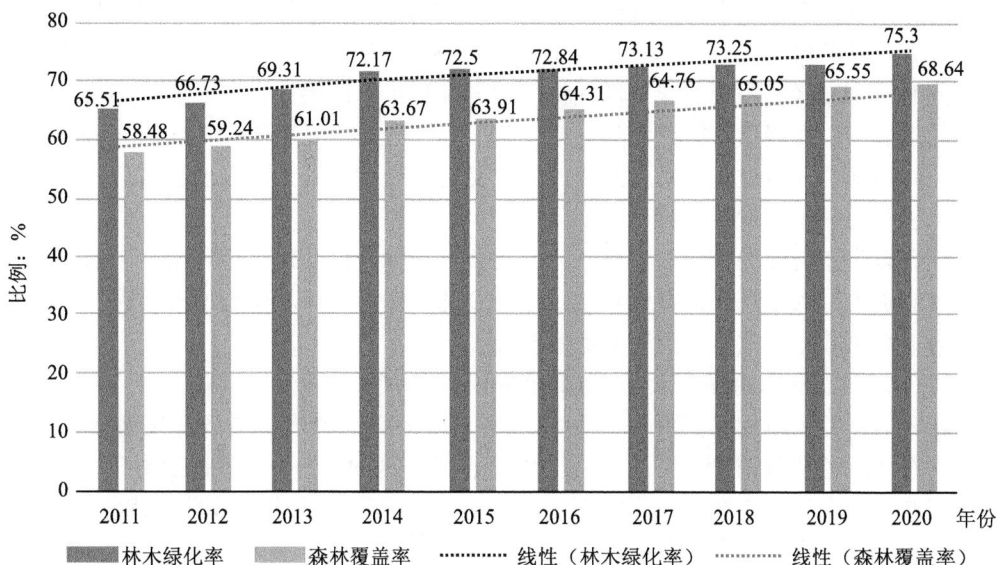

图5 密云区生态发展状况

（数据来源：密云区统计年鉴）

（1）以特色产业为依托涵养绿色生态资源

北京市密云区遵循"一圈四带三循环"模式，从三个方面入手，在发展特色产业的同时保证了生态的完整性，构筑起绿色生态循环圈，形成了良好的绿色发展方式（见图6）。

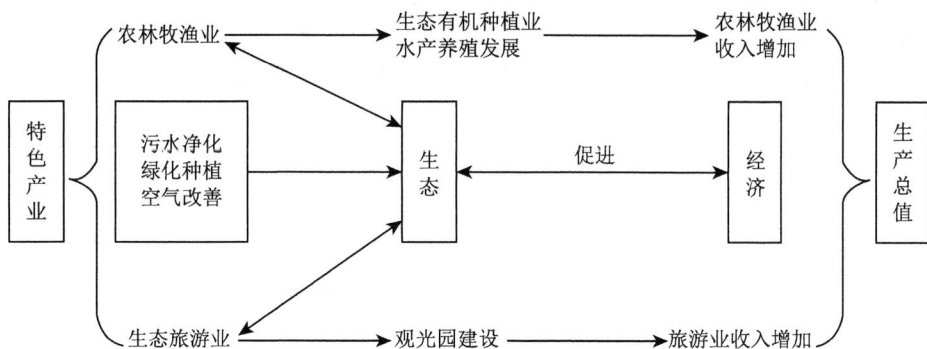

图6 "一圈四带三循环"模式

从客观上来看，密云区利用地理位置优势，发展"农林牧副渔"这种立体化产业链模式，充分利用大农业各部门间的能量循环关系，在更大范围内进行科学搭配，构建农业生产综合体，发展集聚化产业布局模式，筑牢生态循环圈。该循环坚持"减量化、再利用、资源化"的原则，以"低消耗、低排放、高效率"为特征。这既符合自然生态系统的要求，又遵循社会生态系统的原理，在保护生态、节约资源的方面发挥着重要的作用。

同时，密云区利用资源观赏性优势，大力发展生态旅游业，实现旅游业与生态环境协同发展。以发展生态旅游业为导向，密云区对当地生态环境发展进行合理规划，不断提高当地的环境质量，其旅游业的创收又可以激励当地人们以更高的热情投身于环境保护和促进生态发展的过程中。

随着以生态资源为依托的特色产业的发展，当地人民实现了增收创收。当地积极引进社会资本进入生态保护补偿领域，把更多的资金投入环境生态的改善中，促进自然生态系统质量整体改善，提升生态效益。

（2）以生态资源为保障赋能经济绿色可持续发展

密云区依托优质的自然资源，良好的生态循环圈，赋予了经济发展更多的可能性，给经济绿色持续循环高质量发展提供了保障。通过"一圈四带三循环"的生态经济模式，以水库可持续发展为中心，建立生态保育带、观光旅游带、特色产业带、加工增值带，促进经济高质量绿色协调可持续发展。

综上所述，密云区以特色产业为依托发展生态循环绿色经济，以生态资源为保障赋能经济可持续发展的绿色发展道路，成了联系生态保护与经济发展的纽带，促使二者间的联系越来越紧密，形成了一个协调统一体。

在现代经济体系中仅关注产品与服务本身是不够的，我们更需关注线上销售，拓宽宣传渠道。特色产业应加强互联网的融合，建立自己的电子商务平台，拓宽销售市场，增加产业收入。同时，利用互联网打造产业专属名片，通过新闻报道、直播介绍、短视频推广等形式进行网络宣传与营销，着重传达产业的差异性、创新性，提高产业的知名度和影响力。当前，机会与挑战并存，特色产业要尽快赶上网络时代的步伐，充分利用网络工具，进行创新实践。同时，不断发扬产业特色，深入贯彻绿色发展理念，节约减排、保护环境。实现经济与生态的平衡可持续发展，为国家的富强、中华民族伟大复兴贡献力量。

参考文献

[1] 张彪，李云燕. 密云库区生态补偿与经济发展的协调性研究 [J]. 环境保护与循环经济，2014，34（03）：23－25.

[2] 杨欣泽，赵莉，李明，等. 探究北京农村生态经济发展新模式——基于北京市密云县 L 村的个案研究 [J]. 科技创新导报，2011（36）：185－186.

附录：

关于北京市密云区生态经济建设发展的调查问卷

1. 您的年龄［单选题］［必答题］

   A. 18 岁及以下　　　　B. 19～30 岁　　　　C. 31～45 岁　　　　D. 46～60 岁

   E. 61 岁及以上

2. 您的性别［单选题］［必答题］

   A. 男　　　　　　　　B. 女

3. 您的学历

   A. 初中及以下　　　　B. 高中或中专　　　　C. 大专　　　　　　D. 本科

   E. 硕士及以上

4. 您的职业［单选题］［必答题］

   A. 在读学生　　　　　　　　　　　B. 企业或公司职员

   C. 离退休人员　　　　　　　　　　D. 务农

   E. 个体户　　　　　　　　　　　　F. 其他

5. 您以前有关注过生态与经济的关系吗？

   A. 有　　　　　　　　B. 无

6. 从前您觉得生态与经济发展状况如何？（打分题）

   生态打分：1～10 分

   经济状况打分：1～10 分

7. 从前您觉得生态与经济关系如何？

   A. 相互矛盾　　　　　B. 相互促进　　　　C. 无关

8. 十年前您对生态与经济发展二者的态度为？

   A. 经济更重要，只有多挖掘生态资源才能发展经济

   B. 生态更重要，任何经济发展不能以破坏生态为代价

   C. 视具体情况而定，以利益最大化为前提

   D. 二者都很重要，需要协调统筹发展

9. 2012—2022 年间，您觉得生态经济发展状况如何？

   A. 蓬勃发展　　　　　　　　　　　B. 缓慢但稳定

   C. 处于萌芽阶段　　　　　　　　　D. 没有明显发展特征

10. 您有听说过特色产业吗？

    A. 有　　　　　　　　B. 无

11. 您认为特色产业有哪些？［多选题］

    A. 绿色农业

    B. 低耗加工业（如绿色食品加工业）

    C. 生态化第三产业（如生态旅游和房屋租赁）

D. 循环经济产业

E. 数字农业建设试点项目

12. 您认为特色产业的发展对生态的意义有哪些？[多选题]

A. 生态资源利用效率提升

B. 生态环境风险和负担降低

C. 有利于维持良好的生态循环圈

D. 生态环境重视情况得到改善

E. 对生态环境的不利因素降低

F. 破坏了生态环境，对生态保护更加不利

13. 您认为特色产业发展对经济发展意义有哪些？[多选题]

A. 产业多样化，有利于拓宽收入渠道，有利于提高当地收入

B. 延长产业链，产品深加工，提高附加值，促进经济高质量发展

C. 形成产业体系，夯实经济底盘，增强经济抗风险能力

D. 创新经济发展模式，挖掘经济潜力，释放特色产业红利

E. 无明显变化

14. 依托特色产业的发展，近年来您对生态与经济发展关系的看法是？

A. 二者间结合越来越紧密，形成一个协调统一体

B. 二者关系在一定程度上缓和，仍需继续协调统一

C. 二者关系无明显变化

15. 您觉得当前生态与经济发展状况如何？（打分题）

生态打分：1~10分

经济状况打分：1~10分

16. 您认为未来该怎样进一步协调好生态与经济关系？[多选]

A. 企业高新技术的进一步发展　　B. 不同传播媒介的推广宣传

C. 提高民众环保意识　　　　　　D. 加强国家政策支持

F. 政府部门加强监督

17. 您对未来特色产业在协调生态与经济关系方面有哪些建议？[开放性问题]

全面建成小康社会与乡村振兴衔接的实践和经验

——以浙江省湖州市安吉县天荒坪镇余村为例

王 悦 杨宇哲①

【摘 要】本文以浙江省湖州市安吉县天荒坪镇余村为例，分析全面建成小康社会与乡村振兴衔接的实践和经验。以该村在全面建成小康社会背景下如何实施乡村振兴战略及取得的成效为切入点，分析其在乡村振兴战略实施中存在的问题及原因，同时对现有问题提出建议，从而找到全面建成小康社会与乡村振兴之间的实践和经验。

【关键词】"三农"；全面建成小康社会；乡村振兴；新发展

当前，我国乡村振兴战略取得了举世瞩目的成就，其具体实施政策也是人类减贫史上的奇迹。本文以浙江省湖州市安吉县天荒坪镇余村为例，探寻全面建成小康社会与乡村振兴衔接的实践和经验。

一、余村乡村振兴成功案例分析

在乡村振兴政策的实施中，中国共产党起到了带头领导建设、指导督导各项政策措施落地生根的关键作用，余村的蓬勃发展亦是如此。

20世纪八九十年代，余村是全县有名的工业村、污染严重村。2005年，在习近平总书记"绿水青山就是金山银山"理念指引下，余村深入实施"千村示范万村整治"工程，淘汰重污染企业，开展村庄整治，转型发展农家乐休闲旅游。该村以村庄规划为抓手，以创建"生态旅游村"为目标，通过产业调整、村庄规划、环境美化以及积极发展生态旅游经济等举措，有效地推进了社会主义新农村建设，使美丽山村更具魅力和特色。

（一）新发展理念引领乡村生态振兴

实现乡村振兴的目标任务，关键是要贯彻落实新发展理念。余村充分运用新发展理念中创新、协调、绿色理念，引领村子实现乡村生态振兴，让村民可以共享新发展理念成果。

---

① 本课题指导教师：王悦（北京工商大学马克思主义学院）；课题组组长：杨宇哲（经济212）；课题组成员：朱悦（贸经212）、文森（经济212）、杨洁（贸经211）、叶子楠（贸经212）、姜琳（计算机222）。

1. 创新发展为生态振兴创造了源源不断的动能

要想解决乡村的资源环境污染、发展方式粗放、基础设施差、产业层次低等问题，离不开创新。

（1）解决环境污染、发展方式粗放问题

余村地理位置优越，竹林资源丰富，还拥有优质的煤矿和石灰岩资源。在当时，"石头经济"是余村的支柱产业。在安吉县发展经济的同时，人们深受矿产污染所带来的危害。随着多年的创新改革，余村实现从"卖石头"到"卖风景"、从"靠山吃山"到"养山富山"的创新发展模式，解决了余村环境的污染问题，同样也解决了发展方式粗放的问题。

（2）加强基础设施建设

余村为了完善基础设施建设，在发展过程中先后投入了数千万元的发展基金，采取了一系列有效的措施，余村的环境发生了翻天覆地的变化，同时推动了生态文明建设。现在的余村对农村垃圾的清洁实行了一种新的模式。在 2016 年推行了垃圾不落地收集政策，实行垃圾定点投放、定时收集，在收集与转运的过程中形成"垃圾不暴露、转运不落地、沿途不渗漏、村容更整洁"的垃圾处理模式。他们聘请了专业的物业公司负责保洁，将垃圾进行可循环处理，保证生态环境基础设施的完善。在解决生态问题的同时，创新发展同样解决了民生问题。"再也不用跑到镇卫生院排队就可以看病了，去村里的健康智慧驿站就行。"这是一位住在余村的老人通过大屏幕远程问诊所说的。据调查问卷所示，有 35.14% 的人认为，医疗卫生在乡村振兴中产生了明显的改变，这离不开创新发展理念。创新发展减少了余村村民看病的时间，方便了村民拿药。在加强医疗建设的同时，利用村中闲置空间，为儿童设置幸福学堂、余村书房、儿童成长中心，引入教师资源，提供托育照看、图书阅读、兴趣课堂等服务，让"一老一小"融入幸福生活。创新发展促进了余村基础设施建设，提高了村民的幸福感。

（3）促进产业结构优化升级

在乡村振兴发展中，有近 50% 的人关心村民的就业与社会保障方面。余村领导班子没有让村民失望，他们采取了一系列的举措。第一，以吃为基点，推进农业＋农产品品牌建设。逐步形成千年银杏树、葡萄采摘园等特色农产品，通过现代农业技术，实现规模化生产。第二，以此为基点，推进农业＋旅游产业品牌建设，将农村变景区。余村完成全县首批"农家乐服务中心"接待点建设，开创全市民办旅游之先河，村集体经济投入 400 多万元，逐步形成河道漂流、户外拓展、休闲会务、登山垂钓、果蔬采摘、农事体验的休闲旅游产业链，荷花山景区、农家乐等声名鹊起。同时，以创建国家 5A 级旅游景区为载体，余村"两山"转化的通道不断拓宽，旅游＋品质农业、文化创意、乡村研学、教育培训、健康养生、生态影视、体育赛事等新业态、新元素、新产品竞相涌现，金宝农庄、荷花山漂流等项目加快提质升级。余村利用创新发展，建立了一个集主题游乐、科普教育、度假休闲于一体的田园综合体，促进产业结构优化升级。

2. 夯实生态振兴基础

绿色发展注重的是解决人与自然和谐共生的问题，作为"绿水青山就是金山银山"理念发源地的余村，实施绿色发展理念，取得了傲人的成绩。关闭矿山后的余村，生态得以修复。生态的修复使得乡村旅游得到大力发展，余村成功将生态资源优势转化为经济发展优势，实现了生态保护和民生改善的共赢。现在的余村是国家级4A级景区，自然生态良好，植被覆盖率高达85%。在绿色发展理念的指引下，余村乡村旅游产业蓬勃兴盛，2019年，接待游客量达到了90万人次，旅游总收入达到了3 500万元。2005年到2019年，村集体经济收入从91万元增加到521万元，人均纯收入从8 732元增加到49 598元，为全面建成小康社会提供了生动实践。

二、余村的经验总结（绿色发展理念）

作为"两山"理念的发源地，余村通过不断探索践行这一理念，实现了从挖矿致富到绿色创富的嬗变。余村村委会提供的数据显示，通过打造美丽环境、发展美丽经济，村民也过上了美好生活，不少村民是乡下有别墅，城里有洋房。"村集体经济总收入从2005年的91万元增加到2020年的724万元，农民人均纯收入从2005年的8 732元增加到2020年的55 680元。"安吉县人民牢记习近平总书记的谆谆教诲，在各级党委的坚强领导下，紧紧围绕"两山"理念实践转化、生态优先绿色发展履职尽责，在助推新时代"两山"试验区建设中贡献了智慧和力量。

余村坚持"绿水青山就是金山银山"的发展观，围绕"生态美，产业兴，百姓富"的发展理念引领乡村振兴，使余村生态环境在恢复的同时锦上添花；乡村产业发展结构不断优化，促进乡村产业经济稳中有进、进中有调；百姓的幸福感也不断提高。村干部善于管理、善于吸收先进理念，坚毅有力的领导班子为乡村发展提供了保障；百姓善于作为、善于学习，默默奉献，为乡村发展提供了活力源泉。他们共同走出了一条属于余村人同时也属于善于汲取经验的乡村和村民的致富之路。

"两山"理念正是中华民族对人与自然和谐相处的当代诠释。但促进未来发展的同时也要解决现有问题，尽快完善基础设施建设，促进产业结构优化升级，引入高素质人才，提高服务质量。同时，随着《浙江高质量发展建设共同富裕示范区实施方案（2021—2025年)》的正式发布，余村引入乡村未来社区建设，融入共同富裕理念。未来的余村，会充分利用未来社区数字化解决方案，通过数字化赋能打通线上线下联动，形成以云计算、物联网、数字孪生等新一代ICT技术为基础的乡村未来社区赋能计划。通过开发智慧治理、智慧医疗、智慧养老、智慧交通、智慧安防等应用模块，实现乡村治理数字化、公开化、现代化，提升乡村公共服务效能和治理水平；开发智慧农业、智慧旅游、智慧物流、智慧服务等应用模块，实时监控产业发展情况，提高农产品竞争力，促进农村产业的转型升级，加快一、二、三产业的融合步伐，充分解决问题，共享发展成果。

三、在全面建成小康社会过程中如何实现乡村振兴

我们的问卷调查表明，64.86%的人认为，乡村振兴要靠国家政策的正确引导；89.19%的人认为主要依靠村民和政府的集体努力。政府的正确引导与资金支持加上村民自身努力可以加速乡村在经济、文化、生态等方面的发展。（详见第10题）

表1　乡村振兴途径

第10题：您认为乡村振兴主要依靠［多选题］

选项	小计	比例
村民自身努力	35	31.53%
村民和政府集体努力	99	89.19%
政府项目资金支持	74	66.67%
靠招商引资	23	20.72%
国家政策的正确引导	72	64.86%
本题有效填写人次	111	

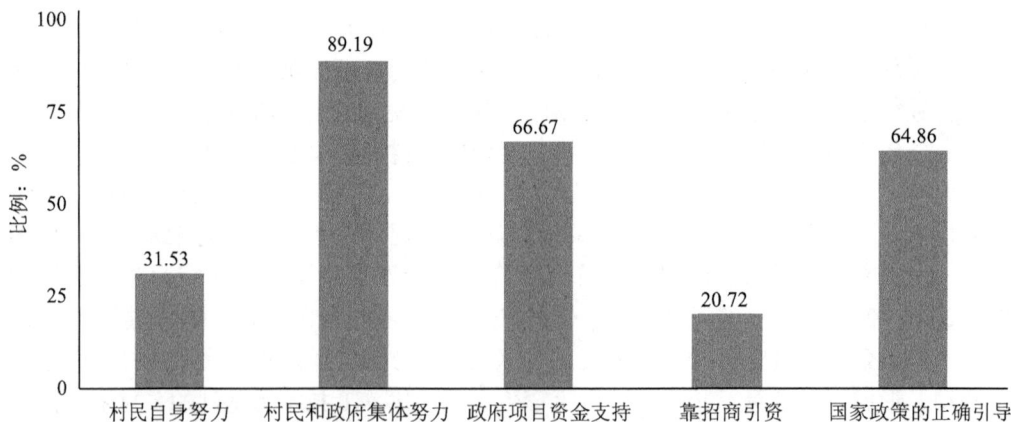

图1　被调查者认为乡村振兴的主要途径

（一）乡村振兴战略实施中存在的问题及其原因

在全面建成小康社会过程中，乡村振兴战略已经取得了很大成效，但是，依然问题重重，主要体现在以下方面。

1. 乡村经济整体发展水平低

虽然我国乡村经济发展取得了一定成绩，但由于基础设施长期落后、产业结构不合理、资金投入不足等，农牧业现代化、产业化程度较低；工业经济总体实力较弱，产业园区缺少大企业和大项目支持，发展后劲不足。总体而言，我国乡村经济发展水平不高，农村人均收入仍偏低。

2. 缺乏高水平管理人才

乡村振兴的关键是人才，乡村不仅需要领导乡村振兴的带头人和引路者，而且需要具有较高专业技能的新型职业农民，为农村农业发展夯实基础。调查问卷显示，乡村文化教育已经成为乡村振兴过程中最需要改造的方面。但是，当前乡村普遍缺乏学习型、技术型、创新型农业经营人才，缺乏年轻劳动力，而且农民普遍没有接受过专业培训和指导，制约了乡村经济发展，进而阻碍了乡村振兴战略的实施。

3. 产业融合程度不高

目前，民户仅仅从事生产工作，不从事加工、物流、销售工作，农业生产模式单一，新技术引入不足，没有形成"种植、生产、加工、储运、销售"的一体化模式，产业融合程度不高。另外，企业与农民缺乏信任感和长期合作，使农民难以分享到第二、第三产业的利润，利益关系不紧密。

4. 乡村发展规划不够合理

一方面，农业产业结构不合理，以发展第一产业为主，第二产业和第三产业占比较少，缺乏特色产业，产业同质化严重，农业发展过程中面临成本高、风险低、效率下降的问题；另一方面，未随着社会经济发展及消费者需求的变化来及时调整生产规划，尤其是以医疗保障为例的第三产业。

5. 政策执行不到位

近年来，尽管国家针对乡村振兴发展的政策扶持力度逐步加大，但是在乡村振兴战略实施过程中仍存在一些问题。第一，各项惠农惠民政策没有落实到位，影响了乡村振兴的发展。第二，乡村产业发展方面资金投入严重不足，进而影响了人才引进、基础设施建设等，从而导致乡村振兴战略的实施成效不佳。

（二）全面建成小康社会背景下实施乡村振兴战略的路径

实现乡村振兴可以从外因和内因两个角度来看。从外因上看，国家政策的执行力度需要加大，政府可以通过修路保障运输条件，制定人才引进政策吸引人才回流，同时加强招商引资，使得资金在乡村得到运转，从而延长经济链。从内因上看，要合理利用当地自然资源，发展绿色可持续产业，走高质量发展道路，走出一条绿色、创新的致富之路。

1. 因地制宜发展特色产业

各地应因地制宜发展当地的优势产业和特色产业，扩大生产规模，延伸产业链，形成一个优势互补、高质量发展的农业经济发展格局，全方面、多层次、宽领域地发展自身优势。

2. 传承乡村传统文化

传承传统村落文化，深入挖掘传统村落蕴含的农耕文化、商业文明、淳朴民风等历史文化资源，推动农村产业振兴、生态振兴、组织振兴。可将当地优秀的传统文化与产业发展结合起来，以文促产，文产结合。

3. 加强生态文明建设

继续开展宣传教育活动，引导农民树立绿色环保意识，积极参与乡村环境整治等活动。为了生态的可持续发展，需要各地继续加快基础设施建设步伐，推进乡村美化、绿化、净化，改善乡村环境"脏、乱、差"现象；要组织开展以畜禽粪便污染、化肥农药污染、农村改厕等为主的乡村环境综合整治工程，强化乡村环境治理，努力提高居民生活水平，缩小城乡差距，建设美丽乡村，坚持"两山"理念。

4. 加强专业性人才建设

乡村人才培养滞后，一定程度上制约了农村产业发展。在问卷中，人们普遍认为当地经济发展过程中的人才来源于政府从外地引进的人才、本地在生产实践中成长起来的人才和返乡大学生（见第9题）。需要政府部门完善基层人事管理政策，合理配置人力资源，奖励制度向基层倾斜，按需招聘专业性人才。同时，鼓励支持现有人才参加科技开发和乡村致富工作，按比例分红奖励，调动各专业人才的创造性和积极性。只有将政策落到实处，专业技术人员留在基层工作，参与乡村振兴的吸引力才会更大。

表2　人才来源比重

第9题：您认为当地经济发展过程中人才的来源是［多选题］

选项	小计	比例
政府从外地引进人才	29	63.04%
本地在生产实践中成长起来的人才	29	63.04%
返乡大学生	29	63.04%
在外打工人员返回家乡建设	21	45.65%
政府组成部门中的技术人员	18	39.13%
其他［详细］	1	2.17%

参考文献

[1] 高伟军."两山"理念与浙江乡村振兴实践创新研究［J］.吉林广播电视大学学报，2021（5）：22-26.

[2]《习近平总书记系列重要讲话读本（2016年版）》四、奋力实现第一个百年奋斗目标——关于全面建成小康社会［J］.前进，2016（7）：14-18.

智能化

—— 家居的现在与未来

杜　凡　张逸如[①]

【摘　要】在过去十年，中国智能家居不断发展与普及，但是还存在着普及度不高、性能不完善、使用不方便等问题。从发展趋势来看，在5G技术的支持下，未来智能家居的主要研发和使用领域是安全管理、环境控制，价格会逐渐降低，实用性增强，更加便捷舒适。

【关键词】智能家居；5G；环境控制

一、调查背景

智能家居是一种综合了多种科学技术的新型的居住环境控制系统，它的应用能大大改善人们的生活质量。从1994开始，我国智能家居的发展至今已有30年的时间，前20年经历了萌芽期、开创期、徘徊期，从2011年开始，进入了一个新的拐点。

2011年以来，智能家居市场逐渐扩大，其原因有两个：一是从宏观行业背景看，房地产发展受到调控；二是从技术层面看，协议与技术标准开始主动互通和融合，智能家居行业由此进入了一个拐点，由徘徊期进入了新一轮的融合演变期。随着科学技术的发展，涌现出来越来越多的新技术，尤其是5G技术的产生，与智能家居行业有了更多的交互融合。未来，将有越来越多的智能家居运用5G技术，实现智能家居一体化，将会给用户带来更极致的服务。由于起步较晚，我国智能家居行业有很大发展空间，从2016年至今，我国智能家居市场规模不断扩大（如图1所示）。

[①] 本课题指导教师：杜凡（北京工商大学马克思主义学院）；课题组组长：张逸如（注会201）；课题组成员：肖傲穹（注会202）、陈佳茵（注会201）、顾芸瑞（注会201）。

市场规模（亿元）

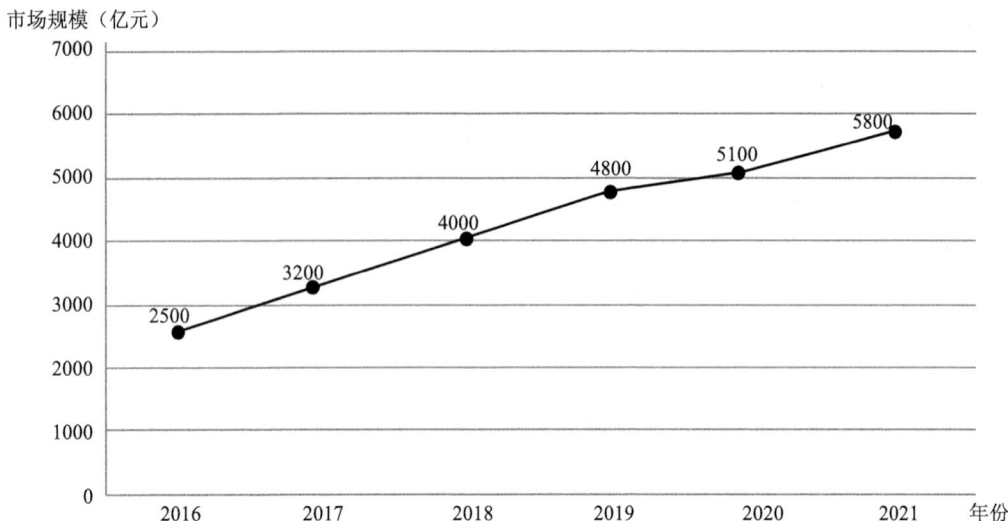

图 1　智能家居市场规模

　　智能家居的发展是万物互联互通的一种体现，是人们对美好生活的追求。智能家居使人们生活更加便利、安全、高效，而大家对智能家居的认识和期望必然会对智能家居发展造成一定影响。2022 年 4 月，《中共中央　国务院关于加快建设全国统一大市场的意见》正式发布，意见明确提出"推动统一智能家居、安防等领域标准，探索建立智能设备标识制度"。了解智能家居的发展现状、消费者对其认知程度、智能家居存在缺陷、人们对智能家居的期望，将会帮助行业调整发展战略，改进产品质量，促进智能家居行业更好地发展。

　　此次调查活动，我们以智能家居发展状况为研究对象，设计关于对智能家居发展现状和未来期望的调查问卷，通过网络问卷调查的方式，对所收集的数据进行分析处理，得出不同年龄、不同收入群体、不同城市的消费者群体对智能家居当前的认识和使用情况，以及对未来智能家居发展的期望。此次调查共收集问卷 133 份，结果显示，被调查人多为生活在一、二线城市的 18~30 岁人士（如图 2、图 3 所示）。

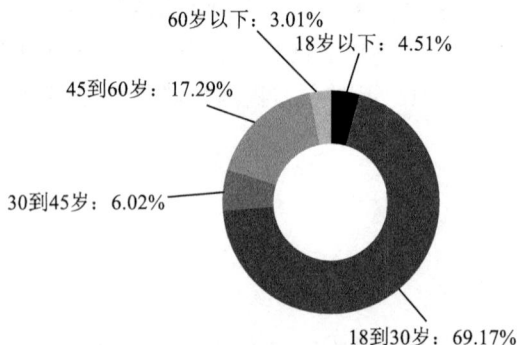

图 2　年龄分布情况

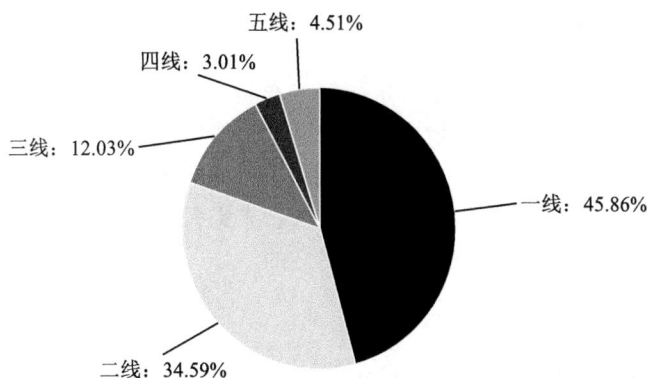

图 3　城市分布情况

二、我国智能家居发展现状

（一）智能家居普及率不高

问卷调查结果表明，接受调查人员中有 4.51% 从未听说过智能家居，21.05% 仅仅听说过，10.53% 有一定了解，63.91% 接触过（如图 4 所示）。从数据可以看出，我国当前处于经济高速发展的状态，智能家居作为一个新兴产业，处于一个导入期与成长期的临界点。智能家居的市场消费观念还未形成，国内很多智能产品之间的协议不共通，消费者制订智能方案时，还要考虑不同产品是否兼容的问题。但随着智能家居市场推广普及的进一步落实，智能家居市场的消费潜力必然是巨大的。现在，针对各方面的痛点，不少企业调整和改变了策略，已经能为用户提供优质的智能家居服务，有些不仅能为客户量身定做智能家居，还能实现智能办公、智能化公寓管理、智能化酒店服务等功能。

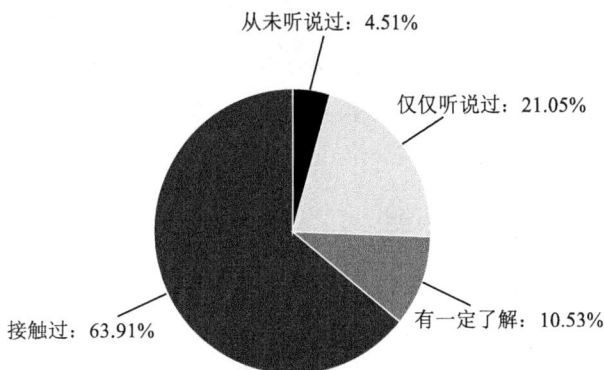

图 4　智能家居了解情况

（二）智能家居性能配置不全面

我国智能家居由于对用户调查不足，很多产品的设计陷入了盲目堆砌技术，使高科技成为噱头而不讲实用性的困境中。对于我国智能家居而言，应该在生产之前，进一步加大社会调查研究力度。通过对不同家庭、不同群体对于智能家居的需求进行分析，得出智能家居的重点研究方向。只有这样，未来智能家居的研发才会更具有针对性，才会有更好的研发成果，推出更具实用性的产品，满足市场需要。

（三）智能家居使用不够方便

关于智能家居使用操作方便性的调查显示，觉得方便性非常好的仅占 4.51%，觉得很好的占 24.06%，大部分人觉得使用方便性"一般"，占到了 69.92%，甚至还有 1.5% 的人认为操作方便性很差（如图 5 所示）。我们认为使用不方便的主要原因是现在大多数智能家居的远程操控问题都依靠客户端下载相关的 App，这种方式的智能化程度并不高，并不是理想中的智能控制。同时，智能家居在使用过程中，对无线网络有极大的依赖性。如果房间较大，就无法保证较好的信号强度。但是如果家中的多个路由器信号强度相似，就很容易出现网络的频繁切换，造成使用的不便。这一切均表明如今的智能家居在使用性能研发等方面还有很大的进步空间。

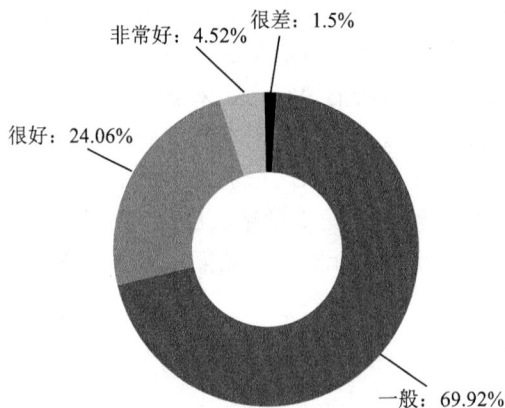

图 5　智能家居的操作感受

三、智能家居未来发展预测

从前面的调查问卷结果来看，智能家居已经越来越走进人民大众的生活，随着使用者需求的多样化发展，智能家居也要随之改进。

在"您希望智能家居哪些方面能更完善"的问题中，控制系统、价格、实用价值三个选项占比差距不大，分别为 30.08%、27.82% 与 42.11%（如图 6 所示）。同时，我们查询一些相关公司的市场调研数据，目前智能家居大范围推广的三个主要问题就是人们认识不足、价格相对比较昂贵、智能家居本身技术存在缺陷。由此来看，未来智能家居研发企业还是要在提高实用价值的基础上，尽量完善它的控制系统，同时降低价格，以此来降低智能家居产品的使用、推广门槛。

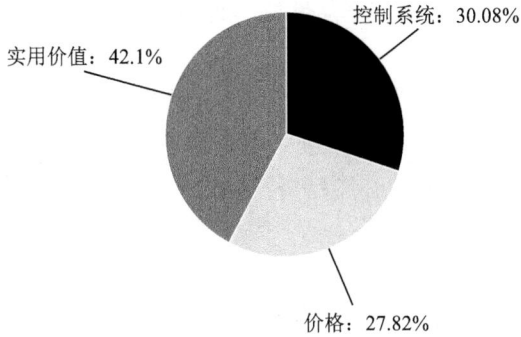

实用价值：42.1%
控制系统：30.08%
价格：27.82%

图6 对智能家居未来发展期望

（一）实用价值走高

调查显示，提高智能家居的实用价值是调查人群最大的期望。智能家居的实用性应该不断推进，在研究和落实的过程中，要朝着积极的方向开展，追求实质性的突破。要更快引入新技术，运用计算机技术、互联网技术以及通信技术，将各项技术与智能家居完美结合，从而使智能家居的不同执行方案得到充分实现。智能化的实现使得实用性增强，时尚感、科技感增强，会使得智能家居越来越成为人们生活不可或缺的一部分，从而进一步推广，使智能家居进入更多家庭（如图7所示）。

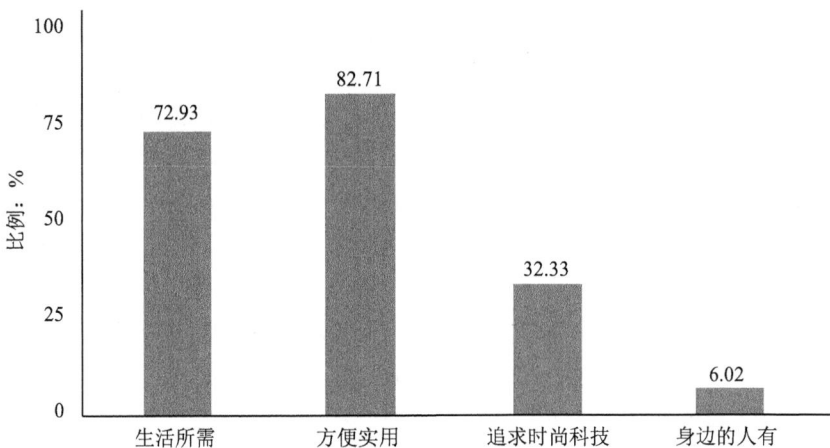

图7 智能家居使用原因

（二）价格逐渐走低

智能家居的性价比是用户最关心的部分。调查显示，大多数消费者都会关注产品的性价比（如图8所示）。在保证产品性能与外观的同时，产品价格越低越容易得到消费者的青睐。

随着科技进步，智能家居功能日趋完善，消费者接受度高，当高消费人群市场逐渐达到饱和，企业必然迫切需要产品进入普通百姓家庭，摊薄成本，以加快行业发展。所以，平民化是智能家居的必然趋势，性价比高的智能家居才能达到顾客的心理预期。

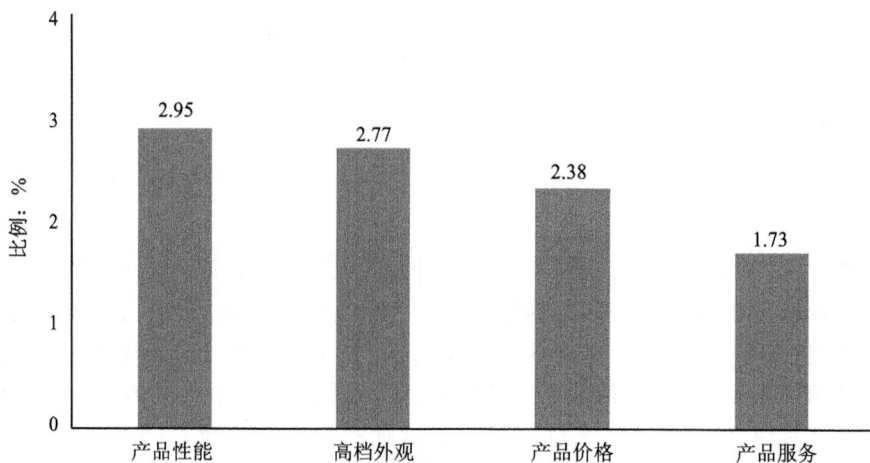

图8　智能家居关注点排行

（三）安全管理、环境控制产品前景广阔

科技的飞速发展促进了智能家居的产生，提高人们的居住体验和生活品质是智能家居产生的初衷。根据问卷调查分析，绝大多数人对于智能家居的使用多为安全管理以及环境控制方面的产品（如图9所示）。

随着概念的普及、技术的发展和资本的涌进，我国智能家居产品与技术百花齐放。但目前市场上的智能家居发展仍不完善，智能化程度不高，各种产品之间协调性差。因此，企业应该重视用户的需求，在安全管理与环境控制领域推出技术水平更高的产品。同时，也应该加强各产品之间的协调性研究，给用户提供更舒适的体验，这应该是未来智能家居研发企业的主要发力方向。

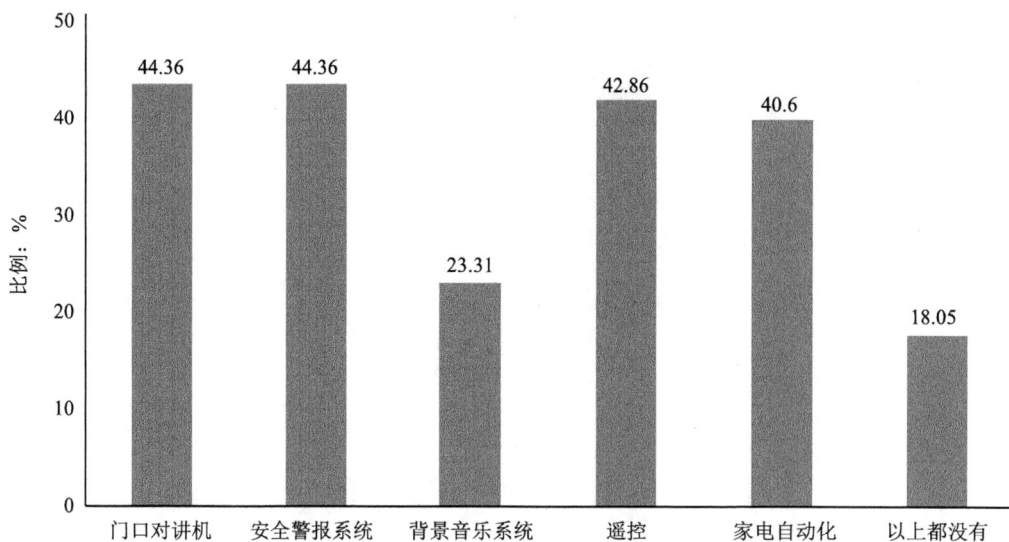

图 9 智能家居使用情况

（四）体验逐渐提升

智能家居与 4G 技术的结合还有众多技术和性能需要进一步完善，频繁出现的各类问题导致用户体验感不断下降。5G 时代到来后，数据的传输效率相较于 4G 时代而言有了显著提高。为了提高用户体验感，强化智能家居性能，提升用户生活质量，智能家居与 5G 技术相结合是未来的一大选择。

各种研究也表明，用户运用 5G 网络进行智能家居使用时，速度更快且不会出现卡顿。当用户发出指令时，智能家居能够迅速作出响应，彻底解决延时和卡顿等问题。此外，不同类型的智能家居借助 5G 网络互相感知，能在室内创建出一个健全的智能网络，大幅提升用户的体验，也能充分发挥智能家居的价值。在对 5G 的了解情况调查中显示，84.96% 的调查对象表示了解过 5G 的优势（如图 10 所示）。同时，在关于 5G 与智能家居相结合的优势多选题中，所有选项（包括高速度、低延时、智能化水平提高、超大网络容量、系统协同化）的选择均高于 50%（如图 11 所示）。在关于 5G 与智能家居结合后是否会使用的问题中，也仅有 2.26% 的被调查者表示不考虑使用 5G 与智能家居结合的高实用性智能家居（如图 12 所示）。这些都充分体现了潜在消费者对于 5G 与智能家居结合产品的期望值。

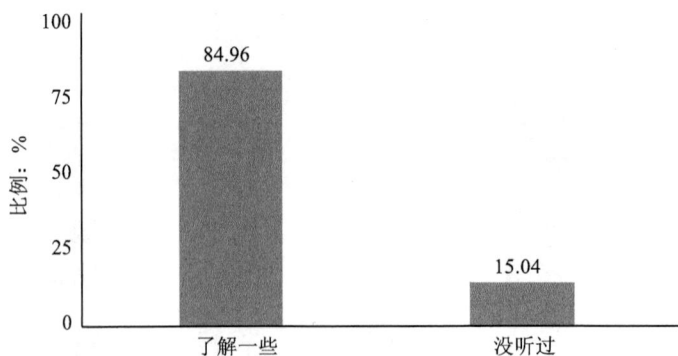

图10 5G 了解情况

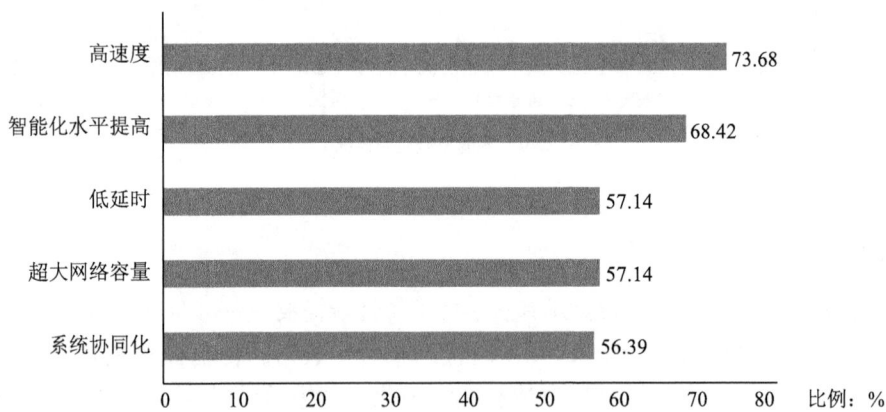

图11 5G 与智能家居相结合优势

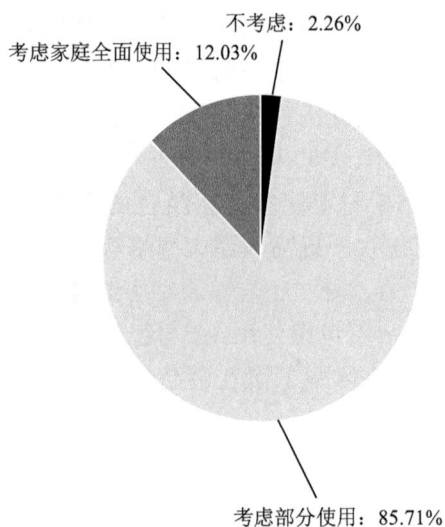

图12 是否使用5G 智能家居

参考文献

［1］郝博麟. 基于 Zigbee 的智能家居系统应用平台的设计与实现 ［D］. 长春：吉林大学，2016.

［2］赖世杰，苏小婷，孙万霞，等. 中国智能家居发展状况分析 ［J］. 现代商贸工业，2018，39（20）：190 – 192.

［3］涂孟蝶. 5G 时代下中国智能家居走出国门的研究 ［J］. 现代商贸工业，2021，42（11）：42 – 43.

中华美食文化国际传播现状探析

姜茹茹　刚　宸[①]

【摘　要】随着中国综合国力与文化传播意识的增强，不同品牌、不同种类的中华美食不断走出国门、走向国际市场。本文着重分析改革开放以来特别是近十年中华美食走向世界的发展状况及其国际影响力。经调研分析，在十年巨变的大环境下，中华美食靠着丰厚的历史底蕴、色香味俱全等优势，并在坚持自身特色的基础上与当地饮食习惯相结合，成为享誉世界的美食。不仅创造了巨大的经济效益，也促进了中华美食文化走向世界，拓宽了世界人民了解中华文化的渠道，提升了中华文化的国际传播力。

【关键词】中华美食文化；走出去；国际传播

改革开放以来，随着中国综合国力的不断提升和文化传播手段的丰富，更多中华美食走出国门，让更多国家的人民了解中华美食文化，创造了巨大的经济效益，也拓宽了世界人民了解中华文化的渠道，提升了中华文化的国际传播力。本调研致力于分析改革开放以来特别是近十年，中华美食文化的国际传播状况及大众对中华美食文化传播的认识，挖掘中华美食文化传播的积极意义。

一、大众对中华美食文化国际传播的态度和看法

（一）不同年龄段群体对中华美食文化国际传播的不同看法

中华美食种类丰富，口味多样，耐人寻味。随着经济水平的提高和新媒体产业的发展，中华美食不仅可以在各地品尝到，还可以从教程视频中学习制作。此外，中华美食不断走出去，海外游子亦可品尝到家乡味道，也让更多外国友人了解到中华美食文化。

本课题组调查了不同年龄段的人对中华美食文化国际传播的看法。70%的青少年在问卷中提出在国外的街道上分布着很多家华人餐厅，但味道不是很正宗。其中，20%的青少年认为导致这一现象的原因是国外的中华美食经过了改造以更加符合当地人的口味。大部分青少年表示对中餐的正宗程度要求也不是很高。80%的中年人对中

---

① 本课题指导教师：姜茹茹（北京工商大学马克思主义学院）；课题组组长：刚宸（化学212）；课题组成员：杨若鑫（化学212）、李成玉（化学212）、税悦（化学212）、杨硕（化学212）、苏萌（化学212）。

华美食文化国际传播是非常赞成的。大多数中年人表示在国外会在就餐时间进去中餐厅坐坐。家乡的味道会在他们失意时给予他们鼓励，会在他们快要成功时勉励他们不要心急。他们对国外的中餐正宗程度要求不是很高，但对其中的情感寄托超出了其味道。在他们看来，中华美食更是一种激励自己、抒发情感的方式。他们普遍认为中华美食文化必须进行国际传播。在调查的三种年龄段的人群中，对中华美食文化国际传播持有最高呼声的是老年人。在调查中和查阅资料中发现，大部分晚年时期身居国外的老年人都是被子女工作牵涉到的。生活习惯、语言交流、文化不同等致使他们较难适应国外生活。因此，异乡的老年人对中餐的期待和需求更高，认为中餐必须做出它应有的味道，体现中华传统美食文化。而且他们对中华优秀传统文化有着深厚感情，在异国他乡看到脸谱、故宫、京剧、黄鹤楼等元素时，都会感到无比的荣幸和自豪。

综上，不同年龄段的人对中华美食文化国际传播有着不同的看法。造成这些不同看法的原因在于年龄不同所面临的境遇不同所经历的多少不同。但是都支持中华美食文化的国际传播，都希望中华文化能够通过多种方式走出国门，让更多的人了解到中华文化的魅力，感受到其中的丰富内涵，实现从移情到共情的情感交融。

（二）有旅外经历的学生对中华美食文化国际传播的看法

中华美食文化源远流长、博大精深，历经了千年岁月的沉淀。中华美食是中华灿烂文明的重要一部分，是文化交流的灿烂一角。随着科学技术的发展、经济水平的提高，中国的饮食文化也不断注入新内容，世界人民对中华美食的喜爱不断增强。尤其是改革开放之后，不断有中国人走出国门、走向世界，在国外建造的唐人街、中国餐馆等受到国外友人的欢迎。

本课题研究小组制作的问卷收集了有旅外经历的学生对于中华美食国际传播的看法，共回收了96份问卷，有13位学生有过旅外经历，其中10名学生分享了他们在国外品尝到的中华美食的味道、菜品等内容。

下面是具体调查结果及内容分析。

1. 有旅外经历的学生对于中餐口味的评价及分析

表1 有旅外经历学生对于中餐口味的评价

序号	提交答卷时间	答案文本
11	7月16日19：43	全球各地到处走
31	7月16日23：45	去过美国纽约和华盛顿，吃过当地的华人餐厅，感觉只有醋熘木须、糖醋里脊什么的好一些，其他味道都怪怪的
39	7月18日08：48	在唐人街吃的潮汕菜品比较多，感觉不是太正宗
44	7月18日08：53	国外多数中餐都很难吃
46	7月18日08：53	国外的中华美食大多经过了改造，以符合国外饮食习惯，希望有更多正宗的中华美食走向国际

（续表）

序号	提交答卷时间	答案文本
48	7月18日08：54	总体口味一般，不知道是针对外国人进行了改进还是什么其他原因，而且感觉环境也一般
51	7月18日09：00	出国找中餐是常规操作，尤其是川菜
53	7月18日09：05	在美国唐人街吃中餐
54	7月18日09：06	迪拜亚特兰蒂斯有个自助中餐厅，没吃到什么能留下回忆的东西，不过相对于当地食物，起码是可以吃得下去的
60	7月18日09：13	味道基本不是太地道

上表可见，国外的大部分中餐的口味都不是很正宗，和国内的味道还有很大差距。在网上调研过后，本研究认为原因主要有以下两个方面：一是食材调料因素。在不同的气候、温度、土壤等条件下生长出来的蔬菜水果的口感会有差异。由于喂养方式不同，肉类产品的口感也会不一样。二是厨师因素。为了保证正宗，华人街的许多中餐馆都会尽可能地请国内的厨师来掌勺。但即便是高薪聘请，也很难招到有一定水准的厨师。除中国厨师外，华人餐厅也会聘用外国厨师来做中国菜。但受制于西式的烹饪习惯，菜品口味会有差异。

2. 国外中餐馆的主要菜品种类

国外中餐馆的菜系还是十分丰富的，有许多著名的中华美食，如饺子、鱼香肉丝、宫保鸡丁、糖醋里脊、木须肉等。国外餐厅粤菜较多，但是都对菜品的口味进行了改造，使其更易让国外人民接受，而国人往往接受不了。通过调查，国内游客去国外旅游一般都会去一些火锅店或者是中餐自助吃饭。

3. 中国小吃在国外广受欢迎

众所周知，现在的短视频平台异常火爆，不论国内国外人们都喜欢在各个社交平台上面分享有趣事物或者美食。我们国家的辣条就在网上异常受欢迎，国外网友都没有见过辣条，他们都很好奇辣条究竟是什么味道，所以可以在国外的中国超市见到辣条的身影。还有我们中国的"老干妈"，也曾一度出圈，甚至和潮流品牌及奢侈品牌进行了合作。

有旅外经历的学生普遍认为推动中华美食文化的国际传播有利于激发中华美食文化的生机与活力，展示生动立体的中国形象，进而推动我国同各国之间的人文交流和民心相通，提高中华文化的影响力和感召力，不仅能创造了商业价值，还有利于中华文化的传播。

二、媒体宣传在中华美食文化国际传播中的作用

（一）中华美食文化国际传播的媒体宣传方式

随着互联网在世界各地的普及，各地的文化、传统习俗、饮食等信息不断流

通，世界各区域、各民族的信息逐渐被世人所了解，中华美食文化也渐渐走向世界舞台，受到关注。中国也高度重视借助新兴媒体推动中华美食的国际传播和文化的交流交融。

表2　了解中华美食在国外的途径

选项	小计	比例
TikTok	2	2.9%
YouTube	7	10.14%
Twiter	3	4.35%
微博	18	26.09%
快手、抖音等国内短视频网站	22	31.88%
优酷、腾讯等国内视频网站	4	5.8%
其他［详细］	13	18.84%
本题有效填写人次	69	

例如，央视推出的一档专门介绍中国各地风味饮食的纪录片节目——《舌尖上的中国》就是中华美食文化传播的成功案例。这部纪录片以大众食客的视角，记录了各地风味菜肴从准备到制作再到被呈上餐桌的过程，体现了餐饮的根本和共同特点，极大程度上激发了观众的热情。《舌尖上的中国》用美食讲温情故事，传递浓浓的乡土气息、故乡情怀，成了中华美食的一张"色""香""味"俱全的金色名片。

但是电视作为传播途径，多少会存在一些弊端，比如电视信号的接收在不同地区有所差异，也许在一些偏远的山区里，电视信号接收效果不好，因此无法传播或者接收异地的美食信息。

（二）媒体宣传在中华美食文化国际传播中发挥的主要作用

流媒体的盛行无疑是世界一体化、信息全球化背后最强大的推手。一些宣传中华优秀传统文化和饮食的优秀视频创作人，将中华传统风俗融入生活饮食而制作出来的视频，不论是在饮食传统还是在饮食习惯上都极大程度地向世界宣传了中华美食文化。

这种传播方式有极其鲜明的特点。第一，信息量累积得迅速且快速，能在较短时间内收集到地方传统美食信息，并且凝聚大众的目光，随时随地都能浏览阅读此类信息。第二，流媒体传输能够利用好网友的碎片化时间，更大程度上加快了信息的传播。第三，具有可视化转发性的信息条具有很强的传播力，形成一传十、十传百、百传千的局面，以幂次方的形式扩大了信息传播范围。

三、中华美食文化国际传播的主要影响

（一）大众对中华美食文化国际传播的态度

表3　对中华美食文化国际传播的所持态度

选项	小计	比例
积极（喜闻乐见等）	67	97.1%
消极	2	2.9%
本题有效填写人次	69	

由表3可知，绝大部分人对于"中华美食文化国际传播"这一点持积极态度并期待未来的发展。中华美食文化走出国门是值得提倡和推广的。但目前存在一些问题，国外快餐品牌在供货及制作流程上十分规范，烹饪过程也相对简单，在任何地方吃的快餐，同种产品味道基本上没有什么差别。中国的小吃却不是这样，北京炸酱面、武汉热干面、四川串串、兰州牛肉面，基本上每家店的味道都不一样，很难讲清到底谁家是正宗。这也就意味着，不同商家的同种商品推向国际市场时可能无法形成合力。

（二）中华美食文化国际传播对国内外的影响

中国特色美食走出国门，首先要感谢最早走出国门的先辈们。但是走出去后不可能按照原有的味道，肯定会根据当地人的口味作出改变。比如，中餐到了美国根据当地人的口味变得酸甜，更容易被当地人接受。这代表部分美食吸收当地特色，虽然稍欠缺正宗性，但是更方便地融入当地人民的饮食菜谱当中，并受到当地居民的喜爱。

中餐真正的优势在于丰富多样。从食材到烹饪手法博大精深，兼容并包，与时俱进。而复杂性和多样性却也是搞快餐化、流程化的劣势。首先，如果要快餐的话，产品的品类不应过多，现场加工不应复杂，简单方便为主。其次，味道上不必惊艳，但要口感适宜。最后，可以在与当地饮食结合上下功夫。例如，可以对当地流行的食材使用中餐做法，比如煎饼果子加火腿芝士、德州扒鸡饭等。

中华美食文化国际传播，需要从多个层面关注和重视。国内小有名气的小吃千千万万，但在国外出名的屈指可数，想让中国的美食"走出去"，还需要更多味道的创新改善，迎合当地的味道，保证食品的安全。做好这几点，将会更好地打开国外食品市场，让全世界的人民知道并赞扬由食品走出国门而带来的文化交流和强大的国际经济软实力。

（三）中华美食文化国际传播的战略意义

2014 年 3 月，习近平总书记在联合国教科文组织总部发表演讲时指出，"文明因交流而多彩，文明因互鉴而丰富"。在党的十九大报告中，习近平总书记指出"讲好中国故事""提高国家文化软实力"的重要性。近年来，各地中餐馆和中国小吃在国外的兴盛，加上各种"文创"食品的兴起，使得国外群众尤其是青年群体较为热爱中华美食文化，有效地促成中外跨文化交流，增强了中国的文化竞争力，扩大了文化产业的同时，也吸引了一波又一波的人才为文化宣传作出卓越贡献。

五、总结

本文依据样本的年龄、喜爱的菜系、自身经历及态度等角度阐释了中华美食文化国际传播的现状。总之，中华美食文化国际传播对于当下的时代大背景来说是一种展现综合国力和发扬中华食品特色的有利途径。

参考文献

[1] 陈璐. 中华美食文化走出去：从入口到入心 [N]. 中国文化报，2022 - 04 - 20 (004).
[2] 孙宜学. 中华文化走出去与讲好中国特色故事 [J]. 国际传播，2022 (1)：63 - 68.
[3] 尹萍."一带一路"倡议下中华传统餐饮文化"走出去"的路径研究 [N]. 旅游纵览，2022 (5)：14 - 16.
[4] 单欣怡. 全球化视野下对推动中华文化走出去的思考 [N]. 湖北经济学院学报（人文社会科学版），2019，16 (9)：117 - 120.

附录：

中华美食文化国际传播案例调查

1. 您目前的身份是？
   A. 学生　　　　　　　B. 老师　　　　　　　C. 家长　　　　　　　D. 其他
2. 您喜欢吃的菜品是？（非必答，答案不限个数）
   菜品名称：（如鱼香肉丝）
3. 您是否有关注过中华美食在国外发扬的事例？
   A. 是　　　　　　　　B. 否
4. 您是通过哪种方式了解到中华美食在国外的新闻的？
   A. TikTok　　　　　　B. YouTube　　　　　　C. Twitter　　　　　　D. 微博
   E. 快手、抖音等国内短视频网站　　　　　　F. 优酷、腾讯等国内视频网站
   G. 其他

5. 您是否有过国外旅游经验，方便分享一下您在国外所品尝的中国美食吗？

    A. 没有出国旅游经历

    B. 有出国旅游经历，并想分享经历

    C. 有出国旅游经历，但不想分享经历

6. 分享您的经历

_____

7. 您对中华美食文化国际传播持什么样的态度？为什么？

    A. 积极（喜闻乐见等）   B. 消极

    原因：_____

_____

近十年中国电视剧艺术发展的实践事例与影响

王鲁娜　潘奕好①

【摘　要】本调研报告重点围绕近十年电视剧艺术发展的实践事例与影响展开，调研内容包括近十年电视剧艺术发展基本特征、观众熟悉度、观众满意度及内容倾向。近十年电视剧艺术发展存在的问题表现为剧情设定层面未取得突破性进展、观众熟悉度偏低制约电视剧发展、观众对目前电视剧满意度普遍低及多数电视剧单一且偏离实际。针对这些问题，本研究提出具体的建议措施，包括优化电视剧审核机制、加大深化电视剧宣传力度、构建观众与剧组互动平台及健全电视剧监督机制。通过本调研的开展，希望能够对电视剧环境优化起到推动作用。

【关键词】电视剧；艺术发展；调研报告

近十年，随着国民经济的持续快速增长，人民生活水平不断提升，我国人民对于精神文化方面的要求也越来越高。作为人们主要娱乐活动之一的电视剧，也被提出了更高的要求，要求繁荣创作生产、扩大精品供给、全面提质增效，推出更多思想精深、艺术精湛、制作精良的优秀作品。电视剧作为一门综合性很强的艺术，兼容电影、戏剧、文学、音乐、舞蹈、绘画、造型艺术等诸多因素。电视剧也可以分出很多种类，大体包括校园剧、武侠剧、都市剧、悬疑剧、谍战剧、古装剧、言情剧、历史剧、传记剧、军旅剧、科幻剧、乡村剧等。

中国电视剧在近十年迎来高速发展时期，但高速发展的趋势下又存在诸多的问题。为探讨近十年电视剧艺术发展的实践事例与影响，本课题对近十年电视剧艺术发展的基本特征、观众熟悉度、观众满意度及内容倾向予以调查，通过对这些要素的调研，分析近十年电视剧艺术发展的实践事例与影响，以反映当前中国电视剧艺术发展的基本特征，为促进电视剧发展提供可资借鉴的具体资料。

本次调查主要采取网上问卷的方式开展。问卷由小组成员在朋友圈、QQ空间发送，主要调查网友们对于近十年来电视剧艺术的了解程度、对电视剧发展的看法以及对于未来电视剧艺术的期望。共发出调查问卷208份，收回208份，收回率100%；有效问卷208份，有效率100%。本次调查报告填写人群年龄主要在18～35岁，占75.96%；36～60岁的人群占17.79%；其余年龄段人群占6.25%。其

---

① 本课题指导教师：王鲁娜（北京工商大学马克思主义学院）；课题组组长：潘奕好（食品与健康学院食品科学202班）；课题组成员：屈思颖（食品科学201）、肖佳伟（食品科学202）、谭又铭（食品科学201）。

中，女性占比为 58.17%，男性占比为 41.83%。对于调查人群职业，学生群体占比为 49.04%，公职人员占比为 18.75%，自由从业者占比为 18.27%，务农人群占比为 10.1%，其他人群占 3.84%。调查人群的受教育水平大都在大学本（专）科，占比达到了 82.69%，其中高中及以下学历的人群占 7.21%，硕士占 8.17%，博士占 1.92%。

一、近十年观众影视作品选择的偏好分析

（一）影视作品类型顺序选择分析

调研结果表明，观众在选择影视作品时会受到作品时长的影响，时长较短的作品，如小视频或网页视频，观众的选择指数最高，为 5.06；电影类作品次之，选择指数为 5.03；电视剧类作品选择指数为 4.79（见图 1）。这个结果既与当前经济快速发展背景下人们生活节奏加快有关，也与大众影视作品欣赏更加注重其娱乐性有关。

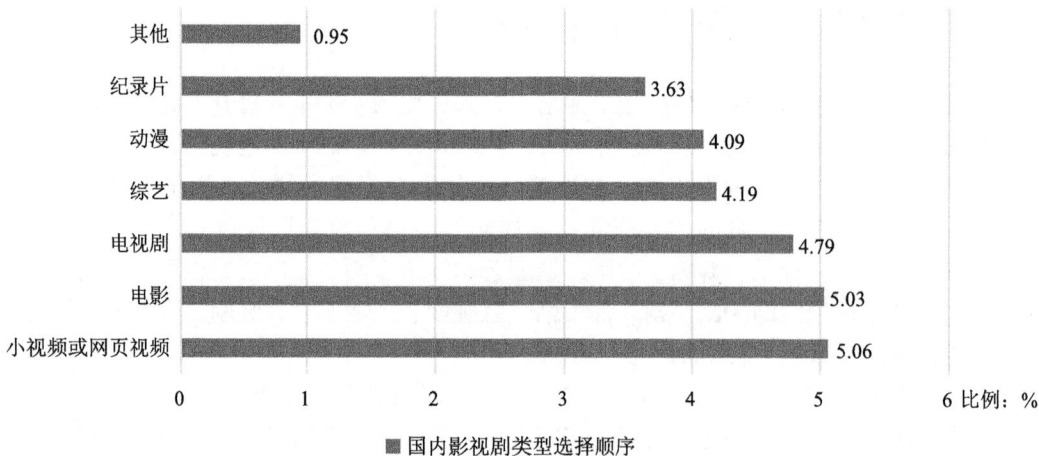

图 1　观众观看视频作品的形式顺序

（二）影视作品偏好国家占比分析

从不同国家影视作品的选择偏好来看，国产剧的选择指数为 3.56，最受欢迎；其次是日韩剧，选择指数为 2.86；再次为欧美剧，选择指数为 2.76（见图 2）。这是因为国产剧更容易有文化共鸣和共识；外来影视作品由于语言差异与文化差异等现象，导致其影视作品观众较少。

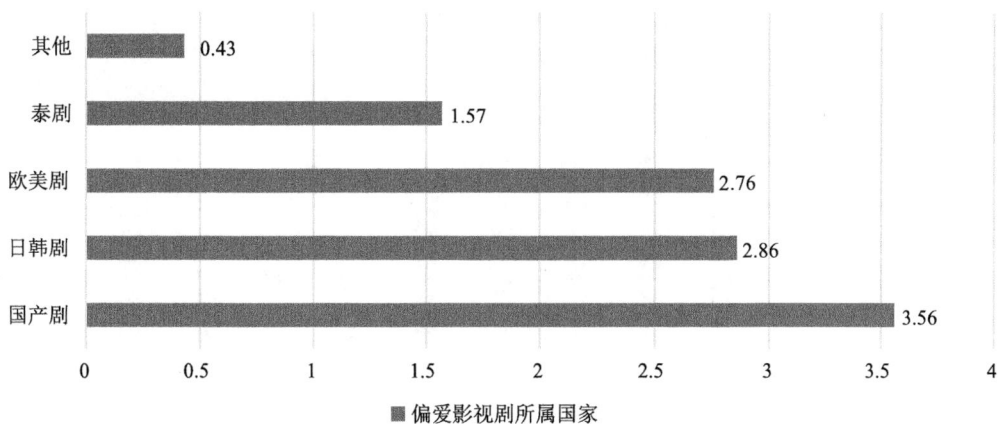

图2 电视剧国别偏好

（三）影视作品年度观看数量分析

从影视作品的年度观看数量来看，多数被调查者一年内观看电视剧的数量为5～9部，4部以下的也占有很高的比例（见图3）。从这个调查结果也可以看出，人们普遍生活节奏加快，电视剧作为耗时较长的一种作品，人们的观看数量相对比较保守；对于很多高节奏的年轻上班族而言，观看电视剧也成为一种奢侈的选择。

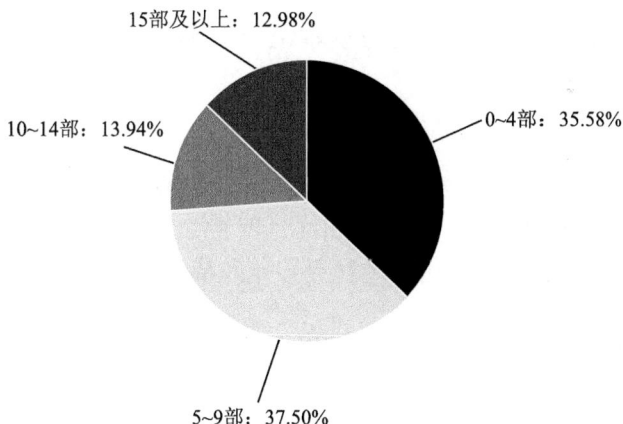

图3 被调查者每年观看的电视剧数量

（四）影视作品类型偏好程度分析

从作品类型的选择偏好来看，被调查者偏好悬疑剧，其次是都市剧、校园剧，分别占比54.81%、44.23%和37.98%（见图4）。这与被调查者的性别存在一定的关联，悬疑剧处于第一位与人类求知心理有关，都市剧、校园剧排名第二、第三与调查对象中女性群体多于男性群体有关。

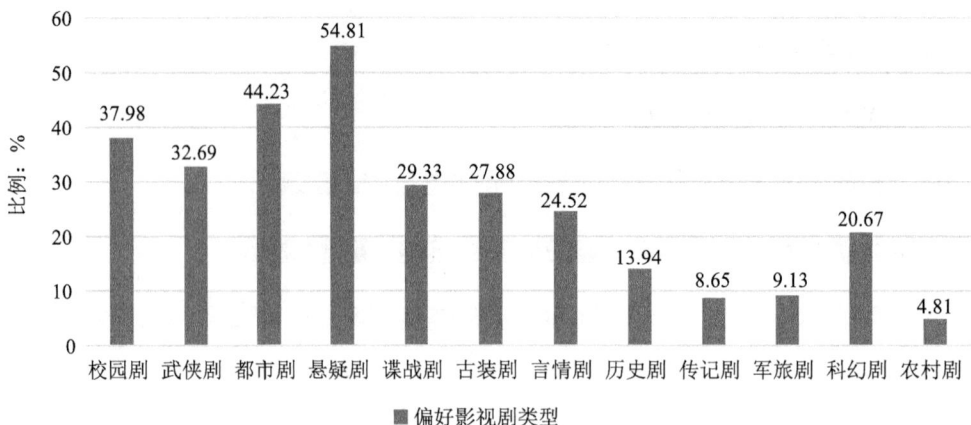

图4　电视剧类型偏好

（五）影视作品主观体现要素分析

从影视作品主观体现要素分析，多数被调查者认为近十年电视剧的拍摄风格主要体现在特效层面，其次则是剧情、题材。随着近几年仙侠玄幻剧的热播带来的电视剧热潮，玄幻仙侠剧将大量的资金投入在特效、剧情及题材上面，导致较多被调查者认为近十年电视剧主要体现在特效、剧情及题材方面。

二、近十年电视剧艺术发展的基本情况分析

（一）近十年电视剧艺术发展基本特征分析

近十年国内电视剧艺术发展突飞猛进，这与国内经济增长速度提升及基础设施建设取得系列成果有关。基于调研结果可知（见图5），多数被试者认为国内近十年电视剧艺术发展基本特征变化主要集中在剧情设定及特效层面。近十年来，国内电视剧

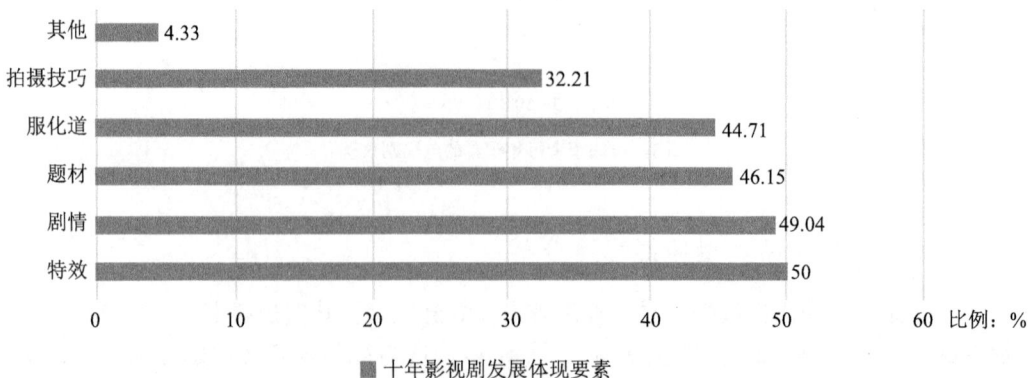

图5　近十年电视剧发展的具体要素

逐步向小说改编方向发展，在具体的剧本设定层面未进行有效修正，而多沿用小说内容来推动电视剧情的展开，且随着国内经济的高速发展，高精度的设备促使特效及视觉效果较以往有了极速提升。

（二）近十年电视剧艺术发展观众熟悉度分析

观众对电视剧的了解程度极大程度上决定了其对电视剧的态度，因此探讨观众对电视剧的了解程度极具现实意义及价值。从图6可知，近十年电视剧中，国民了解程度最高的电视剧播出时间普遍在2012—2014年，属于近十年电视剧的前两年。这与同期互联网发展并未取得突破性成绩、同期电视剧作品质量较高有关，这使得前两年电视剧的满意度评分明显高于后面几年，但随着后续几年互联网的兴起及其他娱乐方式的逐步出现，加上电视剧的质量逐年下降，多数观众对后续几年电视剧的熟悉程度降低。

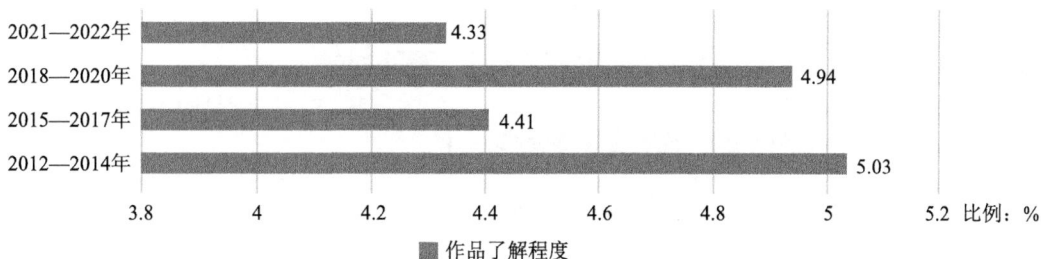

图6 观众对近十年各阶段代表性电视剧的了解程度

（三）近十年电视剧艺术发展观众满意度分析

电视剧作为国民的一种娱乐方式，同时也是满足国民精神需求的产品。基于本研究的主要调研结果（图7）可知，多数被调查者对近十年电视剧艺术发展满意度呈一般满意及相对满意。互联网时代初创时期国民满足精神需求仍是以电视剧为主，但随着互联网技术的不断跃进，满足国民精神需求的产品逐步增多，导致近十年电视剧艺

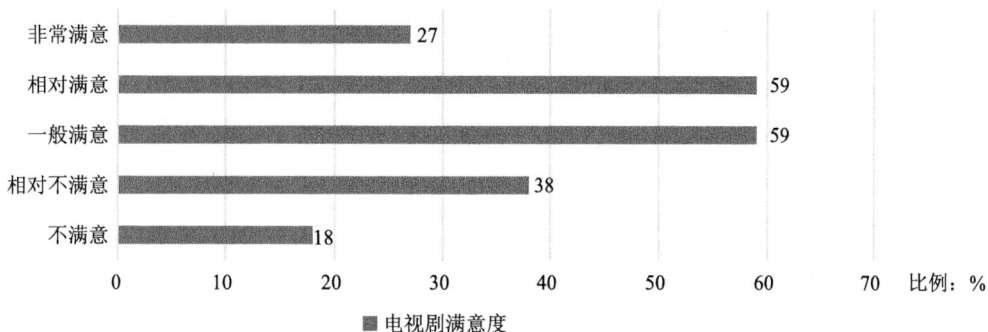

图7 观众对近十年电视剧发展情况的满意程度

269

术发展观众满意度逐年下降。

（四）近十年电视剧艺术发展内容倾向分析

电视剧以传播正能量为主，反映社会现实为辅，但随着近年来电视剧作品发展逐步脱离原有轨迹，其内容倾向也逐年发生改变。由图 8 可知，多数被调查者认为近十年国内电视剧艺术发展内容呈现出的特征为"总体单一，没什么新意""浮夸不实，不符合实际"。

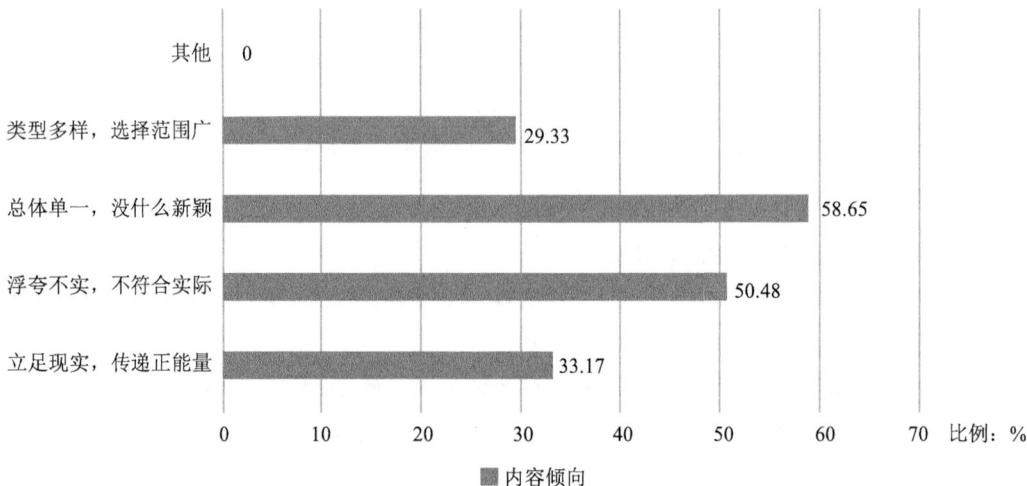

图 8　近十年电视剧内容倾向

三、近十年电视剧艺术发展的实践经验及问题分析

（一）近十年电视剧艺术发展的实践经验

2021 年 12 月 14 日，习近平总书记在中国文联十一大、中国作协十大开幕式上的讲话中指出："广大文艺工作者要树立大历史观、大时代观，眼纳千江水、胸起百万兵，把握历史进程和时代大势，反映中华民族的千年巨变，揭示百年中国的人间正道，弘扬以爱国主义为核心的民族精神和以改革创新为核心的时代精神，弘扬伟大建党精神，唱响昂扬的时代主旋律。"

这十年，电视剧创作坚持以人民为中心的创作导向，坚持守正创新的作品创作模式，在各个方面都有所发展和提升：新科技的运用让特效呈现更加精美；道具和拍摄手法的进步让电视剧可观性更强；选材的更符合观众的喜好，更贴近生活；剧情设定更合理且更能体现伟大精神；人物塑造更加鲜活，更加深入人心。但是，这十年间电视剧创作也暴露出了一些问题，可以从中吸取经验。

1. 剧情方面

编剧在创写时应注重内容的合理性以及价值观是否正确。历史剧和古装剧要尊重事实，不可歪曲。

通过调查发现，推荐程度高的几个改进点有"紧跟时代潮流，迎合主流媒体和时代主题""挖掘传统文化内涵，将传统文化和电视剧相融合""推进电视剧平台功能的优化，实现内容升级，使观众能够通过电视剧获取各行各业相关知识"，这些都是和剧情相关的，可见对于剧情的编写是很重要的一部分。

表1 近期可行的电视剧创新发展方向有哪些？[多选题]

选项	小计	比例
紧跟时代潮流，迎合主流媒体和时代主题	118	56.73%
挖掘传统文化内涵，将传统文化和电视剧相融合	145	69.71%
推进电视剧平台功能的优化，实现内容升级，使观众能够通过电视剧获取各行各业相关知识	112	53.85%
创作更贴近生活，更能够引起观众共鸣的电视剧作品	88	42.31%
其他	8	3.85%
本题有效填写人次	208	

2. 选角方面

好剧情和好演员是相辅相成的。角色的成功与否与演员有直接关系，这不仅靠演员的演技，更靠演员与角色的适配性。

3. 资金方面

目前国内大部分电视剧投资制作机构的规模扩张都只能凭借自身积累实现，然而电视剧行业的特征决定了这种模式耗费时间较长，面临风险较大。一些机构为了追求短期效益，压缩成本和制作周期，导致作品质量的下降，给行业发展带来负面影响。尤其是近年来电视剧成本飞速上涨，更加剧了影视剧投资制作机构的资金压力，所以资金投入方面也应有相应调整。

4. 政策方面

国家广电总局在电视剧拍摄、发行及引进等方面制定了一套严格且具体的法律法规体系以加强对该行业的行政性管理。由于电视剧具有面向大众且具有导向性的特点，因此审批和政策管控至关重要，这十年来国家对于电视剧的政策一直都在不断改进，电视剧的内容质量与深度也在平稳中发展。

（二）近十年电视剧艺术发展存在的问题

一是剧情设定层面未取得突破性进展。目前国内多数电视剧剧情设定相对单一，且剧情设定仍是引用早期影视作品，或是抄袭国外影视作品，在电视剧的具体创新层面所投入的资金及精力较少，导致电视剧本身丧失吸引力，同时还会导致观众对电视剧的热度锐减，直接或间接影响电视剧的多元化发展及本身价值的发挥。

二是观众熟悉度偏低制约电视剧发展。随着当前娱乐方式激增，国民的娱乐方式不再以电视剧为主，而是呈现多种娱乐手段同步发展的状态，国民对电视剧的喜爱程度逐渐下降，加上当前国内部分电视剧质量不高且传播的文化要素过于浮夸，直接导致电视剧的早期受众群体逐步偏移，转而通过其他娱乐手段来满足自身的需求。

三是观众对目前电视剧满意度普遍较低。当前多数剧组拍摄电视剧作品时并未投入大量的时间对作品进行优化，直接导致部分作品质量偏低，导致观众在对作品进行打分时，出现分值较低的情况。导致观众对电视剧满意度偏低的原因还包括当前电视剧作品审核力度不强，对质量偏低的作品并未进行明确规制。

四是当前多数电视剧题材单一且脱离实际。目前国内多数电视剧作品偏离实际且作品本身质量偏低，主题思路不明确，传达的核心思想要点脱离实际，甚至有部分作品主线脉络混乱，过分投入流量明星，进而导致这些作品无法得到广大观众的喜爱。

四、解决电视剧艺术发展问题的建议措施

根据调查，大众对于进一步促进电视剧发展的建议包括：鼓励优秀创作，强调社会责任感；扫除明星泡沫，培养理性观众；学习国外优秀影视经验；挖掘自身的传统文化特色；等等。观众对于电视剧在拍摄创作时所宣传的价值观以及所赋予的精神较为关注，且更加注重演员的专业程度及与电视剧角色的适配度。

表2　您认为可采取哪些措施进一步促进国产影视剧作品的发展？[多选题]

选项	小计	比例
鼓励优秀创作，强调社会责任感	100	48.08%
扫除明星泡沫，培养理性观众	136	65.38%
学习国外优秀影视经验	95	45.67%
挖掘自身的传统文化特色	106	50.96%
研究观众偏好，迎合市场需求	63	30.29%
寻求政策支持引导，发展文化产业	46	22.12%
抓住互联网机遇，探索更多可能	45	21.63%
寻求与相关产业的有机结合，相互带动，互利共赢	36	17.31%
注重新科技在电视剧中的应用	27	12.98%
其他	2	0.96%
本题有效填写人次	208	

（一）注重原创，提高质量

近十年有很多翻拍剧，但是鲜有大受好评的。本次进行的问卷调查也反映了此种现象。调查显示，对翻拍剧感兴趣的人只占20.67%，而认为翻拍剧破坏了经典、对于翻拍剧不感兴趣以及认为翻拍剧和原剧比变化不大的人数占比较高（见表3）。

表3　您对近几年的翻拍剧持何种态度呢？[单选题]

选项	小计	比例
翻拍剧破坏了经典	59	28.37%
翻拍剧与原剧相比变化不大	42	20.19%
认为有很大看点，非常期待	43	20.67%
对于翻拍剧不感兴趣	56	26.92%
其他	8	3.85%
本题有效填写人次	208	

我们要的不是"翻拍"，不是"复刻"，而是从经典中焕发出新的活力。鼓励原创是任何事业发展的一个重要因素，想通过翻拍剧继续获取热度与流量，需考虑翻拍剧情是否有创新，从拍摄到发行的资金是否完备，并且要尊重原创。但并不是说不可以翻拍，翻拍与原创都要支持与发展，二者要有所平衡，形成良好的"影视生态"。

了解国民的基本诉求及主要偏好方向，持续拓展影视作品的载体，以国民需求及偏好为基本路径，确保影视作品的发展合乎现有发展逻辑，确保影视作品的质量达标。重点对国内的影视作品予以深层次优化，确保其质量得到全面提升并得到突破性发展。同时，还需要构建定期检查影视作品质量的机制，确保影视作品的质量符合当下国民基本要求。

（二）挖掘文化特色，沉淀优秀作品

在调查中，"挖掘自身的传统文化特色"的支持率过半，并且"扫除明星泡沫，培养理性观众"的支持率更是高达65.38%。

习近平总书记强调，中华优秀传统文化是中华民族的精神命脉。要努力从中华民族世世代代形成和积累的优秀传统文化中汲取营养和智慧，延续文化基因，萃取思想精华，展现精神魅力。《甄嬛传》《延禧攻略》《梦华录》等都将东方美学展现得淋漓尽致。传统文化还可深挖、细挖，从而创作出更好的作品。

"扫除明星泡沫，培养理性观众"是本次调查中呼声最高的，近十年部分电视剧剧组追求热度与流量，考虑的全然不是演技以及角色适配性等，还有部分明星的部分粉丝不够理智扰乱正常电视剧生态。因此，往后电视剧艺术应更注重真实性、艺术性、专业性，不可一味追求流量，而忽视了深度与质量；部分粉丝也应理性追星，理性"打榜"，各方面共同合作维护电视剧艺术的平衡发展。

（三）加强宣传，构建观众与剧组互动平台

助推电视剧宣传机制建设，加大电视剧的宣传力度，促使更多的群体能够了解到部分电视剧的主题内容。

基于观众的基本诉求构建合理的观众与剧组的互动平台，以满足观众需求为核心，加强平台的综合性管理，确保平台的基本功能属性得以呈现。

参考文献

［1］郑嫒嫒. 中国电视剧产业发展现状及其建议［J］. 青年与社会（下），2014（8）：248－249.

［2］初婕. 2020 年上半年国内电视剧发展扫描［J］. 当代电视，2020（11）：17－19.

［3］刘颖. 现实题材电视剧叙事新面貌［J］. 当代电视，2020（10）：49－52.

［4］王茹. 浅谈互联网语境下电视剧文化生产［J］. 文化产业，2020（24）：113－114.

党的十八大以来北京市冰雪运动与旅游融合产业发展调查与研究

江　燕　陆羽玄[①]

【摘　要】党的十八大以来，中国冰雪运动越来越受到重视，北京冬奥会成功举办更是起到促进作用。通过调查研究发现，北京冰雪运动相关旅游活动的关注度在近年来推向了一个新高潮，但仍存在部分问题导致部分人群不愿参与。本文首先介绍了北京冰雪运动与旅游融合产业的发展历程，其次通过调查研究对其现状进行分析，最后结合问卷结论对其发展提出一些具体建议，为更好推动其发展提供有益参考。

【关键词】北京；冰雪运动；旅游；融合产业

自 2015 年北京申请冬奥会成功以来，冰雪运动的普及程度明显提升，影响力更广泛，冰雪产业蓬勃发展，规模明显扩大，结构不断优化，发展冰雪健身休闲产业，推动冰雪旅游产业发展，促进冰雪产业与相关产业深度融合。冰雪运动关注度越来越高，但由于不同人群的需求，冰雪与旅游融合产业发展十分复杂，因此分析其发展历程及调查研究不同人群的观点尤为重要。

由于时间跨度较大且内容复杂，本调研主要采用问卷调查方式。本次问卷调研主要以上述问题为主对大众进行调查，了解大众对这些冰雪运动的看法。同时，本文也将以上述问题为点，以党的十八大以来为线，探究北京市冰雪运动与旅游融合产业发展过程。

一、北京冰雪运动与旅游产业融合发展历程

（一）发展历程

1. 2012—2017 年起步萌芽阶段

此阶段是北京冰雪运动兴起的起步阶段，2015 年 7 月 31 日，在吉隆坡举行的国际奥委会第 128 次全会上，北京获得 2022 年第 24 届冬奥会举办权。这既是中国首次举办冬奥会，也使北京成为全球唯一的冬、夏季双奥之城，从那一刻起全国以举办冬奥会为契机，大力发展和普及冰雪运动。国家体育总局联合中央多个部门制定颁布冰

---

①　本课题指导教师：江燕（北京工商大学马克思主义学院）；课题组组长：陆羽玄（数管 212）；课题组成员：孟庆欣（数管 211）。

雪运动发展规划、场地建设规划等，将北京冰雪运动与旅游融合产业推向新高度。

2. 2018—2022 年高速发展阶段

《"带动三亿人参与冰雪运动"实施纲要（2018—2022 年）》是为系统性、计划性加强北京冬奥会各项工作而制定的实施纲要。一是坚持以习近平新时代中国特色社会主义思想为指导，坚持党对一切工作的领导，通篇贯穿习近平总书记对发展冰雪运动和做好北京冬奥会工作重要思想。二是明确提出"全面参赛、全面突破、全面带动"目标。2022 年 2 月 4 日北京冬奥会开幕，新开设的"冰丝带"、国家雪橇雪车中心、国家高山滑雪中心等先进冰雪运动场地促进了冰雪运动和旅游的融合与发展。

全国群众冬季运动的推广和普及提升了全民参与冰雪运动的热情，据《2019 年度中国滑雪产业白皮书》显示，国内滑雪场滑雪人次由 2018 年全年的 1 970 万，上升到 2019 年的 2 090 万，同比增幅 6.09%，滑雪场馆达 770 座，西南、中南地区等地建起一批优质雪场。可见我国冰雪运动的发展不再局限于北方，而是面向全国大力普及。

二、北京冰雪运动与旅游融合产业的现状分析

（一）较受欢迎的冰雪运动旅游活动及场所

表 1　北京较受欢迎的冰雪运动旅游活动及场所

选项	比例
首钢滑雪大跳台	35.71%
太舞滑雪小镇	7.14%
北京渔阳国际滑雪场	16.67%
北京冬奥公园	26.19%
冰立方	47.62%
北京冰雪嘉年华	33.33%
未去过	30.95%
其他	2.38%

通过调查发现，冰立方知名度和体验次数最高，首钢滑雪大跳台位于其后，这两个均是 2022 年北京冬奥会比赛场地，由此可见北京冬奥会对于北京冰雪运动与旅游产业的发展起着关键作用。相较于普通滑雪场地，北京冰雪嘉年华这样的旅游活动也更易被百姓知晓，但仍有部分人群没去过也未了解相关活动，这也从侧面反映出北京冰雪运动在大众中的普及度低。

（二）市民不愿参与北京市冰雪运动相关旅游活动的原因

通过调查研究得知，2012—2017 年仅有 33.33% 的人群参与相关活动，2018—2022 仅有 30.95% 参与相关活动，在党的十八大以来参与北京冰雪运动相关旅游活动中的人数较少，由此体现出调查中许多市民不愿参与北京冰雪运动相关旅游活动。

表 2　市民未参加北京冰雪运动相关旅游活动的原因

选项	比例
不感兴趣	17.24%
没有时间	75.86%
距离居住地过远	55.17%
没有了解过	13.79%
担心安全问题	20.69%
价格过高	31.03%
其他	0%

本次参与调查人群中有超过 70% 的学生及 15% 的职员，空闲时间较少，因此有超过 70% 的人群是因时间问题没有参与相关活动，也有超过半数因居住地过远、交通等方面问题造成阻碍，同时冰雪运动涉及很多滑雪用具，价格及安全问题也令人担心。

（三）北京冰雪运动相关旅游活动的宣传问题

调查数据表明，61.9% 的北京市民了解北京冰雪运动，分别有 59.52% 和 54.76% 的游客通过微博等社交平台上的分享及新闻渠道了解北京冰雪运动。可见，北京冰雪旅游活动宣传的主要渠道是依据北京冬奥会和游客推荐，部分场馆在冬奥会结束后未持续宣传，在网页上难以搜索到场馆信息，导致游客放弃参与。

表 3　了解到北京冰雪运动相关旅游活动的渠道

选项	比例
微博等社交平台上的分享	59.52%
新闻	54.76%

（续表）

选项	比例
广告推荐	19.05%
旅游 App	7.14%
北京冬奥会相关介绍	61.9%
同学/朋友推荐	40.48%
其他	2.38%

（四）北京冰雪运动相关旅游活动的管理问题

虽然问卷中数据显示 69.05% 的人认为北京冰雪运动相关旅游活动的管理没有问题，但仍存在管理不到位及管理制度和方式不当的问题，如部分曾去过的相关场所存在找不到工作人员、工作人员对场所内部不了解、服务不专业、部分从业人员管理缺乏规范性等，这些都是亟待解决的问题。同时，根据我们调查部分场馆硬件水平过低，随着冰雪运动逐渐受到大众喜爱，参与人数增多，安全问题也随之出现，部分场馆存在年久失修、设备老旧等安全隐患，管理存在不到位的情况。

表4　北京冰雪运动相关旅游活动管理方面的问题

选项	比例
管理不到位	14.29%
管理制度问题	11.9%
管理方式问题	7.14%
其他问题	4.76%
没有问题	69.05%

（五）北京冬奥会对于北京冰雪运动与旅游融合产业的带动作用

通过调查，有四分之一是通过北京冬奥会开始了解北京冰雪运动相关旅游活动，北京冬奥会场馆也更受欢迎，有 52.38% 的人在北京冬奥会后愿意去尝试，16.67% 的人想从事相关工作，26.19% 的人已经参与相关活动，由此可见北京冬奥会成功举办极大促进了北京冰雪运动相关旅游活动的开展。此外，北京市围绕冬奥会筹办制定了"1+7"冰雪发展实施意见等纲领性文件，涵盖了群众冰雪运动、经济冰雪运动、青少年、赛事、产业、设施、人才 7 个规划，成立冬季运动管理中心，全面负责北京冰雪运动的发展。政策倾斜和重点强调产业融合发展，成为推动冰雪运动产业与相关产业融合发展的重要政策动力。北京市向文化旅游方向延伸，通过打造创意冰雪文化旅游节、冬奥文化广场等形成冰雪文化旅游业。进一步提高资源向产品的转化效率，以满足消费者多元的需求，也使冰雪运动产业有更广阔的发展空间。

三、北京市冰雪运动与旅游融合产业发展的建议

（一）场地及环境建设

1. 场地建设

通过调查后发现有许多人对于场地建设方面有较大担心，在此方面我们提出以下建议。

（1）安全方面

现在大部分场地仅用铁网等围起来，虽然可以应对滑出雪道等意外，但由于铁丝坚硬，对人体伤害大，建议在护栏前增添缓冲和减速装备，减轻对人体的伤害。

（2）冰上活动

对于冰上活动而言，冰的稳定性和平整性需格外关注，冰的质量应做到每天应检尽检，大型冰雕要保证其稳定性并在周边拉线避免游客靠近，冰场的冰面要保持完整和平整，防止危险发生。

（3）雪上活动

雪上活动参与度相对冰上更高，可参与人群更广，技巧性更低，所以雪面更容易有遗失物品，同时有很多小朋友会打雪仗，雪的质量和干净程度很重要，需注意雪内有无坚硬物品等，同时雪道的完整性也应提升，防止在滑行的过程中被绊倒。

（4）基础设施建设

目前许多场地周围基础设施建设不完善，场地内部更衣间数量不足等，极大降低了游客兴趣，场馆应及时意识到相关问题，完善产业体系，加强基础设施建设，为游客休息和用餐提供良好环境。

2. 环境建设

（1）增加绿化面积

调查发现，北京冰雪旅游活动场所内绿化面积较少，增加绿化面积有美化环境及净化空气的作用，同时缓解视觉疲劳。

（2）场馆装饰

冰雪等旅游场所游玩的多以家庭为单位，大多带有小朋友，增添卡通形象可以提高对小朋友的吸引力，提高兴趣和满意度。

（二）相关活动开展

1. 线上活动

相较于线下活动，线上活动更便捷，更易于参加，参与人群广，参与度高，因此

可以开展相应线上活动，如答题比赛、宣讲活动等。

2. 线下活动

线下活动如适合儿童的冰雪游乐园、适合老人的养生冰雪活动、适合不同级别人群的滑冰滑雪等，更吸引游客。

3. 品牌联动

北京冰雪运动相关旅游活动产业可以打造成 IP 形式，以品牌联动方式开展多种活动，例如可以和运动明星联名开展冰雪运动等，打造好品牌文化。

（三）宣传方面

1. 网络宣传

（1）建立平台及网络账号

在网上搜索北京相关冰雪旅游活动场所，如首钢滑雪大跳台等，官网信息较少，部分场馆也没有预约渠道，可见这些冰雪场馆的网络宣传存在不足。我们建议北京冰雪旅游活动场馆可以建立官方网站、公众号、微博号等网络账号，便于游客获取场馆相关信息，如预约、场馆开闭信息、活动信息等，也可为场馆增加客流量，同时利用平台进行直播，以促销优惠方式吸引游客。

（2）游客网络分享

加强主流媒体平台推动，如微博、抖音等，出游玩攻略吸引游客，或从视频平台推出沉浸式体验，以第一视角体验场馆进而吸引游客。

2. 线下宣传

（1）大屏投放

北京在地铁站和街边有许多大屏，我们可以选择一些进行投放，提高人们对其的关注度。

（2）合作

可以和从事冰雪运动的运动员或明星合作，运动员可以来场地游玩，利用他们的影响能力和专业知识吸引更多游客来到场馆。

（四）管理及相关制度建设

1. 服务质量

应优化产品服务质量，加强内部管理，为顾客提供良好的消费体验。可依据面对的客户群而设计不同特征的产品，提供差异化产品组合，丰富服务内容。

2. 安全管理

为保障雪场安全，应在场馆配备巡逻队，同时设置相应指示牌，定期检查器材设备，及时替换损坏老化设备，并提前设置多人流路线，以免发生拥挤和踩踏事件，完善工作机制并规范化运营。

3. 人才培养体系

完善人才培养体系，制定标准，组建人才梯队，保证充足的人才供给。创新场馆活动方式,追上年轻人的潮流,让更多人了解并愿意参加冰雪运动,进而扩大冰雪运动的影响力。

参考文献

[1] 刘娉娉. 广州冰雪运动场馆管理现状及问题分析 [J]. 文化产业, 2021 (20): 139-140.
[2] 黄怡静. 科普场馆宣传推广渠道分析——以上海科技馆为例 [J]. 科技传播, 2017, 9 (7): 89-91.
[3] 吕宁, 黄迪, 王欣, 等. 北京市冰雪运动产业与文化旅游产业融合发展动力机制与模式 [J]. 中国生态旅游, 2021, 11 (6): 846-857.

附录:

党的十八大以来北京市冰雪运动与
旅游融合产业发展调研问卷

第 1 题　您的年龄 [单选题]

　　A. 18 岁以下　　　　B. 18~25 岁　　　　C. 26~45 岁　　　　D. 45~60 岁

　　E. 60 岁以上

第 2 题　您的性别 [单选题]

　　A. 男　　　　　　　B. 女

第 3 题　您的职业 [单选题]

　　A. 在读学生　　　　B. 职员　　　　　　C. 管理层人员　　　　D. 离退休人员

　　E. 自由职业者　　　F. 个体工商户　　　G. 其他

第 4 题　您的常住地省/市/自治区为 [填空题]

_____

第 5 题　2012 年至 2017 年您是否在北京参加过冰雪运动相关旅游活动 [单选题]

　　A. 是　　　　　　　B. 否

第 6 题　在此阶段您对参加的北京冰雪运动相关的旅游活动印象如何 [填空题]

_____

第 7 题　2018 年至今您是否参加过北京冰雪运动相关旅游活动 [单选题]

　　A. 是　　　　　　　B. 否

第 8 题　您对于 2012—2017 年及 2018 年至今所参加的北京冰雪运动相关的旅游活动感受有何不同 [填空题]

_____

第 9 题　您未参加北京冰雪运动相关旅游活动的原因　[多选题]

　　A. 不感兴趣　　　　　　　　　　　　　B. 没有时间

C. 距离居住地过远   D. 没有了解过

E. 担心安全问题   F. 价格过高

G. 其他

第 10 题   以下北京冰雪运动相关的旅游场所/活动您了解或者去过的有 ［多选题］

A. 首钢滑雪大跳台   B. 太舞滑雪小镇

C. 北京渔阳国际滑雪场   D. 北京冬奥公园

E. 冰立方   F. 北京冰雪嘉年华

G. 未去过   H. 其他

第 11 题   您是从什么渠道了解到北京冰雪运动相关旅游活动   ［多选题］

A. 微博等社交平台上的分享   B. 新闻

C. 广告推荐   D. 旅游 App

E. 北京冬奥会相关介绍   F. 同学/朋友推荐

G. 其他

第 12 题   您认为北京冰雪运动相关旅游活动的管理方面有何问题 ［多选题］

A. 管理不到位   B. 管理制度问题

C. 管理方式问题   D. 其他问题

E. 没有问题

第 13 题   您从什么时候开始了解北京冰雪运动相关旅游活动 ［填空题］

———————————————————————————————————

第 14 题   您是否有意愿参与北京冰雪运动相关旅游活动 ［单选题］

A. 是   B. 否

第 15 题   您认为北京冬奥会的成功举办对于您来说在北京冰雪相关旅游活动方面有何影响 ［多选题］

A. 有参加的想法   B. 想从事相关工作

C. 去参加了相关活动   D. 没有想法

E. 其他

第 16 题   您认为现在北京冰雪运动与旅游相融合发展如何 ［量表题］

A. 1   B. 2   C. 3   D. 4

E. 5   F. 6   G. 7   H. 8

I. 9   J. 10

第 17 题   您认为北京冰雪运动相关旅游活动场地有何需要改进的地方 ［填空题］

———————————————————————————————————

第 18 题   在未来您希望增添哪些北京冰雪运动相关的旅游活动/场所 ［填空题］

———————————————————————————————————

第 19 题   您认为北京冰雪运动相关旅游活动有哪些需要改进的地方 ［填空题］

———————————————————————————————————

影视文化变迁对新时代大学生价值观的影响研究

吴　穹　李凯乐①

【摘　要】影视文化是综合性文化，对社会的意识形态、道德观念、价值观念以及各阶层大众的心态发展起着举足轻重的作用，这一影响在大学生中尤为明显。文章通过总结我国影视文化产业变迁的脉络与现状，研究影视文化产业变迁对新时代大学生价值观的影响，分析其中存在的问题及产生原因，为我国影视文化更好地引导新时代大学生价值观建言献策。

【关键词】影视文化；新时代；大学生；价值观

文化是一个国家、一个民族的灵魂，更是中国屹立五千多年不倒的力量源泉。随着我国社会主义现代化进程的加快，人们的文化生活方式发生了巨大变化，其主要标志就是影视作品大量生产并且收视率屡创新高。当前无论是从传播方式还是传播内容来说，影视文化都更具传播性和影响力。而年轻人特别是大学生接受力强，影视文化对大学生的吸引力更大，影响也更大。

本次研究影视文化对新时代大学生价值观的影响，主要通过问卷调查、参考文献资料和媒体报道的方式进行。调查人群以 25 岁以下的大学生为主，男女性别比例较均衡。调查问卷是由小组成员通过在朋友圈转发、在特定的微信群中发布等多种方式让网友填写并回收，共发出调查问卷 260 份，回收 256 份，回收率 98.5%；有效问卷256 份，有效率 100%。

一、我国影视文化产业的变迁及现状

党的十八大不仅将文化产业发展提到了前所未有的高度，还为中华民族精神与物质同步发展奠定了基础。党的十八大以来，我国影视工作者将守正和创新有机统一，恪守以人民为中心的创作制作理念，影视产业呈现出良好发展态势并表现出独特的人文优势。

（一）影视文化产业发展突飞猛进

2017 年，全国规模以上文化及相关企业营业收入 91 950 亿元，比上年增长约

---

① 本课题指导教师：吴穹（北京工商大学马克思主义学院）；课题组组长：李凯乐（注会 203）；课题组成员：杨梦娇（注会 204）、孙泽龙（注会 204）、李昔恒（注会 204）、何颖（新闻 202）。

11%，发展的质量和经济效益不断提升。票房过亿元影片 92 部，其中 51 部是国产影片。《战狼Ⅱ》凭着 1.6 亿的观影人次和 56.83 亿元的票房收入，创造刷新了多项电影市场纪录，荣获 2017 全球票房 Top20 第 6 名，是 Top20 里唯一不是好莱坞出品的电影。全年拍摄制作电视剧 310 部、合计 1.3 万集，继续稳居世界第一。

2018 年，全国电影总票房 609.76 亿元，较上年增长 9.06%。2018 年，国产片成为拉动票房增长的核心动力，共上映国产片 393 部、票房 352.5 亿元，共有 6 部国产片进入总票房 Top10，数量较 2017 年有所增加。其中，《红海行动》《唐人街探案 2》《我不是药神》《西虹市首富》四部国产影片占据 2018 年电影票房前四。同时，国产片的豆瓣评分提升显著，Top10 国产影片平均评分从 2017 年的 6.09 分上升至 2018 年的 6.9 分。

根据问卷调查数据，49.22% 的受访大学生表示更加喜欢近十年的国产影视作品，53.52% 的受访大学生表示更加喜欢国内的影视作品。可以看出，相比十年前，近十年的国产影视作品更受大学生青睐；相比国外的影视作品，国内的影视作品更受大学生青睐。

（二）影视文化产业的地位日益突出

1. 影视文化产业具有先导地位

影视产业是与高科技结合的领先产业，从无到有，从黑白到彩色，从卫星到互联网，整个发展过程与科技发展紧密结合，在众多文化行业中，率先以产业的独具技术特性的领先姿态成为产业中的排头兵、领头羊。

2. 影视文化产业具有主导地位

影视业在文化产业中有其得天独厚的资源禀赋，在经济实力、传播效力、市场竞争中都占据有利位置。在世界排名前 10 位的传媒集团中，九个都涉及影视业，可见其主导地位不仅仅体现在步伐上的领先，更体现在资质、战略、经管、质量、创新、美誉、制度等多方面的强势态。

3. 影视文化产业具有传导地位

影视业在文化产业中的传导地位就是建立在以现代化媒介为传播渠道的优势上。传播渠道多，涉及无线、卫星、有线、互联网等；传播速度快，从地方到全国，从中国到世界；现代化媒介使影视业较其他文化行业相比，传播效率更高。艺术、戏剧，包括艺人、工艺品都可以通过影视业进行推广，意识形态、价值观念、道德理念也可以通过影视业形成风向标，对外传播，对内引入，入户且入眼、入眼且入心，从而构建起影视业在文化产业中的传导地位。

目前，影视文化产业已成为我国文化产业中发展最快的产业之一，占据了文化领域的核心与龙头地位，是中国文化"走出去"的重要推动力量。

二、影视文化对新时代大学生价值观的影响分析

在网络化、信息化的背景下，新时代大学生从小就受到了各类影视文化的熏陶。

调查数据显示，有 67.19% 的大学生表示自己一周内观看影视作品的时间在 3 小时以上。影视文化作品对大学生人生观的影响最大，接着依次是道德观、审美观和职业观，最后是政治观。由此可见，耳濡目染之下，新时代大学生的思想观念和行为方式都会不可避免地受到影视文化的影响。

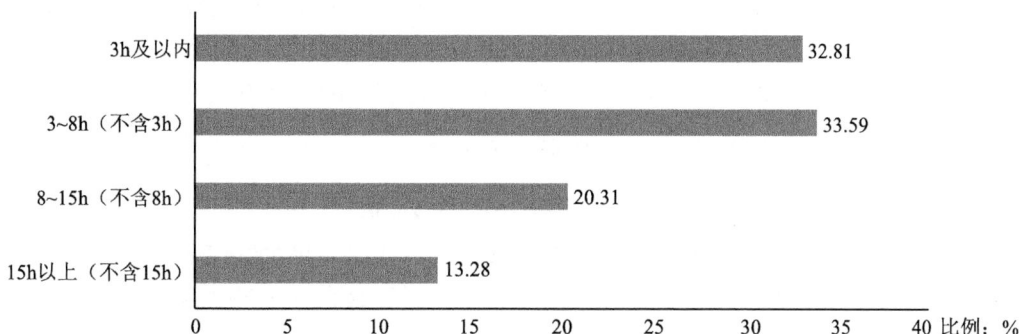

图 1 大学生一周观看影视作品的时长

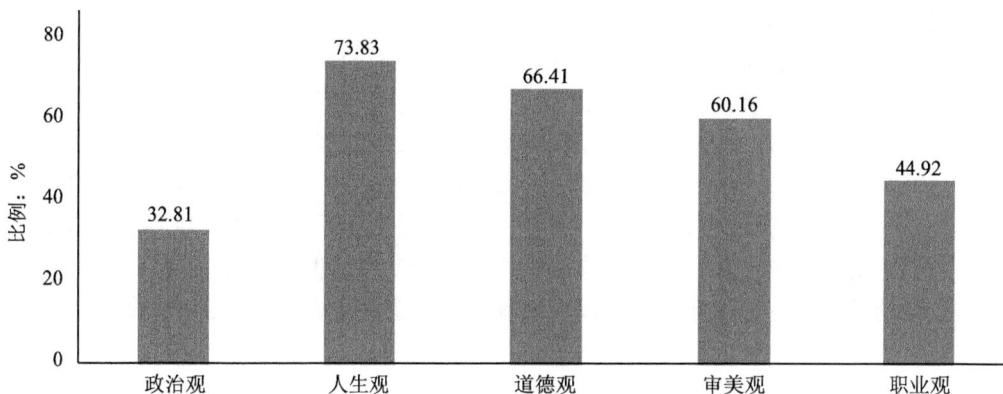

图 2 影视作品对大学生各种价值观的影响程度

（一）影视文化对大学生价值观的积极影响

1. 主旋律影视作品激发了大学生的爱国主义情感

党的十八大以来，主旋律影视作品的创造水平得到提升，《战狼Ⅱ》《红海行动》等一批影视作品的传播，极大地弘扬了中国人民爱国爱党、自强不息的民族精神，向世界展示了中国风采，激发浓厚的爱国主义情感。如《建军大业》这部重大历史题材的影视剧，摆脱了以往俗套的歌颂英雄的创作形式，在重温历史事件的同时深入讲解中国共产党建军的来龙去脉，使大学生切实体会到和平时代的来之不易，让理想与信仰融入青春热血，散发出耀眼的光芒。

2. 影视作品帮助大学生更加了解中华优秀传统文化

影视作品可以通过声画交融的影像和丰富有趣的表现形式展现传统文化独有的魅力，使大学生主动学习传统文化、积极弘扬和传承传统文化，增强文化自信。

3. 优质的影视作品帮助大学生坚定理想信念

许多优秀的影视作品如《觉醒年代》等，讲述一些伟大历史人物或者优秀团体的英勇事迹来实现价值观的传递，大学生会不自觉地被革命者的爱国情怀和永不言弃的精神所感染，激发他们思考要走怎样的人生道路、如何实现人生目标等问题。

（二）影视作品对大学生价值观的消极影响

1. 西方文化渗透可能导致大学生的政治价值观偏离

一些西方影视作品，肆无忌惮地宣扬所谓的"自由""民主"等思想，对发展中国家进行价值观渗透。在这些影视作品的影响下，容易误导有些大学生以"自我"为中心，以自私自利为人生目的，只顾追求自身的物质利益。有些大学生集体观念和协作意识淡化，价值观念也转向为无视社会只重自我、无视集体只重个人的利己主义价值观，我国传统教育中的"有国才有家"变成了只有小家和自我，甚至为了个人利益而不惜牺牲集体利益。

2. 不良的影视作品可能滋生大学生的享乐主义和拜金主义

问卷调查数据显示，超过80%的受访者表示会因为影视作品而购买相关的产品或服务，其中，44.53%的受访者表示会模仿剧中人物穿搭。由于大学生社会阅历不足、价值观念尚未稳定，十分容易被影视作品中所宣扬的一些拜金主义、享乐主义所迷惑。这些影片宣扬"有钱就有了一切"的价值观，充斥着各种豪华别墅、高级轿车、高档消费、时髦衣着、典雅装饰以及剧中人物奢华的生活方式，勾起了大学生对物质享受的欲望，使之片面化、肤浅化地理解人生意义与人生价值，误导即将步入社会的大学生，使得很多人在择业时只考虑金钱利益。

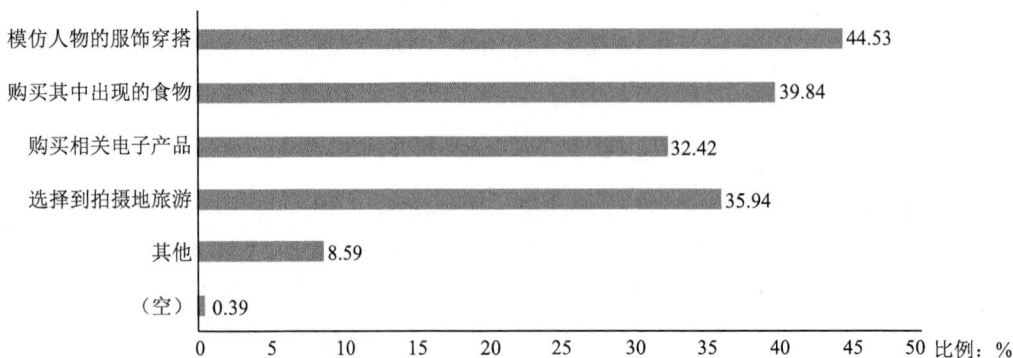

图3　购买产品或服务种类

（三）影视作品对大学生价值观产生消极影响的原因

1. 政府对违规影视作品的惩戒力度不够

部分影视从业者为获取高昂的利益，罔顾法律，违规制作一些内容低俗的影视作品。此类作品往往贴着"禁片"的标签，噱头十足、成本低廉、传播迅速、受众广泛，被查处之后也大多只是下架或罚款。

2. 高校价值观教育吸引力不够

高校思想政治教育课是引导和塑造大学生价值观的主阵地，但部分学校教学形式、教学内容单一，与绚烂多彩的影视作品相比，吸引力不足，感染力不够，可能导致大学生对教师传播的"正能量"内容视而不见、充耳不闻。

3. 大学生影视鉴赏辨别能力不高

通过问卷调查结果发现，现阶段大学生的影视鉴赏和辨别能力还不够高。鉴赏能力欠缺、审美品位单一的大学生则会冷落一些具有较高思想含量和艺术含量的作品，也无法及时鉴别一些影视作品中的负面思想，从而被剧中错误的思想和言论所诱导。

三、影视文化正确引导大学生价值观的对策

（一）政府应加强对影视文化市场的监管和引导

1. 着力净化影视文化市场

政府相关部门应加强对影视从业人员的监督管理，提升影视作品审批的标准和条件。同时，加大对于市场中不健康影视作品的审查力度和监管力度，特别要严格审查影视作品进口关，在引进优秀影视作品的同时，要防止腐朽落后思想的侵蚀和流入。

2. 健全影视传播法律法规

通过法律手段来约束和制约影视市场，使其逐渐被纳入规范化、合理化的市场框架，推进影视文化市场的繁荣和可持续发展。

（二）影视工作者要坚持影视创作的正确方向

1. 注重作品的社会效益

问卷调查数据显示，"精彩的剧情"和"丰富的内涵"是新时代大学生所认为的影视作品中最为重要的要素，分别占到63.28%和49.22%。因此，影视文化工作者在创作中，要把真善美作为创作的永恒追求，积极弘扬社会主义核心价值观，注重提升作品的社会效益，使影视作品更具有创造力、感染力、号召力。

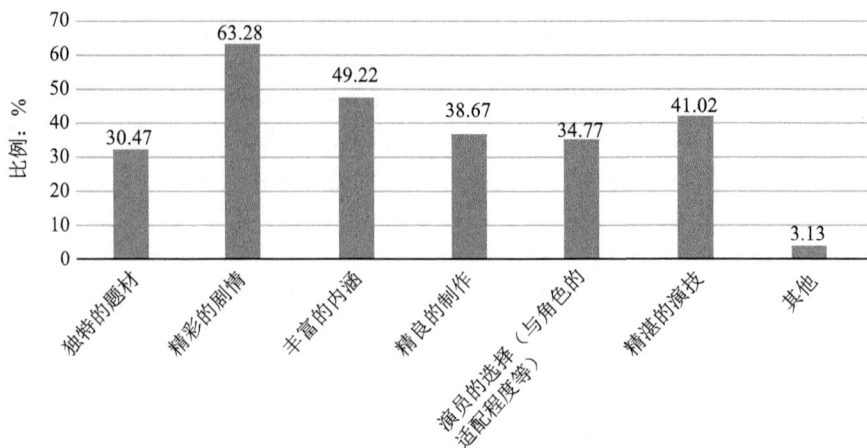

图4 大学生认为的影视作品的重要因素

2. 加强影视行业自律

现如今，许多影视作品中塑造的人物成为当代大学生追捧和喜爱的偶像，往往使得这些影视人物成为社会公众行为的标杆，他们剧里剧外的一举一动都会对大学生造成较大的影响。问卷调查结果中，在受访者对于"演员最重要的品质"的选项中，排名前三的分别是"过硬的业务能力（演技）""良好的道德修养""丰富的学识阅历"。因此，影视行业要加强对演艺人员的艺德教育，规范其言行举止，使他们树立爱国爱党爱人民的坚定信念，为演艺群体营造出良好的社会风气。

（三）高校需要完善校园影视文化引导体系

1. 借助影视作品提高价值观教育水平

高校必须重视、引导影视作品在校内的传播。思政课教师可更多地借助优秀影视作品来传播先进的思想价值理念，以提高思想教育的实用性和吸引力。

2. 完善校园影视文化环境建设

将组织学生观看优秀影视作品作为一项长期坚持的活动，定期推广优秀经典影视作品，帮助学生树立正确的人生观、价值观。引导学生撰写影评，召开影评分析会，交流感受，并通过专家点评等方式，不断提高学生的辨别能力和鉴赏水平。

（四）大学生需要提高自我修养

1. 自觉提高理论修养

当代大学生应主动学习习近平新时代中国特色社会主义思想，积极参加有益的社会实践活动，从不同角度向先进人物学习理论，树立正确的人生观，自觉抵御西方多元文化中消极价值观的侵蚀。

2. 自觉增强影视鉴赏能力

一是多看优质的影视作品。通过观看高品质、深内涵、传播正能量的影视作品，培养鉴赏能力，形成自身的判断标准和评析模型。二是撰写深度的影视评论。既培养勤动手、勤思考的学习习惯，也逐步学会从深层次挖掘影视作品传达的内在价值观。三是积极参加影视实践活动。如北京师范大学艺术与传媒学院主办的"北京大学生电影节"便具有鲜明的主创特色，这种以学校为承办方、大学生为参加主体的形式，在减少商业色彩的同时更兼备了学术氛围，大学生若积极参加此类实践活动，将理论知识运用于社会实践，就可以更好更全面地提升大学生自身的影视鉴赏能力，从而提高大学生的自我修养。

目前，影视行业在中国的发展正在经历一个机遇和挑战并存的时期。一方面，在各国文化融合的大背景下，国家采取了一系列的举措，如规范影视企业经营行为、发挥市场主体作用、完善引导机制等，通过深化影视行业综合改革，促进我国影视业健康持续发展；另一方面，社会上"影视商业化"的现象仍然普遍存在，低俗片、暴力片仍然不时出现在大众的视野之中。大学生是社会中非常特殊的一类群体，他们有自己的价值观和思想，却易受外界的影响，身心还处于成长的阶段。当这两者碰撞在一起，我们需要发挥社会各界的力量，大到国家，小到个人，在保证影视行业"匠心"的前提下，为大学生群体创造一个积极向上的影视文化环境，为社会主义文化建设添砖加瓦。

参考文献

[1] 中国人大网. 国务院关于文化产业发展工作情况的报告 [EB/OL]. (2010 – 04 – 28). http：www. npc. gov. cn/zgrdw/huiyi/cwh/1114/2010 – 04/28/content_1570479. htm.

[2] 潘炳军. 青岛西海岸影视文化产业投融资模式研究 [D]. 石河子：石河子大学，2019.

[3] 张丽华，周丽蕴. 从影视与旅游协同合作看文化产业发展新路径 [J]. 当代电视，2015 (3)：61；82.

[4] 翟怡秀. 浅谈"宫斗剧"对中华传统文化的"弘扬"——以《延禧攻略》为例 [J]. 科教导刊—电子版 (上旬)，2019 (4)：290 – 291.

新时代以来北京市生态文明建设与发展调研

刘　好　宋启明①

【摘　要】 生态文明，是以人与自然、人与人、人与社会和谐共生、良性循环、全面发展、持续繁荣为基本宗旨的社会形态。新时代以来，我国在生态文明建设方面采取了许多举措。党的十九大报告把"坚持人与自然和谐共生"纳入新时代坚持和发展中国特色社会主义的基本方略。生态文明建设是人类文明发展和社会进步的必然要求。分析新时代以来北京市生态文明建设的背景与演变轨迹，不仅可以让我们对生态文明建设的重要性产生更深刻的认识，也可以发现生态文明建设发展的规律与一些问题。本文通过分析北京市生态文明建设的主要热点问题和建设成果，以及新时代以来影响生态文明建设的发展因素，以期为北京市的生态文明建设提供有益参考。

【关键词】 生态文明建设；北京市；热点问题

党的十八大以来，我国把生态文明建设作为统筹推进"五位一体"总体布局、协调推进"四个全面"战略布局的重要内容，开展一系列根本性、开创性、长远性工作，提出一系列新理念、新思想、新战略，生态文明理念日益深入人心。污染治理力度之大、制度出台频度之密、监管执法尺度之严、环境质量改善速度之快前所未有，推动生态环境保护发生历史性、转折性、全局性变化。生态文明建设在当今社会的地位举足轻重，随着社会工业化的发展，人们对资源的过度攫取，对环境和生态系统的破坏已成为全球化的普遍问题。我们以北京市这一具有代表性的城市为调研对象，从中探究出生态文明建设的发展轨迹，对在这个过程中产生的问题形成更加清晰的认知，以便为其他地区的生态文明建设提供参考。

本次调研通过网上问卷调查、实地调研以及参考前人文献和最新媒体资料的方式进行。问卷共发布 118 份，收回 118 份，有效份数 118 份。

一、"生态文明"的含义

通过我们的走访调查发现，人们对生态文明的认识大多停留在对生活环境、生态

---

① 本课题指导教师：刘好（北京工商大学马克思主义学院）；课题组组长：宋启明（机械 201）；课题组成员：陈宇轩（机械 202）、王泽昊（机械 202）、龚珏（机械 201）、谢忠豪（机械 202）。

系统的保护等表面含义。早在党的十八大以来，生态文明就被定义为："人类为保护和建设美好生态环境而取得的物质成果、精神成果和制度成果的总和，是贯穿于经济建设、政治建设、文化建设、社会建设全过程和各方面的系统工程，反映了一个社会的文明进步状态"。由此可见，生态文明建设早已经贯穿在经济、政治、文化、社会的方方面面。

生态文明，是指人类遵循人、自然、社会和谐发展这一客观规律而取得的物质与精神成果的总和；是指人与自然、人与人、人与社会和谐共生、良性循环、全面发展、持续繁荣为基本宗旨的文化伦理形态。生态文明是人类文明的一种形态，它以尊重和保护自然为前提，以人与人、人与自然、人与社会和谐共生为宗旨，以建立可持续的生产方式和消费方式为内涵，以引导人们走上持续、和谐的发展道路为着眼点。生态文明强调人的自觉与自律，强调人与自然环境的相互依存、相互促进、共处共融，既追求人与生态的和谐，也追求人与人的和谐，而且人与人的和谐是人与自然和谐的前提。可以说，生态文明是人类对传统文明形态特别是工业文明进行深刻反思的成果，是人类文明形态和文明发展理念、道路和模式的重大进步。

二、我国生态文明建设的发展历程

随着我国经济的快速发展，所带来的生态环境问题日益严峻，生态环境建设受到越来越多的关注，尤其是党的十八大以来，以习近平同志为核心的党中央把生态文明建设摆在治国理政的突出位置，生态建设的战略地位大幅提升。

中华人民共和国成立初期，我国水利设施基础建设比较落后，很难抵御水灾、旱灾等自然灾害的发生，这严重影响了我国人民的生产生活。对此，国家投入了大量人力、财力、物力，进行水利工程的建设，治理海河工程、荆江分洪工程、官厅水库工程和治理黄河工程。1949—1957 年，我国的产业结构主要以农业和轻工业为主，工业化水平较低，对自然环境产生的影响不大，但是在 1958 年至 1972 年期间，全民进行大炼钢铁的行动，这使得以往没有被注意到的环境问题显现出来。1973 年，我国召开了第一次全国环境保护工作会议，对环境保护工作进行了反思与总结。1974 年，国务院环境保护领导小组成立，下发了一系列重要文件，在这一时期中国对于生态文明的建设还处在探索阶段。

改革开放初期，我国在环境建设与保护领域开始了法律制度建设的探索，提倡实现资源效益的最大化，并且将保护环境、治理污染上升为基本国策，为我国环境保护的法治化、制度化、体系化打下了坚实的基础。1982 年邓小平提出了"植树造林，绿化祖国，造福后代"。1983 年第二次全国环境保护会议在北京召开，会议总结了中国环保事业的经验教训，从战略上对环境保护工作在社会主义现代化建设中的重要位置作出了重大决策。制定了中国环境保护的总方针、总政策，即"经济建设、城乡建设、环境建设同步规划、同步实施、同步发展，实现经济效益、社会效益和环境效益相统一"。这次会议上环境保护工作被确定为我国的基本国策。

当时我国人口增加速度放快，资源紧缺和环境污染的现象时有发生，这又将环境问题暴露了出来。1996 年，第四次全国环境保护会议召开，该次会议明确提出可持续发展战略，明确保护环境的实质就是保护生产力，要坚持污染防治和生态保护并举，全面推进环保工作。江泽民同志指出："可持续发展，是人类社会发展的必然要求，现在已经成为世界许多国家关注的一个重大问题。中国是世界上人口最多的发展中国家，这个问题更具有紧迫性。"在法律层面，我国先后颁布或修订了《中华人民共和国环境保护法》《中华人民共和国水污染防治法》《中华人民共和国大气污染防治法》《中华人民共和国森林法》《中华人民共和国海洋环境保护法》《中华人民共和国水污染防治法》等多部法律，在法律制度领域，我国的环境保护取得了巨大进展，法律保护相关体系也日渐完善。

进入 21 世纪，我国生态文明建设发展进入了新的阶段，胡锦涛同志对可持续发展问题更加关注并且积极寻求对策，开展了一系列卓有成效的工作。党的十六届三中全会明确提出科学发展观，强调经济社会、城乡、区域发展的协调性与可持续性，其中强调，坚持可持续发展，统筹人与自然和谐发展，处理好经济建设、人口增长与资源利用、生态环境保护的关系，建设资源节约型和生态保护型社会。2007 年，胡锦涛同志在党的十七大报告中明确提出："要完善有利于节约能源资源和保护生态环境的法律和政策，加快形成可持续发展体制机制。"党的十八大以来，生态文明建设进入了高速发展阶段。党的十八大首次提出建设美丽中国的奋斗目标，并将生态文明建设纳入中国特色社会主义事业"五位一体"总体布局。习近平总书记在党的十九大报告中强调："坚持人与自然和谐共生。"2018 年 5 月，全国生态环境保护大会明确提出"习近平生态文明思想"，提出推进新时代生态文明建设必须遵循的"六项原则"。2020 年，党的十九届五中全会明确提出了 2035 年"美丽中国建设目标基本实现"的社会主义现代化远景目标和"十四五"时期"生态文明建设实现新进步"。

北京是我国的首都，更是一座正在高速发展的特大型城市。长期以来，北京的社会生产生活一直处于高速运行状态，导致大气污染、环境噪声、水环境等生态问题。根据党中央、国务院的统一部署，集中了许多专家学者、各级政府领导和广大人民群众的最高智慧的《北京市城市总体规划》出台，北京市环境规划总目标为通过若干年的努力，使环境污染加重趋势基本得到控制，市区环境状况有较大改善，生态环境向良性循环发展。到 2035 年或更长一些时间，使环境状况全面好转，大气环境质量、地表水环境质量、环境噪声和控制电磁、辐射污染等方面，将逐步达到国家各项环境质量标准或有关规定，使北京成为清洁、优美、生态健全的文明城市。

三、北京生态文明建设与发展调查问卷分析

本次调研总共收回调查问卷 118 份。问卷涉及个人基础信息、生态文明建设成就、当下生态环境热点问题及对未来生态文明发展建设等问题。发放与分析该问卷旨在了解过去生态文明建设所取得的成就、人民群众当下关心的生态环境问题和对未来生态环境的展望。

（一）过去生态文明建设工作分析

在问卷的第 17 题中，有 31.03% 的人认为自己的所在地相较于十年前生态环境变化大，48.28% 的认为有较大的变化。在问卷的第 15 题中涉及对家乡生态环境的满意度打分有 80% 的人打出了 3 分及以上的分数，并且仅有 16.95% 的人在第 11 题中国家近十年生态治理成果给出了不理想的态度。这样的答案是对家乡环境近十年变化的肯定，也是对国家生态环境建设工作所取得的成就的肯定。

17. 您认为自己所在地相较于十年前的生态环境的变化吗

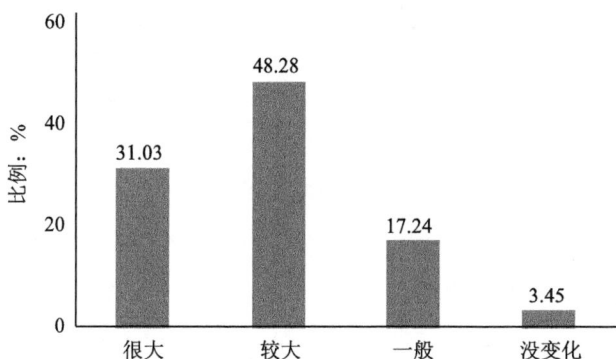

图 1　所在地生态环境的变化

在关于垃圾分类回收的问题上，有 93.22% 的人赞同这样的措施并且 64.41% 的人愿意积极参与垃圾分类的活动，证明大部分人愿意配合生态环境的建设工作，但在垃圾分类的实施以及程序性上还需要优化，不管是北京还是其他各大城市都还有很长的路要走。

10. 您认为垃圾分类难以落实的原因主要在于

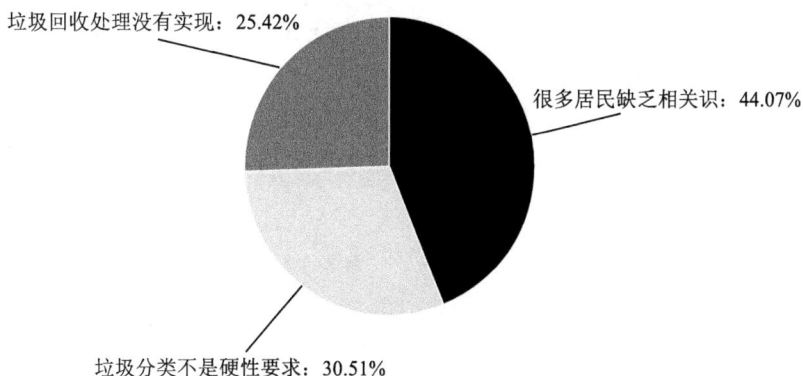

图 2　垃圾分类难以落实的原因

第 14 题中只有 61.02% 的人了解北京冬奥会实现碳中和所做的措施，在宣传生态文明建设的过程中还需要加强国家工作的具体措施介绍，让更多人了解政府对于生态文明建设所付出的努力与决心。

14. 您是否了解北京冬奥会为实现碳中和目标所做的措施

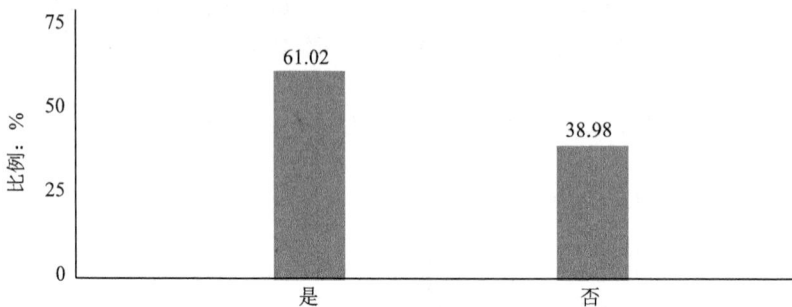

图 3　北京冬奥会为实现碳中和所做措施

（二）生态文明建设现状

在问卷的第 16 题中只有 10.34% 的人不满意北京市目前的整体环境，这也代表了大部分人对于目前北京市生态文明建设工作的认可，但是生态文明建设不仅是政府等相关部门的工作，还需要广大人民群众的参与，这样才能实现共建美好生态家园的目标。

16. 您目前对北京市整体环境的看法是

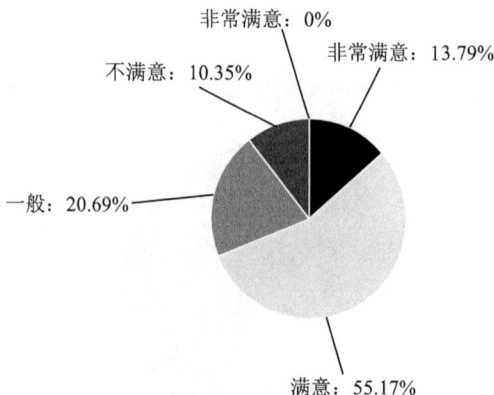

图 4　对北京市整体环境的看法

问卷的第 12 题中有 67.8% 的人认为生态文明建设和个人日常生活有很大的关联，显然这个数据还有很大的提升空间。为了提升群众的生态文明建设意识，需要加大宣传力度。

12. 您认为生态文明建设和您日常生活的关系大吗

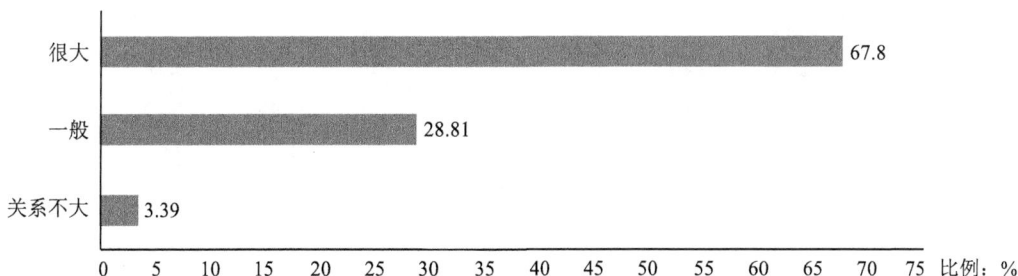

图 5   生态文明建设与日常生活的关系

第 5 题中有 62.71% 的人是通过网络电视和各大视频平台了解生态文明建设方面知识的，通过与视频平台合作推出相关活动、投放公益广告等一系列的措施，也许可以让更多人参与到生态文明建设的工作当中。

5. 您是从何种渠道了解生态文明建设方面知识的

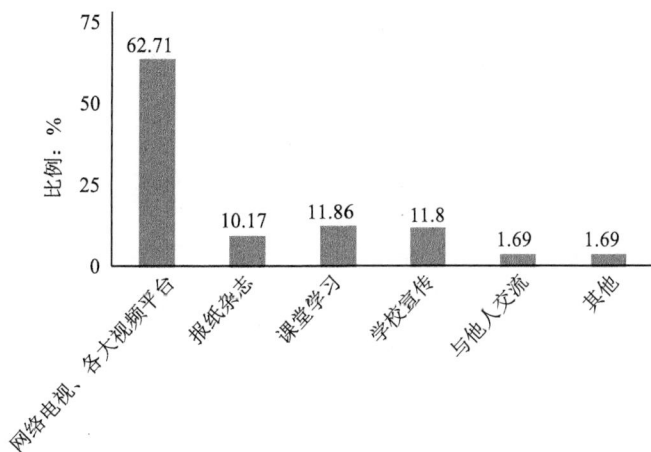

图 6   获取生态文明建设方面知识的渠道

（三）未来生态文明建设展望

对于生态文明建设未来的工作方向，问卷的第 7 题中提及有利于生态文明建设的措施，其中有 76.27% 的人选择实行垃圾分类。这是生活中的一件小事，却可以极大程度地改善生态环境，和排名第二的使用可再生资源有相似之处。

7. 您认为以下哪些措施有利于生态文明建设

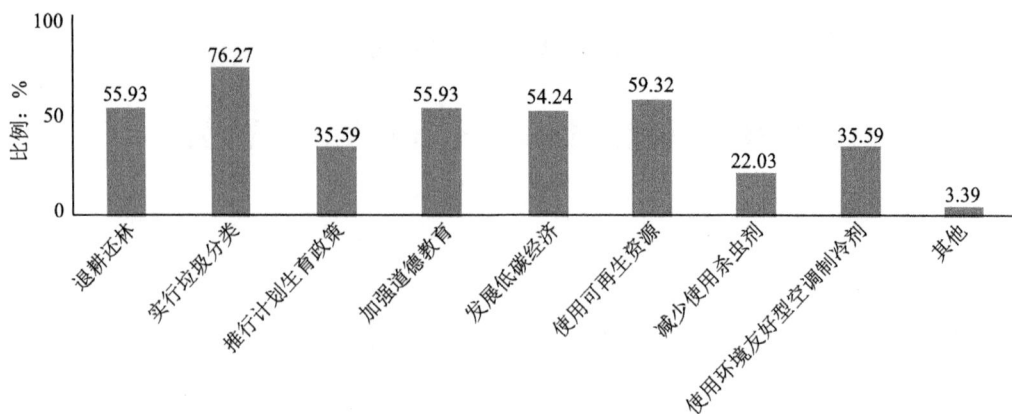

图 7　有利于生态文明建设的措施

对于北京的未来生态文明建设工作，在第 18 题北京市当下存在的最大环境问题中，有 31.03% 的人选择生活、建筑垃圾随意堆放，这反映出垃圾的处理问题仍需要得到解决。24.14% 的人选择污水治理，水资源是人类赖以生存的重要资源，近年来水资源在世界各地出现匮乏的情况引起大家的重视，污水治理的问题也需要得到妥善处理。沙尘是北京老生常谈的问题并且近年来沙尘治理已经取得了相应的成果，但是仍有 17.24% 的人选择该项，如何巩固沙尘问题取得的成果并且进一步完善也是未来北京生态文明建设工作中重要的一环。

18. 您觉得目前北京存在的最大环境问题是什么

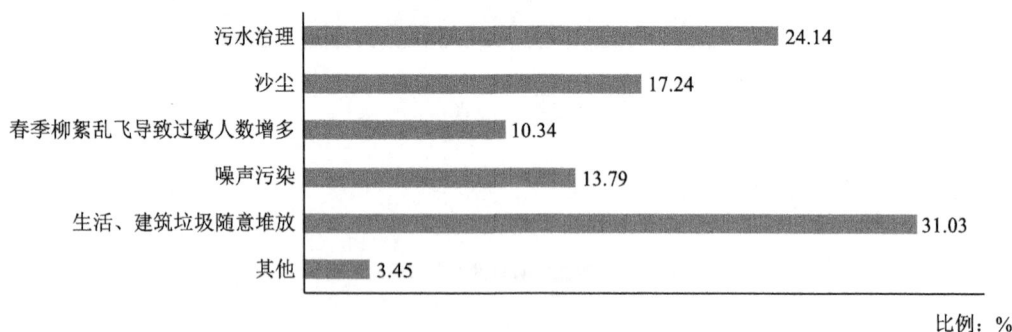

图 8　北京存在的最大环境问题

四、北京生态文明建设热点问题及建议

通过以上调研分析，我们发现近 10 年来，北京市生态文明建设已经取得了巨大的进展，但在垃圾分类和农村的污水排放上存在一些问题，这些问题具有一定的代

表性。

（一）农村污水问题及建议

近年来，政府提高了对于污水处理工作的重视程度，城乡的污水处理得到了很大改善。我们进行访谈的王先生和陈女士表示自己所在地区的农村仍有污水排放的问题发生，这类问题虽然不会对环境造成恶劣影响，但是对于农村的美好环境存在一定的负面影响。农村地区卫生条件与城市相比仍然有差距，居民的卫生意识相较城市居民偏低，因此会存在污水乱排放的现象。农村污水存在排水量小、排水分散、难于收集治理的特点，这让农村污水污染自然水体的现象时有发生。

要解决农村所存在的污水问题，首先应该为农村居民提供处理污水的条件，搭建排放污水的管道，此外还需要加强村内的组织领导，协调配合组织污水排放、净化等环节，加强宣传教育，提升村民的环境保护意识和卫生意识。

（二）垃圾分类问题及建议

经过我们的走访调查发现，北京市大多地区的垃圾分类行动没有得到良好的施行，许多小区居民表示自己知晓垃圾分类这一要求，但很少会去真正实行，这充分暴露了垃圾分类的制度基础薄弱、市场机制尚未形成、缺乏有力的政策支撑、居民习惯尚未形成、示范片区创建工作处于制度覆盖推广阶段、居民生活垃圾混装混运现象并存、快递包装一次性用品源头减量措施统筹不够等诸多问题。

2020 年，我国开始推行垃圾分类，并且在北京、上海等城市进行试点，但是垃圾分类行动没能长期进行下去，究其原因还是我国在垃圾分类方面没有成熟的产业链支撑，垃圾分类后对于垃圾的处理与利用没有很成熟的体系，民众普遍认识不到垃圾分类后所带来的好处或者说垃圾分类方便的是垃圾回收行业，而会为自己的生活带来麻烦，这种利弊的分割造成了垃圾分类行动逐渐"缩水"。因此，建立完善的垃圾分类处理产业链，并对实行垃圾分类的居民给予政策上的鼓励，这样才能更好地推动垃圾分类行动的持续开展。

五、总结

通过如上对新时代以来北京生态文明建设与发展的调研，我们了解到北京的生态文明建设已经取得了实质性的进展，尤其是在空气污染治理方面。在我们的走访调查中，大部分生活在北京市区的居民表示，除了偶尔会有的沙尘天气以外，五六年前经常出现的雾霾天气已经鲜有发生了，可见国家对于空气治理的重视程度以及各级政府对于环境保护的强大执行力，我党先后实行了煤改电的政策，大量减少煤炭取暖，同时北京也进行了工厂的及时疏解和撤离，为"北京蓝"作出了正确的政策性把握。

北京市在生态文明建设文化宣传方面也取得了显著的成效。2022 年，第 24 届冬季奥林匹克运动会在北京召开，北京冬奥会的办奥理念是"绿色、共享、开放、廉洁"。以生态文明理念来发展建设城市，是对自身行为的自觉调整，是对城市病的宣战和彻底治理。北京市石景山区冬奥公园就是一个典型例子，石景山区首钢园向冬奥公园的转变以及北京周边地区城市的转型，标志着城市由工业文明转向生态文明，城市在我国生态文明的建设中是举足轻重的"主角"。

总体来说，北京市的生态文明建设是有很大进步的，种种迹象也都表明了中央和各级政府对北京这个一国之都的生态文明建设与发展的重视，但从长久来看，中国要迈向真正的生态文明，还需要长时间地积累经验，稳固发展。

参考文献

[1] 周梦瑶. 新时代我国生态文明建设问题与对策研究［D］. 石家庄：河北师范大学，2021.
[2] 刘甜甜，赵静祎. 论中国共产党生态文明建设历程及经验启示［J］. 大庆师范学院学报，2022，42（4）：7–13.

附录：

关于生态文明建设的小调查

各位先生、女士

您好！

我们是北京工商大学的学生，很荣幸您能够接受我们诚挚的邀请，填写这份调查问卷。为了进一步了解近年来北京市生态文明建设情况以及您对于当下一些热点问题的看法，我们制作了这个问卷。希望您能抽出几分钟的时间做一下问卷，请认真填写以便我们得出准确的数据，您的信息我们将严格保密，请您放心。

1. 您的年龄段？［单选题］*
   ○18 岁以下
   ○18～25 岁
   ○26～30 岁
   ○31～40 岁
   ○41～50 岁
   ○51～60 岁
   ○60 岁以上
2. 您的性别？［单选题］*
   ○男
   ○女

3. 您是否在北京居住？［单选题］*
   ○是
   ○否

4. 您认为生态文明建设包括哪些方面？［多选题］*
   □环境
   □卫生
   □生态文明意识
   □生态文明行为
   □生态文明制度
   □生态文明产业

5. 您是从何种渠道了解生态文明建设方面知识的？［单选题］*
   ○网络电视、视频平台
   ○报纸杂志
   ○课堂学习
   ○学校宣传
   ○与他人交流
   ○其他_____

6. 您认为以下哪些生态文明热点问题更加重要？［多选题］*
   □水体污染治理
   □大气污染治理
   □重金属污染
   □湿地保护
   □野生动物保护
   □森林植被保护
   □生物多样性保护
   □固体废弃物污染
   □水土流失治理
   □绿色新能源研发

7. 您认为以下哪些措施有利于生态文明建设？［多选题］*
   □退耕还林
   □实行垃圾分类
   □推行计划生育政策
   □加强道德教育
   □发展低碳经济
   □使用可再生资源
   □减少使用杀虫剂
   □使用环境友好型空调制冷剂

□其他_____

8. 你认为生态文明建设应该由谁来负责？［多选题］*

□政府

□企业

□居民

□无所谓

9. 如果您家乡（或现居住地）实行垃圾分类回收，您的看法是？［单选题］*

○A. 赞同，且乐意去做

○B. 赞同

○C. 不赞同，太麻烦

○D. 不赞同，其他原因

10. 您认为垃圾分类难以落实的原因主要在于［单选题］*

○很多居民缺乏相关知识

○垃圾分类不是硬性要求

○垃圾回收处理没有实现产业化

11. 您认为我国近十年生态治理成果如何？［单选题］*

○不理想

○一般

○比较理想

○非常理想

12. 您认为生态文明建设和您日常生活的关系大吗？［单选题］*

○很大

○一般

○关系不大

13. 您认为生态文明建设有什么意义？［多选题］*

□建设生态文明、树立生态文明观念，是推动科学发展、促进社会和谐的必然
要求

□生态文明建设能够为人们的生活生产提供必要的物质基础

□生态文明观念作为一种基础的价值导向是构建社会主义和谐社会不可或缺的精
神力量

□如果没有一个良好的生态环境就无法实现可持续发展，更无法为人们提供良好
的生活环境

14. 您是否了解北京冬奥会为实现碳中和目标所做的措施？［单选题］*

○是

○否

15. 请根据您的实际情况选择（1 为非常不满意，5 为非常满意）[矩阵单选题]*

	1	2	3	4	5
您自身的生态文明意识	○	○	○	○	○
您对家乡的生态环境的满意度	○	○	○	○	○
您认为家乡对生态文明建设的重视程度	○	○	○	○	○

16. 您目前对北京市整体环境的看法是 [单选题]*
○非常满意
○满意
○一般
○不满意
○非常不满意

17. 您认为自己所在地相较于十年前的生态环境变化大吗？[单选题]*
○很大
○较大
○一般
○没变化

18. 您觉得目前北京存在的最大环境问题是什么？[单选题]*
○污水治理
○沙尘
○春季柳絮乱飞导致过敏人数增多
○噪声污染
○生活、建筑垃圾随意堆放
○其他_____

19. 您认为现在周边的生态环境有哪些需要改善的地方？[填空题]*

生态文明的十年巨变

——以北京怀柔区雁栖湖"绿水青山"建设发展为例

葛学彬　宋玥滢[①]

【摘　要】党的十八大以来，以习近平同志为核心的党中央高度重视生态文明建设，坚持把生态文明建设作为统筹推进"五位一体"总体布局、协调推进"四个全面"战略布局的重要内容，加大生态环境保护力度，推动生态文明建设在重点突破中实现整体推进。为进一步检验生态文明十年建设中取得的成就，调研小组以北京怀柔区雁栖湖为例，详细分析雁栖湖"绿水青山"建设发展的过程、取得的成就、存在的问题及改善措施，为我国后续生态环境建设发展提供借鉴。

【关键词】生态文明；雁栖湖；问题；建议

一、研究背景

我国国土辽阔，地形复杂，生物多样性丰富，拥有森林、草地、湿地、荒漠、海洋、农田和城市等各类生态系统，为中华民族繁衍、华夏文明昌盛与传承提供了支撑。但长期的开发历史、巨大的人口压力和脆弱的生态环境条件，导致我国生态系统退化严重，生态服务功能下降，生态安全受到严重威胁。

生态兴则文明兴，生态衰则文明衰。党的十八大以来，以习近平同志为核心的党中央着眼实现中华民族永续发展的根本大计，把生态文明建设摆在全局工作的突出位置。这个十年，以习近平同志为核心的党中央以前所未有的力度抓生态文明建设，开展一系列根本性、开创性、长远性工作，推动我国生态文明建设从认识到实践发生历史性、全局性变化，全党全国推动绿色发展的自觉性和主动性显著增强，美丽中国建设迈出重大步伐。

北京作为中国的首都，以及中国重要的中心城市、全国重要的科研教育基地和综合交通枢纽，在城市的生态文明建设中发挥着重要的领导作用。湖泊是城市建设的主要内容之一，是城市生态系统、城市景观的重要组成部分。湖泊不仅影响着市民的生活质量，还具有美化城市、调节城市环境、改善城市空气质量、维系城市生态平衡和防灾减灾等多种作用。

---

① 本课题指导教师：葛学彬（北京工商大学马克思主义学院）；课题组组长：宋玥滢（金科212）；课题组成员：孙睿（金科212）、庞瑞泽（金科212）、潘卓凡（金科212）、涂昊松（金科212）。

为进一步探究中国十年来生态文明建设的变化和意义，为后续生态文明建设发展提供相关建议，本文特以北京怀柔区雁栖湖为例，从北京怀柔区雁栖湖十年生态文明建设变化入手，详细探究其建设成就、存在问题，并针对后续发展提供建议，以期为中国后续生态文明建设提供借鉴经验。

二、雁栖湖十年来的生态文明建设成就

中华人民共和国成立至今，在不同历史阶段，由于生产方式和生产力水平的差异，生态环境保护呈现出不同的特征。当前，中国特色社会主义进入新时代，环境保护理念也与时俱进，要求尊重自然规律、谋求人与自然和谐发展，形成了习近平生态文明思想。坚持人与自然和谐共生成为新时代坚持和发展中国特色社会主义基本方略的重要组成部分。因此，坚持对雁栖湖环境的保护，势在必行。

（一）河湖治理

雁栖湖生态发展示范区开展了许多河湖环境治理专项行动，其中包括"清河行动""春季河湖生态环境综合整治行动""冬季河湖清理整治专项行动""清四乱"等。这些专项行动的实行使得雁栖湖水体质量得到了明显的改善。雁栖湖上游总共是8个村，9个镇级河长，49个村级河长，110个河段长，每一天对雁栖湖河道的卫生、垃圾，包括污水治理情况进行检查巡查，发现问题及时解决。

（二）监督制度

2018年1月起，怀柔区以"以河长为主体、以问题为导向"为主题建立了月考核、月通报机制，实现了每月一检查、每月一打分、每月一通报。通过这项举措可以实时监控到整个河湖的生态变化，并对出现问题的河段进行及时的规划改善，提高了河湖治理的效率，并且加大解决河湖环境问题的力度。

（三）宣传工作

2017年起，怀柔区结合各类平台进行宣传，使得公众对于河流保护的责任意识增强。此外，雁栖湖生态发展示范区还在2020年开始引导公众安全文明游河工作，在节假日游客量增加时，会对重点河流开展引导工作，及时制止不文明行为，保护水环境。

三、雁栖湖生态文明建设存在的问题

（一）调研访谈与数据

本次调研通过线上发放调查问卷和线下采访两种方式对雁栖湖生态文明建设进行探究，调研小组开展线上调研，共计发放问卷310份，有效问卷300份，有效率为

96.77%。群体主要包含青少年、中老年人。受访人群中研究生学历 136 人，占比 45.33%；本科学历 125 人，占比 41.67%；本科以下学历 39 人，占比 13%。

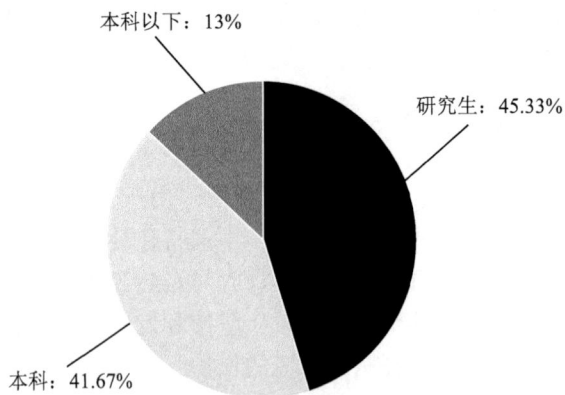

图1　雁栖湖生态文明建设看法意见调查

通过本次线上调查可以发现，绝大多数人对于雁栖湖生态文明建设具有一定认识，针对有关雁栖湖的生态保护问题可以作出有效回答。少部分人对雁栖湖生态文明建设的认识还不清晰，不能体现出对雁栖湖生态环境保护的重视。

根据本次调查受访者对于雁栖湖生态文明建设的了解情况，对现如今雁栖湖生态文明建设的满意度进行调查，结果如下图所示。由图可以看出，多数人对现在雁栖湖的生态环境还是比较满意的。

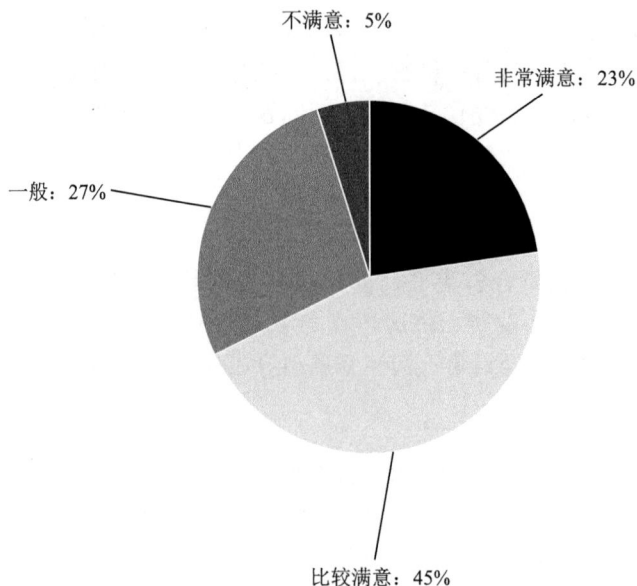

图2　雁栖湖生态文明建设满意度调查

为考察人们的环保意识，调研小组对人们去雁栖湖时的自我约束情况进行调查，主要调查了人们去雁栖湖时是否会自觉遵守雁栖湖制定的环境保护条例情况。可以看出，大多数人可以自觉遵守雁栖湖环境保护条例，能够很好地规范自己的行为，不对雁栖湖环境造成破坏。但仍存在一小部分人欠缺环境保护意识，持无所谓的态度，对雁栖湖环境造成一定破坏。

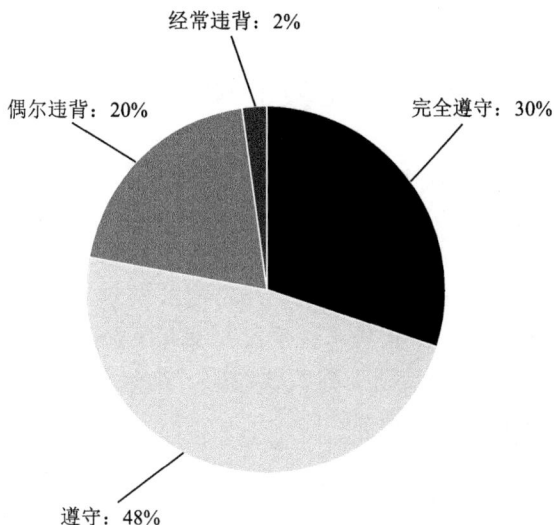

经常违背：2%

偶尔违背：20%

完全遵守：30%

遵守：48%

图3　群众自我约束情况调查

除线上调研外，调研小组还线下走访了雁栖湖的工作人员，并采取线下访谈的方式，向雁栖湖工作人员征询了对十年来雁栖湖生态文明建设的看法和建议。此次线下访谈人数共计50人，具体调查结果如下。

表1　十年来雁栖湖生态文明建设的看法和建议

存在问题	认同人数占比（%）
管理过程中需要技术加持	8
湖泊保护思路需要进一步打开	20
湖泊治理加强监管	40
不当养殖水生物	32

（二）问题总结及分析

将调研发现的问题进行汇总，总结出雁栖湖生态文明建设过程中主要存在以下问题。

1. 雁栖湖保护的系统性不够，湖泊保护思路需进一步完善

一方面，雁栖湖保护与资源开发之间缺乏有机结合，如一些水资源利用工程造成

雁栖湖格局改变和水流隔断，改变了雁栖湖的系统结构，对雁栖湖生态系统健康和服务功能造成的负面影响日益显现。另一方面，雁栖湖在开展保护工作时，仅仅从雁栖湖本身入手，未能从整个生态系统的完整性、稳定性出发统筹上下游、左右岸的关系，重污染源治理、轻生态修复，湖滨湿地、岸线修复、退渔还湖、植被修复等生态修复措施不到位，使得雁栖湖生态环境不能持续改善。

2. 不当养殖水生物，造成生态灾难

为加大雁栖湖污染治理力度，雁栖湖湖泊管理、治理机构向水体中大量投放分解污染物的鱼苗和水生植物，禁止投饵养殖。但政府投放的鱼苗，大多被大鱼吃掉，等于向富营养水体投放鱼饲料。

3. 技术薄弱，雁栖湖生态环境治理缺少技术加持

目前世界上现有的湖泊污染治理技术主要分为两大类：一类以工业和工程治理技术为主，如外源控制、底泥疏浚、曝气复氧、物理抑藻技术等；一类以生物修复技术为主，如微生物净化技术、人工湿地技术、浮岛技术等。在雁栖湖治理过程中，大都使用传统治理手法进行治理，缺乏技术性手段，没有建立综合、安全、长效的湖泊治理技术体系，需要学习成功的治湖工程实践经验，加强湖泊长期自动观测系统的应用，才能最终实现湖泊的长治久清。

四、雁栖湖生态文明建设的重大意义

（一）理论意义

环境设计的表达理念代表了国家在国际活动中的形象。因而从环境设计方面来看，雁栖湖总体布局、景观设计和建筑外观充分体现了中国皇家园林及传统建筑风格。这样的环境景观设计是对北京首都可持续发展理念的传递。在北京四个中心建设中，其中三个雁栖区域都有一定的职能承载，它推动的不仅仅是大国首都战略，更是一个国际化的范本，雁栖湖可以说是具备唯一性、权威性和排他性的优势，而且形成了叠加圈的效应，在全国乃至国际社会都具有非常重要的意义。

（二）现实意义

在景观设计上，雁栖湖绿色示范区景观建设工程中运用乡土化、节约化的生态环境保护措施，采取了就地取材、节能减排的生态科技手段，并将生态技术与地域文化相融合，采用景观化表达手法，实现了生态、文化、景观的有机结合。在污水处理方面，雁栖湖生态发展示范区通过污水就地处理、河湖生态治理、雨水综合管理以及节水型示范区建设来保护水生态系统平衡，强化水资源高效利用，形成良性循环，使示范区整体达到污水零排放。在低碳能源技术应用上，通过示范应用冷热电能"就地生产、就地消费"的智能分布式能源系统和多种能源协调应用模式，将示范区打造为"清洁、智能、低碳"的能源供配用平台，使示范区构建了基于清洁能源的冷热电能生产、分配和利用系统。

五、推进雁栖湖生态文明建设高质量发展的建议

基于前文所分析讨论的现存问题与不足，以下将从其对首都重要性、制度完善、和谐宜居之都打造、乡村振兴四方面进行分析，并提出一些有助于其高质量发展的建议。

（一）从雁栖湖对于首都的重要性角度来切入

建设好雁栖湖生态发展示范区，不仅能促进怀柔区旅游业的发展，还关系到首都更好地服务国家战略，关系到维护国家形象。

雁栖湖会都路是通往2014年APEC峰会——"国际会都"的外联线，连接京承高速与雁栖湖示范区。在后续发展中可以完善雁栖湖周围的交通网络，以雁栖湖为中心发展交通线路，这样可以完善首都交通网络。

雁栖湖生态区可以彰显出北京在治理环境污染、特别是大气污染方面的成果。在后续建设中着重加强雁栖湖的生态文明建设，加强污水处理，发展低碳技术，践行低碳环保的理念，对首都的示范引领有重要的作用。

在雁栖湖建设中，对下辛庄、泉水头、柏崖厂等村进行了拆迁安置。在后续建设中，可以大力发展乡村特色生态旅游，利用雁栖湖的经济效益带动乡村经济发展，宣传乡村文化，提高乡村人民的生活水平。

（二）从当前生态文明建设制度完善方面来切入

目前，雁栖湖生态发展示范区的建设已经有了显著的成效，河湖水体及雁栖湖地区的环境得到了明显的改善，下一步的目标应在维持目前环境保护状态的情况下继续对雁栖湖地区进行生态文明建设。

在维持雁栖湖生态发展示范区方面，要提升治理创新能力，加强"精细化、网格化"管理，常态化保持全域秩序、整体环境的高品质与高标准，打造一流环境。同时，也可以建立会商机制，听取任务推进情况，分析研判存在问题，集体会商研究解决对策。同时抓好阶段动员，充分利用召开机关全体会议契机，做到经常性通报工作开展情况，部署下步工作任务。监察工作也是尤为重要的，要做到在建设雁栖湖生态文明建设区时对每个任务的进展实时掌控，问题及时发现，情况及时反馈，保护雁栖湖地区环境，促进雁栖湖生态文明建设的高质量发展。

（三）从打造和谐宜居之都角度来切入

关于北京打造和谐宜居之都的理念，是基于进一步加强生态文明建设而提出的。将北京打造为和谐宜居之都，生态文明水平就是一个重要指标，雁栖湖可以作为示范点位。雁栖湖在抓生态文明建设以打造和谐宜居之都上已经有了相当不错的成就。但在环保材料的应用上可以从建筑扩展到更多方面，如室内设计，以进一步加大环保力度。在当前绿化基础上可以进一步加大绿化力度。雁栖湖可以多多宣传骑行等户外活

动，倡导绿色出行，让人们了解绿色出行，最终做到绿色出行，以打造和谐宜居之都。

（四）从乡村振兴角度来切入

乡村振兴的首要目的是带动乡村经济发展，而雁栖湖想要实现高质量发展就需要提高收益，除了政府援助，吸引游客参观成了提高收益的主要手段。可以延长游客的游玩时间，提高自身收益。雁栖湖的配套服务措施也要紧密跟随发展，对雁栖湖附近的住宿环境和购物消费环境进行改善，为游客带来食宿、购物等多项便利条件。在经济发展得到保障后，生态文明建设也要逐步高质量发展，植入更多的园林等元素，让雁栖湖不再是娱乐观光景区，而是观光休闲景区。

参考文献

[1] 北京市怀柔区人民政府.北京雁栖湖生态发展示范区管理委员会 2020 年工作总结和 2021 年工作安排 [EB/OL]. (2021 – 05 – 12). http：//www.bijr.gov.cn/zwgk/zfxxgkig/sydwdh/qsfgwh/sfqzdly/202105/t2021/0512_2387668.html.